本书是国家社科基金重大项目
"健全社会主义协商民主制度研究"的最终成果

陈家刚 等／著

社会主义
协商民主

制度与实践

DELIBERATIVE DEMOCARCY
IN CHINA

INSTITUTIONS AND EXPERIENCES

社会科学文献出版社
SOCIAL SCIENCES ACADEMIC PRESS (CHINA)

前　言

作为一种观念和制度，民主一方面要考虑如何限制权力，使其不能过度侵入普通民众的生活，另一方面还要考虑推动如何保障公民的权利，促进人的自由而全面的发展。民主的活力主要在于它能在二者之间实现动态平衡。理想地看，民主是人类共同追求的理想和价值。现实地看，民主又是经验的、具体的。什么样的民主是最恰当的、最有效的，不同的意识形态有不同的理解。历史、地理、经济、社会等方面的差异性决定了不同国家和社会实践民主的模式呈现多样性特征。各种不同的民主模式与实践，共同丰富了人类政治文明的成果。当然，差异不能走向相对主义。民主的有效运转，还需要对于基础性的价值和规则的认同与共识，差异需要保持在共同体可以接受的范围之内。

民主在不同社会制度下、不同国家有不同的实现形式。具有悠久历史文化传统的中国，在近代以来同样走上了认识民主、思考民主、探索民主和实践民主的发展道路，并最终建构起现代民主政治的重要支柱，即人民代表大会制度、中国共产党领导的多党合作与政治协商制度、民族区域自治制度和基层民主自治制度，当代中国的民主政治制度基本确立。改革开放以来，我们党明确提出没有民主就没有社会主义，就没有社会主义现代化；始终坚持党的领导、人民当家作主、依法治国的有机统一，民主政治建设稳步推进，并在实践中创造出两票制、公推公选、民主恳谈、协商对话、预算监督等民主形式。民主的制度化、规范化、程序化程度不断提高，民主政治逐渐走向成熟和完善。

不断推进理论创新是我党实现科学执政、民主执政、依法执政的重要品质保障。这种理论自觉和自信体现了两个方面的价值取向：其一，通过理论创新，科学回答当代中国在探索自身发展过程中的重大问题；其二，通过回答中国的问题，同时丰富人类社会发展的文明成果。党的十八大提出健全社会主义协商民主制度，就是在这样的背景下提出来的。我国在深入推进经济体制改革的同时，也在稳步推进政治体制改革。党内民主、基层民主、选举民主和协商民主的渐次发展，一方面表明了我国民主政治建设的结构性特征，另一方面也表明了我国民主政治建设内容的丰富性和复杂性。我国的民主政治建设，是各种不同的民主形式相互支持、相互融合的有机过程。

从20世纪八九十年代"社会协商对话制度"探索，到"人民通过选举、投票行使权利和人民内部各方面在选举和投票之前进行充分协商，尽可能就共同性问题取得一致意见，是我国社会主义民主的两种重要形式"，再到《中国的政党制度》（白皮书）明确提出"选举民主"和"协商民主"，长期的思考、探索为"社会主义协商民主"的提出奠定了坚实的基础。党的十八大报告首次明确提出"健全社会主义协商民主制度"，表明我国民主政治建设的理论和实践发展到了一个新的阶段。协商民主与党内民主、基层民主、选举民主等共同构成了我国民主政治建设的主体内容。在当代中国，党内民主是核心和引领，选举民主是主体和突破，基层民主是基础和基石，协商民主是关键和重点。推进中国特色社会主义民主政治发展，需要结合不同历史发展阶段，根据不同的形势和条件，合理配置资源，积极主动推进不同形式民主的实践和探索。

近年来，我国地方各级党政机关、政协组织、社会领域和基层组织都在积极进行协商民主的探索并取得了显著的进展，协商民主的实践创造与制度建设广泛存在于我国的政治实践之中，从而为社会主义协商民主的提出准备了现实基础。从政治协商、政协协商到立法协商、行政协商，以及社会协商对话、基层协商民主、网络公共论坛等，我国协商民主的实践，从纵向讲，覆盖到中央、地方和基层社区，是一个多层次的协商民主制度实践；从横向看，协商实践涉及国家政权机关的立法、行政和司法领域，更有党派和人民政协组织，同时也延伸到社会生活领域；从结构上看，协商民主的制度建设涵盖了立法制度、政治协商制度、政党制度、自治制度等，协商民主的制度框架基本形成；从技术上看，协商实践既有利用常态的、规范的制度平台开展的活动，也有利用现代信息技术作为支撑的尝试，如网络论坛等。因此，广泛、多层、制度化既是当代中国协商民主的发展目标，也是其最为基本的特征。

协商民主是我国人民民主的一种重要实现形式。积极推进社会主义协商民主制度建设，既是我国政治体制改革的重要组成部分，又是我国社会主义政治文明建设的重要内容，同时也是对人类政治文明的丰富和发展。协商民主提出之后，我们既高扬民主的价值又注重制度建设，既强调党和政府的作用又鼓励人民更广泛地参与，既创造了增量民主的路径又激活了存量制度的资源，协商民主的实践取得了很大进步。但是，协商民主的制度实践依然面临类似观念文化、制度支撑、实践深化等方面的挑战。只有通过不断尝试、不断努力、不断完善，才能够进一步推动和完善社会主义协商民主制度。

协商民主制度的不断健全和完善，有助于体现我国民主政治的特色和优势，有助于拓展公民有序政治参与的渠道，有助于党和国家决策的科学化、民主化。通过健全协商民主制度来加强党的领导，保障人民的主体地位和推进国家治理体系和治理能力现代化，既要看到已经取得的成就，也要客观分析协商民主建设过程中面临的挑战。例如，关于协商民主制度建设的认识还需要进一步统一、对协商民主理论还需要进行深入研究、协商民主制度建设需要更加规范和合理等。随着中国特色社会主义进入新时代，我国的民主政治建设要求更高了，面临的复杂因素也更多了。推进民主政治建设，既存在许多有利条件和基础，也面临不少困难和风险。如果看不到民主建设的重要性，思想僵化，以各种理由拒绝或者拖延民主建设，会使党丧失创新活力；同时，如果不顾客观现实，忽视踏实的基础工作、慎重的制度实践，也是值得警惕的。只有稳步循序发展民主，才能够探索和发展出适合中国自身实际的民主发展道路。

2013年，我申报的国家社科基金重大项目"健全社会主义协商民主制度研究"获得立项。这是我首次承担重大研究项目，在课题设计、组织研究、推进学术交流、提供决策咨询等方面面临着诸多的挑战。本书主要关注并初步尝试回答这样几个问题：其一，作为我国民主政治建设的重要组成部分，协商民主是如何提出并发展起来的；其二，作为我国人民民主的重要形式，相对于其他的民主形式，协商民主在理论和实践上有什么样的价值；其三，协商民主的各种制度形式在实践中分别处于什么地位、发挥什么作用；其四，从文化观念、社会心理，以及情感评价的角度，人们对协商民主具有什么样的认知；其五，支撑协商民主的技术性方法何以在操作上使民主成为可能。回答这些问题赋予课题研究更多的机遇，自然也存在诸多的挑战。课题组始终坚持立足于"健全社会主义协商民主制度"这一科学论断，运用马克思主义的立场、观点和方法，在全面梳理、深入研究和批评分析当代协商民主理论的基础上，系统掌握我国协商民主发展的重要文献和基本资料，集中关注当代中国协商民主的理论探索和实践创造，以构建具有中国特色的协商民主制度、深入推动政治体制改革、促进社会主义政治文明建设为基本指向，积极开展课题研究工作，最终形成形式多样的研究成果，包括学术论文、研究专著、对策报告、问卷调查等，为完善和发展社会主义协商民主理论，推动和开展社会主义协商民主实践做了一点力所能及的工作。

在研究过程中，课题组共完成阶段性成果包括：论文30篇，合计25万字左右；"协商民主研究丛书"一套7本共220万字；最终著作类成果《社会主义协商民主制度建设研究》26万字、问卷调查研究成果《协商民主：地方政治精英的视角》20万字；举办专题学术研讨会6次；多次参与有关意见征求、座谈会、决策咨询会议；提交研究报告、智库研究报告约6万字。另外，课题组整理和翻译重要协商民主理论家的有关资料40多万字；在全国范围内开展了广泛的实地调研，收集整理国内各地的协商民主实践创新案例和案例研究成果，共计102万字；课题组分别于2015年、2017年开展了两次全国性的问卷调查，积累了大量的基础性数据，并发表了若干篇学术论文。课题组圆满完成了各项科研任务，顺利地完成了结项事宜。

课题成果《社会主义协商民主：制度与实践》一书由项目首席专家陈家刚负责，马奔教授、宋雄伟副教授、聂伟博士、王洪树教授、陈文教授、张翔副教授、张丽琴博士、李蕊副教授等参与写作。同时，该成果还凝聚了韩福国、李强彬、隋斌斌、吴晓林、贺羡、于涛、叶托、朱芳芳等青年同人的辛苦工作。在问卷调查过程中，何俊志教授、陈雪莲副研究员、王艳博士、孟天广教授付出了辛苦的努力。感谢俞可平教授、王浦劬教授、何增科教授、黄卫平教授、时和兴教授、景跃进教授、王续添教授、周光辉教授、杨雪冬研究员、彭勃教授在课题研究工作中给予的关心和指导。感谢山东大学、深圳大学、上海交通大学、信阳师范学院在课题研究和学术研讨方面给予的支持。感谢原中央编译局当代马克思主义研究部各位同事在课题研究过程中积极参与组织学术交流和调研活动。感谢社会科学文献出版社曹义恒先生，以及编辑单远举先生在出版本书时付出的辛劳。

民主是一个永恒的话题，我们只能在自己时代的条件下去认识和理解，在某种意义上，这些条件达到什么程度，我们就认识到什么程度。但是，我们也不应只是满足于使思考止步于当下。唯有穿透历史的隧道，人们的思考成果才能够在理论和实践的历史长河中产生不一样的回响。当我们面临这个时代的各种压力和挑战时，困扰我们的不是民主过载，而是民主不够。如果有对民主、对协商民主的观念和价值有效的、有力的支持，一种稳定的前景就会更具有现实性。目前的成果还是初步的，还有许多不足之处，也请学界同人多批评指正。希望在今后的学术生涯中能够进一步深化理论思考，并切实走进生活，不断推进协商民主的制度实践。

目录 CONTENTS

导　言 / 1
　　第一节　协商民主是中国民主政治建设的重要内容 / 2
　　第二节　协商民主制度建设的实践与挑战 / 8
　　第三节　国内外研究综述 / 12
　　第四节　研究方法 / 19

第一章　协商民主：提出与发展 / 22
　　第一节　理论创新与协商民主的提出 / 23
　　第二节　政治发展与协商实践 / 31
　　第三节　协商民主的内涵与特征 / 37

第二章　协商民主：价值与历史方位 / 43
　　第一节　协商民主的价值 / 43
　　第二节　协商民主的历史方位 / 49
　　第三节　协商民主的理论逻辑 / 51

第三章　政党协商 / 62
　　第一节　政党协商的发展及其内涵 / 62

第二节　政党协商的性质与边界 / 67

第三节　政党协商的价值 / 72

第四节　政党协商的基本原则与实践探索 / 75

第五节　我国政党协商面临的挑战 / 80

第六节　走向民主与法治的政党协商 / 83

第四章　政府协商 / 88

第一节　我国政府协商发展的逻辑起点 / 88

第二节　推进我国政府协商发展的重要意义 / 93

第三节　我国政府协商的基本内涵 / 95

第四节　我国政府协商的指导思想与基本原则 / 97

第五节　推进完善我国政府协商的基本路径 / 100

第五章　人大协商 / 107

第一节　人大协商的概念内涵 / 107

第二节　人大协商的理论基础 / 111

第三节　人大协商的基本要素 / 115

第四节　人大协商的实践探索 / 120

第五节　人大协商的成就与挑战 / 128

第六节　深入推进人大协商 / 132

第六章　政协协商 / 137

第一节　政协协商：逻辑起点与发展脉络 / 137

第二节　政协协商的基本内涵 / 141

第三节　政协协商的主要特征 / 144

第四节　人民政协商民主的实践价值 / 147

第五节　政协协商的实践探索 / 150

第六节　政协协商面临的挑战 / 152

第七节　发展政协协商的新要求 / 154

第八节　政协协商的前景：原则与制度建构 / 156

第七章　基层协商 / 161
　　第一节　基层协商的内涵 / 161
　　第二节　基层协商的实践 / 166
　　第三节　基层协商前瞻 / 170

第八章　社会协商 / 175
　　第一节　社会协商的历史缘起 / 176
　　第二节　社会协商的理性分析 / 179
　　第三节　社会协商的理论资源 / 187
　　第四节　结论 / 193

第九章　网络协商 / 195
　　第一节　互联网：协商民主新空间 / 195
　　第二节　网络协商民主：虚拟世界的参与、表达与对话 / 198
　　第三节　网络协商民主的困境与未来 / 205

第十章　协商民主：地方官员的视角 / 209
　　第一节　协商民主认知与实践图景 / 210
　　第二节　协商认知与实践的描述分析 / 222
　　第三节　协商认知对实践的影响 / 234
　　第四节　结论 / 240

第十一章　使民主运转起来：协商方法 / 242
　　第一节　协商方法的作用与设计原则 / 242
　　第二节　协商方法的类型与实践 / 247
　　第三节　协商方法的发展与创新 / 265

第十二章　国外的协商民主 / 276
　　第一节　国外的协商民主理论 / 276
　　第二节　国外的协商民主制度与实践 / 283
　　第三节　中外协商民主的比较 / 308

结　论 / 321

参考文献 / 328

导　言

马克思主义认为，民主是实现人类解放的手段，民主政治是一切国家形式的最终归宿，即国家的最终形式。对民主的向往，始终是人类的共同追求。然而，民主又是具体的、历史的，什么样的民主是最好、最有效的，不同的意识形态有不同的理解。民主在不同社会制度下、在不同国家有不同的实现形式。历史、传统、文化、地理、经济、社会等方方面面的差异性决定了不同国家和社会实践民主的模式呈现出多样性特征。各种不同的民主模式与实践，共同丰富了人类政治文明的成果。

具有悠久历史文化传统的中国，在近代以来同样走上了认识民主、思考民主、探索民主和实践民主的发展道路，逐步发展起现代民主政治的重要支柱，即人民代表大会制度、中国共产党领导的多党合作与政治协商制度、民族区域自治制度和基层民主自治制度，当代中国的民主政治制度基本确立。改革开放以来，我们党明确提出没有民主就没有社会主义，就没有社会主义现代化；始终坚持党的领导、人民当家作主、依法治国的有机统一，民主政治建设稳步推进，并在实践中创造出两票制、公推公选、民主恳谈、协商对话、预算监督等民主形式。民主的制度化、规范化、程序化程度不断提高，民主政治逐渐走向成熟和完善。

2012年，党的十八大明确提出"健全社会主义协商民主制度"的改革任务。协商民主是我国人民民主的一种重要实现形式，积极推进社会主义协商民主制度建设，既是我国政治体制改革的重要组成部分，又是我国社会主义政治文明建设的重要内容，同时也是对人类政治文明的丰富和发展。社会主义协商民主提出之后，我们既高扬民主的价值又注重制度建设，既强调党和政府的作用又鼓励人民更广泛地参与，既创造了增量民主的路径又激活了存量制度的资源，协商民主的实践取得了很大进步。但是，协商民主的制度实践依然面临诸如观念文化、制度支撑、实践深化等方面的挑战。只有通过不断尝试、不断努力、不断完善，才能够进一步推动和完善社会主义协商民主制度。

第一节　协商民主是中国民主政治建设的重要内容

不断推进理论创新是我们党实现科学执政、民主执政、依法执政的重要品质保障。这种理论自觉和自信体现着两个方面的价值取向，其一，通过理论创新，科学回答当代中国在探索自身发展过程中的重大问题；其二，通过回答中国的问题，同时丰富人类社会发展的文明成果。党的十八大提出健全社会主义协商民主制度，就是在这样的背景下提出来的。

从20世纪八九十年代"社会协商对话制度"探索到"人民通过选举、投票行使权利和人民内部各方面在选举和投票之前进行充分协商，尽可能就共同性问题取得一致意见，是我国社会主义民主的两种重要形式"，再到《中国的政党制度》（白皮书）明确提出"选举民主"和"协商民主"，长期的思考、探索为"社会主义协商民主"的提出奠定了坚实的基础。2012年，党的十八大报告首次明确提出"健全社会主义协商民主制度"[①]，这是我党在理论创新、实践探索经验基础上深思熟虑的结果，表明社会主义民主政治的理论和实践发展到了一个新的阶段，协商民主与党内民主、基层民主、选举民主等共同构成了我国民主政治建设的主体内容。

一　党内民主是我国民主政治建设的核心，发挥着引领作用

一般来说，在我国的政治生活中，党内民主指的是我们党基于自身的

[①] 胡锦涛：《坚定不移沿着中国特色社会主义道路前进　为全面建成小康社会而奋斗——在中国共产党第十八次全国代表大会上的报告》，2012年11月8日。

性质、宗旨和目标，在民主集中制原则指导下，依据民主的一般原则，就党内的权力结构和权利关系作出的制度规定，以及由此形成的制度实践。如果更具体一些，则包括通过选举实现的党内权力授受、党员权利的制度保障、党内政治生活的民主过程，以及浓厚的民主观念与文化等。党内民主是我国民主政治建设的核心和重要组成部分。党内民主是党的先进性的集中体现，没有民主，无产阶级政党就无以体现其先进性。工人阶级政党"组织本身是完全民主的"[①]。我们党高度重视党内民主建设。党的十六大提出，党内民主是党的生命，对人民民主具有重要的示范和带动作用。党的十七大进一步提出，人民民主是社会主义的生命。要以扩大党内民主带动人民民主，以增进党内和谐促进社会和谐。经过多年的探索，党内民主的制度建设、实践探索逐步成熟和规范，走出了一条符合中国国情的民主政治发展之路。

　　从总体上讲，党内民主建设的成就体现在以下几个方面。其一，关于党内民主重要性的认识不断提升。例如，党内民主是党的生命；民主是解放思想的重要条件；以党内民主促进人民民主；发展党内民主是政治体制改革和政治文明建设的重要内容；把权力关进制度的笼子里；让权力在阳光下运行；尊重党员主体地位，保障党员民主权利；等等。这些观念的提出和发展，表明我们党对于党内民主的认识越来越深入。其二，党内民主的制度建设逐步完善。例如，《中国共产党党员权利保障条例》规定了党员的各项权利，是一项重要的基本制度规范；《党政领导干部选拔任用工作条例》进一步完善了民主程序和规范；《中国共产党党内监督条例》建构了科学的党内监督制度；《党政领导干部职务任期暂行规定》规范了党政领导干部的任期管理；等等。制度建设为党内民主发展提供了坚实的保障。其三，党内民主实践不断深化。例如，中央政治局向中央委员会全体会议报告工作，中央政治局常委会和中央政治局有关会议制度、学习制度、工作规则等逐步实现常态化；党务公开从内容到形式都有新进展；党代表大会常任制试点逐步扩大，党代会权威性逐步提高；差额选举比例逐步扩大，"公推直选""两推一选"实践影响深远；巡视制度常态化、规范化，党内民主监

[①] 《马克思恩格斯选集》（第4卷），人民出版社，1995，第196页。

督力度加大；决策机制"问计于民"，提高了决策的科学性、民主性。

当然，党内民主制度建设依然还面临着诸多的挑战。例如，第一，党内民主意识和民主习惯仍显薄弱和匮乏。党内依然存在"救世主"情结，一些人怀疑党员群众行使民主权利的能力，习惯于"为民作主""替民作主"。第二，党员民主权利尚未得到切实保障，对民主集中制原则的理解和运用在一些党员和党组织中存在偏差。第三，党的代表大会作用的发挥有待进一步加强。工作机制不够健全、议事决策民主化程度有待提升、如何监督"一把手"等问题依然存在。第四，党内民主的制度化、程序化仍有不完善之处。① 一是制度执行力。制度不能停留在纸面上，党内民主制度得不到落实，会直接损害党的制度的权威性。二是制度瓶颈。基层的制度创新和实践，面临着如何向上、怎样向深发展的双重压力。第五，理论探索还需要深化。例如，如何实现"党管干部"的原则与马克思总结巴黎公社经验时提出的"普选制"有机结合；党内民主如何与法治建设结合起来；如何解决实践探索超前与制度保障滞后的张力；等等。解决这些问题，一方面需要深化对党内民主的理论探索和思想认识，另一方面则需要通过更多更好的民主来应对民主不足的挑战。党内民主本身就是一场"自我革命"。

二 基层民主是我国民主政治建设的基础

基层民主制度，是我国基本政治制度的重要组成部分。我国的基层民主，主要是指在我国的城乡自治组织、乡镇政权组织，以及企事业单位中，基于民主原则，围绕公共事务和公益事业的民主治理形式。在基层民主实践中，人民群众不断探索、创造实现民主选举、民主决策、民主管理和民主监督的有效机制，推进了我国基层民主政治建设的健康发展。我国的基层民主建设，是人民群众在改革开放中的伟大创举，凝聚了中国共产党和人民群众的智慧与自我管理的经验，反映了广大人民群众的意愿，是我国改革开放以来取得的重大成就之一。

我国的基层民主，既包括城乡自治组织的民主，也包括城乡基层政权

---

① 徐行、崔翔：《新时期党内民主建设的历程与发展路径》，《中国浦东干部学院学报》2012年第6期。

的民主，还包括企事业单位的民主。自治组织的民主，即以村民自治、社区居民自治为核心，组织乡村、城市居民按照民主自治原则管理公共事务的民主形式。基层政权民主建设，包括乡镇体制改革和城市街道民主建设。乡镇的"公推直选"等改革创新、城市社区管理体制改革等实践，进一步推进了民主选举、决策、管理和监督等各个民主环节的实践。我国企事业单位实行民主管理的基本组织形式是职工代表大会。我们党一直倡导和推行对企业实行民主管理，并在实践中不断建立和完善企事业单位民主管理制度。

我国在基层民主政治建设中创造了独具中国特色的一系列经验。例如，(1) 始终坚持将党的领导与群众的创造相结合。执政党高度重视基层民主建设，积极引导、推进各种形式的基层民主实践；善于把人民群众的智慧和经验融入政策、法律、法规之中，真实体现基层群众的创造性经验。(2) 始终注重制度建设和法律规范。"我国基层民主建设的发展历程，有一条清晰的发展路径：先农村，后城市，再政府，最后扩展到社会，但是立法始终贯穿于基层民主建设的进程。"① 我们把基层民主建设的好做法、好经验用法律的形式固定下来，并予以推广，为基层民主发展提供了法律依据和保障。(3) 始终坚持人民的主体地位。在基层民主实践中，尊重人民的创造性、独立性和自觉性，坚持以最广大人民的根本利益为本，坚持发展为了人民、发展依靠人民、发展成果由人民共享。(4) 始终坚持学习借鉴与独立探索有机结合。民主的原则是普遍的，但民主的实践是具体的。基层民主是应用于具体环境和空间的治理实践，探索适合不同实际的不同模式，具有重要意义。同时，基层民主是一个学习借鉴的过程，学习人类文明的共同成果，有利于启发我们基层民主实践的发展选择和路径。

在我国的基层民主实践中，还面临着各种亟须解决的困境。这些问题有的来自基层本身，有的则来自当下的制度和政策环节，也有的源自更为深层的历史文化传统等。困境一在于如何界定基层民主的功能。基层民主是一种利益调节机制和公共利益维护机制，其能否承担起推动整个中国民

---

① 刘旭东：《从"运动式民主"到"参与式民主"：我国基层民主发展的轨迹》，《长江论坛》2013 年第 4 期。

主政治进程的政治功能？困境二是宏观体制中的党政关系体现在基层民主结构之中所形成的两委关系、乡村关系的张力如何实现突破。困境三是动员式民主或者规划式民主，如何实现从压力型民主发展走向动力型民主发展，进而实现基层民主的日常化、生活化、规范化。困境四是如何解决基层民主制度建设的程序性不足问题。"中国的基层民主难以突破'制度壁垒'的陷阱，民主前途不容乐观。"① 虽然各地围绕基层民主进行了许多创新，但这些探索还是处于起步阶段，而且比较粗糙，缺乏具体的、有针对性的、细节性的程序和方法，民主的制度创新会因为缺乏支撑而无法持续和深化。

基层民主是当代中国最直接、最广泛的民主实践。主体多元、环境复杂、基础悬殊，决定了中国基层民主发展道路的艰难曲折性。要动员和组织人民群众更多参与民主政治，切实保障和落实人民群众的民主权利，规范和丰富人民群众的民主实践，最终实现我国基层民主的稳健发展。

三 选举民主与协商民主是我国社会主义民主的两种重要形式

我国民主政治的本质是人民当家作主，国家的权力属于人民。那么，人民通过什么方式实现当家作主，或者说行使自己的权力呢？其一，人民要通过选举，将权力委托给人民的代表，实现权力授受；其二，人民通过协商，参与权力运行过程各个环节，实现权力制约与监督。在当代中国，这两种民主形式，就是选举民主和协商民主。"人民通过选举、投票行使权利和人民内部各方面在重大决策之前进行充分协商，尽可能就共同性问题取得一致意见，是我国社会主义民主的两种重要形式。"② "选举民主与协商民主相结合，是中国社会主义民主的一大特点。"③ 这两种民主形式的结合，拓展了我国民主政治的深度和广度。充分的政治协商，既尊重了多数人的意愿，又照顾了少数人的合理要求，保障最大限度地实现人民民主，促进

---

① 李俊：《基层民主的持续性、深度性发展难题及其现实基础》，《求实》2009年第6期。
② 《中共中央关于加强人民政协工作的意见（摘要）》（2006年2月8日），载政协全国委员会办公厅、中共中央文献研究室编《人民政协重要文献选编》（下），中央文献出版社、中央文史出版社，2009，第793页。
③ 国务院新闻办公室：《中国的政党制度》（白皮书），2007年11月15日。

社会和谐发展。

选举是现代民主政治的主要形式。"民主,就必得有选举,有真的选举与民意机关。忽视它,是不可以的。"① 选举具有合法性功能、民意表达功能、监督功能和教育功能。以选举制度为基础的人民代表大会制度是我国人民当家作主的根本政治制度。发展选举民主,进一步实现人民当家作主的权利,是我国民主政治发展的必然逻辑。协商民主是我国民主政治中独特的民主形式,具有深厚的文化基础、理论基础、实践基础和制度基础。协商民主深深嵌入了我国民主政治建设的全过程。社会主义协商民主丰富了民主的形式、拓展了民主的渠道、深化了民主的内涵。

选举与协商都是权力运行过程的重要环节:选举体现的是权力的授受过程;协商体现的则是权力的运行过程、决策过程。选举与协商并非彼此对立的。"选举民主和协商民主从性质上来说,是相辅相成的,而不是相互冲突的,我们不能以选举民主去否定协商民主,也不能以协商民主去取代选举民主。选举和协商,对中国特色的社会主义民主政治而言,都是不可或缺的基本要素。"② 在政治实践过程中鼓励对话、沟通和协商,其前提依然是自由、公开、平等的选举。在中国,这两种民主形式不是相互替代、相互否定的,而是相互补充、相得益彰的,共同构成了中国社会主义民主政治的制度特点和优势。

我国在深入推进经济体制改革的同时,也在稳步推进政治体制改革。党内民主、基层民主、选举民主和协商民主的渐次发展,一方面表明了我国民主政治建设的结构性特征,另一方面也表明了我国民主政治建设内容的丰富性和复杂性。我国的民主政治建设,是各种不同的民主形式相互支持、相互融合的有机过程。在当代中国,党内民主是核心和引领,选举民主是主体和突破,基层民主是基础和基石,协商民主是关键和重点。推进中国特色社会主义民主政治发展,需要结合不同历史发展阶段,根据不同的形势和条件,合理配置资源,积极主动推进不同形式民主的实践和探索。

---

① 《谢觉哉文集》,人民出版社,1989,第355页。
② 俞可平:《中国特色协商民主的几个问题》,《学习时报》2013年12月23日。

第二节 协商民主制度建设的实践与挑战

协商民主倡导通过平等对话、共同协商促进围绕公共利益的共识达成和公共决策。协商民主更加注重民主的真实性，倾向于更多的参与、更多的表达、更多的理性和更多的共识。作为我国人民民主的重要形式，协商民主体现了当代中国对民主发展道路的探索和创造，以适合中国国情和实际的民主发展路径丰富了人类政治文明建设的多样性。

一 党和国家高度重视社会主义协商民主制度建设

2012 年，党的十八大明确提出"健全社会主义协商民主制度"的要求。这是党的代表大会上首次正式提出协商民主的命题。这是我国社会主义民主政治建设的重要内容和组成部分。2013 年，党的十八届三中全会通过的《中共中央关于全面深化改革若干重大问题的决定》从我国协商民主的定位、制度规范和渠道、基本要求和内容等方面，较为系统地勾勒了社会主义协商民主建设的蓝图。2014 年，在庆祝中国人民政治协商会议成立 65 周年纪念大会上，习近平总书记围绕"社会主义协商民主"这一主题，提出了一系列新的观点、新的论断和新的阐释。例如，"社会主义协商民主，是中国社会主义民主政治的特有形式和独特优势，是中国共产党的群众路线在政治领域的重要体现"；"人民通过选举、投票行使权利和人民内部各方面在重大决策之前进行充分协商，尽可能就共同性问题取得一致意见，是中国社会主义民主的两种重要形式。在中国，这两种民主形式不是相互替代、相互否定的，而是相互补充、相得益彰的，共同构成了中国社会主义民主政治的制度特点和优势"；"协商民主深深嵌入了中国社会主义民主政治全过程"；等等。2015 年 2 月 9 日，中共中央印发了《关于加强社会主义协商民主建设的意见》，这是我们党首次以"民主"为核心概念印发的纲领性文献。该文件立足于当代中国经济社会发展变化的现实，从建设社会主义政治文明，推进国家治理体系和治理能力现代化的高度，就加强社会主义协商民主建设作出了总体部署和顶层设计。

二 社会主义协商民主制度建设逐步推进

首先,在中央层面,《关于加强社会主义协商民主建设的意见》于2015年2月正式印发。该意见在充分吸收学术研究和理论思考的成果,以及各级党政部门协商实践的经验的基础上,围绕协商民主的特定内涵、发展历程、重要意义、指导原则、主要渠道、制度体系与程序以及党的领导等方面,进行了科学系统的阐释。该意见深刻回答了什么是协商民主、为什么要加强协商民主建设、怎样加强协商民主建设等一系列关涉社会主义民主政治发展的重大理论和实践问题,为在新的历史条件下进一步推动我国的政治体制改革、社会主义民主政治建设提供理论指导和行动纲领。其次,协商民主各个渠道的具体制度安排也相继出台。该意见印发后,《关于加强人民政协协商民主建设的实施意见》《关于加强城乡社区协商的意见》《关于加强政党协商的实施意见》等也相继印发,并作为相关渠道的指导意见付诸实践。"程序合理、环节完整的协商民主体系"的框架逐步形成。

三 协商民主实践体现出广泛、多层、制度化的特征

十八大提出健全社会主义协商民主制度后,我国地方各级党政机关、政协组织、社会领域和基层组织都在积极进行协商民主的探索并取得了显著的进展,协商民主的实践创造与制度建设广泛存在于我国的政治实践之中,从而为社会主义协商民主的提出准备了现实基础。从政治协商、政协协商到立法协商、行政协商,以及社会协商对话、基层协商民主、网络公共论坛等,我国协商民主的实践,从纵向讲,覆盖到中央、地方和基层社区,是一个多层次的协商民主制度实践;从横向上看,协商实践涉及国家政权机关的立法、行政和司法领域,更有党派和人民政协组织,同时也延伸到社会生活领域;从结构上看,协商民主的制度建设涵盖了立法制度、政治协商制度、政党制度、自治制度等,协商民主的制度框架基本形成;从技术上看,协商实践既有利用常态的、规范的制度平台开展的活动,也有利用现代信息技术作为支撑的尝试,如网络论坛等。因此,广泛、多层、制度化既是当代中国协商民主的发展目标,也是其最为基本的特征。

四 协商民主的观念、意识和文化氛围正在逐步形成

首先,人们对协商民主的当代价值有了更深刻的体认。人们普遍认为,协商民主体现了人民民主的本质要求。协商民主有利于巩固党的执政地位,提升执政能力,实现科学执政、民主执政、依法执政;有利于发展和完善中国共产党领导的多党合作和政治协商制度这一基本政治制度;有利于将党的群众路线转化为全面吸纳公民参与民主决策和民主管理的制度体系;有利于充实和巩固基层群众自治制度,使广大人民群众拥有保障自己权利、实现自我管理、维护公共利益的制度基础与实践路径。其次,通过类似立法听证、政治协商、民主恳谈、社区议事、网络论坛等各种不同形式的渠道和平台,广大人民群众在通过投票选举参与政治生活之外,又增加了直接参与政治生活的渠道。在参与过程中,人们能够意识到自身的利益、自身的权利;能够通过广泛的参与,逐步培育公开表达自身利益、认真倾听他人利益诉求的素养;能够促进人们相互尊重、相互理解。另外,党和政府采取什么样的方式了解并有效回应群众的需求、愿望,倾听民众的心声,在相当大的程度上决定着改革的正当性和可持续性。推动党和政府与群众的直接协商对话,既可以了解民情、反映民意,又可以回应需求、化解分歧,形成理性、文明、宽容的政治文化和氛围。

社会主义协商民主制度的不断健全和完善,有助于体现我国社会主义民主政治的特色和优势,有助于拓展公民有序政治参与的渠道,有助于党和国家决策的科学化、民主化。通过健全社会主义协商民主制度来加强党的领导,保障人民的主体地位和推进国家治理体系和治理能力现代化,既要看到已经取得的成就,也要客观分析协商民主建设过程中面临的挑战。

1. 关于协商民主制度建设的认识还需要进一步统一

围绕社会主义协商民主制度建设,在总体要求、基本原则、重要价值等方面,人们没有太大的异议,基本上具有广泛的一致性。但是,在具体的领域、环节等方面还有认识分歧。例如,(1)《中共中央关于全面深化改革若干重大问题的决定》要求各级党委、各个渠道都要出台具体的落实中央文件精神的实施细则,或者指导性的意见。但是,到目前为止,各个渠道的实施意见还没有完全推出,还有些地方未按照《关于加强社会主义协商民主建设的

意见》要求明确提出加强制度建设。这说明在如何推动协商民主制度实践方面，各地方、各方面还有认识上的分歧。(2) 在具体环节、具体领域也存在没有达成共识的现象。例如，就人民政协的协商民主来讲，存在如何将协商民主贯穿政协履职全过程、政协如何更好发挥作为专门协商机构的作用等问题；还存在人民代表大会制度如何用好协商民主的问题等。这些方面都还存在不同认识，尚未形成共识。(3) 对协商民主的地位和作用缺乏应有的认识，对协商民主的重视不够，开展协商的积极性不高，有时想到就协商，想不到就不协商，应该协商的不协商，随意性比较大。在一定程度上，协商形式大于内容、程序大于实质，征求意见和情况通报多于真正的协商讨论，等等。(4) 协商民主的观念、意识还需要进一步转变，协商民主文化也需要大力普及。虽然中央多次强调协商民主建设，但是，还有许多人观念没有转变，认为协商只是形式上的、做样子的，发挥不了实际作用；有些人意识淡漠，甚至故意忽视协商在实际工作中的作用；协商的文化氛围还未形成。协商民主的观念究竟是公务员更需要，还是社会大众更需要，是个值得研究的问题。

2. 对社会主义协商民主理论还需要进行深入研究

建设社会主义协商民主制度，需要有系统的、深入的理论成果作为基础。学理上阐释深刻、理论上解释清楚，制度设计就会更为科学、理性和规范。我国的社会主义协商民主理论研究，取得了一些成果，也可以说基本完成了第一阶段的研究任务，就是初步普及了协商民主的知识、明确了协商民主制度建设对于中国民主政治发展的意义。但是，将协商民主理论上升到中国特色社会主义理论创新成果、中国社会主义民主政治发展道路的重要组成部分、政治体制改革的重要组成部分等这样的高度，在协商民主的理论特性、本质要求、逻辑结构、基本原理等方面，还需要进行更为深入的研究。另外，在协商民主的渠道方面，需不需要提出第八种协商方式，即网络协商民主，也需要进一步探讨。

3. 社会主义协商民主制度建设需要更加规范和合理

协商民主制度建设要实现"广泛、多层、制度化"的目标，但制度实践需要有总体性的建设要求，以及明确的制度保障。这就需要解决如下几个方面的问题。(1) 如何解决与已有的制度体系相衔接而不是另搞一套的问题。这一问题不解决，就会弱化既有的党内法规制度体系、宪法法律制度体系，动摇既有制度的权威性。例如，怎样在既有的制度规范中嵌入协商环节，如立法过程中开展协商；怎样利用既有制度平台推进协商民主实践，如通过村民代表会议开展协商等。（2）如何确保协商民主制度实践在法治的轨道上运转的问题。一方面，要解决现有七大渠道的协商法治化问题；另一方面，可能还需要考虑与党内法规的关系。例如，有关协商民主立法还不够健全，缺乏相应的法律法规保障；有些协商民主活动缺乏健全的、稳定的制度保障，缺少具有可操作性的程序规定；有的制度落实力度不够，以领导的喜恶确定协商形式、取舍协商内容，选择性、随意性较大等。（3）具体的协商民主操作程序设计已经有一些成果，但如果按照普遍性、传播性、普及性的要求，这些成果还不够。一些具体的制度机制过于笼统、过于宽泛，缺乏必要的程序和步骤，不便于操作。

在我国社会主义初级阶段，随着世情、国情、党情的深刻变化，我国的民主政治建设也面临着诸多复杂的因素。推进民主政治建设，既存在许多有利条件和基础，也面临不少困难和风险。如果看不到民主建设的重要性，思想僵化，以各种理由拒绝或者拖延民主建设，会使党丧失创新活力；同时，如果不顾客观现实，缺乏踏实的基础工作、稳步的制度实践，也是值得警惕的。只有稳步循序发展民主，才能够探索和发展出适合中国自身实际的民主发展道路。

第三节 国内外研究综述

一 国外协商民主研究的基本情况

对协商的重视，不是一个全新的问题。在古希腊城邦国家中，以及西方各种政治理论，如埃德蒙·伯克和约翰·斯图尔特·密尔的思考与21世纪早期的理论家如约翰·杜威的著作中，都能找到对协商的论述。1980年，美国学者约瑟夫·毕塞特（Joseph Bessette）在《协商民主：共和政府中的多数原则》一文中明确提出"协商民主"（deliberative democracy）的概念[①]，从而在学术界引发了对于协商民主的研究热潮。随后美国学者伯纳

---

① Joseph Bessette, "Deliberative Democracy: The Majority Principle in Republican Government," in Robert Goldwin and William Shambra (eds.), *How Democratic is the Constitution?* American Enterprise Institute, 1981, pp. 102 – 116.

德·曼宁、乔舒亚·科恩分别发表了《论合法性与政治协商》与《协商与民主合法性》论文，真正赋予协商民主以发展动力。此后，詹姆斯·博曼教授的《公共协商：多元主义、复杂性与民主》（1996年）、詹姆斯·博曼和威廉姆·雷吉合编的《协商民主：论理性与政治》（1997年）、乔·埃尔斯特教授主编的《协商民主》（1998年）、詹姆斯·菲什金教授的《协商民主论争》（2003年）等著作相继出版。国际学术界知名学者如约翰·罗尔斯、尤尔根·哈贝马斯、安东尼·吉登斯、乔舒亚·科恩、艾丽丝·M.扬、马克·沃伦、约翰·德雷泽克等都从不同的侧面为推进协商民主的研究和发展提供了理论思考，并作出了相应的贡献。例如，德雷泽克讨论了全球化背景下协商政治的发展，马克·沃伦跟踪研究了加拿大公民大会的政治实践，菲什金运用协商民意测验方法在基层政治中开展实践性研究，等等。

因为出发点的差异，国外学者关于协商民主的界定也存在诸多差异和侧重。一是将协商民主作为政府形式，即"协商民主指的是为政治生活中的理性讨论提供基本空间的民主政府"①，是一种事务受其成员的公共协商所支配的共同体；二是将协商民主看作决策形式，即当一种民主体制的决策是通过公开讨论作出的，那么，这种民主体制就是协商的；② 三是将协商民主看作治理形式，即面对现代社会的分裂与对立，协商民主是一种具有巨大潜能的民主治理形式，它能够有效回应文化间对话和多元文化社会认知的某些核心问题。③ 此外，吉登斯、艾丽丝·M.扬和德雷泽克等学者则根据各自研究兴趣和价值取向提出了几种不同于"协商民主"的认知概念，如吉登斯提出的"对话民主"、德雷泽克提出的"话语民主"和艾丽丝·M.扬所说的"沟通民主"。

国外学者对协商民主的研究，其核心的概念包括多元主义、平等、理

---

① Maeve Cooke, "Five Arguments for Deliberative Democracy," *Political Studies*, 2000, Vol. 48, pp. 947–969.
② David Miller, "Is Deliberative Democracy Unfair to Disadvantaged Groups?" *Democracy as Public Deliberation: New Perspectives*, Edited by Maurizio Passerin D'entrèves, Manchester University Press, 2002, p. 201.
③ Jorge M. Valadez, *Deliberative Democracy, Political Legitimacy, and Self-Democracy in Multicultural Societies*, USA Westview Press, 2001, p. 30.

性、责任、参与、程序、协商、合法性、共识和公共利益。而因为价值取向与研究路径的不同，协商民主理论分为这样几种不同的流派：从"社群主义"视角研究协商民主，如本杰明·巴伯或查尔斯·泰勒等，他们注重公共利益和公共理性实践；从"自由主义"视角研究协商民主，如约翰·罗尔斯和乔舒亚·科恩等，他们强调个体的自由与权利，以及协商民主对实现共同体理想的意义；从"批判理论"视角研究协商民主，如于尔根·哈贝马斯和塞拉·本哈比等，他们认为协商是"秉承理想作用"的过程。

除现代民主国家的制度设计之外，在全球与地方治理的制度安排与实践中，都能够发现协商民主的经验支撑。（1）就国家体制而言，协商民主倡导者毕塞特认为，美国开国元勋制宪时，其主旨表现在两个方面，一方面需要限制大众多数，另一方面同时要使多数原则有效，而这两个方面在实质上是一致的，它们存在于制宪者建立"协商民主"的明确意图之中。（2）全球治理、地方治理过程中的协商民主，如欧盟成员国之间的协商，以及巴西兴起的参与式预算、国外的市镇会议等。协商民主政治为全球与地方治理提供了充分的实践空间，协商民主的价值、理念和程序决定了其能够最大限度地解决当前问题，并包容差异性观点。（3）协商民主应对风险社会（乌尔里希·贝克、玛丽·道格拉斯等）。实践的结果只有一种类型的民主，那就是沿着协商民主的方向拓展和加强自由民主，只有它才能够使风险社会从容应对生态灾难并实现可持续性发展的目标。（4）生态文明。生态文明讨论人类中心主义或生态中心主义，指的是在人类与自然共存的环境中，政治制度既尊重人类自身的需求，也尊重自然的需求。协商民主理论认为，不仅在人类之间存在民主，而且在人类与自然界的交往过程中也存在民主，尽管并不是在自然世界，或者在自然界为人类提供的任何简单模式中存在民主。

国外的协商民主理论也面临不同的质疑和挑战。如反对者提出协商民主具有精英主义的倾向，在协商制度中强势和弱势群体之间存在不平等；协商民主具有浓厚的乌托邦色彩，过于理想化，理想和现存民主实践之间存在巨大鸿沟，协商民主面临理性的局限与协商无效等困境。不过，更多的研究者还是肯定了协商民主的前景与价值。他们认为，其价值在于：（1）改善立法和决策的质量，促进合法决策。政治决策只有获得广大政策对象的认同和支持，即在获得合法性的基础上才能够有效地加以实施。（2）培养公民精神，促进政治共同体的形成。良好的公民精神是健康民主政治的重要基础，协商民主则是建构这一基础的重要途径。（3）实现从权利政治转向公益政治。协商民主开始重新强调公民对于公共利益的责任，强调通过达成共识进而形成决策的过程，改变了重视自由而忽视平等的传统。协商过程是对当代自由民主中流行的个人主义和自利道德的矫正。（4）制约行政权的膨胀。协商过程能够包容各种不同的利益、立场和价值，使讨论和决策过程中的社会知识最大化。从广义上讲，行政责任的协商模式将具有超越公共行政的意义。（5）协商民主能够充分发挥理性的作用。公共协商就是交换理性的对话过程，目的是解决那些只有通过人际协作才能解决的问题。（6）协商民主能够作为化解国内国际冲突的有效手段。①

二 国内协商民主研究的基本情况

国内学术界开始了解协商民主理论，最早应是2002年。②德国当代思想家哈贝马斯在华所作"协商民主的三种规范"演讲，让国内学术界开始知晓"协商政治"。真正首次见之于文的"协商民主"研究，则是2002年12月发表的《当代西方政治理论的热点问题》一文③，文中明确提出了"远程民主与协商民主"。该文认为，政府与公民的协商是实现民主决策的必要环节，协商作为民主的实践是政治合法性的来源之一。2003年8月发表的《协商政治：对中国民主政治发展的一种思考》一文认为，协商政治概念"在一定程度上是作为竞争政治的替代来强调的"④。而在2003年，有学者的研究成果也使用了"协商民主"的概念，即在社区治理过程中，存

---

① 陈家刚选编《协商民主》，上海三联书店，2004，第41页。
② 关于协商民主理论的研究，有学者指出："中国社科界八十年代晚期，其实已经开始了从学术意义上介绍西方协商民主思想"（黄国华：《社会主义协商民主若干基本问题辨析》，《中国政协理论研究》2014年第1期）。上述观点的依据是："1990年由中国人民大学出版社出版的，黄文扬主编的《国内外民主理论要览》一书，用了全书5.4%的篇幅介绍美国学界有关协商民主的理论与实践，不应是偶然的。"实际上，该书介绍的是阿伦·利普哈特的《民主：21国的多数政府与共识政府模式》，黄文扬主编的书将后者中的consensus democracy翻译成了"协商民主"，实则是"共识民主"。
③ 俞可平：《当代西方政治理论的热点问题》，《学习时报》2002年12月23日。
④ 林尚立：《协商政治：对中国民主政治发展的一种思考》，《学术月刊》2003年第4期。

在街道办事处-居委会的行政权力网络、业主委员会和议事会等社会自治权力网络,以及渗透于二者之中的党组织网络,"这三重组织网络同时在扩展,并逐渐形成一种笔者所谓的'协商民主'的运作机制,即由三重组织网络在制度框架内协商解决社区公共事务"①。实际上,该文作者想回答的问题是"社区建设的主导力量是什么?政府如何保持公共秩序?国家与社会在中国城市社区中表现为怎样的关系?"其研究成果虽然使用了"协商民主"的概念,但并未对协商民主进行深入的分析。

从 2004 年开始,协商民主理论研究开始越来越多地进入国内学术视野。(1) 学术杂志开设专栏,这里仅举几例加以说明,如《马克思主义与现实》(2004 年、2014 年)、《经济社会体制比较》(2014 年)、《新视野》(2015 年)、《探索》(2015 年)、《国外理论动态》(2015 年)分别开设了"协商民主"专题等。(2) 课题设置、出版规划和学术研讨等相继丰富了这一热点话域。2004~2005 年,国家社科基金及相关单位设置了两项关于协商民主的研究课题。② 随后,国家社科基金和教育部以及相关机构设置的协商民主课题越来越多。2013 年国家社科基金还设立了一项"健全社会主义协商民主制度研究"的重大招标项目。上海三联书店 2004 年出版了国内第一本《协商民主》文集;2005 年,中央编译出版社"协商民主译丛"(8 卷)被列为国家"十一五"重点图书出版;2015 年,中央文献出版社出版了"协商民主研究丛书"(7 卷)。(3) 学术研讨会相继举行。例如,中央编译局(2004 年、2006 年)、浙江大学(2004 年)、复旦大学(2007 年)、南开大学(2013 年)、上海交大(2014 年)、四川省社科院(2015 年),以及台湾地区相继举办了各类的学术研讨会。有关大学和研究机构还经常举办关于协商民主的小型学术沙龙等。(4) 成立相关研究机构。2006 年 12 月"中国人民政协理论研究会"成立并举行了第一次理论研讨会。地方各省市政协理论研究会相继成立,为深入研究人民政协理论与实践、协商民主理论与

---

① 刘晔:《公共参与、社区自治与协商民主——对一个城市社区公共交往行为的分析》,《复旦学报》(社会科学版) 2003 年第 5 期。
② 中央编译局 2004~2005 年社科基金课题:"当代西方协商民主理论研究"(课题批准号:04B03);国家社科基金青年项目:"协商民主与当代中国的政治实践"(课题批准号:05CZZ006)。

实践提供了坚实的平台。（5）研究成果日渐丰富。2004~2015年，国内出版包括翻译作品在内的协商民主著作接近90本。其中包括"协商民主译丛"8本，《协商民主》（译文集）1本，《协商民主与政治发展》（译文集）1本，《审议民主》（译文集），等等。最早的著作是2004年上海三联书店出版的《协商民主》（陈家刚选编）；其次是2006年中国社会科学出版社的一本学术会议论文集《协商民主的发展》（陈剩勇等主编）。学术期刊发表的协商民主论文也是逐年增多，研究主题涉及协商民主理论的兴起，协商民主的理论结构与主题，党际协商、基层协商、行政协商、人大的协商民主、社会协商对话和公共参与，以及协商民主面临的挑战与问题等。[①]

国内的学者多重视协商民主理论本身的建构，协商民主在中国民主政治建设中的方位，以及协商民主的实践问题。（1）作为民主发展路径的协商民主。"中国政治发展的现实条件、承担的历史责任和基本政治理念，共同决定了在中国民主政治发展的程序选择必须以协商为价值偏好；中国民主政治建设必须以发展协商政治为取向。"[②]"在进一步推进竞争性民主的基础上，大力推进协商民主是中国民主政治发展的明智的战略选择。"[③]（2）当代中国协商民主的实践。当代中国地方政治具有丰富的协商民主实践，如地方立法机构、行政机构决策过程中的协商（座谈会、听证会等），基层治理中的"民主恳谈会"、居民论坛、乡村论坛等，中国共产党领导的多党合作和政治协商制度下的政治协商，互联网公共论坛，以及大陆与台湾协商民主实践，等等。要积极探索实现协商民主的有效途径，让协商民主真正发挥作用，让人民群众切实感受到协商民主带来的好处。[④]（3）中国协商民主研究中的若干关系。例如，协商民主与选举民主：选举是现代民主的核心要素，没有选举就没有协商，选举与协商不是非此即彼的，不是截然对立的。[⑤] 协商民主与政治协商：我国的政治协商制度与协商民主既存在共通的地方，也存在很大的差异，我们可以深入挖掘既有制度的潜力，

---

① 上述数据是笔者根据中国知网、国家图书馆的数据进行统计所得。
② 林尚立：《协商政治：对中国民主政治发展的一种思考》，《学术月刊》2003年第4期。
③ 陈家刚：《协商民主研究在东西方的兴起与发展》，《毛泽东邓小平理论研究》2008年第7期。
④ 俞可平：《中国特色协商民主的几个问题》，《学习时报》2013年12月23日。
⑤ 俞可平：《中国特色协商民主的几个问题》，《学习时报》2013年12月23日。

拓展既有制度的空间，实现创造性的转换。协商民主与传统文化：中国传统政治文化的核心价值对多样性和多元化的肯定，以及对多元共存和发展的强调，与现代民主政治的基本精神具有一定的契合性，这种文化基础为协商民主的发展提供了良好的资源和文化背景。协商民主与人大制度：选举、协商都是现代民主政治中的关键要素。立法机构等国家机构也有着丰富的协商实践，例如听证制度及其实践。

三 关于国内外协商民主研究的简要评价

随着协商民主研究的成果越来越多地进入人们的视野，我们可以发现国外协商民主研究的重点，以及目前研究所面临的挑战。（1）从总体上讲，国外协商民主理论研究主要关注的是：协商民主的规范性理想，作为制度结构和决策机制的协商，协商民主的实践（如多元文化背景下的政治实践）、生态危机与基层民主、全球政治与多边组织中的民主等，协商民主的价值、挑战与前景。（2）在一个强调多元、尊重差异和多样的时代，在一个既有体制面临重重危机和挑战的时代，协商民主开启了人类探索民主理想的新历程。民主走向协商，表明人们在持续关注民主的真实性。协商使民主成为一个具有持续性、创造性的过程。协商民主为人类的民主探索提供了一种新的思考路径。（3）但是，国外的协商民主研究依然存在一定的不足，例如，首先未能将协商民主理论的转型和发展放在民主理论本身的发展历程中去思考，即未能深入分析现代民主自身从"代表"到"参与"进而发展到"协商"这一重要趋势的内在逻辑；其次，作为一种民主理论，协商民主未能建构起体现自身价值和主旨的制度架构，因而在很大程度上依然是作为既有制度的完善和补充，其真正价值未能充分发挥。

国内学术界对协商民主的研究，因为其理论的深入和研究范围的广度，在实际社会政治生活中产生了积极的影响。"健全社会主义协商民主制度"也已被写入党的十八大报告。但是，我国的协商民主研究依然面临着相当大的挑战，还有很大的提升空间。首先，在批判借鉴当代西方协商民主理论方面，还需要进一步深入分析，要将协商民主的兴起放在20世纪民主理论发展的脉络中、放在西方民主政治发展的实践中去思考；其次，介绍、借鉴人类政治文明的成果，实现本土化，要高度重视自身的历史传统、经济社会基础、制度现实以及文化背景；再次，要探索实现社会主义与协商民主有机结合的路径，进一步促进我国社会主义政治文明的进步，从而为人类文明的发展作出更多的贡献；最后，要从观念的转变、原则的确认走向现实的制度构造，实现民主制度、民主程序、民主技术与民主文化建设的同步发展，这是深入推进协商民主制度建设的重要步骤。因此，健全社会主义协商民主制度，对于我们发展社会主义民主政治，大力推进中国特色社会主义伟大事业具有重要的意义。

第四节　研究方法

本课题的总体思路是：立足于党的十八大提出的"健全社会主义协商民主制度"这一科学论断，坚持以邓小平理论、"三个代表"重要思想和科学发展观为指导，运用马克思主义的立场、观点和方法，在全面梳理、深入研究和批评分析当代协商民主理论的基础上，系统掌握我国社会主义协商民主发展的重要文献和基本资料，集中关注当代中国社会主义协商民主的理论探索和实践创造，以构建具有中国特色的协商民主制度、深入推动政治体制改革、促进社会主义政治文明建设为基本指向，积极开展"健全社会主义协商民主制度"的相关研究工作，最终形成形式多样的研究成果，包括研究专著、对策分析报告等，从而为完善和发展社会主义协商民主理论，推动和开展社会主义协商民主实践提供有力的支撑。

本课题将始终以马克思主义的立场、观点和方法为指导，坚持历史和逻辑相结合、理论和实践相结合、综合研究与比较研究相结合、国内和国外相比较的基本原则，采取多种方法开展研究。

一　文献分析法

课题组将以协商民主兴起与发展的背景、协商民主理论、协商民主制度建设、协商民主实践、协商民主与民主政治发展等论题为分析核心，分别从国内外学术界、政策实务界等视角出发，对协商民主有关问题进行系统的文献梳理和研究。着重对我们党和国家关于社会主义民主政治发展，社会主义协商民主的历史与传统、基本概念与理论，社会主义协商民主的实践等重要制度规定、政策法规等文献进行系统梳理和深入的分析研究。文献分析有助于了解正式和非正式制度安排，了解制度建设的理论基础和逻辑结构，了解关于制度变革方向和具体方案方面的讨论和争论。文献分析法是本课题各种研究方法的基础。

二　制度理论分析法

研究社会主义协商民主制度的建构，从根本上讲是要解决当代中国民主政治制度建设的完善和发展的问题。因此，运用制度理论开展研究是非常重要的方法。本课题将从制度理论出发，深入研究在健全社会主义协商民主制度的过程中，既有的组织、结构、文化、规范和习俗是怎样塑造新的制度的，以及新的制度演进过程是如何影响人、社会以及文化的。在考察具体制度建设时，本课题将着力关注制度结构中的利益相关者的行动、不同行动者之间的博弈、观念文化等因素与制度之间的互动。这将有助于我们观察到中国现实政治运作的实质，分析中国社会主义协商民主制度建设中存在的问题、面临的挑战，并提出切实可靠的政策性建议。

三　案例分析法

课题组在分析我国协商民主制度建设的进展和成就时，一方面从宏观视角关注制度建设的总体状况，另一方面将重点分析我国各级党政机构在推动协商民主制度建设方面所作出的创造性的努力，以及最好的实践创新。本课题将严格遵循科学的方法，在对经济发展水平、地理区位差异、历史文化与传统等要素进行深入分析的基础上，选取若干最佳实践案例进行深入研究，从实践领域为社会主义协商民主政治的制度建构提供坚实的经验基础和支撑。

四　比较分析法

中国特色社会主义协商民主是我国社会主义政治发展道路的重要组成部分，同时也因其特殊性而又成为世界民主政治发展的重要部分。当代中国协商民主制度的建设，同样离不开批判地吸收和借鉴当代西方协商民主发展的有益成果。本课题的研究，将充分利用比较分析法，对中外协商民主的历史文化背景、经济社会发展条件、理论基础、制度结构、文化形态等方面进行全面的比较。比较出真知、比较知优势、比较促发展。本课题将在比较研究的基础上，在制度建设方面，发展出适合我国国情的社会主义协商民主制度建设路径。

本课题在实际研究过程中充分利用以下研究手段。一是实地考察或者田野调查。科学选择调查点，组织研究团队深入实际，注重系统地收集第一手翔实资料，尤其是参与观察我国基层协商民主的实践。通过实地考察的方式，在充分掌握基础材料、真实感受实践创新的基础上，切实地总结经验、发现问题、找出办法，为协商民主制度建设提供经验资源。二是案例研究。选择那些已经在实践中实施多年，并已经取得相当成效的实践案例，例如立法听证、政治协商、参与式预算、民主恳谈会等，通过具体分析和解剖，从具体到抽象、从特殊到一般，形成我国协商民主制度建设的基本原则与建构路径。三是座谈或访谈。采用不同形式的座谈和访谈，掌握我国不同层级协商民主建设的基本文献、数据，以及协商民主建设成就与挑战。座谈或访谈将采用开放式和焦点式两种方式进行。四是问卷调查。通过设计更为结构化的问题，选取不同的人群发放问卷，发掘出我国协商民主建设的发展实际、面临的挑战，以及对于协商民主未来发展走向的判断等基本资料。问卷调查可以将描述性研究与分析性研究包含在内，以实现对协商民主实际状态进行科学研究的目标。

总之，结合研究的需要，本课题将运用逻辑与历史、实证与抽象、综合与比较相结合的方法，从多个视角开展多层面、全方位、宽领域的整体研究。课题组将立足于文献与理论，着眼于实际和应用，从理论来源于客观事实的基本点出发，在充分调研的基础上收集材料，在对材料进行深入分析的基础上进行理论总结，并在理论研究的基础上提出有针对性的制度建设对策建议，以指导制度建设实践。课题组的主要成员以及国内有关高校和研究机构的年轻学者参与了研究、研讨、问卷调查等学术活动。

第一章

协商民主：提出与发展

2015年2月9日，中共中央印发了《关于加强社会主义协商民主建设的意见》（本章以下简称《意见》），这是我们党首次以"民主"为核心概念印发的纲领性文献。《意见》根据党的十八大和十八届三中、四中全会精神，以及习近平总书记在中国人民政治协商会议成立65周年纪念大会上的讲话精神，全面总结了我们党在革命、建设和改革实践中的成功做法与经验，立足于当代中国经济社会发展变化的现实，从建设社会主义政治文明，推进国家治理体系和治理能力现代化的高度，就加强社会主义协商民主建设作出了总体部署和顶层设计。《意见》深刻回答了什么是协商民主、为什么要加强协商民主建设、怎样加强协商民主建设等一系列关涉社会主义民主政治发展的重大理论和实践问题，为在新的历史条件下进一步推动我国的政治体制改革、社会主义民主政治建设提供了理论指导和行动纲领。《意见》共九部分27条，起草过程历时将近一年。在充分吸收学术研究和理论思考的成果，以及各级党政部门协商实践的经验的基础上，《意见》主要围绕协商民主的特定内涵、发展历程、重要意义、指导原则、主要渠道、制度体系与程序以及党的领导等方面，进行了科学系统的阐释。

而在此前的2014年9月21日，在中国人民政治协商会议成立65周年纪念大会上，习近平总书记发表了重要讲话。在回顾人民政协的伟大实践、光辉历程和历史功勋之后，习近平总书记围绕"社会主义协商民主"这一主题，提出了一系列新的观点、新的论断和新的阐释。例如，"社会主义协商民主，是中国社会主义民主政治的特有形式和独特优势，是中国共产党的群众路线在政治领域的重要体现";"人民通过选举、投票行使权利和人民内部各方面在重大决策之前进行充分协商,尽可能就共同性问题取得一致意见,是中国社会主义民主的两种重要形式。在中国,这两种民主形式不是相互替代、相互否定的,而是相互补充、相得益彰的,共同构成了中国社会主义民主政治的制度特点和优势";"协商民主深深嵌入了中国社会主义民主政治全过程";等等。[1] 习近平总书记关于社会主义协商民主的论述,为《意见》的起草和出台提供了科学的指南和基本遵循。

《意见》的正式印发,一方面体现了我们党在民主问题上的理论创新成果,另一方面也为今后进一步推进我国的协商民主制度建设指明了方向。构建程序合理、环节完整的协商民主体系,推进协商民主广泛、多层、制度化发展,是协商民主建设的重要目标。统筹协调各协商渠道的协商活动,形成强大推动力量,显得尤为重要。《意见》明确提出了"继续重点加强政党协商、政府协商、政协协商,积极开展人大协商、基层协商、人民团体协商,逐步探索社会组织协商"的规划,同时也要求,"发挥各协商渠道自身优势,做好衔接配合,不断健全和完善社会主义协商民主制度","研究制定协商民主建设党内法规","各地区各相关部门要根据本意见,结合实际,制定具体实施办法"。这种部署,既全面,又突出了重点;既立足于当前,又规划了未来。

不断完善社会主义协商民主制度,积极推进社会主义协商民主制度的实践,已经成为当前及今后一个时期政治体制改革的重要任务。因此,从理论上准确阐释社会主义协商民主的发展脉络、科学内涵、性质定位、理论逻辑和制度框架,以及协商民主建设中的若干重要问题,对我们在实践中积极推进协商民主制度建设具有重要的意义。

第一节 理论创新与协商民主的提出

"理论上的成熟是政治上坚定的基础,理论上的与时俱进是行动上锐意

---

[1] 习近平:《在庆祝中国人民政治协商会议成立65周年大会上的讲话》,《人民日报》2014年9月22日。

进取的前提。"① 不断推进理论创新是我们党实现科学执政、民主执政、依法执政的重要品质保障。我们党最为鲜明的特征和力量源泉就是这种清醒的理论自觉和自信。这种理论自觉和自信体现为对当代中国特色社会主义发展道路的坚定信念，体现为创造性地回答当代人类社会和中国发展过程中的重大问题。正因为如此，我们党才会既在理论上不断实现创新，又在实践中不断实现超越，从而取得了令世人瞩目的成就。协商民主就是在这样的背景下提出来的。

2012年11月8日，党的十八大在北京召开。胡锦涛同志在向大会所作的报告中，明确提出了"健全社会主义协商民主"的论断：

> 社会主义协商民主是我国人民民主的重要形式。要完善协商民主制度和工作机制，推进协商民主广泛、多层、制度化发展。通过国家政权机关、政协组织、党派团体等渠道，就经济社会发展重大问题和涉及群众切身利益的实际问题广泛协商，广纳群言、广集民智，增进共识、增强合力。②

这是在执政党的政治报告中首次提出"社会主义协商民主"的论断。报告在第五部分"坚持走中国特色社会主义政治发展道路和推进政治体制改革"中大篇幅阐释协商民主、规划协商民主，其重要性显而易见。十八大报告辟专门段落论述的协商民主，可以从这样几个方面来理解。一是将"健全社会主义协商民主制度"明确为我国政治体制改革的重要任务之一。因为"人民民主是我们党始终高扬的光辉旗帜"，"政治体制改革是我国全面改革的重要组成部分"。协商民主作为我国"人民民主的重要形式"，在推进政治体制改革过程中承担着重要责任。二是初步提出了实现这一重要任务的基本渠道，即通过国家政权机关、政协组织、党派团体等渠道和开展基层民主协商来完成。三是确立了通过制度化来健全协商民主的主要路

---

① 胡锦涛：《在庆祝中国共产党成立九十周年大会上的讲话》，《人民日报》2011年7月2日。
② 胡锦涛：《坚定不移沿着中国特色社会主义道路前进　为全面建成小康社会而奋斗——在中国共产党第十八次全国代表大会上的报告》，《中国共产党第十八次全国代表大会文件汇编》，人民出版社，2012，第24页。

径,也就是"推进协商民主广泛、多层、制度化发展"。四是特别提出"充分发挥人民政协作为协商民主重要渠道作用",目的是充分发挥人民政协既有制度资源和优势,进一步完善体制机制,结合新的实际创造新的形式,增强协商的实效性。只有这样完整理解十八大报告精神,才不会在理论研究和实践探索中偏废任何一个方面。

协商民主的提出,不是心血来潮,也不是权宜之计,它是党和人民在理论创新、实践探索经验基础上深思熟虑的结果,是我们不断进行理论创新、实践探索的结果,更是一种科学的总结,是社会主义民主政治理论的新发展。"协商"、"政治协商"和"民主协商"等概念在我国政治生活中是人们耳熟能详的表述,不仅在宪法和党的文献中,而且在现实的政治实践中具有丰富的、多样的形式。而"协商民主"的表述则是20世纪90年代以来的事情。

1991年3月,江泽民同志在参加七届全国人大四次会议、全国政协七届四次会议的党员负责同志会议上,就"在统一战线内部形成党领导下的团结、民主、和谐的合作共事关系"发表讲话,其主旨是要求执政党团结一切可以团结的力量,调动一切积极因素,巩固和发展统一战线,完成"建设社会主义现代化国家、实现祖国和平统一"这一伟大事业。

> 人民通过选举、投票行使权利和人民内部各方面在选举和投票之前进行充分协商,尽可能就共同性问题取得一致意见,是我国社会主义民主的两种重要形式。这是西方无可比拟的,也是他们无法理解的。两种形式比一种形式好,更能真实体现社会主义社会人民当家作主的权利。各级人民政协要同人民代表大会、人民政府配合协作,在中国共产党统一领导下,为实现共同目标而奋斗。①

这是在党的文献中首次出现对于"社会主义两种民主形式"的论述。很多学者也将这一论述作为后来的"选举民主"和"协商民主"概括性表

---

① 政协全国委员会办公厅、中共中央文献研究室编《人民政协重要文献选编》(中),中央文献出版社、中央文史出版社,2009,第506页。

述的雏形。通过分析文献我们发现,第一,这段论述主要是在"两会"期间党的领导人围绕"统一战线"和"人民政协"的工作来展开的,也即此时的"社会主义民主的两种重要形式",主要是针对全国人民代表大会和中国人民政治协商会议而提出的。而这一点,在随后的表述中也得到证实。"近些年来,党中央之所以反复强调我国政治生活中要坚持政治协商、民主监督并使之制度化,是因为搞好政治协商、民主监督有利于加强和改善中国共产党领导,有利于改进政府工作,有利于党政领导机关决策科学化、民主化和各项方针政策贯彻落实。加强社会主义民主,一个是国家权力机关的民主,即人民代表代会制度建设,一个是统一战线范围内的民主,这两者都至关重要、不可缺少。"①"《意见》所讲的两种民主形式,就是特指人民代表大会制度的实现形式和共产党领导的多党合作和政治协商制度的实现形式,亦即国家政权组织形式与各政党团结合作互相监督的组织形式。"② 第二,此时的"充分协商,尽可能就共同性问题取得一致意见",也是具体地针对"选举和投票之前"这一特定时刻来说的,协商的事项或者内容还未扩展到更广泛的社会政治生活领域。因此,说它是雏形,是有一定道理的。

其实,如果我们放宽历史的视野就会发现,1987年党的十三大报告就提出了"社会协商对话"的概念。1987年召开的党的十三大,对我国的政治体制改革提出了清晰的思路。"经济体制改革的展开和深入,对政治体制改革提出了愈益紧迫的要求。发展社会主义商品经济的过程,应该是建设社会主义民主政治的过程。不进行政治体制改革,经济体制改革不可能最终取得成功。"政治体制改革具有其历史必然性。而改革的长远目标,就是"建立高度民主、法制完备、富有效率、充满活力的社会主义政治体制。这是需要长期努力才能实现的"。十三大报告就政治体制改革提出了许多具体的思路和举措,其中重要的一项就是"建立社会协商对话制度"。

> 正确处理和协调各种不同的社会利益和矛盾,是社会主义条件下

---

① 政协全国委员会办公厅、中共中央文献研究室编《人民政协重要文献选编》(中),中央文献出版社、中央文史出版社,2009,第509~510页。
② 卞晋平:《对"两种民主形式"之我见》,《中国政协理论研究》2011年第2期。

的一个重大课题。各级领导机关的工作，只有建立在倾听群众意见的基础上，才能切合实际，避免失误。领导机关的活动和面临的困难，也只有为群众所了解，才能被群众所理解。群众的要求和呼声，必须有渠道经常地顺畅地反映上来，建议有地方提，委屈有地方说。这部分群众同那部分群众之间，具体利益和具体意见不尽相同，也需要有互相沟通的机会和渠道。因此，必须使社会协商对话形成制度，及时地、畅通地、准确地做到下情上达，上情下达，彼此沟通，互相理解。

建立社会协商对话制度的基本原则，是发扬"从群众中来、到群众中去"的优良传统，提高领导机关活动的开放程度，重大情况让人民知道，重大问题经人民讨论。①

十三大报告关于"社会协商对话制度"的论述着重突出了其意义、制度渠道、改革方式等内容。其一，协商对话的目的是避免"领导机关"的失误，促进党和群众之间的相互沟通和理解，促进群众之间的相互沟通和理解。其二，形成"若干规定"，明确协商内容、协商主体和协商的层次。其三，既重视既有协商对话渠道，又要推动创新和增量改革。其四，通过协商加强对党务和政务活动的监督。从上述内容来看，十三大报告虽然只是提出了"社会协商对话"，但其目标宗旨和制度措施，真正体现了协商民主的精神实质，许多内容和举措依然是我们今天要大力推进和完善的。所以，1989年以后，邓小平曾有针对性地反复强调这样一个重要观点："要继续贯彻执行十一届三中全会以来的路线、方针、政策，连语言都不变。十三大政治报告是经过党的代表大会通过的，一个字都不能动。"② 倘若社会利益和矛盾冲突得不到及时有效的解决，往往会导致群众利益诉求的过激表达，有时处理不当甚至会引发群体事件，危及社会稳定。通过协商民主在社会层面的运用，也就是通过社会协商对话形式为不同层面群众之间的社会矛盾和利益冲突的解决提供一个重要渠道。这就使得各个层面和阶层群众的利益诉求得到畅通有效的表达，进而使党和国家能够及时了解群众

---

① 《中国共产党第十三次全国代表大会文件汇编》，人民出版社，1987，第52~53页。
② 《邓小平文选》（第3卷），人民出版社，1993，第296页。

利益要求并且行之有效地解决社会利益矛盾与冲突。中国共产党对协商民主的实践已经不仅拘泥于政治层面，还把协商民主引入社会层面来处理社会利益矛盾。不仅如此，中国共产党还把协商民主运用于社会层面的成功实践上升到了理论高度，以党的代表大会报告的形式加以高度概括和理论总结。这对于协商民主理论的发展有着十分重要的意义。

2006年，《中共中央关于加强人民政协工作的意见》用正式文件将"社会主义民主的两种重要形式"的论断明确表述出来。

> 人民通过选举、投票行使权利和人民内部各方面在重大决策之前进行充分协商，尽可能就共同性问题取得一致意见，是我国社会主义民主的两种重要形式。坚持和完善人民政协这种民主形式，既符合社会主义民主政治的本质要求，又体现了中华民族兼容并蓄的优秀文化传统，具有鲜明的中国特色。发展社会主义民主政治，建设社会主义政治文明，要善于运用人民政协这一政治组织和民主形式。①

这里，没有变化的是：人民政协作为我国政治生活中发扬社会主义民主的重要形式，具有不可替代的作用。发挥人民政协的作用，就是要充分利用这种民主形式，在国家权力机关即人民代表大会决策之前，人民内部各方面可以进行充分的讨论协商，尽可能就共同性问题取得一致意见。变化的是：人民内部"各方面"的"协商"已经不再局限于"选举、投票之前"，而是在国家权力机关决策之前。因此，协商的内容已经在逐步拓展。

而首次提出"协商民主"概念的重要文献则是2007年11月15日国务院新闻办公室发布的《中国的政党制度》（白皮书）。

> 选举民主与协商民主相结合，是中国社会主义民主的一大特点。在中国，人民代表大会制度与中国共产党领导的多党合作和政治协商制度，有着相辅相成的作用。人民通过选举、投票行使权利和人民内

---

① 《中共中央关于加强人民政协工作的意见（摘要）》（2006年2月8日），载政协全国委员会办公厅、中共中央文献研究室编《人民政协重要文献选编》（下），中央文献出版社、中央文史出版社，2009，第793页。

部各方面在作出重大决策之前进行充分协商,尽可能取得一致意见,是社会主义民主的两种重要形式。选举民主与协商民主相结合,拓展了社会主义民主的深度和广度。经过充分的政治协商,既尊重了多数人的意愿,又照顾了少数人的合理要求,保障最大限度地实现人民民主,促进社会和谐发展。①

虽然2007年《中国的政党制度》(白皮书)提出了"选举民主"和"协商民主"的概念,但是,在执政党的重要文献和党的领导人的重要讲话中却没有出现"协商民主"一词的表述,更多的还是从人民政协的角度来阐释社会主义民主的两种重要形式。例如,2009年胡锦涛同志在人民政协成立60周年庆祝大会上的讲话中,重申了社会主义民主的两种形式,即"人民通过选举、投票行使权利和人民内部各方面在重大决策之前进行充分协商,尽可能就共同性问题取得一致意见,是我国社会主义民主的两种重要形式。坚持通过充分协商增进共识、凝聚力量,对坚持党的领导、人民当家作主、依法治国有机统一,对发展我国社会主义民主政治、充分调动各方面坚持和发展中国特色社会主义的积极性和主动性,具有十分重要的意义"②。因此,作为实现"充分协商"的平台和载体,人民政协在扩大社会主义民主,建设社会主义法治国家,发展社会主义政治文明的伟大实践中,"应该也完全可以发挥更大作用","必须坚持把人民政协事业作为中国特色社会主义事业的重要组成部分,放在党和国家事业发展全局中部署和推进"③。

在党的十八大之前,围绕党的理论创新,"协商民主"更多还是出现在内部的讨论和建议中。重要文献表述的都是"社会主义民主的两种重要形式"。而在十八大之前的2012年10月12日,《人民日报》用三个版面刊登了一系列关于协商民主的文章,如《协商民主的中国合奏》、《协商民主是

---

① 国务院新闻办公室:《中国的政党制度》(白皮书),载《中国政党制度年鉴(2007)》,中央编译出版社,2007,第179页。
② 胡锦涛:《在庆祝中国人民政治协商会议成立60周年大会上的讲话》,《人民日报》2009年9月21日。
③ 胡锦涛:《在庆祝中国人民政治协商会议成立60周年大会上的讲话》,《人民日报》2009年9月21日。

重要方向——访全国政协常委李君如》、《政治协商制度设计更细化》和《多党合作：民主实现方式的"中国创新"》等。① 也可以说，这是为十八大正式提出"社会主义协商民主"所做的舆论铺垫。

由此，2012年党的十八大报告明确提出了"健全社会主义协商民主制度"的改革任务，对我国社会主义协商民主及其制度建设进行了全面系统的概括和阐述，就社会主义协商民主的本质属性、发展目标、制度形式、实践平台、具体方法等内容进行了系统的规划和部署。这是自1991年提出"社会主义民主的两种重要形式"以来，我党第一次在政治报告中把协商民主从一种民主形式上升为一种制度形式，是我们党的重大理论创新。

在此基础上，党的十八届三中全会通过的《中共中央关于全面深化改革若干重大问题的决定》再次明确提出："协商民主是我国社会主义民主政治的特有形式和独特优势，是党的群众路线在政治领域的重要体现。"该决定对协商的内容进行规定，即"在党的领导下，以经济社会发展重大问题和涉及群众切身利益的实际问题为内容，在全社会开展广泛协商，坚持协商于决策之前和决策实施之中"；明确了协商民主体系建设和协商渠道，即"构建程序合理、环节完整的协商民主体系，拓宽国家政权机关、政协组织、党派团体、基层组织、社会组织的协商渠道。深入开展立法协商、行政协商、民主协商、参政协商、社会协商"；突出了统一战线的作用，即"发挥统一战线在协商民主中的重要作用。完善中国共产党同各民主党派的政治协商，认真听取各民主党派和无党派人士意见"；重点强调了人民政协的地位和作用，即"发挥人民政协作为协商民主重要渠道作用。重点推进政治协商、民主监督、参政议政制度化、规范化、程序化。各级党委和政府、政协制定并组织实施协商年度工作计划，就一些重要决策听取政协意见。完善人民政协制度体系，规范协商内容、协商程序。拓展协商民主形式，更加活跃有序地组织专题协商、对口协商、界别协商、提案办理协商，增加协商密度，提高协商成效。在政协健全委员联络机构，完善委员联络制度"；以及要求推进基层的协商，即"开展形式多样的基层民主协商，推

---

① 刘维涛、潘跃：《协商民主的中国合奏》；孙立极：《协商民主是重要方向——访全国政协常委李君如》；刘维涛：《政治协商制度设计更细化》；潘跃：《多党合作：民主实现方式的"中国创新"》（均载《人民日报》2012年10月12日）。

进基层协商制度化"①。

十八届三中全会对协商民主制度建设的改革规划，同样是围绕全面深化改革的总目标，"完善和发展中国特色社会主义制度，推进国家治理体系和治理能力现代化"。健全社会主义协商民主制度，是我国社会主义政治体制改革的重要组成部分，是适应中国共产党全面提高党的领导与科学决策水平、增强执政能力的需要，是实现国家治理现代化的重要路径。

第二节 政治发展与协商实践

正如马克思说，"人们为之奋斗的一切，都同他们的利益有关"②。社会主义市场经济的发展，不仅使我国在物质层面克服了当代中国发展与转型面临的严峻挑战，同时也在精神层面释放了人们对于能够维护公民权益、实现社会稳定、推动政治进步的民主形式的要求。

1. 中国的政治发展离不开中国自身的历史文化传统背景，同时也受到了全球经济社会和政治变革的深刻影响

任何国家的民主政治都是一个且演且进的过程，中国的政治发展也不例外。中国是一个具有长期的封建专制历史、缺乏民主因素的国度，建设和发展民主必然面临更多的挑战。民主的实践本身也必然是一个逐步克服困难、消除障碍的过程。民主的发展是一个长期的演进和实践过程。20世纪中期，在中国共产党的领导下，我国建立起了人民民主制度，因此，民主的发展同时也是一个尊重既有制度现实，并善于有所创新和突破的过程。中国问题有相当大的特殊性。我国历史往往以发展的间断性来保持其整体的连续性，以激进改革的行为掩饰其基本停滞的发展状态。对于中国政治文化传统的特殊性，社会结构和政治结构的特殊性，我们必须特别关注。③尊重连续性，尊重经验，尊重现行基本制度，在现行制度的框架内进行改革，能够有效地保持政治和社会的稳定性，并更广泛地维护广大人民群众

---

① 《中共中央关于全面深化改革若干重大问题的决定》，人民出版社，2013，第29页。
② 《马克思恩格斯全集》（第1卷），人民出版社，1995，第187页。
③ 王振耀：《中国政治发展战略选择论纲：在稳定状态下推进政治体制改革》，《科学社会主义》2007年第4期。

的权益。

中国的政治发展无法摆脱全球历史进程中各种国际因素的影响。全球化是一个多维度的、整体性的过程。在经济全球化之外，政治关系也开始在时空上逐步扩展与延伸，政治权力和政治活动跨越了现代民族国家的界限，各种政治活动或政策制定中心可以通过快捷的信息传播途径连接成复杂的决策和政治互动网络。全球化的政治维度对一国政治发展的影响是深刻的、广泛的。而这种影响主要体现在政治价值和政治评价标准的影响、多元化政治主体与权威的行为影响、跨国决策活动与国际合作的影响、政治规制硬化约束力的影响，以及各种政治行为的影响等方面。[①] 随着中国逐渐融入国际社会和全球经济政治网络，中国的政治发展、民主政治建设不可避免地要与其他国家联系在一起。在吸收世界各国先进政治文明成果的同时，中国也必然要面对来自外界的挑战。

2. 中国政治发展的动力源自中国自身推动的市场化改革与经济发展、意识形态的变革、社会组织的发展、制度化分权、基层民主

市场化改革与经济发展是推动政治发展最重要的动力机制。经济发展是现代化的核心内容。市场经济的发展瓦解了传统的农业社会，缔造了现代的工业社会；提高了大众的教育和文化水平，增强了公众的组织能力和行为能力；加速了社会动员，造就了新的政治生态，为政治系统的重新整合提供了基础、契机和动力。市场经济的发展使人们日益感受到作为社会价值的权威性分配者的政治国家的存在及其对人们生活的影响，权利意识的觉醒进一步促进了公民的有序政治参与。"现在经济体制改革每前进一步，都深深感到政治体制改革的必要性。不改革政治体制，就不能保障经济体制改革的成果，不能使经济体制改革继续前进，就会阻碍生产力的发展，阻碍四个现代化的实现。"[②]

意识形态变革是推动政治发展的核心因素。从当代中国政治发展的历程来看，传统、革命精神、意识形态、外来思想的影响等因素的共同作用，对于推动中国政治发展起到不可估量的作用。中国的改革开放过程，就是

---

① 何增科：《全球化对国家权力的冲击与回应》，《马克思主义与现实》2003 年第 6 期。
② 《邓小平文选》（第 3 卷），人民出版社，1993，第 176 页。

一个新旧思想观念的碰撞过程,是一个新的思想观念战胜旧的思想观念从而推动社会进步的过程。就政治领域而言,人权、私有财产、自由、平等、法治、市民社会、和谐社会和政治文明等新的理论或观念,既是对传统政治意识形态的超越,也最直接而深刻地影响了改革开放后中国的社会政治生活,有力地推动了中国民主政治的进步。此外,在当前的学术研究领域中,治理、善治、善政、宪治、全球治理、合法性、政府创新、增量民主、透明政府、责任政府、服务政府、效益政府等重要思想观念或理念,已经或者不久将成为思想界的主流话语,深刻地影响政府的决策,最终推动中国政治的创新与进步。[1] 改革开放40年的事实充分证明,意识形态的变革,促进了社会政治的进步与发展。

社会组织是推动政治发展的体制外力量。社会发展是民主政治发展的重要动力。社会主义市场经济催生了相对独立于政治国家的社会组织。改革开放后,一个相对独立的社会领域慢慢成长起来。近年来,社会组织的数量迅速增加,种类大大增多,独立性明显增强,理性、妥协、宽容精神日益为人们所接受。2005年,全国县级以上的社团组织即达到31万多个。[2] 除了登记在册的组织之外,还有许多活跃在不同领域和层次的未登记的各种组织。这方面没有权威数据,据学术界研究估计大约有300万个。这些组织正在对中国的政治发展产生广泛的影响。

制度化分权与政治行为者的良性政治互动是中国政治发展的关键。市场经济体制的建立需要国家向社会分权、上级政府向下级政府分权、中央政府向地方政府分权,从而调动各个方面的积极性和主动性。制度化分权为民主政治建设奠定了良好的基础。中国民主政治发展的逻辑就是市场-分权-自治三者之间的内在联系。因此,中国民主政治建设遵循的发展轨迹是:在加强市场制度建设的基础上推行制度化的分权改革,由行政分权与财政分权逐步发展到政治分权,进而建立更高层次的地方自治制度,为人类的自主治理能力的培育提供制度框架,为中国的民主政治建设奠定完备

---

[1] 俞可平:《思想解放与政治进步》,社会科学文献出版社,2008,第2~24页。
[2] 相关数据,参见民政部网站,http://www.mca.gov.cn。

的制度基础和提供合理的发展路径。① 各种政治力量之间的良性互动是民主政治发展的重要动力。各种社会政治力量之间只有建立起良性的政治互动关系，才能避免政治失序，避免民主政治发展进程被打断，出现政治衰败现象。

基层民主的推行，既是中国政治发展的最广泛实践，也为更进一步的政治发展积累了丰富的经验。基层民主的核心是公民和社区单位能够自主决定私人的以及公共的属于自治权限范围内的事务，它是现代民主制度的具体体现。改革开放后，基层民主政治建设是中国政治发展的重点领域。从 20 世纪 90 年代末开始，四川、广东等省开始试行乡镇党政领导的公推公选，并且选举的范围正在日益扩大。而基层民主最引人注目的发展当数村民自治的广泛推行。近 20 年的实践表明，中国目前 13 亿多人口中有 8 亿多是农民，率先在农村实行村民自治，对于中国的民主政治建设具有特别重要的意义。

3. 中国政治发展的基本路径，就是坚持在中国共产党主导下积极稳妥地推进政治体制改革

中国政治发展是历史与现实相统一、理论与实践相统一、学习借鉴与立足国情相统一的过程，同时也是一个既顺应历史潮流，又立足中国实际，不断探索中国特色政治发展道路的实践过程。中国的民主政治发展不可能局限于某种单一途径，而需要多种途径相互促进相互配合来完成。这是一种符合中国国情的政治发展道路，也是积极稳健而理性的政治民主化进路选择。具体地讲，就是：坚持中国共产党一党执政，完善党的领导，提高执政能力，推进党内民主；构建人大及政协、政府、司法之间的权力制衡架构；改革行政管理体制，使各级政府成为公共服务型政府，形成公开、透明和受人民制约的公共服务型财政税收体制；发展民间组织，促进市民社会的发展；通过改革，到 2021 年时把中国建设成为一个民主和法治的现代化国家。② 而从民主化的发展策略上看，中国民主政治发展的战略目标是

---

① 唐皇凤：《市场、分权与自治：中国现代民主政治的成长轨迹》，《中共浙江省委党校学报》2007 年第 2 期。
② "中国政治体制改革研究"课题组：《建设一个民主和法治的现代化国家：中国政治体制改革研究报告总论》，《经济研究参考》2007 年第 31 期。

加强政治制度建设、政治能力建设和政治文化建设，提高政治参与的制度化和有序化水平，强化政治国家和市民社会各自的能力并努力在二者之间建立合作伙伴关系，普及公民政治文化，促进政治文化的世俗化和理性化。从发展的次序来看，中国的实际决定了发展社会主义民主政治应该沿循这样几条路径："党内—党外"、"基层—高层"、"社会—国家"、"局部—整体"和"试点—推广"。这也是历史的经验与教训带给我们的基本启示和结论。

4. 中国政治发展依然面临巨大挑战，协商民主是在竞争性民主发展的基础上产生并适应经济社会发展需要的民主形式

随着我国改革开放的进一步深入，中国政治发展面临的挑战也越来越严峻。作为社会主义建设事业领导核心的中国共产党，已经从领导人民利用武装斗争推翻旧政权，建立新政权的革命党，转变成领导人民发展经济、走向民主富强文明的执政党。如何进一步提高执政能力，进一步建构更广泛、更坚实的政治合法性基础？社会主义法治国家的建设要求，任何政党、政府机关、团体和个人都无权超越宪法和法律之上。如何防止权力滥用？如何在作为最高权力机关的立法机构、作为执行机关的行政机构和相对独立的司法机构之间形成相互制衡的关系？如何完善和发展廉洁、高效、公正的运作体制？从计划经济体制转向市场经济体制，是我国社会发展的重大转折，也是对我们智慧的巨大考验。如何调整和规范政府与市场的关系？如何合理界定政府职能，充分发挥市场作用？如何建设法治政府、透明政府、廉洁政府、责任政府和服务型政府？改革开放40年来，我国经济持续保持相对较高的增长率，这是世界经济史上的奇迹。但同时，我们也面对着腐败蔓延、贫富差距拉大、社会不公、生态危机、地区发展不平衡等严峻挑战。如何应对利益主体多样化、利益格局多元化、利益冲突剧烈化的现实？随着经济改革的逐步深入、社会结构逐步开放，一个充满活力的市民社会正在逐步形成，并在社会生活领域发挥着越来越广泛的作用。但是，民间组织"政治化"的趋势逐渐显露，公民有序参与政治生活的热情逐渐弱化。因此，如何规范市民社会的发展？如何鼓励并促进公民的有序政治参与？如何使社会组织在国家与市场力量之间发挥平衡作用，推动社会和谐发展？全球化带来的不仅是经济联系的日益紧密，

发达国家对发展中国家，甚至是国与国之间的政治、文化、价值观的影响也越来越广泛。如何在融入国际社会、建构国际政治经济新秩序的过程中，积极应对全球化过程中的政治影响，包括僵硬的意识形态批判？如何在国际社会交往中充分展示中国政治发展的巨大成就？回答这些问题，一方面需要从现实中总结经验，发现思路，另一方面也需要从理论上加以解释。

5. 学术研究和思考的不断深入，为协商民主的提出奠定了坚实的理论基础

在执政党积极推进协商民主理论思考和实践创新的同时，国内学界也对协商民主开展了学术探讨和知识传播。在某种程度上，也可以说"协商民主"的学术研究和知识传播，为政策推进和理论创新提供了明确的概念体系和理论框架。国内学术界开始了解协商民主理论，最早应是 2002 年。①德国当代思想家哈贝马斯在华所作"协商民主的三种规范"演讲，让国内学术界开始知晓"协商政治"。真正首次见之于文的"协商民主"研究，则是 2002 年 12 月发表的《当代西方政治理论的热点问题》一文②，文中明确提出了"远程民主与协商民主"。该文认为，政府与公民的协商是实现民主决策的必要环节，协商作为民主的实践是政治合法性的来源之一。2003 年 8 月发表的《协商政治：对中国民主政治发展的一种思考》一文认为，协商政治概念"在一定程度上是作为竞争政治的替代来强调的"③。从 2004 年开始，协商民主理论研究开始越来越多地进入国内学术视野。国内关于协商民主的研究，主要集中于以下几方面：一是翻译和介绍国外的协商民主理论；二是在协商民主与当代中国民主政治建设之间建立联系；三是具体探讨当代中国协商民主的实践，如立法听证、民主恳谈会等；四是深入探讨协商民主与选举民主、协商民主与政治协商、协商民主与传统文化、协商

---

① 关于协商民主理论的研究，有学者指出："中国社科界八十年代晚期，其实已经开始了从学术意义上介绍西方协商民主思想"（黄国华：《社会主义协商民主若干基本问题辨析》，《中国政协理论研究》2014 年第 1 期）。上述观点的依据是："1990 年由中国人民大学出版社出版的，黄文扬主编的《国内外民主理论要览》一书，用了全书 5.4%的篇幅介绍美国学界有关协商民主的理论与实践，不应是偶然的。"实际上，该书介绍的是阿伦·利普哈特的《民主：21 国的多数政府与共识政府模式》，黄文扬主编的书将后者中的 consensus democracy 翻译成了"协商民主"，实则是"共识民主"。
② 俞可平：《当代西方政治理论的热点问题》，《学习时报》2002 年 12 月 23 日。
③ 林尚立：《协商政治：对中国民主政治发展的一种思考》，《学术月刊》2003 年第 4 期。

民主与人大制度等之间的关系；五是协商民主的拓展与传播。协商民主理论已经引起中国学术界的高度关注和多方参与，并且在党的理论创新、政治实践以及社会领域广泛传播并产生了积极影响。

协商民主不同于代议制民主或共和政体式的民主，它超越了选举参与以及公共与私人利益在决策上的制度整合。作为一种民主理论，协商民主是在强调选举政治的代议制民主基础上发展起来的，而代议制民主的特征是公民通过规则化的投票参与民主治理。由于决策机制往往有其局限性，公共政策通常缺乏广泛认同，因而通过公开决策过程，争取公民在他们关心的政策上的协商参与并深化民主实践，就变得很有必要。对于现代民主体制来说，协商民主是恰当的补充、修正、完善和超越。协商民主在一定程度上应该是克服自由民主缺陷的改革性步骤，或者本质上是批评性的和有改革能力的实践。如果说过去人们强调的是现代民主体制中的选举、政党竞争和权力制衡的话，那么，协商民主强调的就是这一体制中的理性思考、对话和参与等要素，但同时并不排斥竞争性的选举和权力制约。继续推进选举民主的实践，大力发展协商民主，是我国社会主义民主政治建设的明智的战略选择。

第三节　协商民主的内涵与特征

1. 对协商民主的不同理解

因为存在不同的出发点和落脚点，人们对协商民主的理解就存在若干不同的表达形式。其一，将协商民主作为国家的一种民主制度，即"社会主义协商民主是中国共产党在革命、建设、改革的长期实践中创造的一种以民主协商为基本特征的人民民主形式，是同我国人民民主专政的国体、人民代表大会制度的政体相适应的一项国家民主制度，是充分体现党的领导、人民当家作主、依法治国有机统一的民主实现机制，是中国特色社会主义政治发展道路的重要组成部分"①。"我国协商民主的实质是最广泛地发扬社会主义民主，使广大人民群众更好地行使民主权利。这种民主形式主要

---

① 郑万通：《关于社会主义协商民主的几个问题》，《中国政协理论研究》2013年第4期。

体现在中国共产党领导的多党合作和政治协商制度之中，贯穿于多党合作和政治协商的全过程，表现在国家政治和社会生活的各个方面，具体有四种实现途径，即政治协商、参政议政、民主监督、合作共事。"① 这种界定实际上是以中国共产党领导的多党合作和政治协商制度的理论与实践为基础的，具体指向就是我国的这一基本政治制度。

其二，将协商民主作为一种民主形式，即"关于社会主义协商民主，其基本概念是：在中国共产党的领导下，国家政权机关、政协组织、党派团体、基层组织、社会组织、各族各界人士和人民群众，对经济社会发展重大问题和涉及群众切身利益的实际问题，在决策前和决策实施之中开展广泛协商。这是一种既维护整体利益又兼顾各方的社会主义民主政治的特有形式"②。也有较为简单明了的表达，如"协商民主，简单地说，就是公民通过自由而平等的对话、讨论、审议等方式，参与公共决策和政治生活"③。这种界定显然已经突破了仅仅局限于既有制度实践的思维模式，而将协商民主的边界扩展到了政治协商制度之外更广泛的领域。

其三，将协商民主作为一种决策方式，即"协商民主提倡的是这样一种民主形式：自由而平等的公民在信息充分的情况下，就共同关心的议题，运用明智的判断，通过讲道理的方式，审慎地评估各种观点，提出合理的解决方案"④。"从整体上考察，协商民主主要是指在一定的政治共同体中特定的政治主体通过对话、讨论、商议、妥协、交易、沟通和审议等协商型的方式及机制参与政治的一种民主模式。"⑤ 它体现了这样几个方面内容：参与协商的主体是平等的、理性的、自由的、知情的；参与方式的协商性，即对话、讨论等；协商过程的公开性；协商程序的建制化，即遵循规范化、制度化程序进行协商；协商结果的共识性，即可以提高认同度、增强政策合法性。"社会主义协商民主除了具备协商民主的一般含义外，还

---

① 庄聪生：《协商民主是中国特色社会主义民主的重要形式》，《中国发展》2006 年第 3 期。
② 李金河：《如何正确认识社会主义协商民主》，《理论参考》2014 年第 4 期。
③ 俞可平：《协商民主：西方民主理论和实践的最新发展》，《学习时报》2006 年 11 月 6 日。
④ 谈火生：《协商民主：西方学界的争论及其对中国的影响》，《中国党政干部论坛》2013 年第 7 期。
⑤ 黄卫平、陈文：《协商民主与多党合作和政治协商制度》，《中国政协理论研究》2010 年第 1 期。

具有不同于其他协商民主的特殊规定性，也就是在党的领导下，社会各个政党、阶层、团体、群众等，就共同关心或利益相关的问题，以适当方式进行协商，形成各方均可接受的方案，作出决策或决定，以实现整体的发展。"①

其四，将协商民主看作一种治理形式，即"在社会主义政治经济社会生活中，所有可能受到决策影响的行为主体，围绕经济政治社会生活中的重要议题，以吸纳群众参与公共事务为灵魂，以改善乡村政治社会权力结构为渠道，以达成共识、作出决策为指向，通过直接参与商议、讨论或咨询的方式，展开积极、理性的交流和沟通，相互体谅，彼此让步，从而尽可能就共同关心的议题达成共识的一种民主治理形式"②。

综合起来讲，我国的协商民主是一种现代民主形式，其中不同的政治行为者，包括执政党、各民主党派、社会团体、社会各界，以及社会组织和广大人民群众，能够通过规范化、制度化平台和渠道，在尊重权利和理性的基础上，通过平等对话、讨论、协商，形成共识，作出符合公共利益的合法决策。协商民主是人民民主的重要形式，它以权利为基础，以平等为前提，以对话和协商为手段，以达成共识为核心原则，以合法决策、促进公共利益为目标。协商民主是在作为国家制度的民主政治结构内的一种具体的民主形式。它既体现在党际关系之中，也是国家政权机关的一种决策方式，还是化解社会冲突、释放社会压力的治理形式。而协商民主制度，则是规范协商民主这一民主活动的各种不同制度、规章、规则和程序的系统结构。协商民主制度，不同于根本政治制度、基本政治制度。正如有的研究者所说，"社会主义协商民主制度"中的"制度"是泛指而不是特指，即不是指某一特定的具体制度。③ 从某种意义上讲，社会主义协商民主是包括诸多内容、层次、领域的制度体系。合理界定和准确理解社会主义协商民主的基本内涵，是我们进一步推进协商民主，发展协商民主的逻辑起点

---

① 刘佳义：《大力发展社会主义协商民主》，《中国政协理论研究》2012 年第 4 期。
② 陈朋：《社会主义协商民主的基本内涵与运行机制》，2013 年全国社会主义学院系统理论研讨会暨中国政党制度研究中心第 11 届年会征文。
③ 陈惠丰：《"健全社会主义协商民主制度"的意义和主要任务》，《中国政协理论研究》2013 年第 1 期。

和实践起点。

2. 协商民主的特征

社会主义协商民主，是在我国历史、革命与建设过程中逐步生长起来的民主形式。它具有民主的一般意义与价值。同时，也具有自身特殊的规定性。

社会主义协商民主是我国人民民主的重要形式。"人民民主"是协商民主的最本质的特征。民主，就是人民群众当家作主，人民是权力的最终权威来源。民主问题说到底是一个把群众摆在什么位置的问题，真正的民主就是人民群众有维护自身利益的权利、参与国家管理的机会和监督政府权力的渠道。我国的协商民主是人民充分享有民主权利的基本形式和有效保障，其目的是在最广大人民根本利益相一致的前提下，兼顾各方利益，达成一致共识，更好地推动决策制定和落实。在民主政治建设中体现群众观点，充分体现了我国社会主义民主政治建设的特色和优势，为我国人民民主的广泛性、真实性提供了保证。协商民主拓展了政治参与的广度和深度，更全面地实现了人民当家作主；既尊重了多数人的意愿，又照顾了少数人的合理要求，扩大了民意基础，促进了社会和谐发展。

我国的协商民主是由中国共产党领导的，这是协商民主的根本保证。加强协商民主建设，必须坚持党的领导，充分发挥党总揽全局、协调各方的领导核心作用，把握正确方向，形成强大合力，确保有序高效开展。执政党通过党内的规章制度建设，能够将协商民主建设纳入总体工作部署和重要议事日程，对职责范围内各类协商民主活动进行统一领导、统一规划、统一部署。从制度上保障协商成果落地，使决策和工作更好地顺乎民意、合乎实际。执政党领导并推动协商民主，重点还在于发展党内民主，推动党际民主。同时，鼓励探索创新，通过各种途径、各种渠道、各种方式进行广泛协商。尊重群众的首创精神，注重对实践经验的提炼总结，并适时将其上升为制度规范。

协商民主价值诉求是和谐共存，达成共识，这是协商民主的最根本要求。民主是人类追求的共同价值，但在实现民主的方式上，存在多样性的选择。在尊重多数原则之外，尊重不同意见表达，包容反对意见、少数意见实际上更真切地体现了民主的本质。我国协商民主所强调的"和而不同""求同存异""和谐共存"等价值诉求，体现了我国历史与文化的丰富和厚重、和谐与包容。协商民主既关注决策的结果,又关注决策的过程,从而拓展了民主的深度;既关注多数人的意见,又关注少数人的意见,从而拓宽了民主的广度。随着我国改革开放的深入发展,各方面利益关系的调整更多地需要协商、协调,需要统筹兼顾。一切社会群体的合法利益诉求,都应受到尊重和保护。协商民主体现了中国共产党人和中国人民的政治智慧、开明思想和务实精神,彰显了我们党在民主制度选择上的自主性和自信力。

协商民主制度的规范性与实践性,是协商民主最基本的遵循。我国协商民主的理论源于实践又用于指导实践,并且随着实践的发展不断与时俱进、发展创新。从抗日民族统一战线理论的形成以及《新民主主义论》对民主政治制度的设计,到中国人民政治协商会议第一届全体会议协商建国,再到改革开放以来国家政权机关、党派团体和基层治理中各种协商民主规范的实践,我国的协商民主始终走的是理论与实践相结合的道路。在中国特色社会主义政治制度体系的框架内,我国协商民主的各种设计与安排能够在实践中得到很好的落实。在长期发展过程中,逐步形成了从政党到国家、从国家到社会、从中央到基层的全方位的协商机制。我国的协商民主在不同层面和领域都形成了相对完备的制度和规范的程序。例如,《中华人民共和国立法法》明确规定了重大决策实行听证制度,最广泛地听取利益相关方的意见。2005年和2006年,我党分别通过了《关于进一步加强中国共产党领导的多党合作和政治协商制度建设的意见》《中共中央关于加强人民政协工作的意见》;各级地方党委还分别印发了政治协商规程;浙江温岭的《参与式预算实施办法》《关于"民主恳谈"的若干规定》等是基层治理的重要规范。作为我国协商民主的重要渠道,人民政协是我国特有的专事协商的政治组织和民主形式,是中国特色社会主义政治制度体系中极具特色的部分,具备不可替代的优势。人民政协作为最早制度化的协商民主形式,或者说最稳妥的协商民主制度,其政治协商已被提升为国家政治制度层面的行为。人民政协理应在健全社会主义协商民主制度中发挥更大的作用,真正成为社会主义协商民主的重要渠道,成为社会主义协商民主制度中的基干制度和重要载体。[①] 我国的协商民主在不同层面都逐步完善了一

---

① 郑万通:《关于社会主义协商民主的几个问题》,《中国政协理论研究》2013年第4期。

系列保证民众意见表达、达成广泛共识和作出合法决策的制度规范。

　　协商民主主体的广泛性，是协商民主最坚实的基础。没有广大人民的参与和支持，民主就缺乏根基，决策就缺乏合法性基础。我国的协商民主，涵盖国家与社会、政府与群众、人民团体与群众、群众与群众、执政党与参政党、中央与地方等各个方面，参与协商的主体囊括了来自各社会阶层、各类政治主体的力量，因而具有广泛的代表性，能够最大限度地包容和吸纳各种利益诉求。协商民主能够利用制度化的渠道，广泛吸收决策信息，听取利益相关者的意见表达，从而在形成共识的基础上作出科学合理的决策。我国"五四宪法"的制定过程就是最广泛的协商民主实践。宪法草案公布后不到三个月的时间里，宪法修改委员共收到100多万条意见；在近一年的时间里，宪法起草委员会召开了九次会议进行集中讨论。党的十八大报告形成的过程，也是充分发扬协商民主的过程。中共中央组织了46家单位就15个重点课题进行调研，形成57份调研报告；报告起草组组成7个调研组，分赴12个省区市进行专题调研；中共中央还专门听取了各民主党派中央、全国工商联领导和无党派人士的意见；报告稿还广泛征求了各方面意见，征求意见人数共4511人。协商民主在中国的实践，真正表明了民主的真实性，有效地促进了党和国家决策的科学化、民主化。

　　归纳起来看，协商民主成为我国社会主义民主政治建设的重要组成部分、我国政治体制改革的重要内容，最为主要的影响因素有这样几个方面。一是社会主义市场经济的发展所带来的经济社会多元格局的现实，迫切需要更为系统、完善的民主形式，以调整关系、维护权利、化解冲突。二是执政党不断推进理论创新，加强执政能力建设，推进国家治理体系和治理能力现代化的内在要求，以及地方各级党政机构适应形势需要而不断推进民主的创新实践。三是国外反思既有民主制度不足而探索的协商民主理论，在被引介到中国并加以吸收后，学术界、理论界基于对自身国情和现实的把握而创造性地观察分析中国的协商民主所形成的观念和知识的广泛影响。这些因素综合到一起，共同促进了协商民主在中国的兴起与发展。

（陈家刚　中央党史和文献研究院）

第二章

协商民主：价值与历史方位

在 2015 年中央印发的《关于加强社会主义协商民主建设的意见》中有这样一段表述："协商民主是在中国共产党领导下，人民内部各方面围绕改革发展稳定重大问题和涉及群众切身利益的实际问题，在决策之前和决策实施之中开展广泛协商，努力形成共识的重要民主形式。"这是执政党在重要文献中首次明确"协商民主"的内涵。但是，在理论研究和实际工作中，对于协商民主的理解依然存在许多差异。就"协商民主"概念界定而言，还远未形成普遍的共识，或者说，没有人给出一个普遍接受的定义；而在怎样的历史方位上辨识社会主义协商民主也显得尤其重要。概念决定着协商民主建设的起点，而历史方位则明确了协商民主的价值与制度结构。在理论上回答清楚上述问题对于在实践中推动协商民主广泛、多层、制度化发展具有重要意义。

第一节 协商民主的价值

协商民主在中国的兴起和发展，既是历史的，也是现实的。从历史来看，中国传统文化中的积极因素为协商民主的形成和发展提供了文化滋养，中国近代对于国家构建的制度追求和设计为协商民主的制度建构奠定了初步的基础，中华人民共和国成立及其后建设过程中的实践为协商民主的完善和发展创造了条件。而从现实来看，经济与社会发展的多元格局、多样化路径对协商民主提出了更为迫切的要求，党和国家只有建立更规范的协商制度才能有效地吸纳公民参与、协调各方利益；推进国家治理体系和治理能力现代化，要求全面提高执政党的领导水平与科学决策能力，将协商引入决策也就成为提高执政和治理能力的内在要求；体现在基层经济社会发展过程中的各种挑战，包括社会利益分化带来的冲突、矛盾、情绪等尤其需要新的制度形式来化解和释放。在更高的层次上，协商民主是完善和发展适合自身国情的民主政治形态的重要选择，也是对人类关于民主政治探索的丰富和发展。社会主义协商民主是中国共产党和中国人民在民主形式方面的伟大创造，是对马克思主义民主理论的丰富和发展，对于积极推动中国特色社会主义政治文明建设具有非常重要的意义。

1. 加强社会主义协商民主建设，是我国政治体制改革的重要内容

作为近代以来中国追求现代国家建设的集大成者，中国共产党执掌政权之后，在致力于经济发展的同时，始终没有停止对于最适合中国实际的政治发展道路的探索。我国的改革是社会主义制度的自我完善和发展，既包括经济体制改革，也包括政治体制改革和社会管理体制改革等。1986年9月，邓小平在会见日本公明党委员长竹入义胜时说："我们提出改革时，就包括政治体制改革。现在经济体制改革每前进一步，都深深感到政治体制改革的必要性。不改革政治体制，就不能保障经济体制改革的成果，不能使经济体制改革继续前进，就会阻碍生产力的发展，阻碍四个现代化的实现。"[①] 因此，随着市场经济的发展，以"建立高度民主、法制完备、富有效率、充满活力的社会主义政治体制"为目标的政治体制改革也随之展开；而"发展社会主义民主政治，建设社会主义政治文明"同时也是我国建设小康社会的目标。政治体制改革，既要坚持依法治国，坚持完善人民代表大会制度，也要发展协商民主推进政治协商制度改革，还要深化行政管理体制改革，以及继续推进基层民主和社会民主。政治体制改革的内容复杂、领域广泛。

从1978年党的十一届三中全会开启改革开放至今，我国的经济、社会等各方面发生了巨大变化。同时，政治体制改革也显现出自身的特色和模式，并开始对世界产生广泛的影响。政治体制改革的主要成就主要体现在

---

① 《邓小平文选》（第3卷），人民出版社，1993，第176页。

这样几个方面：(1) 高扬民主和法治的旗帜，意识形态领域发生了深刻的变化和转型，民主、法治、人权、公平、正义等观念深入人心；(2) 社会主义法律体系逐步健全，依法治国，建设社会主义法治国家的方略得以贯彻施行；(3) 国家与社会的关系从高度一体化转向适度分离，党国、党政、政企、政事等实现初步分离，政府权力开始从高度集权转向集权与分权相结合；(4) 党内民主、人民民主、社会民主、基层民主逐步发展；(5) 阳光立法深入民心，政治决策从注重经验转向注重科学和民主；(6) 政府管理体制逐渐完善，服务型政府、法治政府、透明政府、责任政府建设逐渐深入；(7) 民间组织成长空间扩大，市民社会逐步发展，社会自治能力增强；(8) 民主的理性化、制度化、规范化、程序化建设不断健全，程序的价值逐步提高；(9) 监督机制多样化，权力滥用和腐败得以有效制衡；(10) 一种健康有序的、宽容理性的公民政治文化逐渐形成。在不同层级和不同领域的政治体制改革过程中，一个重要的内容就是对协商民主的探索，也即多元利益的诉求与表达、协商对话与讨论、决策合法性与共识等。协商民主的多样性探索，作为政治体制改革的重要组成部分，进一步丰富了我国政治体制改革的内容。

2. 协商民主是实现党的领导、转变执政方式、提高执政能力的重要形式

党的领导就是寓领导于协商之中。健全协商民主，体现了执政党对人民意愿和人民权利的尊重，民主的、法治的、科学的执政方式顺应了现代社会发展的需要，增强了党的执政能力。

改革开放所创造的经济基础，以及全球化所带来的机遇，使中国共产党有着更宽阔的视野、更成熟的理论，在明确提出"党的领导、依法治国和人民当家作主有机统一"的民主政治建设基本遵循，继续推进党内民主建设、政府管理体制改革和基层民主建设之后，我党对于丰富民主形式、拓展民主内容有着更为清晰的设计。正如邓小平同志说的那样："民主政治的好处，正在于它能够及时反映各阶级各方面的意见，使我们能够正确地细心地去考虑问题决定问题；它能够使我们从群众的表现中去测验我党的政策是否正确，是否为群众所了解所拥护；它能够使我们对事物感觉灵敏，随时具有高度的警惕性；它能够使我们党得到群众的监督，克服党员堕落腐化的危险，及时发现投机分子以及破坏分子而清洗出党；它能在民主政

治斗争中提高党员的斗争能力，使党更加接近群众，锻炼党使党成为群众的党。"① 从党的十三大提出"社会协商对话"到十八大提出"健全社会主义协商民主"，以及2015年出台《关于加强社会主义协商民主建设的意见》，都表明执政党在推动协商民主实践方面的战略主动。而完善中国共产党领导的多党合作和政治协商制度的一系列制度措施，提倡"开门立法""透明立法"，明确重大事项必须经过决策听证等举措，在实践中也为这种战略主动提供了坚实的支撑。坚持协商于决策之前和决策执行过程中，是中共治国理政的重要经验，也是重大决策必须坚持的重要原则。协商民主是促进执政党走向科学、民主和依法执政的重要途径。通过协商，广泛吸收社会各方面的意见和建议，并经过充分的讨论、论证和协商，协商民主能够包容各种不同的利益、立场和价值，能够使讨论和决策过程中的社会共识最大化，使决策程序更加规范、决策过程更加民主、决策结果更加科学，有效地防止或消除决策的随意性、短期性、盲目性。更为重要的是，协商过程所获得的认同和支持，能够保证政策实施过程更为顺利。协商的过程，同时还能够使社会更全面地了解和接受执政党的政治主张和路线、方针、政策。

3. 协商民主能够进一步提高决策制定和实施的科学性、合理性

政治决策是政治体制运行的核心环节，政治意志、民众意愿只有转化为政府决策，才能够有效地在实践中加以实施，才能够充分表达公共利益、维护个人权利，促进经济社会发展，而只有在获得广泛信息，充分关注和了解政策对象真实感受的基础上，决策才是科学的、民主的，才能够获得广泛的认同和支持。健全社会主义协商民主，能够最大限度地包容受决策影响的利益相关者，他们能够平等地参与政治讨论，这种讨论和协商有助于更好地理解社会成员的利益，以及社会的共同特性如何与这些利益相关联；决策者通过这种方式能够获得真实和普遍的信息，可以作出更符合实际的决策，从而能够有效避免拍脑袋决策、随意决策的现象；能够通过讨论、审议等过程赋予立法和决策以合法性，只有当决策是在公民及其代表的公共讨论和争论过程中形成的时候，其结果才是正当的、合法的。

---

① 《邓小平文选》（第1卷），人民出版社，1994，第12页。

4. 协商民主有利于不断扩大政治参与渠道，促进公民有序政治参与

经济社会持续快速发展使人民群众的参与诉求日趋强烈，如果缺乏有效的、规范的利益表达渠道，这种不断扩大的参与就会因为缺乏社会安全阀而对既有体制形成巨大的冲击。协商民主可以最大限度地包容和吸纳各种诉求，既反映多数人的愿望，又吸纳少数人的合理主张。

改革开放以来，我国的市场经济建设取得了巨大成绩，人民生活水平不断提高，社会进步明显。但是，我们同时也面临着一系列的挑战。例如，贫富差距拉大，社会不公突出，腐败现象严重，医疗卫生、教育、环境安全等问题不断涌现，损害人民群众利益的现象时有发生，等等。这使我国当前产生了差别化的利益诉求、多发性的利益矛盾以及破坏性的利益冲突，社会认同也逐渐呈现碎片化的趋势。在社会主体越来越多元、社会利益越来越多样、社会矛盾越来越突出的背景下，这些问题的存在为中国特色社会主义建设带来巨大的挑战。而既有制度规范在因应上述挑战时，却明显存在不健全、不通畅、不完善等问题。而解决上述问题，只有通过不断扩大公民参与、增强对话和沟通、逐步形成共识等方式来完成。公民参与意味着公民之间，以及公民与相关问题、制度和政治体系之间的联系；参与能够在公民与公民、公民与共同体机构、公民与问题、公民与决策，乃至公民与整个共同体之间建立密切的联系；参与能够为公民有平等的表达机会、发言权创造条件；参与能够有效地维护公民个人以及共同体的利益。健全社会主义协商民主制度，通过不同层次和领域的制度建设、程序设计，有效保障人民群众的知情权、参与权、表达权，包容不同诉求，更好地开展协商对话、更主动地寻求共识，积极协调各方利益，从而使人民群众有合法的、规范的渠道表达自身的利益诉求，并加强与政府的沟通，增进不同行为主体对于社会问题的相互理解和共识，化解社会矛盾，消除社会冲突，促进社会的发展进步，最终也才能够为市场经济的发展创造良好的制度环境和基础。

5. 协商民主能够加强权力制约，并通过制度化的程序设计，改变官僚行政权力的膨胀趋势，把权力关进制度的笼子里

20世纪后期，世界范围内的官僚自由裁量权开始急剧膨胀，行政机构的作用、重要性凸显，官僚机构赢得了制定规章制度的权力，国家权力重心从立法机构转移到了行政机关,行政权力不断扩张。其结果是,政府决策无法充分满足公众愿望,政府公信力丧失。而我国的政治传统的一个重要特点就是强行政,行政机构的权力一直发挥着决定性的作用,由此也出现了缺乏限制和制约的权力运行态势,出现了缺乏制约和监督而导致的权力滥用现象。为了监督和制约权力,使权力回归其服务于民众的本质,在政治决策中把公开性、平等性和包容性最大化,必须通过健全协商民主制度来实现。只有协商民主才能建构、规范现代的公共行政。协商民主通过扩大公民参与度,推动公开透明,建构规范的体制机制,能够有效地把权力关进制度的笼子中,使行政权力合法、规范、有序运行。

6. 协商民主有助于我国积极参与并推进全球治理的发展。全球化以及全球治理的发展,使民主超越了民族国家的边界而成为区域或全球性的政治体制

全球治理过程中依然存在分歧、冲突、动荡和混乱。作为发展中大国,中国参与全球治理,承担相应的国际责任,这是历史发展的必然。因此,中国政府主张的通过和平对话、协商的方式,即协商民主的方式,来化解纷争和冲突,具有高度的战略意义。分裂国家之间的和解、转型国家的发展、经济贸易纠纷、国际新秩序的构建等,都可以采取协商对话的方式,各方通过沟通、交流,以相互尊重、相互理解的方式来解决。化解暴力冲突、战争等问题,协商民主是最恰当的选择和安排。

7. 协商民主有助于超越"人类中心主义"或"自然中心主义"的片面认知,推动生态治理和生态文明建设

人类中心主义理念支配下的现代化发展模式,已经给人类本身造成了严重的生态危机和灾难,如全球变暖、环境污染、资源枯竭、生物多样性衰退等。对生态文明的探索,需要超越既有政治制度模式。"不仅在人类之间存在民主,而且在人类与自然界的交往过程中也存在民主,尽管并不是在自然世界,或者在自然界为人类提供的任何简单模式中存在民主。"[①] "建立生态社会的战略必须依靠合作型生态地区的方式,只有这种方式才能以

[①] 〔澳〕约翰·德雷泽克:《协商民主及其超越:自由与批判的视角》,丁开杰等译,中央编译出版社,2006,第138页。

一种重新唤起的与社群利益休戚相关的意识去替代对竞争优势的不懈追求。与此相关,也应调动参与型民主制的政治艺术,因为这种民主制既力求平均分割权力、化解彼此冲突,又努力维护公民社群内的多样性。"[1] 这种新的替代性选择就是建立在公民广泛参与基础上的协商民主政治。

第二节 协商民主的历史方位

"健全社会主义协商民主"的提出是我们党和人民在理论创新、实践探索经验基础上深思熟虑的结果,是我们不断进行理论创新的结果,是对社会主义民主政治理论的新发展。我们党最为鲜明的特征和力量源泉就是这种清醒的理论自觉和自信。这种理论自觉和自信体现为对当代中国特色社会主义发展道路的坚定信念,体现为创造性地回答当代人类社会和中国发展过程中的重大问题。正因为如此,我们党才会既在理论上不断实现创新,也在实践中不断实现超越,从而取得了令世人瞩目的成就。而改革开放以来形成的中国特色社会主义政治发展道路,一方面保证了我国经济社会的稳定发展,另一方面也为丰富人类政治文明作出了自己的贡献。深入研究中国特色社会主义协商民主,将为深入认识我国社会主义政治发展道路对人类政治文明的贡献提供坚实的基础。在新的历史时期,提出健全社会主义协商民主制度,在理论与实践领域都具有非常重要的意义。准确理解社会主义协商民主,就要把协商民主放在更为宏观、更具战略性的框架中去思考。

首先,应该把协商民主制度建设放在社会主义民主政治建设的实践探索中去定位。自近代以来,仁人志士一直在追求建设一个现代国家,从晚清新政到辛亥革命,再到新中国成立,对以自由、民主、公正和法治为基本特征的现代国家的建构,一直贯穿于近代中国的政治史。中国共产党作为执政党,从建立共和国、确立当代中国的政治体制到改革开放以来的民主实践中,一直在探索适合中国国情和现实的民主形式。近年来,党内民

---

[1] 〔美〕丹尼尔·A. 科尔曼:《生态政治——建设一个绿色社会》,梅俊杰译,上海译文出版社,2002,第173页。

主、人民民主、基层民主的实践创新取得了显著成效，村民选举、社区选举、公推公选等民主实践丰富了社会主义民主政治的内容。将协商、对话这种民主形式与投票、选举民主形式明确为社会主义民主的两种重要形式，是执政党顺应时代发展和新的世情、国情、党情变化的战略决策。协商民主与党内民主、人民民主、基层民主等共同构成了我国民主形式的重要组成部分，是我国民主政治建设的重要内容。

其次，要把协商民主制度建设放在推进国家治理体系和治理能力现代化中去实践。十八届三中全会将"完善和发展中国特色社会主义制度，推进国家治理体系和治理能力现代化"作为全面深化改革的总目标，"表明我们党对社会政治发展规律有了新的认识，是马克思主义国家理论的重要创新，也是中国共产党从革命党转向执政党的重要理论标志"[①]。总目标的提出，也进一步明确了改革的方向和重点，即"推动中国特色社会主义制度更加成熟更加定型，为党和国家事业发展、为人民幸福安康、为社会和谐稳定、为国家长治久安提供一整套更完备、更稳定、更管用的制度体系"[②]。推进国家治理体系和治理能力现代化，势必要求我们积极面对挑战，诸如长官意志导致的决策失误、责任意识缺失导致的职能缺位、社会不公积蓄的社会情绪爆发、群体性事件中的非理性参与等，势必要求我们在思想观念、制度建设、制度实践、行为方式等方面进行突破性的改革。协商民主能更广泛地包容各行为主体、更制度化地促进利益表达和利益协调、更理性地释放社会情绪、更切实地在共识基础上推进合法决策，是推进国家治理体系和治理能力现代化的重要路径。

最后，要把协商民主制度建设放在中国积极参与全球治理的国家战略中去思考。当代中国的国际地位、角色、责任已经不同于往常，全球化、全球治理的发展是我们必须面对的现实。如何在参与全球化、全球治理过程中发挥积极的作用，为自身的发展创造更有利的战略环境和机遇？第一，我国长期奉行"和平外交政策"，主张国际事务应通过"协商、对话、谈判"方式来解决，这既是外交工作的重要原则，也是国家发展的一个战略

---

① 俞可平：《推进国家治理体系和治理能力现代化》，《前线》2014年第1期。
② 习近平：《在省部级主要领导干部学习贯彻十八届三中全会精神全面深化改革专题研讨班开班式上的讲话》，《人民日报》2014年2月18日。

制高点。因此，在参与全球治理、推动国家发展战略过程中，可以更积极地阐释协商民主的理念和价值。第二，在全球政治实践中采用协商民主的方式，积极推动各民族国家、国际机构、社会组织等共同参与全球治理，通过协商对话与合作而非暴力、武力的方式解决全球问题，如全球冲突、地区冲突、恐怖主义、环境恶化与气候变暖等。第三，全球化的发展使国际学术研究的前沿思维也时刻地影响着中国的学术与实践。治理与善治理论、社会资本理论、市民社会理论、风险社会理论、协商民主理论等前沿理论或框架，对中国学者借以分析中国政治发展产生了深刻的影响。这是问题的一个方面。另一方面是中国经济社会发展的实践为创造出影响世界的民主理论、社会理论等创造了良好的条件。中国的学术思考可以从理论与知识的引进、传播走向创造与传播。协商民主的理论探讨可以从丰富的经验现实中提炼出一般性的观念和价值，并参与或主导国际学术交流，影响或改变人们对于中国民主政治发展的印象和认识。

第三节　协商民主的理论逻辑

改革开放40年来，中国的政治发展走出了一条具有自身特色的发展道路。中国的政治发展必然要在尊重自身传统和现实国情的基础上，充分吸收并借鉴世界政治文明发展的优秀成果，遵循时代趋势与发展共识，发掘既有体制的潜力，实现民主制度的民主化，从而建构一种适合中国自身国情的民主政治模式。其基本特征是以民主的基本价值为取向，以民主的制度建构和程序设计为路径，以实现人民民主为最终的归宿。在这一基本政治模式框架内，协商民主的生长、发展与完善，离不开已有的成就与基础，同样也需要进一步明确社会主义协商民主的理论逻辑。理论准备是否充分，是否说得明白、合理，这在很大程度上决定我们的制度建设的规范程度、适用程度以及实践效果。

一　协商民主的哲学基础

具有多元文化特质的主体通过对话、讨论实现相互间的理解并形成共识，是协商民主的基本含义。主体间的这种实践活动何以可能，需要从哲学的高度，或者说认识论的视角加以解释，从而为协商民主的实践奠定坚实的基础。我国协商民主的哲学基础，一方面需要从马克思主义理论中寻找依据，另一方面则需要在传统的文化中挖掘资源。

1. 马克思主义的交往实践理论

在近代哲学家看来，主体间的可理解性和达成共识的可能性是自明的、不容置疑的。胡塞尔的现象学凸显了主体间性问题，把主体间的相互认识以及对客观对象达成共识的可能性建立在主体的"同感"、"移情"和"统觉"基础上。维特根斯坦的语言哲学揭示了语言规则与生活世界的关联，把主体间的可理解性建立在语言游戏规则所体现的交往活动的公共性上。伽达默尔的哲学释义学强调历史、传统、文化和语言在主体间理解的意义和价值。这些学者的哲学思考揭示了主体间性在认识论中的价值，即知识本身的客观性、真理性并不能凭其自身而得到确证，而是需要借助一系列主体间有效的共同规则、规范和标准，才能进行和实施。但是，正如有学者指出的，他们的思考也存在不足。例如，试图在先验自我的框架内解决认识的可能性和确定性问题，把认识的可能性建立在哲学思辨的基础上，看成纯粹意识本身或者说语言领域内的事情；认为知识的客观性本身取决于主体间性，将主体间性视为知识真理性的标准，而不是只把主体间性效验作为证明性和参照性条件；① 等等。而法兰克福学派第二代领军人物哈贝马斯的交往行为理论重建了传统主体的概念，确立了协商主体是在交往关系中形成的，具有社会性，而不是独立存在的实体。哈贝马斯认为，话语理性建立在主体间符号化的协调和理解关系之上，是一个纯粹程序性的商谈论证程序，并对历史文化传统进行反思和批判，共识只能来自对话和商谈；他关于普遍语用学的理论为协商主体的对话和交流奠定了语言学基础，确立了理解和沟通的有效性条件。② 哈贝马斯由此提出了自由主义、共和主义民主之外的第三种民主模式——协商政治模式。

但是，马克思建立在实践基础上的交往实践理论是我们认识和实践协商民主的重要哲学基础。在《1844年经济学哲学手稿》中，马克思最早提

---

① 王晓东：《西方哲学主体间性理论批判》，中国社会科学出版社，2004，第106～125、230～231页。
② 〔德〕哈贝马斯：《交往与社会进化》，张博树译，重庆出版社，1989，第3页。

出了交换、交往异化等问题,并反复提到了"交往"、"社会交往"、"交往的需要"和"社会交往的异化形式"等范畴。在《德意志意识形态》中,马克思对劳动生产中交往关系的运动过程进行了研究,先后使用了"个人之间的交往"、"和他人的交往"、"互相交往的人们"和"世界交往"等范畴。马克思认为,"人的本质不是单个人所固有的抽象物,在其现实性上,它是一切社会关系的总和。"① 人的本质是在人与人的关系通过人自身的实践活动不断对象化过程中生成和发展的。人类自身正是通过交往在历史变革中实现着自身种和个体存在物的进化。"人对自身的关系只有通过他对他人的关系,才成为对他来说是对象性的、现实的关系。"② 人必然是一种关系中社会性的存在。他自身的存在即使是个人化的,也是一种社会的活动。

马克思主义强调交往是实践的前提,实践是交往得以产生的基础。这种交往是一种以主客关系为中介的主体和主体之间全部社会交往的总和。通过语言符号进行的精神交往与现实生活的语言(即实践)是一致的。语言是生产实践的产物,是交往的形式之一,但绝不是交往的前提和基础。"语言是一种实践的、既为别人存在因而也为我自身而存在的、现实的意识。语言也和意识一样,只是由于需要,由于和他人交往的迫切需要才产生的。"③

马克思主义交往实践理论真正实现了主体性与主体间性的辩证统一,以唯物的、辩证的、历史的视野为协商民主的发展奠定了真正的世界观和方法论基础。具体表现在:协商主体从根本上说是作为历史创造者和推动者的人民群众;协商客体是人民群众在劳动实践和交往实践中形成的共同性事务;协商的前提是已有的物质成果和精神成果;协商共识达成的可能性源于人们在劳动和交往实践中创造的实践模式和公共空间;协商价值在于人们通过交往突破有限理性形成更具科学性、普遍性的认识;主体的协商能力和协商民主的发展程度取决于交往实践发展的水平。多元文化和社会不平等造成的难以通过沟通交流解决的协商困境,都可以在变革社会现实的实践中得到解决。

---

① 《马克思恩格斯文集》(第1卷),人民出版社,2009,第505页。
② 《马克思恩格斯选集》(第1卷),人民出版社,2012,第59页。
③ 《马克思恩格斯文集》(第1卷),人民出版社,2009,第533页。

2. 中国传统文化中的"协商"基因：观念与制度

任何国家的政治发展，都与自身的政治文化传统存在天然的、内在的、紧密的联系。中国历史传统和制度文化中的"和而不同""求同存异"的协商因子，为当下协商民主建设提供了内在的文化滋养。"和而不同"，就是既坚持原则又尊重差异，既相互碰撞又形成共识，兼收并蓄、博采众长。"求同存异"，就是既尊重不同利益表达，又超越分歧而达成共识。

中国传统文化中蕴含着丰富的协商因子，并为现代协商政治提供了思想基础。在思想观念上，体现在三个方面。其一，"以民为本"。"天视自我民视，天听自我民听"，"民惟邦本，本固邦宁"①。人民群众是治国的基础，只有民众安居乐业，国家才能稳固。"民为贵，社稷次之，君为轻。"② 厘清了民众、国家和君主的关系。"君者，舟也；庶人者，水也。水则载舟，水则覆舟。"③ 民本思想在中国历史上起着重要的作用。当一个王朝能较好地贯彻民本思想，社会就得以发展，封建统治就相对稳定；反之，当一个王朝不能较好地贯彻民本思想，对老百姓残酷剥削和镇压，统治阶级和被统治阶级的矛盾就会激化，社会就动荡不安。

其二，"天下为公"。中国传统文化中有许多"天下为公"的观念。"大道之行也，天下为公，选贤与能，讲信修睦。"④ 古人所谓"大同"社会其实就是一个以公为观念的理想社会。管子认为，"任公而不私，任大道而不任小道。"⑤ "崇公灭私"，"立公弃私"，"先天下之忧而忧，后天下之乐而乐"，最终做到"大公无私"。这种观念在中国传统文化中占有重要地位。中国传统文化中的"公"观念对于社会的整合具有重要意义，因为"'公'的价值意义中最主要的和最核心的是把国家、君主、社会与个人贯通为一体，并形成一种普遍的国家和社会公共理性"⑥。

其三，"和而不同"。中国传统文化的一个重要特征就是"和""合"，

---

① 《尚书》。
② 《孟子》。
③ 《荀子·王制》。
④ 《礼记·礼运》。
⑤ 《管子·任法》。
⑥ 刘泽华：《春秋战国的"立公灭私"观念与社会整合》，载刘泽华、张荣明《公私观念与中国社会》，中国人民大学出版社，2003，第5页。

即和谐、合作。"夫和实生物，同则不继。以他平他谓之和，故能丰长而物归之；若以同裨同，尽乃弃矣。"① "万物并育而不相害，道并行而不相悖，小德川流，大德敦化，此天地之所以为大也。"② 作为传统文化的重要内容，"和"的思想在中国传统文化中占有重要地位，它蕴含着不同事物之间的融合或平衡，强调的是和谐和合作，而不是分歧与竞争。强调不走极端，要求人们之间相互妥协与包容。

诸如"民本""天下为公""和"这些观念③，反映在政治领域，反映在现代民主过程之中，就是要求尊重多样的差异性存在，以民众共同的利益、公共的利益为依归，通过相互理解与沟通达成共识，也即"求同存异，和平共处"。不同力量、不同观点、不同利益之间和谐共处，首先要寻求共同利益、"最大公约数"。其次，尊重不同的意见、主张。传统文化中的这些思想与现代民主政治的精神实质有一定的契合度，与协商民主要求的尊重差异、相互尊重、协商共识有一定的契合度，从而为协商民主建设提供了良好的精神资源和文化背景。但同时，我们应该注意，传统文化中对"公"的极端强调与对"私"的彻底排斥，实际是在传统政治生活中为打着"公"的旗号对人们的利益和个人权利进行剥夺，并为专制政治剥夺社会提供理论基础。现代民主社会，必须兼顾私人利益和公共利益，在国家与社会之间维护公平理性。传统文化中"民本"思想不是把人民当作国家的主人，让人民当家作主。它是从属于封建统治思想并为君主统治服务的，代表少数人的利益，只是一种由统治者向被统治者施予的恩惠，人民只是被动地、消极地接受的客体。

在这些有利于"协商"生长的观念形态之外，统治者出于维护统治的需要，也制定了一些听取不同意见、施行权力监督、了解民意的制度，例如谏议制度、朝议制度以及庶民议政等。所谓"谏议制度"，指的是"言官谏诤"，也就是要求谏官或者言官对国家管理提出看法、观点和建议。这种制度虽然是为监督王权而设，但是谏官可以对政治决策提出批评并进行监

---

① 《国语·郑语》。
② 《中庸》。
③ 孙存良博士论文对此有更为系统的论述。

督和讨论。"国家立谏诤之官,开启沃之路久矣。"①"谏议制度"正式制度化是在秦朝,汉朝沿袭这一制度,东汉时期谏官成为定官。在明清两代由于专制制度进一步加强,"谏议制度"逐渐废止。所谓"朝议制度",也叫朝会制度,是我国传统政治制度中的重要决策制度。这种制度起源于原始社会的部落议事会和部落人民大会。"朝议制度"在秦朝时得以确立,是君主与大臣之间为决策而设置的制度安排。所谓"庶民议政",是指民众可以对国家政治进行议论和批评。春秋时期郑国子产"不毁乡校"被传为美谈。要实现政治稳定、政事畅通,统治者不仅要有诤谏之臣,更重要的是要倾听庶民百姓的意见。

在传统中国的文化和历史中,有着丰富的有利于协商生长的本土资源。这些观念、制度与现代的协商民主的理念、原则存在一定的契合性。"和"的文化、"公"的观念、"民本"思想分别与协商民主的包容性、公共理性、民主观念相契合;在传统制度方面,谏议制度、朝议制度、庶民议政与协商民主所要求的信息真实、商议原则、人们参与讨论相符合。这些都是当今中国发展民主协商的重要资源。尽管在中国传统社会中存在利于"协商"的资源,但它们都是传统政治制度下的产物,都与专制制度、文化和君主政治相关联,因此,这些资源必须经过创造性的转化,合理地嵌入现代民主体制之内,才能够对促进当代中国的协商民主起到积极的作用。

二 协商民主的理论逻辑

1. 马克思主义民主理论是我国协商民主的思想源泉

马克思主义的崇高目标,就是实现每个人自由而全面发展的共产主义社会。具体地说,就是消灭人类社会在经济上的剥削和政治上的压迫,消灭产生剥削和压迫的社会制度,解放被剥削和被压迫的工人阶级,最终解放全人类,建立一个自由人的联合体,实现人性的完全复归和个性的彻底解放。根据这一目标,马克思主义一方面对资本主义社会开展了系统的、深刻的分析和批判,这里既包括对资本主义经济制度的批判,也包括对资本主义政治制度的批判。另一方面,为未来国家制度、社会进步勾勒出了

---

① 《白居易集》,中华书局,1979,第1371页。

"自由人的联合体"的共产主义社会建设蓝图。不管是批判，还是建构，马克思主义政治理论最为重要的内容就是对国家和民主的分析与研究、对资产阶级虚伪民主的揭露和对共产主义真实民主的向往。

马克思主义的民主理论，主要包括这样几个内容。(1) 一般意义上的民主。马克思认为，民主的一般意义即"人民的自我规定"。"在民主制中，任何一个环节都不具有与它本身的意义不同的意义。每一个环节实际上都只是整体人民的环节。""在民主制中，国家制度本身只表现为一种规定，即人民的自我规定。""然而民主制独有的特点是：国家制度在这里毕竟只是人民的一个定在环节。"① (2) 对资产阶级民主的批判。马克思指出，"资产阶级口头上标榜自己是民主阶级，而实际上并不如此，它承认原则的正确性，但是从来不在实践中实现这种原则。"② 列宁也认为，"极少数人享受民主，富人享受民主，——这就是资本主义社会的民主制度。"③ (3) 关于社会主义民主。民主是无产阶级高扬的旗帜。"工人革命的第一步就是使无产阶级上升为统治阶级，争得民主。"④ 恩格斯在1845年就指出，"民主已经成了无产阶级的原则，群众的原则。即使群众并不总是很清楚地懂得民主的这个唯一正确的意义，但是他们全都认为民主这个概念中包含着社会平等的要求，虽然这种要求还是模糊的。我们在估计共产主义的战斗力量的时候，可以放心地把这些具有民主思想的群众估计在内。而且，当各民族的无产阶级政党彼此联合起来的时候，它们完全有权把'民主'一词写在自己的旗帜上。"⑤ 因此，"争取普选权、争取民主，是战斗的无产阶级的首要任务之一"⑥。实现社会主义，必须走民主之路。列宁曾经指出，"没有民主，就不可能有社会主义。"⑦

在马克思主义的民主理论中，一个重要内容就是对公开意见表达的尊

---

① 《马克思恩格斯全集》(第3卷)，人民出版社，2002，第39、40页。
② 马克思：《1848年11月4日通过的法兰西共和国宪法》(1851年5月24日~6月8日)，《马克思恩格斯全集》(第10卷)，人民出版社，1998，第692页。
③ 《列宁专题文集(论马克思主义)》，人民出版社，2009，第258页。
④ 《马克思恩格斯文集》(第2卷)，人民出版社，2009，第52页。
⑤ 《马克思恩格斯全集》(第2卷)，人民出版社，1957，第664页。
⑥ 《马克思恩格斯选集》(第4卷)，人民出版社，1995，第516页。
⑦ 《列宁选集》(第2卷)，人民出版社，2012，第782页。

重、对民众参与的鼓励和对不同利益表达的保障。例如，为了在理性批评中维护党的思想统一，恩格斯就指出："党内的分歧并不怎么使我不安；偶尔发生这类事情而且人们都公开发表意见，比暮气沉沉要好得多。"① 只有通过不同意见的表达、辩论、批评等民主形式，才能够实现团结和相互的理解。而这种相互批评的重点在于保障批评性言论的自主表达："工人运动本身怎么能逃避批评，禁止争论呢？难道我们要求别人给自己以言论自由，仅仅是为了在我们自己队伍中又消灭言论自由吗？"② 列宁在社会主义的实践中尤其重视这种言论自由、讨论和批评等。"在这些统一的组织里，应当对党内的问题广泛地展开自由的讨论，对党内生活中各种现象展开自由的、同志式的批评和评论。"③ "一个国家的力量在于群众的觉悟。只有当群众知道一切，能判断一切，并自觉地从事一切的时候，国家才有力量。"④ 马克思主义民主理论关于民众是实践主体的观点、对意见表达和沟通的强调，以及对自由平等讨论等因素的认知，为我国协商民主的提出和发展奠定了坚实的基础。

2. 中国特色社会主义民主理论是我国协商民主的直接依据

在长期的革命和建设实践，以及改革开放的过程中，我党不断地深化对民主的认识和思考，从而形成了包括社会主义民主的本质、意义、目标、实现形式、民主制度等内容在内的中国特色社会主义民主理论，并以此指导现代化转型过程中的民主政治建设。1945年7月，毛泽东在回答民主人士黄炎培所提"人亡政息"周期律问题时明确指出，"我们已经找到新路，我们能跳出这周期律。这条新路，就是民主。只有让人民来监督政府，政府才不敢松懈。只有人人起来负责，才不会人亡政息。"其实，这一点，也恰如毛泽东所说的，"历史给予我们的革命任务，中心的本质的东西是争取民主"⑤。在革命时期，通过武装斗争夺取政权是共产党的中心任务，但夺取政权只是手段，最终的目标是实现民主。因此，1981年通过的《关于建

---

① 《马克思恩格斯文集》（第10卷），人民出版社，2009，第683页。
② 《马克思恩格斯文集》（第10卷），人民出版社，2009，第580页。
③ 《列宁全集》（第12卷），人民出版社，1987，第362页。
④ 《列宁选集》（第3卷），人民出版社，2012，第347页。
⑤ 《毛泽东选集》（第1卷），人民出版社，1991，第274页。

国以来党的若干历史问题的决议》就明确提出:"逐步建设高度民主的社会主义政治制度,是社会主义革命的根本任务之一。"自党的十三大起,历届党的代表大会都对社会主义民主政治、政治体制改革等内容进行了明确的设计。例如,(1)社会主义民主的本质。"人民当家作主是社会主义民主政治的本质和核心",人民民主是社会主义的本质要求和内在属性,"没有民主就没有社会主义"。(2)发展社会主义民主政治的基本原则。"最根本的是要把坚持党的领导、人民当家作主和依法治国有机统一起来。"党的领导是人民当家作主和依法治国的根本保证,人民当家作主是社会主义民主政治的本质要求,依法治国是党领导人民治理国家的基本方略。(3)民主制度,包括一项根本政治制度、三项基本政治制度。"坚持和完善人民代表大会制度、中国共产党领导的多党合作和政治协商制度、民族区域自治制度以及基层群众自治制度。"等等。

在社会主义民主政治理论中,对实行民主政治过程中各利益相关方的政治参与、意见表达、利益沟通、协商对话等内容的强调,为当前协商民主的提出和发展提供了基本依托。"要让群众能经常表达自己的意见,在人民代表大会上,政协会议上,职工代表大会上,学生代表大会上,或者在各种场合,使他们有意见就能提,有气就能出。有小民主就不会来大民主。"①

反之,如果不实行民主,就会导致错误和失败。"宪法上规定了党的领导,党要领导得好,就要不断地克服主观主义、官僚主义、宗派主义,就要受监督,就要扩大党和国家的民主生活。如果我们不受监督,不注意扩大党和国家的民主生活,就一定要脱离群众,犯大错误。因为我们如果关起门来办事,凭老资格,自以为这样就够了,对群众、对党外人士的意见不虚心去听,就很容易使自己闭塞起来,考虑问题产生片面性,这样非犯错误不可。"②

3. 马克思主义政党理论是我国协商民主的重要基础

在革命斗争中,马克思、恩格斯把多党合作的思想具体化为无产阶级

---

① 《邓小平文选》(第1卷),人民出版社,1994,第273页。
② 《邓小平文选》(第1卷),人民出版社,1994,第270页。

政党与其他政党关系的思想，论述了无产阶级与其他工人政党、其他民主政党的关系，同时也阐明了无产阶级政党在这种关系中应坚持的原则，从而形成了他们关于多党合作的思想。

共产党应该团结其他工人政党。马克思、恩格斯在《共产党宣言》中指出："共产党人不是同其他工人政党相对立的特殊政党。他们没有任何同整个无产阶级的利益不同的利益。他们不提出任何特殊的原则，用以塑造无产阶级的运动。"① "共产党人的最近目的是和其他一切无产阶级政党的最近目的一样的：使无产阶级形成为阶级，推翻资产阶级的统治，由无产阶级夺取政权。"② 这说明工人阶级政党的共同利益是相同的，共产党与其他工人阶级政党之间应该是一种合作的关系，而不是对立的关系，因此，可以团结在一起，推翻资产阶级的统治。

共产党可以而且应该与其他民主政党结成同盟。马克思、恩格斯早在1848年《共产党宣言》中就明确提出多党合作的思想，指出："共产党人到处都支持一切反对现存的社会制度和政治制度的革命运动。""共产党人到处都努力争取全世界民主政党之间的团结和协调。"③ 他们认为，无产阶级政党肩负着"解放全人类"的历史使命，为实现这个伟大的目标，共产党需要团结一切可以争取的力量，组成革命统一战线。

19世纪末到20世纪初，列宁在马克思主义关于无产阶级同盟军的理论基础上，结合俄国当时的社会现实，通过正确分析俄国的社会现状，提出俄国无产阶级必须尽最大努力联合同盟军，在联盟中必须坚持无产阶级政党的领导权和独立性，正确地制定了联合一切进步阶级、阶层和其他民主政党的政策，并在革命斗争中形成了如何处理共产党与其他政党关系的思想。最重要的是，列宁从社会主义建设的长期性、艰巨性出发，阐发了在无产阶级国家政权中实行多党合作制的初步构想，论述了实行多党合作的阶级基础和政治基础，形成了无产阶级专政国家政权中如何处理政党关系的多党合作思想，并积极进行多党合作制的实践。

共产党根据中国革命实践的需要，将马克思主义政党理论创造性地运

---

① 《马克思恩格斯文集》（第4卷），人民出版社，2009，第3页。
② 《马克思恩格斯选集》（第1卷），人民出版社，2012，第413页。
③ 《马克思恩格斯选集》（第1卷），人民出版社，2012，第435页。

用于我国政党关系和政党制度领域，极大地丰富和发展了马克思主义政党理论。

共产党人继承马克思、恩格斯和列宁关于共产党必须建立同其他党派的合作关系的思想，建立了广泛的革命统一战线。随着革命形势的发展，开始面临革命胜利后应该建立什么样的政权的问题，也就是能否将多党合作的政党关系发展成为多党合作马克思主义中国化研究从多党合作制度看马克思主义政党理论的中国化政治制度的问题。在这种情况下，毛泽东提出要建立一个由各革命阶级联合专政的新民主主义共和国，开始设想把这种带有无产阶级统一战线性质的多党合作关系转变为国家基本的政党制度。中华人民共和国成立时，这一设想得以实现，多党合作的政党关系被确立为中国共产党领导的多党合作制度。多党合作的政党关系上升为国家的基本制度，成为一种新型的政党制度。它不同于资本主义国家的两党制与多党制以及一些社会主义国家的一党制。在这种制度中，共产党处于领导地位，各党派相互合作协商，不是一党独占国家政权。这种新型的政党制度是对马克思主义政党理论的发展与突破。

（陈家刚　中央党史和文献研究院）

第三章

政党协商

现代国家治理的一个重要特征就是政党政治，具有不同政治理念、价值追求、政治属性的各政党，总是要在既定的政治制度架构中，基于民主和法治的原则，通过一定的体制机制与程序规范，实现权力配置、政治决策、赢得认同和影响社会。中国共产党领导下的多党合作和政治协商制度是我国政党制度的规范形式，其基本特征是"共产党领导、多党派合作，共产党执政、多党派参政"。这种政党制度在我国社会主义民主政治和政治文明建设等方面具有重要价值，发挥着关键的作用。2015年《关于加强社会主义协商民主建设的意见》提出"政党协商"等制度性安排，更加突出地强调了我国政治制度的特点和优势。科学界定政党协商的内涵与特征，深入探讨政党协商的定位与边界，准确理解政党协商对于我国民主政治建设的价值，既有利于推进政党协商本身的发展和完善，也有利于在社会主义协商民主建设过程中发挥示范和引领作用。

第一节 政党协商的发展及其内涵

虽然"政党协商"概念的权威提出是近两年的事情，但是，政党协商的探索却是有其自身的脉络和轨迹的。中国共产党为政党协商提供了坚定的支持，同时也在大力推动和主动探索和创新政党协商。政党协商在我国的形成与发展过程，离不开自身的历史文化传统、经济发展基础，也离不开不同历史阶段的发展实际。党的十八大以来，我国的政党协商有了进一步的发展，不但成为我国协商民主制度体系的重要组成部分，而且在中国共产党和各民主党派的共同努力下，集中体现了我国民主政治、政党制度的显著优势。

一 我国政党协商的基本脉络

政党协商是我国协商民主的重要内容和主要形式。政党协商在我国的实践发展和理论思考，有一个生长、发展和逐步完善成熟的过程。关于我国的政党协商，持有不同观点、不同立足点的学者有不同的认识。有学者通过考察1945年到1949年的政党协商后指出，"政党协商作为中国协商民主制度的主要形式，发端于新民主主义革命时期，并于新时期焕发新活力"[1]。有学者认为，中国共产党与各民主党派及其他社会力量的合作与协商经历了从"联合革命"到"协商建国"再到"合作治国"的历史进程。[2]

政党协商是在我国革命、建设和改革的实践中不断发展、成熟的，具有深厚的历史基础、理论基础、实践基础。（1）早在新民主主义革命时期，我们党在成立之初，就在党的各种文献中明确了与各民主党派团结合作的主张。1922年中共二大通过的《关于"民主的联合战线"的议决案》，既号召全国的工人、农民团结在共产党的旗帜下进行斗争，同时又提出联合全国一切革命党派，联合资产阶级民主派，组成民主的联合战线，并决定邀请国民党等革命团体举行联席会议，共商具体办法。[3] 这是新民主主义革命时期中国共产党对待其他革命党派的方针，体现出团结合作的思想。这种思想和主张直接促进了国共两党的第一次合作。（2）抗日民族统一战线的形成，是我国政党协商合作的新实践。1935年12月中共中央在瓦窑堡召开政治局扩大会议，正式确立了建立抗日民族统一战线的策略。中国共产党的联合抗日主张得到了各民主党派和各界人士的理解、支持和响应，中国共产党和各民主党派的协商合作真正开始。抗日战争期间，中国共产党、中国国民党，以及其他各民主党派在联合抗日的旗帜下开展了广泛的合作

---

[1] 李玥：《1945—1949年中国共产党政党协商的特点及启示》，《云南社会主义学院学报》2016年第2期。
[2] 陈延武：《伟大的实践——关于协商民主中的政党协商》，《中国统一战线》2014年第4期。
[3] 《中共中央文件选集》（第1册），中共中央党校出版社，1989，第66页。

和协商。(3)抗日战争胜利后,政治协商会议于1946年1月在重庆召开。国民党、共产党、民盟,以及无党派民主人士等共同参加政治协商。通过广泛、深入的讨论,本着求同存异的精神,会议最终通过了政府组织案、和平建国纲领等五项协议。政协协议的通过,是中国共产党同各民主党派、无党派民主人士、国民党中的民主进步人士共同协商合作的成果。"虽然重庆政治协商会议由国民党主导,并最终被国民党彻底破坏,但政党合作和政治协商的精神却已经在中国各党派和人民中间扎下根来。"[①] (4)"五一口号"与协商建国。1948年,中共中央提出的"五一口号"得到各民主党派、无党派民主人士的热烈响应,开启了协商建国的序幕。1949年9月,中国共产党与包括各民主党派在内的各界人士经过充分讨论和协商,制定了具有临时宪法作用的《中国人民政治协商会议共同纲领》,以政党协商为基础奠定了中国共产党与各民主党派团结合作的政治格局,形成和发展了"长期共存、互相监督、肝胆相照、荣辱与共"的政党关系。"协商建国"成为我国民主政治发展史上的划时代事件,也标志着中国共产党领导的政治协商制度正式确立。(5)协商民主与政党协商。2015年2月,中共中央印发了《关于加强社会主义协商民主建设的意见》(以下视情简称为《意见》),明确指出了协商民主建设的目标、原则与制度结构。在文件提出的七种协商渠道中,"政党协商"处于更加突出的位置。2015年12月,中共中央办公厅印发了《关于加强政党协商的实施意见》(以下视情简称为《实施意见》),明确了政党协商的内涵、内容、形式、程序、保障等。从其地位和重要性方面来讲,是我国各种协商形式的制度安排中最为核心与关键的,是中国共产党领导的多党合作和政治协商制度的重要内容,是社会主义协商民主体系的重要组成部分,是中国共产党提高执政能力的重要途径。

政党协商及实践是中国共产党领导的多党合作和政治协商制度的重要内容。我们对政党协商的认识和实践经历了从民主联合战线、统一战线到政治协商、多党合作,再到协商民主和政党协商的不断深化过程。"中国政党协商的历史过程体现了中国共产党人对民主政治的不懈追求,彰显了中

[①] 丁俊萍、甘久翔、王占可:《中国政党协商的历史考察及其启示》,《学校党建与思想教育》2016年第11期。

国共产党坚持把马克思主义政党学说和民主思想同中国的具体实际相结合的基本理念。"① 党的十八大之后提出的"政党协商"基于中国共产党的革命、建设实践,丰富于改革开放的伟大时代,成熟于国家治理体系和治理能力现代化建设实践,在社会主义新时代具有更加广阔的前景。中国共产党在民主革命、社会主义革命、社会主义建设时期的党派联合、统一战线、协商建国等实践探索,为今天提出政党协商奠定了坚实的基础、积累了丰富的经验。

二 何谓政党协商?

研究者不同,侧重的角度不同,关于政党协商的界定也就不同。主要表现在这样几个角度。一是侧重从参与主体角度来界定。如有学者指出政党协商包括中国共产党同各民主党派的直接协商,以及中国共产党在人民政协同各民主党派的间接协商。② 也有学者认为,"政党协商既包括中国共产党和各民主党派的协商,也包括各民主党派之间的协商。历史与实践证明,无党派人士具有政治性和组织性,因此是一个没有党派组织但有党派性的特殊群体。所以政党协商也包括中国共产党以及各民主党派和无党派人士的协商。在中国的当前民主政治发展形势下,政党协商主要是以中国共产党和各民主党派、无党派人士的直接协商为主。"③ 还有人指出,政党协商不仅是中国共产党与各民主党派协商,还有各民主党派之间的协商,因而形成的不仅是直线双向的信息沟通与交流机制,也是"网络化"的信息沟通与交流机制,保证了共产党领导核心的一元性与各民主党派结构多元性的统一。④ 二是侧重于从协商内容角度来界定。如有学者认为,"政党协商是中国共产党同民主党派基于共同的政治目标,就党和国家重大方针政策和重要事务,在决策之前和决策实施之中,直接进行政治协商的重要

---

① 丁俊萍、甘久翔、王占可:《中国政党协商的历史考察及其启示》,《学校党建与思想教育》2016 年第 11 期。
② 宋俭:《关于政党协商若干理论问题的思考》,《中国政协理论研究》2015 年第 1 期。
③ 刘玲灵:《当代中国政党协商民主的内在规定性研究》,《中共济南市委党校学报》2015 年第 4 期。
④ 祝灵君:《政党协商在我国协商民主中的性质与功能》,《团结》2014 年第 5 期。

民主形式。"① 三是侧重于从协商方式来界定。如有学者指出，"政党协商是指政党通过彼此之间的信息交流与沟通，实现政党功能，履行治国理政的根本职责，最终实现好发展好维护好全国各族人民的根本利益的政治活动。"② 政党协商是执政党与参政党基于共同的政治基础，通过对话、协商、参与等方式就一些全局性、根本性问题进行合作，并达成政治共识的互动过程。③ 四是侧重于综合上述几个方面的综合性界定，如有学者认为，"我国的政党协商，主要是指中国共产党与各民主党派、无党派人士在多党合作中，就党和国家事业发展的具有根本性、全局性、战略性的重大问题，在决策之前和决策执行过程中，通过会议协商和书面协商等方式进行平等沟通、交流和讨论，以达成或增进共识、完善和优化决策的民主形式和政治过程。"④

不管从何种角度去理解，政党协商的内涵可以界定为：中国共产党同各民主党派就国家重大方针政策和重要事务进行平等直接协商的民主形式。也就像《实施意见》中界定的那样，政党协商"是中国共产党同民主党派基于共同的政治目标，就党和国家重大方针政策和重要事务，在决策之前和决策实施之中，直接进行政治协商的重要民主形式"⑤。从这个基本界定出发，我们就能够有一个共同的基础，深入探讨政党协商的形式、内容与实践。

三 政党协商的基本特征

1. 组织性，即党派性

政党协商是执政的中国共产党与各民主党派之间的直接协商，是政治上最高层次的对话与商讨。参加协商的是中共中央的负责同志，民主党派

---

① 《中办印发〈关于加强政党协商的实施意见〉》，《人民日报》2015年12月11日。
② 祝灵君：《政党协商在我国协商民主中的性质与功能》，《团结》2014年第5期。
③ 郭晓东：《政党协商视阈下民主党派主体性建设的三重维度》，《天津市社会主义学院学报》2016年第2期。
④ 张献生：《政党协商在社会主义协商民主中的地位和作用》，《中央社会主义学院学报》2015年第3期。
⑤ 《中共中央办公厅印发〈关于加强政党协商的实施意见〉》，2015年12月10日，新华网，http://www.xinhuanet.com/politics/2015-12/10/c_1117423452.htm。

的负责人，或者无党派民主人士、工商联负责人等。他们代表的都是特定政党或群体。政党协商不是个体之间的协商。例如，在专题协商座谈会、人事协商座谈会、调研协商座谈会等形式中，都是中共中央负责人主持会议，参加者则是民主党派的负责人、无党派民主人士、工商联负责人等。政党协商不是个体行为，而是组织化的政治行为，是政治集团之间的对话、讨论和交流，高度的组织性是其显著特点和独特优势。

2. 政治性

政党协商，主要是围绕党和国家重大方针政策和重要事务进行的政治协商，不是围绕社会生活中一般性事务的协商。高度组织性的特点，决定了其高度政治性的特征。因此，政党协商尤其强调具有政治性、宏观性以及全局性的重大议题。它不是个体意见的反映，而是汇聚集体智慧；它不着眼于个体和团体利益，而是立足全局，反映人民群众和所代表群体的整体利益，具有全局性；不局限在某个特定领域，而是广泛了解掌握各种社会心理、思想动向、利益诉求及潜在矛盾，具有综合性优势。

3. 平等性

平等是政党协商能够进行并实现政治聚合的前提条件。虽然在当代中国的政党结构中，执政党与各民主党派之间存在掌握政治资源不同、社会影响力不同等问题，但是，平等性重在强调协商过程中意见表达、政治对话、协商保障等方面的平等。

4. 直接性

主要体现在两个方面：其一，协商是在决策之前和决策实施之中进行的协商，不是决策之后的情况通报或者告知；其二，协商是中国共产党和各民主党派进行的直接的政治协商，不是存在中间环节的协商。直接性有利于执政党与各民主党派之间的各种利益、偏好的协调及不同意见的即时沟通与讨论，也有利于信息传递的准确性，同时也有利于共识达成之后的具体执行和落实。

第二节　政党协商的性质与边界

1. 政党协商的性质

在理论上阐明政党协商的性质，有助于明确政党协商与其他协商方式的共同特征与差异性特征，有助于明确政党协商的边界，并在此基础上聚焦协商主题，推动政党协商走向深入。

人们日常理解和认识的政党协商，总是与中国共产党领导的多党合作和政治协商制度、中国人民政治协商会议等联系在一起。但是，在世情、国情、党情发生深刻变化的情况下，如果仅仅局限于从政治协商角度来理解政党协商，其内涵就略显狭窄了一些，也缺乏对政党协商与其他协商形式密切关联性的重视。但是，对政党协商的理解又不能过于泛化，进而模糊了其与其他协商形式的区别和差异。正如一些学者指出的那样："在当代中国社会的政治生活中，政党协商有着多重属性：它不仅是社会主义民主的重要形式，是国家治理体系的重要组成部分，还是社会主义统一战线的重要实现形式，亦是中国特色新型智库的重要平台。"[①] 也有学者指出，"政党协商是一种高层次、精英层的政治对话，不是普通党员之间进行的协商。政党协商具有很强的引导性和示范性，起到'风向标'的作用。"[②] 因此，政党协商的性质可以定位为：政党协商是中国共产党领导的多党合作和政治协商制度的重要内容，是社会主义协商民主体系的重要组成部分，是中国共产党提高执政能力的重要途径。

政党协商首先是中国共产党领导的多党合作和政治协商制度的重要内容。中国共产党领导的多党合作和政治协商制度是我国的基本政治制度，其基本特征是"共产党领导、多党派合作，共产党执政、多党派参政"。这种特点充分体现了我国政治生活的现实，体现了我国政党制度的结构与逻辑，能够实现执政党与各民主党派等方面的协商合作，围绕党和国家重大方针政策和重要事务进行协商和科学决策。政党协商是多党合作和政治协商制度的重要内容和实践形式。其次，政党协商是我国协商民主制度体系的重要组成部分。在我国政党协商、人大协商、政府协商、政协协商、人民团体协商、基层协商、社会组织协商这七种协商渠道和形式中，政党协商处于首要的位置，凸显了政党协商在社会主义协商民主体系中的重要地位。最后，政党协商是中国共产党提高执政能力的重要途径。我国的各民

---

① 宋俭、柯友平：《关于当代中国政党协商的几个基础性问题》，《湖北社会科学》2015 年第 3 期。
② 田晓玉：《政党协商基础理论问题探析》，《广西社会主义学院学报》2016 年第 3 期。

主党派代表自身所联系的群众的利益,通过政党协商可以充分反映不同利益群体的利益,从而争取民众对于我国政治制度的认同,巩固党的执政基础。各民主党派汇集的知识、智慧、资源优势,可以为中国共产党执政提供有效的资源,通过政党协商有利于提高中国共产党的执政能力。

2. 政党协商的主体

协商是有人参与的政治活动。政党协商的参与者是代表着政党、代表着政治组织参与的。协商主体主要界定的是谁与谁协商的问题,也就是谁来参与协商的问题。

有学者认为,当代中国政党协商的主体是参加协商的中共与各党派、无党派人士、工商联和各族、各界人士。① 也有学者认为,从数量与组成方式看,协商民主的主体分为个体参与者与集体参与者。政党集体进行的集体性协商、个体之间的协商(如中国共产党党员尤其是党员干部与民主党派成员之间的个体协商交流)、个体与集体之间的协商(如中国共产党个体党员与民主党派集体之间进行的协商)均构成政党协商。② 还有学者认为,政党协商除了中国共产党同各民主党派之间的协商外,还包括各民主党派之间的协商。③ 这些研究和判断虽然具有启发性,但都存在无限扩展政党协商主体范围的趋势。

从政党协商的本意来看,其主体应该是作为执政党的中国共产党与各民主党派。这也是学界普遍的看法。因此,如果个体代表政党参加协商,那么此时的协商已经不再具有"个体属性",而应归于政党协商;如果个体只是代表自己进行协商,即使该个体具有政党成员的身份,那么,这种协商也不是政党协商。因此,不能简单地将政党成员的个体参与笼统地归属到政党协商范畴之中。

在我国政治协商制度中,参与各方除了执政的中国共产党外,还有八个民主党派,以及无党派民主人士、工商联。由于历史原因,政治协商的实际参加主体除中国共产党和民主党派外,往往还包括无党派人士和工商

---

① 徐映奇:《当代中国党际协商民主发展现状》,《湖南省社会主义学院学报》2010年第5期。
② 童庆平:《当代中国政党协商民主要素论析》,《学习与实践》2007年第8期。
③ 刘俊杰:《当代中国党际协商民主研究》,博士学位论文,吉林大学马克思主义学院,2012,第19页。

联,基本形成了一种惯例。客观来看,无党派人士和工商联参加政党协商,有特定的历史源流和背景。我们党对无党派民主人士始终有一个比较明晰的定位,即"他们在形式上没有结成党派,但实质上是有党派性的"①。而从另外一个方面来看,工商联作为人民团体的定性也已非常明确。因此,将工商联作为政党协商的参与主体,虽然有政治协商的政治惯例作为理据,或者有现实需要,但必须在理论上给予深入分析,在政策上给予清晰区分。2000 年中央统战部部长王兆国在与全国工商联组织负责同志的一次谈话中就强调指出:"工商联在我们国家的政治生活中,有参政议政、政治协商、民主监督等职能,但工商联不是政党,不要往政党上靠,否则将来会出现许多问题。"② 因此,从更为宏观和全局性角度考虑,政党协商的参与主体应该分出层次来,根据不同对象的属性和特点,赋予不同的角色定位和履职空间。各司其职、各归其位尤为重要。

《意见》明确了"无党派人士是政治协商的重要组成部分,工商联是具有统战性的人民团体和民间商会,有关部门要为无党派人士和工商联参加协商做好联络服务"。这里只是一般性地指出上述无党派人士、工商联可以参加政治协商,或者协商,没有明确指出他们是否参与政党协商。而《实施意见》则明确了"无党派人士是政治协商的重要组成部分,参加政党协商"。"工商联是具有统战性的人民团体和商会组织,参加政党协商。"但在术语上用的是"参加"。因此,我们说,我国的政党协商有两大核心主体:中国共产党和各民主党派。政党协商主要是中国共产党和各民主党派之间的协商,不是八个民主党派内部的协商。无党派人士、工商联等可以作为重要参与者参加协商。正如有学者指出的,虽然《实施意见》把无党派人士和工商联纳入政党协商的范围,但政党协商主体是执政党和参政党,政党协商体现的是中国共产党的主导性和民主党派的参与性的有机统一。③

3. 政党协商与政治协商、政协协商的关系

政党协商提出之后,就需要明确其与政治协商、政协协商的关系。虽

---

① 《周恩来统一战线文选》,人民出版社,1984,第 125 页。
② 中央统战部编《中国共产党统一战线文献选编》(第十五卷),内部资料,2005,第 348 页。
③ 袁廷华:《社会主义协商民主中的政党协商》,《中国统一战线》2015 年第 2 期。

然提法不同,内涵与边界也不一样,但三者既有区别又相联系,而且都统一于中国共产党领导的多党合作和政治协商制度之中。

政治协商主要是指中国共产党与各民主党派、无党派人士、工商联、广大人民群众,对国家和地方的大政方针以及政治、经济、文化和社会生活中的重要问题在决策之前进行协商和就决策执行过程中的重要问题进行协商的政治活动。政治协商是一个统领性的范畴,它既包括政党协商,也包括政协协商,是我国协商民主的典型表现形式,在协商民主体系中处于核心地位。政党协商是中国共产党同民主党派基于共同的政治目标,就党和国家重大方针政策和重要事务,在决策之前和决策实施之中,直接进行协商的重要民主形式。政协协商是参加人民政协的各党派团体、各族各界人士履行政治协商、民主监督、参政议政职能,围绕改革、发展、稳定重大问题和涉及群众切身利益的实际问题,在决策之前和决策实施之中广泛协商、凝聚共识的重要民主形式。"这两种协商方式都是中国共产党实现科学决策、民主决策的重要环节和提高执政能力的重要途径,两者既有联系,又有区别。在协商主体、协商内容等方面有相同、相似或者交叉的部分,但两种协商方式并不互相包含,更不能互相替代。"①

在政党协商与政协协商之间,还存在一定的差异性,主要表现在参与主体、协商渠道、协商程序等方面。政党协商重点在于协商主体,政协协商的重点在于协商载体。政党协商侧重于党际协商,体现多党合作的精神;政协协商侧重于界别之间的协商,体现社会协商民主的精神。"较之于政党协商,政协协商的主体更为广泛多层、政协协商的内容更为广泛多面、政协协商的形式更为多样、政协协商的程序更为细致规范。"②

政治协商、政党协商与政协协商三者之间的关系,体现了我国政治体制的性质、结构和特点。厘清它们之间的关系,可以有效避免因协商内容、过程交叉和重叠而造成的政治资源浪费和效率的降低,满足协商民主广泛、多层、制度化发展的现实需要,对于我们深入理解中国共产党领导的多党合作和政治协商制度以及推动我国的协商民主建设具有重要意义。

---

① 李金河、王江燕:《政党协商与政协协商的相互促进和协调发展研究》,《中共浙江省委党校学报》2016年第6期。
② 曹蓉:《政党协商与政协协商的联系和区别》,《江苏省社会主义学院学报》2014年第5期。

政党协商与政协协商同属于政治协商，都以中国特色社会主义政党制度为制度依托，二者既紧密联系又相互区别。因此，无论是政党协商还是政协协商，只有各自发挥好作为协商民主制度渠道优势的同时，实现相互之间的衔接配合，才能够不断健全和完善社会主义协商民主制度。

第三节　政党协商的价值

政党协商是社会主义协商民主中的主要形式，是统一战线的重要实践形式，具有独特的政治优势、制度优势和智力优势，在推进国家治理体系和治理能力现代化过程中发挥着政治吸纳、政治沟通、政治支持、政治整合、政治平衡等多重作用。

1. 有利于扩大有序政治参与，推动政治吸纳

政治参与体现着政党协商的民主属性：作为协商民主的重要组织载体，执政党与各参政党构成了我国公民有序政治参与的重要渠道，是我国多层次、多领域公民有序政治参与体系的组成部分，我国民众可以通过不同的政党参与政治生活；作为协商民主的重要主体，我国各民主党派在与执政党合作共事中发挥作用的主要形式就是政治协商、参政议政、民主监督等形式的有序政治参与活动。加强政党协商，有利于扩大民主党派和无党派人士及其所联系的广大群众的有序政治参与，畅通意见表达渠道。邓小平同志曾经在 1957 年就指出："我们如果关起门来办事，凭老资格，自以为这样就够了，对群众、对党外人士的意见不虚心去听，就很容易使自己闭塞起来，考虑问题产生片面性，这样非犯错误不可。"[①] 政治参与的过程，同时也是吸纳精英的过程。各民主党派聚集了不同领域和层次的知识精英、商业精英。他们在统一战线旗帜下致力于推动我国的现代化建设。精英吸纳功能是政党协商统一战线属性的体现，在当前的新形势下，政党协商的重点应放在精英层面，其主要任务是团结和吸纳执政党以外的各方面社会精英共同致力于我国新时代社会主义建设。

2. 有利于畅通利益表达渠道，实现政治沟通

利益表达是政党协商的基本功能之一。在中国特色社会主义制度下，

---

① 《邓小平文选》（第 1 卷），人民出版社，1994，第 270 页。

参与主体与利益诉求的多样性是客观存在的，这种多样性指的是人民内部基本利益一致基础上各自具体利益方面的差别和矛盾。"我们要广开言路，广开才路，坚持不抓辫子、不扣帽子、不打棍子的'三不主义'，让各方面的意见、要求、批评和建议充分反映出来，以利于政府集中正确的意见，及时发现和纠正工作中的缺点、错误，把我们的各项事业推向前进。"① 中国共产党代表着最广大人民的利益，而各参政党作为"各自所联系的一部分社会主义劳动者和一部分拥护社会主义的爱国者的政治联盟"，既参与公共利益的表达，又代表本党派成员和各自所联系群体的具体利益，发挥着畅通利益表达渠道、协调各方关系的作用。民主党派、无党派民主人士能够收集、整合、平衡本党派成员及其所联系群众的意见、要求、愿望，并通过政党协商直接反映到执政党的决策过程之中，努力寻求在整体利益框架下实现特定利益的合理安排，实现政治参与和利益表达，这是政党协商的价值所在。通过政党协商将人们的利益诉求反映出来，有利于党和政府更全面了解社会利益结构，实现全社会的共同利益。

3. 有利于科学民主决策，促进政治支持

在复杂和充满不确定性的现实中进行政治决策，既需要全面综合各种不同的决策支持信息，也需要考虑政策对象各种不同的利益关联。政党协商有利于促进科学民主决策，因为"协商能够使讨论和决策过程中的社会知识最大化"②。政党协商讨论的党和国家重大方针政策和重要事务，具有全局性的影响，必须保证决策的科学性、准确性。通过政党协商，执政党充分听取各民主党派和无党派人士的意见、建议，使决策过程更民主、决策结果更科学；通过政党协商，还能够及时纠正决策实施过程中出现的偏差，从而能够有效避免和减少决策损失。"共产党总是从一个角度看问题，民主党派就可以从另一个角度看问题，出主意。这样，反映的问题更多，处理问题会更全面，对下决心会更有利，制定的方针政策会比较恰当，即使发生了问题也比较容易纠正。"③ 另外，通过政党协商，可以充分发挥各民主党派的智力优势，参与政策制定，不仅可以增强其责任意识，积极推

---

① 《邓小平文选》（第2卷），人民出版社，1994，第187页。
② 陈家刚：《协商民主引论》，《马克思主义与现实》2004年第3期。
③ 《邓小平文选》（第1卷），人民出版社，1994，第273页。

进决策的贯彻执行，而且可以有效协调各政党之间的关系，使各民主党派更加自觉地团结在执政党周围，更加自觉地形成政治认同，形成助推经济社会发展的强大合力。

4. 有利于凝聚共识，实现政治整合

政党政治有一个重要特征就是各政党都分别代表着不同群体的利益。因此，尽管我国的各政党在建设现代化国家方面有着广泛的共识，但是，在具体的政策领域、具体的工作方面，存在意见分歧、利益冲突和紧张关系也是客观的。不一致就需要协商，协商就是不同观点的合理表达。政党协商是增进政治共识、广泛凝心聚力的过程。民主党派在统一战线中发挥着相当重要的作用，将其组织起来，"便于他们把各个阶级的意见反映给我们，在政治上他们也能够更好地同我们合作和配合，有些工作他们去做有时比我们更有效，在国际上也有影响"[①]。政党协商还能够促进政党关系的和谐，有效的政党协商能够真正实现平等协商对话，使各政党理性、平等地看待问题和讨论问题，最大限度地达成共识。政党协商过程中，执政党能够吸纳足够的社会支持和调动充分的社会资源，有利于整合各方面利益诉求，团结各种社会力量，实现社会整合。政党协商的包容性，有利于把各种社会力量纳入政治体系框架之内，促进政治认同；有利于发挥"社会减压阀"作用，为不同社会阶层和社会成员表达愿望和诉求提供规范渠道；有利于避免政党对立、政党竞争造成的政治动荡和社会撕裂，防止政治力量之间的重大分歧和对抗，减少内耗，降低社会成本，促进社会稳定。

5. 有利于加强监督，实现政治平衡

权力只有受到监督和制约，才不会被滥用而损害社会和个人。"只有协商模式才能规范、建构现代的公共行政。因为真正的公共行政需要在讨论和决策中把公开性、平等和包容性最大化，所有政策协商的参与者都有确定问题、争论证据和形成议程的同等机会。"[②] 政党协商的过程，具有对执政党和政府决策的纠偏防错功能。党际监督，主要是参政党监督执政党，这是在新中国成立之初保留民主党派一个非常重要的考虑，也是一种具有

---

① 《周恩来统一战线文选》，人民出版社，1984，第 172 页。
② 陈家刚：《协商民主引论》，《马克思主义与现实》2004 年第 3 期。

中国特色的政治平衡机制。"民主党派是我们的友党。作朋友一定要做畏友，在大的关键问题上要互相提醒，才是真正的朋友。"① 通过政党协商，能够使得公共权力在阳光下运行，这是政治权力制约的有效途径。中国共产党与各民主党派互相监督，有利于强化体制内的监督功能，避免缺少监督而导致的种种弊端。各民主党派的民主监督，是中国共产党自身监督之外的重要监督形式，有利于执政党提高决策科学化、民主化、规范化水平，有利于推进实现国家治理现代化。

第四节　政党协商的基本原则与实践探索

在我国协商民主的各种形式与渠道中，政党协商居于核心和首要的地位。政党协商"是中国共产党同民主党派基于共同的政治目标，就党和国家重大方针政策和重要事务，在决策之前和决策实施之中，直接进行政治协商的重要民主形式"②。政党协商的实践探索、成效，对于协商民主的整体性发展具有显著的示范效应。在总结其好的做法与成就的同时，客观看待其面临的挑战，对于完善政党协商具有重要的价值。

一　政党协商的主题与基本原则

政党协商的内容与主题，必然会体现时代特征和经济社会发展的客观现实。我国各党派的协商合作经历了"联合与革命、团结与改造、爱国与建设、和谐与发展"等不同主题。而当下的政党协商主题自然也要反映当前我国经济社会发展的主要要求和中心任务。因此，中共中央办公厅印发的《关于加强政党协商的实施意见》就明确规定，中共中央同民主党派中央开展政党协商的主要内容有：中共全国代表大会、中共中央委员会的有关重要文件；宪法的修改建议，有关重要法律的制定、修改建议；国家领导人建议人选；国民经济和社会发展的中长期规划以及年度经济社会发展情况；关系改革、发展、稳定等重要问题；统一战线和多党合作的重大问

---

① 《周恩来统一战线文选》，人民出版社，1984，第243页。
② 《中共中央办公厅印发〈关于加强政党协商的实施意见〉》，2015年12月10日，新华网，http://www.xinhuanet.com/politics/2015-12/10/c_1117423452.htm。

题；其他需要协商的重要问题。① 中国共产党和各民主党派的协商已经涵盖了当代中国的政治、经济、文化、社会生活等重要领域。协商内容涉及执政党的重大决策、政府的重要文件、宪法及法律修改、国家领导人人选、国家重大发展规划与重大决定等。归结起来，政党协商旨在通过党派间的"协商国是"，搞好国家治理。

根据这样的主题，政党协商应遵循以下基本原则。

第一，政党协商的政治原则。其一，政党协商要坚持党的领导，要坚持中国特色社会主义政治发展道路，坚持中国共产党领导的多党合作和政治协商制度，坚持"长期共存、互相监督、肝胆相照、荣辱与共"的基本方针，发挥我国政党制度优势，巩固发展和谐政党关系。其二，政党协商要坚持人民主体地位。"在中国社会主义制度下，有事好商量，众人的事情由众人商量，找到全社会意愿和要求的最大公约数，是人民民主的真谛。"② 政党协商的目的是促进广大人民的利益，而不是个别人、部分群体的利益。

第二，政党协商的制度原则。首先，政党协商要按照制度规则组织实施。民主是用来解决人民需要解决的问题的。政党协商体现着人民民主的本质，尤其需要一系列的制度安排来加以规范。应把协商主体的责任、协商主题、协商周期、协商形式、程序过程、结果运用与意见反馈等内容用制度固定下来，使其成为一种"规矩"，保障协商依有制、守有规、循有章、进有序。其次，要坚持程序原则。民主活动只有通过特定的程序才能够具体、才具有现实性。程序就是步骤，是对工作各个环节进行评判的标准。有了程序规定，协商过程的每个环节的操作、检查、评判有了标准，才能保证协商于决策之前和决策执行之中。

第三，政党协商的价值原则。政党协商的价值原则是一个体系，包括如下几个方面。（1）平等。基于体现公共利益的前提，协商过程的利益相关方、协商参与者，都应该平等表达意见、对话和讨论。没有平等，就不可能有充分的交流，就不可能体现利益多元性、多样性，协商共识也很难达成。（2）包容。协商民主的关键在于承认差异、承认分歧，并在此基础

---

① 《中办印发〈关于加强政党协商的实施意见〉》，《人民日报》2015年12月11日。
② 习近平：《在庆祝中国人民政治协商会议成立65周年大会上的讲话》，《人民日报》2014年9月22日。

上诉诸维护全局利益的政治共识,以公共利益为取向进行利益整合,"求得最大公约数"。既包容不同参与者,也包容不同利益和偏好。(3) 和谐。协商是持不同意见者和利益相关方对话与沟通的过程,是消除缩小分歧、增进共识的过程。协商既要重视决策过程也要关注决策结果,既要关注多数意见也要尊重少数建议,始终处于和谐之中。(4) 效率。政党协商的生命力在于协商结果的有效性和实践性。这样,就能够进一步调动各党派的协商积极性。

二 新时期我国政党协商的实践探索

1. 党和国家高度重视政党协商制度建设

2012 年,党的十八大明确提出"健全社会主义协商民主制度"的要求。2013 年十八届三中全会《中共中央关于全面深化改革若干重大问题的决定》进一步提出了我国协商民主制度建设的框架和方向。2015 年,中共中央印发了《关于加强社会主义协商民主建设的意见》,为我国政党协商的建设和发展指明了方向。

2015 年 5 月,习近平总书记在中央统战工作会议上发表重要讲话指出,中国共产党领导的多党合作和政治协商制度是我国的一项基本政治制度。要完善政党协商的内容和形式,建立健全知情和反馈机制,增加讨论交流的平台和机会,使协商对凝聚共识、优化决策起到作用。要从制度上保障和完善参政议政、民主监督,探索有效形式。要支持民主党派加强思想、组织、制度特别是领导班子建设,提高政治把握能力、参政议政能力、组织领导能力、合作共事能力、解决自身问题能力。[①]

2015 年 12 月 10 日,中共中央在中南海召开党外人士座谈会。习近平同志在座谈会上指出:"开展政党协商,需要中国共产党和各民主党派共同努力。对中国共产党来讲,要加强对政党协商的领导,增强协商意识,更加善于协商。对民主党派而言,要努力提高政党协商能力,担负起政党协商参与者、实践者、推动者的政治责任。我们要共同努力,把政党协商这

---

① 《习近平同志在中央统战工作会议上的讲话》,《人民日报》2015 年 5 月 21 日。

一社会主义民主的重要形式坚持好、发展好、运用好。"①

2. 政党协商制度建设稳步推进

政党协商是中国特色社会主义协商民主的重要形式。加强政党协商的制度建设对于推进政党协商实践具有基础性意义。1989年《中共中央关于坚持和完善中国共产党领导的多党合作和政治协商制度的意见》就对加强中国共产党和各民主党派之间的合作与协商作出明确规定。这标志着中国共产党领导的多党合作和政治协商开始走上制度化、规范化的发展轨道。进入21世纪以来，2005年颁发的《中共中央关于进一步加强中国共产党领导的多党合作和政治协商制度建设的意见》，2010年中共中央办公厅印发的《关于进一步规范省、自治区、直辖市党委同民主党派、无党派人士政治协商的意见》，对中央、省级党委开展政党协商进行了规范，推动政党协商更加制度化、规范化、程序化。②

2015年12月，中共中央办公厅印发的《关于加强政党协商的实施意见》直接围绕"政党协商"这一协商民主的重要形式和渠道，具体地、有针对性地规划了我国政党协商的制度结构和框架，为我国政党协商的实践明确了方向、原则、规范和程序等内容。《实施意见》共六个部分，导语和第一部分属于总论，主要阐述政党协商的基本内涵、指导思想和重要意义。第二到第五部分，是文件的主体部分，主要对中央层面政党协商的内容、形式、程序和保障机制作出具体规定。第六部分着重强调加强和完善我党对政党协商的领导，对中国各级党委提出要求。《实施意见》明确了政党协商的基本内涵、内容、程序和保障机制。

制度机制是保障政党协商常态长效的基础。我国的政党协商初步形成了以国家宪法为基础、以中共中央文件和法规为主体、以相关配套政策为辅助的完备的制度保障体系，这是开展政党协商的重要遵循。

3. 政党协商的实践体现出广泛、多层、制度化的特征

在我国的政治生活中，中国共产党与各民主党派、无党派人士的政党

---

① 《习近平同志在党外人士座谈会上的讲话》，《人民日报》2015年12月15日。
② 孙春兰：《着力推动政党协商深入开展》，《求是》2015年第11期。

协商已经作为制度固定下来。中共中央总书记等中央领导同志每年主持召开 4~5 次专题协商座谈会,分别就经济社会发展的建议、政府工作报告、半年度经济工作、中央全会文件、中央经济工作会议文件等内容,与民主党派中央和无党派人士代表座谈协商。通过政党协商,搭建了制度化的表达意见、沟通协商的平台。十八大以来,全面深化改革、法治中国建设、创新驱动发展、京津冀协同发展、"一带一路"倡议、"十三五"规划等重大决策的制定出台,都多次听取并吸收各民主党派和无党派人士的意见与建议。政党协商在长期实践中形成的多种固定渠道和机制,对推进国家治理体系和治理能力现代化发挥了重要作用。

政党协商在我国政治生活的各个层面、各个领域的探索都取得了显著的进展,政党协商的实践创造与制度建设广泛存在于我国的政治实践之中,从而丰富了我国社会主义协商民主的内容。我国的政党协商内容丰富,形式多样。例如,会议协商,指的是专题协商座谈会,中共中央主要负责同志主持召开,就党和国家重要方针政策、事关全局的重大问题进行协商,一般每年 4~5 次;人事协商座谈会,中共中央负责同志主持召开,就重要人事安排在酝酿阶段进行协商;调研协商座谈会,中共中央负责同志主持召开,主要就民主党派中央的重点考察调研成果及建议进行协商,邀请有关部门参加,一般每年 2 次;其他协商座谈会,中共中央负责同志或委托中共中央统战部主持召开,通报重要情况,听取意见与建议。此外,还有约谈协商,指的是中共中央负责同志或委托中共中央统战部,不定期邀请民主党派中央负责同志就共同关心的问题开展小范围谈心活动,沟通情况、交换意见。反之,民主党派中央主要负责同志可约请中共中央负责同志个别交谈,就经济社会发展以及参政党自身建设等重要问题反映情况、沟通思想。另外还包括书面协商,指的是中共中央就有关重要文件、重要事项书面征求民主党派中央的意见与建议,民主党派中央以书面形式反馈。反之,民主党派中央以调研报告、建议等形式直接向中共中央提出意见和建议。民主党派中央负责同志可以个人名义向中共中央和国务院直接反映情况、提出建议。2016 年民革中央共选定 31 个课题,开展调研考察 66 次,向中共中央、国务院报送书面建议 18 篇,得到中共中央、国务院的充分肯定;在高层协商会上提出建议 30 多项,其中一些建议在中共中央、国务院决策中得到体现。① 我国地方的政党协商也在不断推进。例如，农工党青海省委会《关于促进柴达木循环经济试验区又好又快发展的建议》的报告，为国务院批准《青海省柴达木循环经济试验区总体规划》提供了重要参考。"兰西经济区"最终在《中共中央国务院关于深入实施西部大开发战略的若干意见》和《中华人民共和国国民经济和社会发展第十二个五年规划纲要》中明确被纳入国家重点开发区。②

4. 政党协商的观念、意识和文化氛围正在逐步形成

首先，人们对政党协商的性质、地位和价值有了更深刻的体认。大家普遍认为，政党协商是我国协商民主制度体系的重要组成部分，政党协商有助于巩固执政党的执政地位，提升其执政能力；有利于进一步完善中国共产党领导的多党合作和政治协商制度；有利于执政党实现科学民主决策；等等。

其次，通过会议协商、约谈协商、书面协商等不同形式和平台，民主党派、无党派人士、工商联等可以直接利用的参与国家政治生活的渠道更丰富、更规范了。在政党协商过程中，各党派都能够意识到国家的整体利益、发展大局；能够大力提升自身调研论证、协商沟通、民主监督等各方面能力；参与协商过程的民主党派成员等逐步养成了理性表达、包容宽容、尊重与理解的民主习惯。

另外，全面深化改革，需要广大人民群众以及各民主党派的支持和认同。党和政府采取什么样的方式回应各方面的需求与愿望，很大程度上决定着改革的正当性和可持续性。推动执政党与各民主党派、无党派人士、工商联等方面的协商对话，既可以了解民情、反映民意，又可以回应需求、化解分歧，形成理性、文明、宽容的政治文化和氛围。

第五节　我国政党协商面临的挑战

政党协商对于我国协商民主建设具有重要的意义，也在实践中取得了

---

① 万鄂湘：《民革第十二届中央常务委员会工作报告》，2016年12月17日，民革中央网站，http://www.minge.gov.cn/ni/2018/0607/c415581-30044003.html。

② 何刚：《政党协商是协商民主的重要形式》，《前进论坛》2014年第10期。

显著的进展。但是,我国的政党协商同样也面临着需要应对的挑战与问题。有学者指出,政党协商民主存在五个方面的主要问题,即协商准备不足,协商形式较为简单化,协商内容不充分,协商效果不明显,党际协商效果难体现。① 也有学者认为,当前中国党际协商民主存在协商制度不健全、协商意识不强、协商过程不够民主等问题。② 还有学者认为,存在党际协商民主的意识还需进一步提高、党际协商民主的平等地位还需进一步改善、党际协商民主的内容还需进一步明确、党际协商民主的形式和程序还需进一步规范等问题。③ 这些观点侧重点各有不同,有的是从政党协商的过程来描述的,有的是从制度角度来分析的,也有的是从观念和意识视角来探讨的。

第一,政党协商的观念和意识相对薄弱。"协商民主"与"政党协商"都是在党的十八大及之后正式提出的党的理论创新成果。无论是执政党还是参政党的领导干部,正确认识并积极主动探索政党协商的实践,需要一个过程。在这一过程中,由于受传统文化中的"官本位"等观念文化、实际工作中的体制机制约束,甚至个人工作作风等因素的影响,有些执政党的领导干部不愿意开展协商、不屑于推进协商。一些地方出现了"政党协商随意性、表面化和形式化的问题,有的敷衍了事,'想到了''有空了'才协商;有的流于形式,以通报情况、部署工作代替协商"④。而从民主党派的角度来看,受兼职因素、协商结果采纳率不高以及其自身政党意识不强等因素的影响,部分领导干部、民主党派成员政党协商意识也比较薄弱。

第二,政党协商规范化和常态化的程序性支撑不足。制度建设是政党协商有效运转并持续发挥作用的基础。但是,政党协商的制度建设存在程序性的不足。其一,中央层面顶层设计建构了方向性、原则性的结构与路径,但地方和基层的规范不够。这就导致了上热下冷(中央、省市热,基层冷)、内热外冷(统一战线内部热,统一战线以外冷)等现象。其二,顶层设计之下缺乏具有可操作性的程序性规范。例如,对于涉及公共利益的

---

① 田晓玉:《增强党际协商民主实效性的几点思考》,《河北省社会主义学院学报》2015年第1期。
② 刘俊杰:《当代中国党际协商民主研究》,江苏大学出版社,2013,第153页。
③ 中央社会主义学院中国政党制度研究中心:《社会主义协商民主制度研究》,九州出版社,2014,第278页。
④ 孙春兰:《着力推动政党协商深入开展》,《求是》2015年第11期。

重大问题、重要事务，什么情况采取什么样的协商方式，协商参与者各自发挥什么作用、承担什么样的责任，协商的结果如何应用等问题都缺乏明文规定。其三，制度缺乏执行力。因为制度可行性、适应性不强，制度实施保障不够，以及监督力度不够，政党协商制度实施中还存在消极性执行、象征性执行、选择性执行等现象。

第三，协商过程的困境。政党协商的核心是执政党与民主党派共同参与协商过程。在协商过程中，存在利益表达不充分、利益沟通不平衡、利益反馈不及时等现象。例如，因为担心得罪上级部门或领导、害怕得罪与自己或所属机构的利益密切相关的部门或领导、害怕所谓不当言论被有关部门记录在案不利于自己的政治前途等而"不敢说"；或者因为意见得不到重视、建议不能产生实效、建言献策贡献得不到承认等而"不愿说"；或者因为协商过程中发言机会不公平、会议时间不够、发言被打断等而"不及说"；或者因为能力不够、信息不充分、准备不够而"不会说"等。①

第四，民主党派协商能力建设还有一定的空间。首先，在政党协商实践中，作为协商重要主体的各民主党派面临着身份与认同困境。有的学者将这种困境称为"主体性困境"，即认知存在偏差，不敢协商；组织建设薄弱，不愿协商；参政技能缺乏，不会协商；信息资源不足，无法协商。② 虽然这种困境源于参政党自身的缺陷和主体间关系的异化，但根本上讲，是政党协商的规范化、制度化、程序化水平不够，执政党在政党协商中的主体意识、主导意识过强。"在党际关系方面，执政党与参政党之间的政治力量对比不均衡，民主党派的主体作用难以有效发挥，影响到民主党派的协商自主性。"③ 其次，由于发展成员趋同、指导思想趋同，民主党派表达意见能力下降；受制度环境、自身能力素养的制约，民主党派对执政党的民主监督功能弱化；由于政治竞争水平相对较低，民主党派政治活力开始下

---

① 杨君武：《当前中国政党协商机制创新初探》，《湖南省社会主义学院学报》2015年第6期。
② 徐行、陈永国：《政党协商中参政党的主体性困境探究》，《重庆社会主义学院学报》2016年第6期。
③ 郭晓东：《政党协商视阈下民主党派主体性建设的三重维度》，《天津市社会主义学院学报》2016年第2期。

降;等等。这些直接影响了民主党派参与协商民主实践。再次,在社会基础方面,公众对民主党派的认知趋于碎片化,缺乏统一的社会认同,影响到民主党派的阶层代表性。最后,民主党派的绝大多数成员集中于高校、科研机构,在政府职能部门任职者相对较少,政治历练和行政经验相对不足,因此整体协商能力需要加强。

第五,协商的实效性需要进一步提升。在协商过程中,主题聚焦度不够,容易泛泛而谈,缺乏深度;由于协商准备不够,信息、资料不充分,协商讨论的基础不扎实;有些协商活动是对政策决定或出台之后相关情况的通报,民主党派的可行性建议、建言献策获得采纳缺乏可操作性;民主党派集体智慧的作用发挥较小,存在个人参政议政能力强、集体参政议政能力弱的现象;对协商结果持续性关注不够,对效果如何缺乏反馈。

第六节　走向民主与法治的政党协商

随着社会形势的不断发展变化,新情况、新问题层出不穷,当代中国政党协商民主还会继续面临诸多需要解决的问题。这些问题恰恰也是推动中国政党协商民主发展的动力。因此,应该高度重视中国政党协商民主发展中存在的问题,及时给予解决,更好地促进中国政党协商民主的建设与发展。政党协商,应当坚持"共产党领导、各党派参与、统战部门协调、程序环节合理、制度保障规范"的总要求。首先,政党协商必须坚持中国共产党的领导这一根本原则,各级党委作为领导力量,要重视发挥自身及各民主党派的优势与作用,积极主动开展协商;其次,各民主党派作为政党协商的关键主体,要积极参与政党协商,为执政党出谋划策,并通过政党协商开展民主监督活动;再次,中共的统战部门要积极发挥协调各民主党派的作用,为政党协商搭建制度化的协商平台,做好组织与服务工作;最后,要积极开展体制机制建设,完善政党协商的程序,用制度保障政党协商规范有序、有效果。

第一,政党协商要有明确的问题意识。政党协商是社会主义协商民主的重要组成部分,也是我国协商民主实践的"开拓者"。政党协商是一种高层次、精英层的政治对话。在中央层面,政党协商是指中共中央和各民主党派中央及领导之间的协商;在省级层面,是指中共地方省委和民主党派地方省委及领导之间的协商。政党协商的主题和内容具有全局性、宏观性和前瞻性。"对政党协商而言,没有问题的协商往往正是问题所在,只有充分协商问题才能保证协商不会出问题,这就是问题思维。"① 因此,政党协商要真协商,要坚持问题导向,以查找、分析和解决问题,优化决策、促进公共利益作为协商的目的。

第二,政党协商关键在于做好政党建设。政党协商是我国协商民主体系的重要组成部分和最集中体现,反映了我国政党制度的独特优势和显著特点。"搞好政党协商,需要中国共产党和各民主党派共同努力。民主党派在提高政党协商水平中担负着重要责任,但中国共产党担负着首要责任,因为我们是执政党,应该更加自觉地做到虚怀若谷、集思广益。"② 因此,完善和发展政党协商,必须从执政党和参政党两个方面着手做好政党建设。"共产党领导、多党派合作,共产党执政、多党派参政"是中国共产党领导的多党合作和政治协商制度的基本特征,也是我国政党协商的本质体现。中国共产党是政党协商的领导主体,承担着政党协商的首要责任。"当前,在推进政党协商的过程中,执政党应该做四方面的努力:一是有效开发现有的政党协商资源;二是完善现有的政党协商相关制度规范;三是健全完善政党协商的各种保障机制;四是努力带头实践政党协商。"③ 中国共产党的领导是我国政党协商的根本保障,也是政党协商能够维护好、实现好、发展好最广大人民根本利益的前提条件。

各民主党派是政党协商的重要参与主体,承担着政党协商的重要责任。我国各民主党派更是中国革命、建设、改革的重要力量,是中国共产党的亲密友党,更是我国政党协商不可或缺的基本构成。各民主党派要加强教育和培训,提高其成员在政治、法律、管理等方面的能力,增强民主党派成员的政治责任感和担当精神,以适应政党协商的需要。"每个党派都有自己的历史,都代表着各自方面的群众。有人要求各民主党派都和共产党一样,如果都一样了,则共产党和民主党派又何必联合呢?正因为有所不同,

---

① 孙林:《政党协商需要有蓝军思维》,《中国党政干部论坛》2016 年第 1 期。
② 《习近平同党外人士共迎新春》,《人民日报》2015 年 2 月 13 日。
③ 田晓玉:《政党协商基础理论问题探析》,《广西社会主义学院学报》2016 年第 3 期。

才需要联合。如果各民主党派的思想作风都和共产党一样,又何必有这几个党派存在呢?"① 各民主党派要重视组织建设、作风建设、制度建设,更好地培养党内新生力量,以有效参与政党协商。

在政党协商合作过程中,协商各方应该认真负责,切实履行自身的职责。从中共来看,"共产党员只有对党外人士实行民主合作的义务,而无排斥别人、垄断一切的权利"②。从民主党派来看,"各党派要动员自己的成员在各自的岗位上保证完成国家的建设任务,要他们身体力行,起模范带头作用,在共产党领导下一道前进"③。

第三,逐步推进政党协商的制度化、法治化。有制度和法治保证的协商,才能够使协商主体的权益受到保护、协商对话规范有序、协商结果得到遵守。深化政党协商尤其需要制度化和法治化。要严格遵守关于协商民主、政党协商的一系列规范和制度。例如,《关于加强社会主义协商民主建设的意见》、《中国共产党统一战线工作条例(试行)》和《关于加强政党协商的实施意见》等。这些规范和制度为新形势下推进政党协商作出了系统性设计,明确了指导思想和重要意义,规范了内容、形式、程序和保障机制,为深入推进政党协商提供了重要的制度规范和保障。要强化政党协商参与主体依法按章循制履职的法治意识,做依法治国的积极推动者。推进政党协商制度化、法治化的另外一个重点内容就是及时总结经验,将符合时代要求、客观实际的规范性制度上升为法律,或者嵌入既有的法律框架之中,从而使协商严格在法律规范下运行。最后,推进政党协商制度化,要及时建立和健全一系列保障政党协商实施并取得成效的程序并制定可行的方法。在重视"为什么做"和"做什么"等宏观问题的同时,也要重视解决"如何做"的问题。

第四,大力提升政党协商主体的协商能力。协商能力是政党协商有效运行的基础和保障。政党协商主体的能力应该包括政治把握能力、利益表达能力、建言献策能力、协调沟通能力、调查研究能力、语言表达能力等。对于执政党来说,尤其需要强化政党协商意识,熟悉政党协商方法,总结

---

① 《周恩来统一战线文选》,人民出版社,1984,第163页。
② 《周恩来统一战线文选》,人民出版社,1984,第430页。
③ 《周恩来统一战线文选》,人民出版社,1984,第43~244页。

政党协商经验，推进政党协商实践。要善于支持民主党派提高履职能力和协商水平。我国八个民主党派成员超过 100 万，还有一定数量的无党派人士，他们是推进中国特色社会主义事业的重要力量。① 民主党派汇集了社会众多领域的知名专家、学者与领军人物，要发挥他们的积极性、主动性和创造性。那么，如何衡量民主党派的协商能力呢？有学者认为可以从三个方面考虑。一是协商议题的重要性，即所协商的问题是否具有全局性、战略性，是否涉及重要决定、重大事项、重要人事安排、重要法律法规，是否对经济社会发展和"四个全面"战略全局具有重大影响。二是协商的频率，包括每年召开"三会"的次数、政协召开双周协商会等会议情况、民主党派报送"直通车"和中共领导同志反馈情况。三是中共的重视程度，包括中共主要领导同志出席协商会的次数、"直通车"获得批示的数量和比例、对协商确定事项的推动落实情况等。②

第五，深入推动政党协商向基层延伸。我国民主党派的组织建设的现状是，民主党派中央组织健全和规范，省级组织基本健全，市级地方组织发展不平衡，县级以基层组织为主。所以，在现阶段，我国的政党协商主要是在中高层实施，即中央、省（自治区、直辖市）、市（地、州、盟）三级。已有的文件没有对县级（县、市、区）及县级以下的政党协商作出规定。但这并不代表政党协商在基层没有实施的空间和可能。例如，宁波北仑区、杭州市下城区的民主党派基层组织，已经在尝试与中共基层组织协作共建，开展基层协商活动，参与基层民主决策，促进基层公共利益发展。因此，可以考虑推动政党协商实施的效应向乡镇（街道）、社区、企事业单位等基层空间辐射，通过协作共建等形式全面带动中共基层党组织与民主党派基层组织合作共事、相互促进。

政党协商贯穿我国协商民主实践的全过程，并作为政治协商主体和核心，在各种重大政治协商中起到了全局性、决定性、基础性作用，已经成为我国多党合作的基本方式、科学决策的重要环节、发扬社会主义民主的重要渠道，是我国政治体制的一个特点和优点。加强政党协商，有利于扩

---

① 中央统战部一局：《深入开展政党协商 激发多党合作制度效能》，《求是》2016 年第 6 期。
② 周淑真：《政党协商机制建设之参政党协商能力研究》，《中国政协理论研究》2015 年第 4 期。

大民主党派和无党派人士有序政治参与、畅通意见表达渠道，有利于增进政治共识、广泛凝心聚力，有利于促进科学民主决策、推进国家治理体系和治理能力现代化。政党协商在协调推进全面建成小康社会、全面深化改革、全面依法治国、全面从严治党战略布局中具有独特优势和作用。中国共产党不但是政党协商的坚定支持者，也是政党协商的积极推动者和主动实践者。只有在坚持中国共产党领导的前提下，积极营造宽松稳定、团结和谐的政治环境，不断提升民主党派的主体地位，才能真正体现政党协商这一中国独特、独有、独到的政党制度的优越性。[①]

（陈家刚　中央党史和文献研究院）

[①] 郭晓东：《政党协商视阈下民主党派主体性建设的三重维度》，《天津市社会主义学院学报》2016年第2期。

# 第四章

政府协商

习近平同志明确指出，社会主义协商民主在我国有根、有源、有生命力，是中国共产党人和中国人民的伟大创造，是中国社会主义民主政治的特有形式和独特优势，是党的群众路线在政治领域的重要体现。[①] 为了进一步推动我国协商民主的广泛、多层、制度化发展，建设社会主义政治文明，2014年12月29日，中共中央审议通过了《关于加强社会主义协商民主建设的意见》，明确了重点加强政党协商、政府协商、政协协商，积极开展人大协商、人民团体协商、基层协商，逐步探索社会组织协商的任务。其中，政府协商是社会主义协商民主的重要组成部分。政府是国家公共行政权力的象征、承载体和实际行为体。政府发布的行政命令、行政决策、行政法规等关系到全体人民群众的切身利益。特别是政府在协商民主体系中总是不可避免地要与人大、政协、政党、人民团体和社会组织发生千丝万缕的联系。因此，做好、做扎实政府协商对于推动我国社会主义协商民主建设非常必要。

第一节　我国政府协商发展的逻辑起点

一　理论界的概念引入与本土化努力

国内学术界对于协商民主研究的起源受到西方学界的深刻影响，理论

[①] 《习近平：社会主义协商民主在我国有根有源有生命力》，20014年10月28日，中国网，http://www.china.com.cn/cppcc/2014-10/28/content_33890923.htm。

界普遍认为，2001 年西方学者哈贝马斯将"Deliberative Democracy"一词引入中国学界后，国内学者开始译介国外相关理论著述，并撰写一大批学术理论文章。① 随着研究的不断深入，国内学术上自由争鸣的态势越发明显，学者对于协商民主的态度也存在一定程度的差异。正如一些学者所述："近年来，国内对协商民主的研究在取得了部分共识之外，表现出相当的差异性。在研究取向方面出现了'以协商为工具'和'以协商为目的'的'道术分野'；研究内容上，则在协商民主与选举民主关系方面出现'优先论与互补论'，在协商民主与政治协商关系方面出现契合论、差异论、优势论，在协商民主发展路线方面出现嵌入论和载体论等差异。"②

然而，值得我们注意的是，虽然中国学者对于协商民主的态度和研究成果存在较大差异，但协商民主与中国本土化元素的结合也成为理论界的主要努力方向。国内学者开始总结中国协商民主的历史来源、形成路径、主要特点和发展趋势，努力将协商民主与中国文化基础、理论创新、制度载体和政治实践相结合，创造出中国式的协商民主理论体系。比如，有学者研究人民政治协商会议制度与协商民主的关系，认为统一战线是中国共产党凝聚人民的重要法宝，人民政协是党促进人民联合与团结的重要形式，政治协商是党以民主的方式促进人民团结的重要机制；强调人民政协成立以来，其性质、地位、职能和作用是随着历史发展逐渐发展的，这些带根本性的发展使人民政协在国家政治、经济、文化发展中起到了不可替代的作用。③ 在实务界，全国和地方各级政协组织专注于阐述政治协商与协商民主一脉相承的关系；④ 有学者研究中国共产党协商民主的思想演进，指出协商民主作为一种制度运行在中国已有 60 多年的历史，回顾中国协商民主的发展历程，总结中国共产党协商民主思想的历史演进，揭示中国共产党协

---

① 陈家刚：《多元主义、公民社会与理性：协商民主要素分析》，《天津行政学院学报》2008 年第 4 期。
② 吴晓林、张翔：《共识中的差异：国内协商民主研究的理论格局分析》，《马克思主义与现实》2014 年第 4 期。
③ 林尚立：《团结与民主：人民政协在中国共产党领导与执政中的地位和作用》，《中共党史研究》2011 年第 5 期；郑宪：《试析人民政协职能的发展与创新》，《新视野》2010 年第 2 期。
④ 李罡：《协商民主视野下的人民政协制度建设》，《北京行政学院学报》2012 年第 5 期。

商民主思想的基本内涵及其理论创新,对于推进中国特色社会主义民主政治建设有着重要的意义。[1] 有学者研究中国共产党群众路线与协商民主的关系,指出群众路线是中国共产党在革命时期取得胜利的重要法宝,群众路线的基本观点是"从群众中来,到群众中去",就是要把党的正确的主张变为人民群众的自觉行动。[2] 新时期下的群众路线即体现为社会主义协商民主,一方面继续强调中国共产党的宗旨,即全心全意为人民服务,听取社会公众的意见;另一方面,继续加大力度通过协商民主让社会公众自觉遵守和接受党的政策。

二 地方政府主动、被动和偶然的实践探索

地方政府对于政府协商的实践并没有落后于理论界的学术探讨和研究,相反,地方政府的生动实践为学术界将协商民主本土化提供了鲜活的案例和丰富的经验。总体来讲,地方政府的实践探索来源于宏观、中观和微观三个方面的推动。在宏观层面,改革开放以来,社会主义市场经济的发展对社会管理体制、社会生活方式和思想观念产生了深刻影响,人们"走出了单位的城堡",社会公众的独立性、自主性增强,我国国家与社会出现一定程度的"分离",从而产生了新的社会结构和社会关系。[3] 在中观层面,我国提出服务型政府建设的目标,从传统的"行政本位"努力向"社会本位"转变,由单向的行政方式转变为合作的治理方式,在政府职能转变和公共服务体系构建上政府主动有所作为,吸纳社会不同阶层参与公共行政行为。[4] 在微观层面,随着社会公众民主和权利意识的提升,一些公众寻求通过暴力或不合作的行为方式与政府进行抗争,地方政府迫于推动工作和"维稳"的政府层级式考核压力,被迫探索与社会公众协商对话的机制。

基于宏观、中观和微观层面的原因,地方政府在实践层面开始积极探

---

[1] 莫岳云、张青红:《中国共产党协商民主思想的历史演进》,《马克思主义研究》2012年第7期;李羚:《邓小平协商民主思想及现代价值》,《毛泽东思想研究》2014年第6期。
[2] 王进芬:《群众路线的创新与协商民主》,《马克思主义与现实》2005年第5期。
[3] 房宁、周少来:《正确认识中国特色社会主义条件下国家与社会的关系》,《人民日报》2010年6月10日。
[4] 施雪华:《服务型政府的基本涵义、理论基础和建构条件》,《社会科学》2010年第2期。

索符合自身情况的政府协商机制，比如民主恳谈会、民主议事会、参与式预算、听证会等具体办法。地方政府协商机制的产生可以分为三种情况，即主动性、被动性和偶然性。主动性是指地方政府认识到利用协商机制有助于推动政府工作、缓解社会矛盾和创新社会治理。比如，2012年，云南省在推动财政预算改革的战略布局中，在盐津县试点群众参与预算改革，形成庙坝镇和豆沙镇两种模式，2013年扩大至中和镇、牛寨乡共四个试点乡镇。浙江省温岭市民主恳谈会起源于1999年举办的"农业农村现代化建设论坛"，后经市委发文，民主恳谈进一步制度化、规范化和程序化。被动性是指政府在推动实际工作中遇到了前所未有的阻力，激化了政府和民众矛盾，从而迫使政府采取特定协商机制听取利益相关方的诉求和声音。比如，2012年广州市在同德围地区的征地拆迁问题上推进困难，遇到群众的强烈抵制，在不得已的情况下，广州市在同德围地区成立"综合整治工作咨询监督委员"，让党员代表、人大代表、政协委员和居民、村民、企业代表共同参与，形成政民互动的"同德围模式"，有效地解决了拆迁问题。偶然性是指协商机制是地方政府在推动行政体制改革，转变政府职能或推动其他工作中产生的附属品。比如，2009年顺德被列为广东省创新行政管理体制先行先试地区和广东省综合改革试验区，先后启动"大部制"改革、"简政强镇"改革、行政审批制度改革、商事登记制度改革、农村综合改革，培育社会组织、慈善组织，以及推动政府购买服务，引入社工制度等。2010年1月，顺德区容桂街道率先成立顺德首个公共决策和事务咨询委员会，这也是全国首个镇（街道）级别"决咨委"。此后，顺德区级决策部门、区属政府部门、所辖镇街等各级主要政府机构和部门普遍建立公共决策咨询委员会。①

三 理论争鸣与地方探索的共同升华：《关于加强社会主义协商民主建设的意见》的出台

国内学界虽然总体上认同协商民主的价值理念，期望协商民主在中国

---

① 朱亚鹏：《协商民主的制度化与地方治理体系创新：顺德决策咨询委员会制度的经验及其启示》，《公共行政评论》2014年第2期。

发展，并提出推动协商民主发展的原则和途径，但协商民主能否可持续、制度化、前景如何仍是学界关注和争论的主要问题。事实上，在理论与实践层面的共同探索和推动下，协商民主进入了中国政治发展道路的顶层设计层面，纳入了中国共产党治国理政的总体规划，这种"自下而上"的推动是中国政治体制改革重要的动力来源之一。① 中国共产党在十八大上第一次明确将"健全社会主义协商民主制度，推进协商民主广泛、多层、制度化发展"写入报告。2012 年在中国共产党的十八大报告中关于协商民主的解释共计 328 字，根据笔者对文字进行内容分析，虽然此时提出了协商民主应广泛、多层、制度化发展，但并没有提出协商民主建设的具体层次和体系，其中有 177 字仍是关注人民政协和政治协商。紧接着在 2013 年中国共产党十八届三中全会上通过的《中共中央关于全面深化改革若干重大问题的决定》文件中共计 573 字解释了推进协商民主广泛、多层、制度化发展，也第一次在官方文件中尝试将协商民主建设的体系层次化和系统化，提出"立法协商、行政协商、民主协商、参政协商、社会协商；加强中国特色新型智库建设，建立健全决策咨询制度"。在解释中继续用 187 字强调人民政协和政治协商的功能，还用 156 字的篇幅强调了统一战线基础上中国共产党和民主党派间的协商。然而，笔者访谈发现，实际上在十八届三中全会决定中对于协商民主体系的划分并没有明确的标准，更多是根据政治实践和听取学者建议而划分的五种类型。②

鉴于行政协商提出的时间较晚，据 CNKI 搜索（精确匹配），学术界对于行政协商的研究文章仅有十余篇，还基本处于起步阶段。2015 年《关于加强社会主义协商民主建设的意见》中将协商民主划分为七个方面，即"政党协商、人大协商、政协协商、政府协商、人民团体协商、基层协商和社会组织协商"。由此可以看出该意见按照协商主体的类型进行了明确划分，尝试明确中国协商民主建设的体系和逻辑。至此，政府协商正式成为学术界和实务界更为常用的话语。这里我们可以基本判断，行政协商是政府协商的前身。

---

① 赵启正、〔美〕约翰·奈斯比特、〔美〕多丽丝·奈斯比特：《对话中国模式》，新世界出版社，2010。
② 基于笔者参与起草中央文件过程中的访谈。

第二节　推进我国政府协商发展的重要意义

政府协商是我国社会主义协商民主的重要组织部分，是指政府及政府部门在涉及经济社会发展重大问题和群众切身利益时，提高决策透明度和公众参与度，广纳群言、广集民智，有效推进科学民主依法决策，推进政府职能转变和提高政府治理能力与水平。一般认为，政府协商具有平等性、程序性、合作性、反复性、包容性和责任性等特点。加强政府协商，对于构建程序合理、环节完整的协商民主体系，推进国家治理体系和治理能力现代化，加强政府自身建设，以及促进社会和谐，都具有重要意义。

一　加强政府协商民主建设是党的群众路线在政府治理领域的重要体现

群众路线是我们党的根本工作路线，是中国共产党在长期的革命斗争和建设时期取得成功的重要法宝。新形势下我们能否继续贯彻执行这一代表党的优良传统和政治优势的群众路线，代表广大人民群众的根本利益，获得广大人民群众的拥护和支持，直接关系到党的执政地位，决定了民心走向和政府公信力。新形势下，世情、国情和民情发生了巨大变化，我们党和政府所面对的群众也随之发生了内涵变化，群众更加具有价值多元化、知识丰富化、利益多样化和层次差异化的特点，这对政府治理提出了不小的挑战。因此，新时期下做好政府协商就是为了能够继续深化群众路线工作，通过协商广集民智、广纳民意，让人民群众积极参与到国家和社会事务的管理中来，让人民群众永远跟党走，永远支持党。

二　加强政府协商民主建设是推进国家治理体系和治理能力现代化的客观要求

习近平同志强调国家治理体系和治理能力是一个国家的制度和制度执行能力的集中体现，两者相辅相成。虽然，我们的国家治理体系和治理能力总体上是好的，是有独特优势的，是适应我国国情和发展要求的，但是，我们不能忽视推进其现代化过程中所面临的挑战和亟待改进的地方。

比如政府权力的行使还习惯于管治式思维，政府还没有很好地学会如何与市场、社会和社会公众打交道等。因此，加强政府协商民主建设，将有利于将政府行使权力的过程调整为与社会协同共治的过程，有利于通过协商增强政府工作的科学性并提高效率，大幅提高政府立法和决策的社会认同，全方位提升政府的管理和服务能力，从而促进国家治理体系和治理能力现代化。

三 加强政府协商民主建设是构建社会主义和谐社会的有效途径

构建社会主义和谐社会就是要高度重视和落实人民群众最现实、最关心、最直接的利益。只有在人民群众支持和参与的前提下，社会主义和谐社会才能建立起来。我国当前经济社会快速发展，社会利益格局深刻变化，农村土地征收、城镇房屋拆迁、教育、医疗、食品药品安全等一些领域的社会矛盾比较突出，影响了社会安定和谐。产生这些社会矛盾的原因是多方面的，但或多或少都与政府工作不到位、不得力甚至违法行政有关。实践证明，协商是有效化解矛盾和冲突的重要方法。政府加强协商民主建设，有助于与社会公众增强沟通、增进理解、扩大共识，从而减少冲突、促进社会和谐。

四 加强政府协商民主建设是提高政府决策科学化、民主化水平的重要保障

2013年3月修订通过的《国务院工作规则》，设专章对"实行科学民主决策"提出了明确要求。然而，一些政府及其部门有时候仍然"一意孤行"，在作出事关人民群众切身利益的决策时，不进行充分调查研究，也不充分征询人民群众的意见，仅凭经验或站在个人的角度"拍脑袋"决策，结果往往导致决策盲目，浪费了大量的人力、物力和财力，使政府工作处于十分被动的境地。究其原因在于决策不够科学化和民主化。因此，加强政府协商，主动构筑社会公众参与政府决策的渠道和途径，形成政府与社会公众之间的良性互动，有利于实现决策过程公开透明，决策结果充分反映群众意见和社会呼声，从而为提升政府决策的科学化水平奠定坚实基础。

第三节 我国政府协商的基本内涵

《关于加强社会主义协商民主建设的意见》中认为政府协商是要围绕有效推进科学民主依法决策,提高决策透明度和公众参与度,解决好人民最关心、最直接、最现实的利益问题,推进政府职能转变,提高政府治理能力和水平。① 有些学者在学理分析上认为,政府协商是一种重要的治理形式,是在政府做决策之前与社会公众、专家、智库以及利益相关方商议和对话,从而推动政府决策的科学化和民主化。② 然而,笔者认为,认识政府协商应该跳出政府决策的层次,从本质、主体和范围三个方面来理解。

一 政府协商的本质是政府角色和职能转变

一国政府的角色与职能应该是什么样的,深刻受到不同国家的政治、经济、社会和文化的影响,随之在不同历史阶段相应产生不同的政府角色与职能。这也是马克思主义历史唯物主义认识论和实践论的基本观点。英美等西方国家自二战以来政府角色与职能也是不断调整的,以英国为例,二战之后至今,走过了"凯恩斯主义"下的"大政府","新公共管理运动"下的"小政府、大市场","合作政府"下的政府与市场和社会成员的共商共治,以及卡梅伦政府的"大社会"。还有学者将国外政府职能划分为"放任型"、"集权型"和"辅助型"三种类型。③ 然而,尽管各国政府角色和职能存在差别,但在全球化时代,"善治和公共服务"已成为各国政府改革所追求的共同目标。随之,政府角色和职能便与更好地处理政府与市场的关系、更好地处理政府与社会的关系紧密联系在一起。

中华人民共和国成立以来,中国政府的角色和职能总体上适应了中国的经济社会发展水平,有效地促进了生产力和经济水平的提高,国家和社会公众的财富大幅增加。中国处于一个从传统农业社会向工业社会急剧过渡的特

---

① 中共中央:《关于加强社会主义协商民主建设的意见》,《人民日报》2015年2月10日。
② 张翔、吴晓林:《中国行政机构协商民主的运作模式、逻辑与建议》,《经济社会体制比较》2014年第4期。
③ 与刘熙瑞教授合作课题中未出版书稿的观点。

殊时期,政府和社会都准备不足。在社会慢慢适应的过程中,政府却不得不迅速作出反应。在很长的时间内,中国政府呈现"强政府和大政府"的特征,职能伸入社会的各个角落。然而,改革开放以来,特别是进入21世纪,政府在面临纷繁复杂的经济社会事务时,已然感到力不从心,负担沉重,治理技术略显落后,因而效果不佳。也就是学术界所说的,"政府能力的限度"越来越明显地体现出来。因此,政府角色和职能转变已是大势所趋,不可逆转。在经济领域,重视宏观调控,减少直接干预,让市场在资源配置中起决定性作用;在社会领域,完善基层自治,推动社会力量共商共治;在民生领域,推动基本公共服务均等化,凸显人民主体地位;在政府领域,简政放权,放管结合,优化服务,从源头释放市场和社会的活力。简而言之,政府角色和职能要从"单向"的"一元思维",从科层结构自身所带有的"僵化和滞后性"中解脱出来,走向"多向"的"多元思维",建立"及时回应性"的政府机制。政府协商的本质即推动政府角色和职能的这些转变。

二 政府协商的主体为政府和政府部门、市场主体和社会公众

在长期计划经济发展模式下,我国国家和社会的关系受政府主导的影响比较深远,公众"国家中心主义"情结严重,认为推动经济社会发展和民生改善观点是政府的事情。受这种思维影响,政府协商的主体容易被认为仅是政府和政府部门。这种观点也源于"国家中心主义"的基本理论假设,即"政府是最优的,政治精英有足够的智慧处理所有事务"。"社会中心主义"则相反,认为市场和社会具有"自治、自发和渐进"的特点,可以有序推动制度的变迁,主导国家的构建。因此,"社会中心主义"认为政府不是主体,应该是一个典型的"守夜人",提供最基本的公共安全即可。在这种理论下,社会和市场是政府协商的主体。在现实的中国政治发展中,国家与社会的关系介于"政府全能"与"社会自治"中间,比如,有学者描述中国的国家与社会关系为"行政吸纳社会",即在行政主导下政府对于社会利益诉求进行选择性吸收,以维护社会和谐。然而,笔者认为,随着社会公众"权利"意识大幅提升,行政权力的公开透明,以及市场决定性作用的发挥,社会公众和市场主体更多地通过运用自治力量和发挥资源优势成为政府协商的主体。

三 政府协商的范围既包括政府与外部的协商,也包括政府内部的协商

政府与外部协商,即政府与社会公众和市场主体等协商,这比较明确,没有争议。伴随着改革开放以来的社会阶层和利益分化,构建和谐稳定的社会秩序对于政府来讲已然变得极富有挑战性。例如,在房屋拆迁领域,有的地方政府不与群众进行深入协商,不按规定给予补偿,甚至采取暴力、威胁等非法方式强制进行拆迁。在环境保护领域,有的地方政府把群众反映的严重环境问题当作耳旁风,执法不严、违法不究,甚至充当违法排污企业的保护伞,等等。随着社会公众和市场主体权利思想、平等观念和法制观念等现代政治意识的增强,地方政府开始主动、被动或偶然地积极回应这种治理难题,形成了生动多样的协商机制。笔者在这一部分提出政府协商的范围不仅是对外,还兼具有对内的性质,即"政府内部的协商"。政府内部协商是指政府横向部门间,以及政府不同层级间在决策前和决策中的协商,实现政府内部的协调治理。其目的是更好地实现政府与社会、公众和市场的外部协商,从根本上提升政府的公信力和执行力。政府内部协商是为了更好地整合政府内部资源、畅通政府信息渠道、协调政府行为、形成政府合力。这也是目前国内外学术界在探讨的"合作性政府"[①] 的治理思路。政府内部协商的主要内容包括目前复杂的、需要多个政府部门协同合作解决的"社会问题",也包括政府层级间、横向部门间就"权责清单"和"事权与支出责任"等需要协商完成的政府事务。

第四节 我国政府协商的指导思想与基本原则

一 扎实推进政府协商要明确指导思想

推进政府协商必须贯彻落实党的十八大和十八届三中、四中全会精神,

[①] "合作性政府"既重视政府作为社会系统中的集体行为规则制定者和参与者,在与社会公众和市场主体等其他子系统处理具体事务上的合作性,也重视政府内部因长期官僚制的弊端而形成的"部门主义"。比如,英国在 20 世纪末期提出"合作政府"(Joined - Up Government)的重要目的之一是要克服"官僚主义"和"部门主义"的顽疾。

高举中国特色社会主义伟大旗帜,以马克思列宁主义、毛泽东思想、邓小平理论、"三个代表"重要思想、科学发展观为指导,深入贯彻落实习近平总书记系列重要讲话精神,坚持和完善我国根本政治制度和基本政治制度,以保证人民当家作主为根本,构建程序合理、环节完整的协商民主体系,通过政府协商,推进政府治理现代化,建设服务型政府和法治政府,为发展中国社会主义民主政治注入新的活力,为实现"两个一百年"奋斗目标、实现中华民族伟大复兴的中国梦凝聚智慧和力量。

二 增强政府协商的广泛性和针对性

政府所涉及的经济社会发展问题千头万绪,问题复杂,牵涉面广,对政府协商的广泛性、针对性提出了较高的要求。政府协商的广泛性、针对性的缺失会造成政府协商的不充分、不全面,甚至找错协商对象,从而易使政府协商流于形式。因此,增强政府协商的广泛性、针对性意义十分重大。

改革开放以来,我国正处在社会转型的特殊历史时期,经历着从经济发展方式转换到行政体制变革的关键阶段,新旧社会矛盾交织、社会风险不断增大、社会结构深刻变动、利益格局深刻调整,对政府治理提出了巨大的挑战。习近平同志提出,要坚持有事多商量,遇事多商量,做事多商量,商量得越多越深入越好。① 广泛性是要在协商过程中广泛集中分散的民意,以有利于集中各方意见,听取各方声音,充分论证,使决策的依据更加充分和全面。针对性是要在某些重大项目或某个具体问题上,有针对性地与特定人群进行协商,既包括专家学者,更包括切身利益相关方。只有增强政府协商的广泛性、针对性,才能保障全面充分地听取各方意见,调动体制内外的积极因素,为做好政府协商奠定坚实基础。

习近平同志指出,涉及全国各族人民利益的事情,要在全体人民和全社会中广泛商量;涉及一个地方人民群众利益的事情,要在这个地方的人民群众中广泛商量;涉及一部分群众利益、特定群众利益的事情,要在这

---

① 习近平:《在庆祝中国人民政治协商会议成立65周年大会上的讲话》,《人民日报》2014年9月22日。

部分群众中广泛商量;涉及基层群众利益的事情,要在基层群众中广泛商量。① 要加强与人大代表、政协委员以及民主党派、无党派人士、工商联等的沟通协商。办理人大建议和政协提案是政府与人大代表、政协委员进行沟通协商的重要渠道,政府对这些工作要进一步规范化和程序化。此外,政府还应继续拓宽与民主党派、无党派人士和工商联等的沟通联系渠道,认真听取提出的建议,虚心接受指出的不足,并及时在工作中加以改进。专业事项坚持专家咨询论证,吸纳社会公众特别是利益相关方参与协商。政府在涉及专业性、技术性问题时要善于通过课题研究、召开座谈会等形式听取相关专家学者的意见。涉及特定群体利益的,要加强与相关人民团体、社会组织以及群众代表的沟通协商。政府在制定或实施针对妇女儿童、残疾人或企业职工的相关政策时要加强与充分听取妇联、残联和工会等人民团体的意见,发挥这些组织的积极作用。

三 政府协商必须坚持五个基本原则

一是解放思想与实事求是相结合。推进政府协商要把解放思想与实事求是结合起来,既要立足我国基本国情,又要借鉴国际经验,要善于把国外在政府治理中的好做法、好经验,甚至好的机制吸收进来;同时,我们又要实事求是,从中国的实际情况出发,全面学习和贯彻习近平总书记系列重要讲话精神,建设有中国特色的政府治理体系。

二是发挥中央和地方两个积极性。推动政府协商要在中央的统一领导下,鼓励地方结合实际改革创新,实行上下联动。政府协商涉及方方面面,事项多,复杂性强,需要中央统一领导,做好顶层设计,整体推进。此外,还要鼓励地方政府从实际出发,勇于探索,大胆创新,注意总结地方政府在改革中创造的新鲜经验,进行推广。

三是与依法行政相结合。依法行政是政府工作基本准则,也是推进依法治国的必然要求。因此,在推进政府协商民主建设中首先要做到依法行政,这也是推进政府协商的基本准则。政府行使权力、履行职责应当依法

---

① 习近平:《在庆祝中国人民政治协商会议成立65周年大会上的讲话》,《人民日报》2014年9月22日。

进行，既要防止该协商的不协商，又要防止不需要协商的进行协商。政府协商的程序需要规范化和制度化。"行政法治首先是一种程序法治，行政治理首先是一种程序治理。而行政协商是一种对程序有着高期待与高要求的行政方式，行政主体与公民之间对话的有效进行必然有赖于相应程序的推进和保障。①"政府协商程序的规范化和制度化可以实现从政府的"关心协商"到"必须协商"，从"可以协商"到"硬性协商"，从"软办法"变为"硬约束"，有效地保障在政府协商过程中双方或多方充分、平等、规范地沟通与对话。政府协商多数是由法律法规规定的，既规定协商事项、对象、程序等，又规定相应的法律责任，对未依法履行协商责任、落实不到位的，有关责任人要承担相应法律责任。

四是注重协商与保证效率相结合。政府协商重在行政决策前和实施中的协商，政府和政府部门在做经济社会影响较大、涉及人数较多的决策前必须与各方面进行充分协商，需要让渡一部分效率，但是不能牺牲效率。

五是全面推进与重点突出相结合。政府工作千头万绪，所涉及的事项牵扯面广，涉及人数多，实际上不可能做到事事协商、面面俱到。因此，推进政府协商必须把全面推进与重点突出相结合，特点是要关注目前经济和社会发展中的重大问题，以及涉及大多数群众切身利益的重点事项。

第五节　推进完善我国政府协商的基本路径

国内学者提出了一些政府协商在现实中存在的问题，以及如何进一步完善政府协商的建议。比如，有学者提出，当下我国行政协商还存在行政主导成分比较多、组织程序不够规范、整合机制不够完备、协调机制不够健全、覆盖面比较狭小等不足。②还有学者提出，地方政府的"行政协商"需要解决三方面的问题：地域性问题、主体性问题与代表性问题。③学者们提出了相应的对策建议。笔者基本同意学者们针对政府协商所指出的这些

---

① 蔡武进：《行政协商的治理价值及治理面向》，《学习与实践》2015年第9期。
② 邱聪江：《行政协商：意义、价值与存在的问题》，《湖南行政学院学报》2017年第1期。
③ 张翔：《地方政府的"行政协商"：定位、内涵与建设》，《云南社会科学》2015年第1期。

问题和提出的建议,然而,笔者也认为目前研究文献中忽视了一些完善政府协商需要注意的重要问题,包括:人大、政协和政府协商制度的衔接不够,政府协商的内容和事项不清,信息公开的及时性和准确性不足,社会公众动议机制尚未形成,以及决策咨询体系有待健全。笔者认为,应该以着重解决以上五个方面的问题为突破口完善政府协商。

一 政府协商应与人大、政协制度充分衔接

人大制度和政协是我国政治制度框架中的两项重要内容。人大制度是我国的根本政治制度,政协制度具有"人民主权、普选和法治"的根本特征;政协是我国爱国统一战线的组织,政协制度具有"团结和民主"的重要特征。人大制度的履职主体是人大代表,政协制度的履职主体是政协委员,其所履职的主要对象是政府或相关职能部门。根据《中华人民共和国全国人民代表大会和地方各级人民代表大会选举法》,人大代表对于政府工作具有法定的知情权、监督权、批评权和建议权,同样,根据《中国人民政治协商会议章程》,政协委员对于政府工作有明确的"提出建议和批评"的权利。笔者以为,完善办理人大代表议案建议和政协委员提案的协商制度是有效推动政府协商的关键。政府高质量地办理人大代表议案、建议、批评和意见,办理政协委员的集体或个人提案,是尊重代表委员民主权利、支持人民当家作主的重要体现。

因此,在推进政府协商中,一方面要采取"请进来、走出去"的方式,邀请人大代表和政协委员,采取座谈、现场办公、共商建议和提案的方法,密切与人大代表和政协委员的联系。另一方面要规范化政府对"建议、提案"办理回馈制度,推动各地方、各部门在办理人大代表建议、政协委员提案过程中,普遍建立建议、提案办理联系机制。首先,推动建立完善台账制度,对承办的建议、提案逐件跟踪,明确时间节点,对与代表委员联系沟通情况逐件记录,便于及时检查。其次,加强督查督办。把建议、提案办理情况纳入国务院及其部门年度督查工作计划,采取抽查、重点建议与提案督办等形式,检查办理情况。特别是通过问卷调查、电话回访等形式,直接听取代表委员的反馈意见,把代表委员对建议、提案办理结果的满意度作为检验办理工作的最终标准。最后,还要探索建立建议、提案办

理结果公开机制。各地方、各部门可以先试点对部分不涉及国家秘密、商业机密和个人隐私的建议与提案，在征得代表委员同意后，摘要公开办理结果复文。条件成熟的，也可以全部公开复文。

二 制定和公布政府协商事项目录

探索制定并公布政府协商事项目录是推进政府协商的前提和基础。只有搞清楚政府协商的事项目录才能解决协商"随意性"和"有效性"的问题，防止"假协商"或"乱协商"的出现。因此，做好政府协商事项目录的制定和公布工作意义重大，它是推动政府协商的重要抓手。

我们要充分认识制定和公布政府协商事项目录的必要性。政府应当就哪些事项进行协商是推进政府协商深入发展要解决的首要问题。政府协商的事项范围在多年实践中得以不断扩展，但仍存在一些尚未解决的突出难题。制定和公布政府协商事项目录主要有利于解决两大问题。一是解决政府和政府部门协商范围和边界的问题。通过制定和公布目录，将推动政府及政府部门在法律法规规定的范围内，不断总结现有实践，在现有制度和实践的基础上进一步明确政府协商事项的范围与边界，促进政府协商事项的制度化、规范化发展。二是对于政府和政府部门的协商起到约束作用。制定和公布政府协商事项目录，既有助于在行政体制内部上级对下级进行监督，也有利于社会公众对政府的协商行为进行监督，可以避免协商的随意性。

目前来看，还没有直接针对政府协商事项范围的制度规定，而是在不同的法律法规以及规范性文件里散见一些相关内容。比如，《中华人民共和国立法法》、《中华人民共和国价格法》、《中华人民共和国环境保护法》以及《国务院工作规则》、《行政法规制定程序条例》等规定在行政决策中应当有公众参与。此外，厘清政府协商事项目录范围与边界既可以防止政府协商的随意性，又可以授予政府协商一定的灵活性。随意性主要指政府在实践操作中对事关民众切身利益的事项容易根据自身的偏好来决定是否拿出来与公众进行协商。灵活性主要指不同层级不同地域的政府及政府部门由于权限不同、工作重点不同，需要进行协商的事项必然有很大差异，在当前阶段难以用统一的条例或者法案来明确不同层级不同区域政府和政府部门协商事项的具体内容。

从当前的制度规定和实践经验来看,政府协商事项目录可以包含下列内容。(1)有关政府和政府部门重要文件的协商。政府和政府部门起草政府工作报告、国民经济和社会发展规划、预决算报告过程中,应当充分听取各方面的意见。(2)政府立法的有关协商。政府和政府部门在制订立法计划,起草法律草案、法规、规章和规范性文件的过程中,应当根据法律法规和国务院相关规定,广泛听取有关机关、组织和公民的意见。(3)重大行政决策的事前和实施之中的协商。重大行政决策的协商是政府协商事项目录的重点内容,也是明确协商事项的难点所在。事关重大公共利益或者社会公众切身利益的重大规划、政策、标准的制定及重大投资和建设项目,重要公共资源配置,重要行政收费、政府性基金项目及相关标准的确定,以及实行政府定价的重要公用事业和公益性服务价格的制定与调整等事项,在决策和实施之中应当与各相关方面进行充分沟通。重大决策按规定应当进行社会稳定风险评估的,要把沟通协商情况作为风险评估报告的重要内容。政府和政府部门要不断总结目录制定的经验和实际效果,推动协商事项目录制定工作的制度化、规范化、程序化发展。

三 及时、充分、准确地公开政府信息

在官僚制组织中,信息是一种重要资源,掌握了信息资源就意味着权威的增强,就意味着控制的有效性的增强。[①] 现代社会中,随着权力的弥散,信息公开也随之成为社会公众对于政府的经常性利益诉求,更是推进政府协商的基础性工作。做好信息公开是规范政府协商程序的内在要求,有利于保障公民、法人和其他组织依法获取政府信息的权利,推动政府协商的公开和透明,也有利于畅通与社会公众的联系渠道,拓宽协商路径。做好信息公开还可以使协商建立在真实和可靠的信息基础之上,便于社会公众掌握宏观背景、了解真实情况,做出理性的正确判断。笔者以为,一是要按照《政府信息公开条例》要求做好信息公开,明确信息公开内容,

---

① 张康之:《打破社会治理中的信息资源垄断》,《行政论坛》2013年第4期。

健全信息公开方式,以及提高信息公开实效,进一步落实好这部行政法规。二是要及时、充分、准确地公开政府信息。及时即强调时效性,充分即强调全面性,准确即强调真实性,只有及时、充分、准确才能保障政府协商的有效性与真实性。三是在开展协商、公开征求意见过程中,对重点问题或存在争议的事项应有相应说明或解释。政府和政府部门在处理公共事务的过程中往往面临协商事项复杂化、利益格局多元化的局面,这必然要求政府和政府部门在针对某些重点问题或存在争议事项的信息公开中做好相应的说明或解释工作。四是对专业性、技术性问题,应用通俗易懂的方式进行解读。比如,在涉及财政预算和环境指标等相关信息公开中,财政部门和环境保护部门已逐步尝试使用通俗易懂的语言公布和解释信息。五是对分歧较大的决策事项,应公布两个或以上的决策方案,既要有可行性方案,也应有反对性意见。特别是在遇到分歧较大的决策事项时,应根据各方真实的利益诉求,逐步开始公布两个或以上的决策方案,并提供可行性方案,供社会公众选择。

四 积极探索形成社会公众的动议机制

政府协商中行政主导或过于强势被诸多学者所诟病,随之产生政府机构对于协商议题、程序和其他安排的主导性问题,在实践中往往容易造成政府与社会公众的地位不平等,影响协商质量。笔者以为,通过积极探索形成社会公众的动议机制,有利于改变行政过于主导的局面,强化"理性"和"积极"的参与者政治文化①,形成更为平等的政府与社会协商关系。公众动议是指社会公众通过法定渠道向行政机关提出的详细具体的立法或决策建议。社会公众动议机制的形成应具备以下主要条件。一是动议的系统完备性。公众动议是特定公众经深思熟虑反复研究提出的方案,本身应当比较全面、系统、完备。缺乏系统完备性的公众建议,可以作为普通的公众意见由公众意见征集机关汇总处理。二是动议渠道的合法性。公众动议

---

① 在阿尔蒙德看来,"一种政治文化和政治结构相互协调的参与者政治文化",它具有"理性"和"积极"两个方面的特征。理性特征强调公民必须有足够的政治认知能力和信息判断能力,以确保政治参与的有效性;积极特征则强调公民必须以负责任的态度主动、积极地参与政治事务和公共决策。

必须通过合法的途径提出，避免采取极端、非法的形式提交行政机关。三是动议内容的妥当性。行政机关对内容属于行政机关职权范围且符合法律法规规定和相关政策导向的动议，才应当考虑启动决策程序，将其转化为决策。

五　建立健全决策咨询机制

决策咨询机制是指政府和政府部门在决策中主动向智库、有关社会组织、专业机构或者专家学者等进行咨询、听取意见的机制。在实际政府协商中，政府及各部门在实施决策咨询时存在不少问题，如咨询的随意性、临时性、应景性特点明显：何时、何事、向谁咨询都由政府机关临时决定，效果欠佳；咨询对象的独立性不强，往往过于重视听取体制内咨询机构意见，不善于听取民间智库意见；咨询质量不高，有的行政机关咨询走过场，只给咨询对象很短的时间，对很复杂的事项发表意见；有的咨询对象对咨询的事项了解不够、研究不深，随意发表意见。

笔者以为，政府协商中建立健全规范化、常态化的决策咨询机制对于完善政府协商意义重大。一是完善基本的决策咨询程序，明确必须进行决策咨询的事项、时间节点、基本形式等。二是扩大咨询对象备选范围。探索建立咨询专家名录，重点从党代表、人大代表、政协委员、政府参事、高校和科研机构中具有较深专业造诣的学者，以及具备一定咨询研究能力的社会各界知名人士中聘任专家。政府及其部门需要向个人咨询时，可优先从名录中选择专家。继续发挥体制内咨询研究机构的作用，发挥这些咨询机构了解政府工作、易于沟通的优势，尽量避免其容易受行政机关引导等劣势。鼓励其从参与决策咨询的制度性安排、智库建设的整体规划、资源配置、组织形式、管理方式创新，以及培养领军人物和杰出人才等方面加强自身建设，从党和国家事业发展全局的战略高度出发，采取有力措施，切实抓紧抓好这一重大而紧迫的任务。同时，还要进一步重视和发挥民间智库的作用，明确民间智库的选择标准并完善相关程序。三是提升咨询质量和公信力。行政机关要充分采纳咨询意见，向行政机关提供咨询意见的科研机构、专家学者等，也要对所咨询议题作深入研究，认真负责地提出客观意见。各地、各部门可探索建立咨询质量评估制度，请权威决策咨询机构对决策咨询情况进行二次评估咨询，作为以后是否继续邀请相关科研机构、专家学者参与咨询的重要参考。四是建立多元化的政府智库体系。建立以"体制内咨询机构、半官方性质的咨询机构和民间智库"三类为主体的决策咨询系统，并尝试委托第三方进行协商。

[宋雄伟　中共中央党校（国家行政学院）]

第五章

人大协商

社会主义协商民主是中国特色社会主义民主的重要形式。党的十八大报告中首次系统论述了健全社会主义协商民主制度的问题，提出要通过"国家政权机关、政协组织、党派团体"等渠道来广泛协商；党的十八届三中、四中全会进一步强调要推进协商民主广泛、多层、制度化发展，要构建程序合理、环节完整的协商民主体系；而在2015年中共中央出台的《关于加强社会主义协商民主建设的意见》（本章以下简称《意见》）中，更是将"人大协商"明确为一种重要的协商渠道。2017年10月党的十九大报告再次强调要"统筹推进政党协商、人大协商、政府协商、政协协商、人民团体协商、基层协商以及社会组织协商"。理论是实践的先导，积极开展人大协商，需要廓清人大协商的内涵与外延，明确为什么协商、谁来协商、协商什么以及如何协商等基本理论问题。

第一节 人大协商的概念内涵

积极开展人大协商，首先应明确人大协商的概念内涵，即何为人大协商。离开这一必要的理论前提，根本谈不上实践领域其制度体系和运行机制的完善与发展。

一 对人大协商的不同定位

学术界对人大协商的概念内涵认识不一，主要认识有两种：一是把人大协商视为"人大与政协方面的协商",认为政协是进行协商活动的基本平台和专门机构,通过政协和同级人大同期召开会议、政协委员列席人大活动建言献策,从而影响人大的立法和决策,显然这是一种狭义上的人大协商界定;二是把人大协商视为"协商民主机制在人大制度框架及人大具体工作中的嵌入和运用",这是对人大协商较为广义的理解,认为人大协商就是在人大代表选举以及人大行使立法权、决定权、人事任免权、监督权等工作中引入和运用协商民主的机制。

整体来说,后一种理解获得了更多人的认同,很多学者以《协商民主及其在人大工作中的应用》《协商民主在我国人大制度中的应用》《人大民主中的协商机制探讨》等为题探讨了人大协商的问题。尤其值得一提的是,2017年4~7月,山东省人大常委会研究室课题组围绕"社会主义协商民主在地方人大工作中的应用研究"课题,在《山东人大工作》连续发表4篇文章①,系统研究了地方人大开展协商工作的主体、客体、应把握的原则和基本方式等问题。应该说,人大协商实质上就是社会主义协商民主的一种实现渠道,把人大协商视为"协商民主机制在人大制度框架及人大具体工作中的嵌入和运用",比较符合人大作为协商渠道的基本定位,也比较全面地反映了人大协商的实践内容。

二 人大协商与立法协商的关系

与人大协商紧密相连的还有另一个概念——"立法协商",党的文件和不少学者都是在立法协商的范围内去理解和把握人大协商的。在党的正式文件中,"立法协商"概念的提出比"人大协商"要早些,党的十八届三中全会《中共中央关于全面深化改革若干重大问题的决定》已经提出"深入开展立法协商、行政协商、民主协商、参政协商、社会协商"。2015年出台的《意见》,在将"人大协商"明确为一种重要协商渠道的同时,着重提出了"深入开展立法工作中的协商"和"发挥好人大代表在协商民主中的作

---

① 这4篇文章分别为:《开展地方人大协商工作应把握的基本原则》(2017年第4期)、《对地方人大协商主体的确定及其优势分析》(2017年第5期)、《关于地方人大协商客体确定及其重点把握的问题》(2017年第6期)、《对地方人大开展协商工作基本方式和制度机制问题的思考》(2017年第7期)。

用"两大意见,前者与立法协商的关系自不必说,后者中也论及了"更好发挥人大代表在立法协商中的作用"。由此可见,《意见》更多是把人大协商定位为"立法工作中的协商"或"立法协商",这不仅符合立法权是人大基本职权的理论现实,更符合当下协商民主在人大工作中实际应用的现实。

然而,学术界对立法协商的理解并不一致,这就给我们把握人大协商的内涵带来了一定困难。国内对立法协商的大规模实践探索始于21世纪初,从总体上看,主要是各地有组织、有计划的探索,并没有全国性的统一部署。而学者们对立法协商的研究基本上也始于21世纪初,从知网中查到最早研究立法协商的是林庆民的文章《立法协商的探索》(2002年),而截至2017年9月,以"立法协商"为主题进行研究的报刊论文多达347篇,其中2013年11月十八届三中全会明确提出"立法协商"后的成果占了绝大多数(289篇)。系统分析这些研究成果,发现学者们对立法协商的概念内涵存在很不一致的认识,主要表现在以下两个方面。

一是立法协商的性质定位和主导力量。有学者认为立法协商是人民政协的重要履职活动,因而立法协商的主导力量是人民政协,如提出"立法协商,是指政协有关专门委员会和政协委员,在立法机关初审之前,对有关法律法规草案进行论证、协商,发表意见和建议的活动"①,这种认识在党的文件明确提出人大协商问题之前占据主流。近几年,不少学者认为立法协商是立法机关立法活动的一部分,因而立法机关(主要是人大)是立法协商的主导力量,如有学者提出,"立法协商即是指立法机关在立法活动中,通过人民政协或者其他组织形式充分听取政协组织、委员以及社会各界人士意见的过程"②;还有学者直接把立法协商定义为具有立法权的人大的协商民主活动,认为行政立法过程中的协商不是立法协商,因为行政立法的"行政性"是首要的,其应属于行政协商活动;③ 更有不少学者直接以"人大立法协商"为题名关键词撰文。从整体上来说,后一种观点目前获得了更多学者的认同。另外,关于立法协商,不仅在理论层面存在上述认识分歧,在实践当中也存在"政协主导"模式和"人大主导"模式的差异,

---

① 林忠武:《关于立法协商与依法治理的思考》,《政协天地》2005年第12期。
② 朱志昊:《论立法协商的概念、理论与类型》,《法制与社会发展》2015年第4期。
③ 苏绍龙:《地方立法协商制度机制刍议》,《暨南学报》(哲学社会科学版)2015年第5期。

前者以南京和福州模式为代表，而后者则以广东省的实践为代表。

二是立法协商广义与狭义的内涵范围之分。学术界对立法协商的内涵范围也存在认识分歧，不少学者对它进行了广义和狭义的区分，但即便是这种区分，其标准也是不同的。比如：张献生认为立法协商"从广义上讲，是指相关单位人员及社会公众围绕立法的有关事项进行的各种形式的协商活动；从狭义上讲，主要是指具有立法职能的机构或部门在立法过程中，按照一定程序，与有关方面、部门或人士，或面向社会公众……进行的协商活动"①。这里立法协商的广义与狭义之分，主要在于是否由"具有立法职能的机构或部门"启动，在这种区分中，即便是狭义的、由具有立法职能的机构或部门启动的立法协商，其涵盖范围也是很广泛的。而戴激涛关于立法协商广义与狭义的区分标准显然要具体严苛很多，她把广义的立法协商界定为"具有立法权的人大及其常委会或其行使相关立法权限的法定主体，在立法活动中与特定或者不特定主体之间的协商民主活动"②，这里虽说是广义界定，事实上涵盖范围也是很有限的；而对狭义立法协商，她更是从启动协商的人大机构层级、协商时机、协商主体等几个方面进行了非常严格的限定。

综合上述对人大协商、立法协商的概念梳理，关于人大协商的概念内涵，这里提出以下观点。第一，人大协商是实现社会主义协商民主的一个重要渠道，是指协商民主机制在人大制度框架及人大具体工作中的嵌入和运用，具体是指在人大代表选举以及人大行使立法权、决定权、人事任免权、监督权等工作中引入和运用协商民主的机制。第二，人大协商与立法协商有密切联系，如前所述，无论是在《意见》的表述还是在学者的研究中，抑或在地方人大的协商实践中，人大协商的重中之重都是立法协商，而立法协商也更多的是指人大立法过程中的协商。第三，人大协商与立法协商也有一定区别，如人大协商主要包括但并不限于立法协商，除了立法工作中的协商之外，还应包括人大代表选举及沟通民意过程中的协商以及人大重大决策和监督、人大人事任免活动中的协商等；立法协商也并非仅

---

① 张献生：《关于构建立法协商体制机制的问题》，《团结》2014 年第 5 期。
② 戴激涛：《充分发挥人大在立法协商中的主导作用》，《人大研究》2015 年第 4 期。

指人大的立法协商,也包括其他立法机关立法过程中的协商活动。两者的强调侧重点不同,人大协商侧重指协商的一种渠道,强调的是社会主义选举民主与协商民主的共促融合,而立法协商侧重指协商的一种内容,强调立法活动的民主化和科学化,等等。

第二节 人大协商的理论基础

积极开展人大协商,需要从理论上说清楚为什么协商,以增强推进人大协商的自觉意识。关于这一问题,我们当然可以从人大协商的价值意义、必要性等现实角度去论述,而从理论上讲,开展人大协商具有深厚的理论基础。

一 人民主权理论:奠定了人大协商的价值原则基础

人民主权理论是关于主权来源的一种理论派别,虽然洛克、卢梭等主张人民主权的思想家对其具体理解不尽一致,但正如马克思所言,"人民主权不是凭借君王产生的,君王倒是凭借人民主权产生的"[①],不同思想家的人民主权理论其实质是相同的,都主张国家的最高权力来源于人民并最终属于人民,人民要平等参与并有效控制国家权力的运行。人民主权理论,不仅奠定了人大制度本身的理论基石,更是人大协商追求的根本价值原则。

首先,人大制度本身就是人民主权原则的生动体现。我国宪法第2条明确规定:"中华人民共和国的一切权力属于人民。人民行使国家权力的机关是全国人民代表大会和地方各级人民代表大会。"可以说,人大制度正是依据"一切权力属于人民"的人民主权原则,由人民选举产生代表并组成人民代表大会来统一行使国家权力的根本政治制度。在这一制度安排中,人大的权力来源于人民的委托,人民有权选举、监督甚至罢免其代表,人民虽不直接行使国家权力,但拥有对国家权力的控制权,从而保障了国家权力源于人民并最终属于人民的人民主权原则的实现。

其次,人民主权原则更是人大协商追求的根本价值目标。推进人大协

---

① 《马克思恩格斯全集》(第3卷),人民出版社,2002,第37页。

商，在人大的立法、决策、监督等工作中引入协商机制，并非将协商与人大的立法、决策、监督等活动简单拼凑，搞所谓的"协商式立法""协商式决策""协商式监督"。推进人大协商，直接目的在于通过引入协商机制来广泛听取各种不同的意见和声音，容纳社会各方面的不同建议和立场，以增强人大立法活动的开放性、决策活动的民主性和监督活动的刚性；根本目的则是通过增强人大行使职权过程中公民的民主参与、利益表达和协商对话，从而更好地发挥人大保障实现人民当家作主的根本政治制度职能。

二 代议制理论：构筑了人大协商的制度前提

关于采取什么组织形式实现人民主权的问题，近现代的政治理论家大多主张间接民主的代议制形式。其理论主张主要包括：为了解决在大规模政体中实行民主的问题，人民的主权行使可以"让渡给公共机关"；代议制民主以选举制度为基础，主要表现为公民以选举形式选出国家机关的成员，并代表其行使权力；代议制具体实施过程中，一般遵循"多数决定"的原则等。马克思、恩格斯同样认为实现无产阶级民主需要采用代议制形式，列宁更是明确指出，"没有代表机构，我们不可能想象什么民主，即使是无产阶级民主"[①]。代议制理论，构筑了人大协商的制度前提。

首先，从本质来讲，我国的人民代表大会制度正是一种以"人民—人民代表—人民代表大会——府两院"为基本架构的新型代议制形式。其中：人民拥有主权但并不直接行使主权，而是通过选举代表组成人民代表大会来统一行使国家权力；另外，人民代表大会也并不直接行使国家的全部权力，它主要行使国家的立法权，而将行政权、司法权进一步委托给由它选举产生的"一府两院"。在"人民—人民代表—人民代表大会——府两院"的人大制度运作链条中，人民代表"一端根植与链接人民，一头嵌入与联动国家，是国家、社会和人民之间互证、互动的中介和桥梁"[②]，具有代表人民意志、参加行使国家权力的职权。

其次，就人大协商的具体实践来看，人大协商不是对人民代表大会制

---

① 《列宁选集》（第3卷），人民出版社，2012，第152页。
② 蔡文成：《代表·回应·责任：人大代表制度的政治逻辑》，《兰州大学学报》（社会科学版）2017年第4期。

度的否定，而是在代议制民主基本制度形式基础之上的协商。推进人大协商，在人大的立法、决策、监督等工作中引入协商机制，并非要以协商机制取代以选举和授权为基础的代表制度，而是要在选举民主和代议民主中有机融入协商民主机制，以便加强各级人民代表同原选举单位和选民的联系，更好地发挥人民代表在连接国家、社会和人民中的桥梁与中介作用，以弥合选举民主和代议民主基本制度形式的不足，因此代议制理论构筑了人大协商的制度前提。

三 参与民主理论：阐明了人大协商的现实诉求

如前所述，代议制通过选举和授权解决了在大规模政体中实行民主的问题，因而成为现代政治制度的基本形式，但代议制也容易造成少数人声音被忽视、公民政治参与不足甚至是精英统治等问题。20世纪六七十年代，西方参与民主理论应运而生，它试图理性回归并发展传统民主的价值理想，强调更多的、更积极的、更高程度的公民参与，主张将代议制民主与公民直接参与结合起来，给公民提供切实的参与机会。当前之所以提出和推进人大协商，与西方参与民主理论的提出背景类似，也是对当前中国公民多元政治参与需求的一种现实回应。

人大协商的提出和推进源于当前中国民主政治发展的现实需要。我国自改革开放以来，社会利益结构日益分化，异质化程度日益增高，由多层间接选举产生的人大代表，已经难以完全表达公民的利益诉求，而代表与选民之间的"异质"化，就会带来代表制度阻滞人民主权实现的问题。同时，改革开放以来我国公民的民主意识和政治参与意识也在不断增强，已不再简单满足于举举手、投投票，更渴望有广泛且日常化的利益表达空间。上述这些变化和问题的出现，都要求在人大选举代表和代表机构行使人民主权的基础上，拓展更多的公民日常化参与空间，而人大协商无疑就是对这一现实背景的回应。

促进公民多元政治参与正是人大协商的现实诉求所在。参与民主理论的诉求并不是从根本上否定代议民主制度，而是主张通过公民直接而广泛地参与到政治生活中来，从而把公民参与融入代议制度之中。而人大协商的现实诉求也是如此，其实质也是在反思单一代议制局限性的基础上，在人大工作中融入更加广泛多元、日常化的公民政治参与环节,让每个人除了投票时刻的民主权利行使外,可以通过协商环节的意见表达和讨论对话,参与到更实质性的人大立法、决策、监督等活动中去,从而使共识得以形成、理性得以彰显。

四 协商民主理论:提供了人大协商的理念与程序

20世纪80年代,同样是在反思代议制不足(尤其是选举民主"利益聚合机制"机制不足)的基础上,主张在理性基础上通过对话讨论来达到个体之间立场妥协并促进共识形成的协商民主理论兴起,并逐步在中国传播开来。从1991年江泽民首次提出"人民通过选举、投票行使权利和人民内部各方面在重大决策之前进行充分协商,尽可能就共同性问题取得一致意见,是我国社会主义民主的两种重要形式"[①],到2017年党的十九大报告明确提出"协商民主是实现党的领导的重要方式,是我国社会主义民主政治的特有形式和独特优势",社会主义协商民主已经在我国全面展开。协商民主理论是人大协商的直接理论基础,为人大协商提供了基本的目标理念和程序方法。

一方面,人大协商是发展社会主义协商民主的重要渠道,我国人大制度的运行不仅体现了代议民主和选举民主的精神,而且同样体现了协商民主的精神。虽然实践中有人会简单地把人大制度等同于选举民主、把政协制度等同于协商民主,并把两者对立起来,但越来越多的学者认识到,"选举民主和协商民主从性质上来说,是相辅相成的,而不是相互冲突的"[②]。从中国人大制度的发展实践来看,中华人民共和国成立之初人大的选举民主过程中就加入了协商环节,长期以来决策前协商也是人大制度实施的重要特征。人大制度运行的协商性特征既体现在各级人大系统内部审议表决法律草案和决定案之前的充分讨论和酝酿,也体现在人大制度外围层面政协、社会公众等意见嵌入并影响人大立法决策的过程。因此,中国的人民

---

① 中共中央文献研究室:《江泽民论有中国特色社会主义(专题摘编)》,中央文献出版社,2002,第347页。
② 俞可平:《中国特色协商民主的几个问题》,《学习时报》2013年12月23日。

代表大会制度是"与协商民主相结合的选举民主"①,"人大与协商民主具有天然的连接性"②。

另一方面,协商民主理论中的相关成果也为人大协商的推进提供了理念导向和程序指引。如果说人大制度运行中的选举民主重在追求结果的话,那么人大制度运行中的协商民主则是重在过程,主要是通过协商的程序安排让各种不同意见在协商过程中得以充分表达、权衡和沟通,从而促进决策活动的科学化。而协商民主理论中关于协商民主的概念内涵、特征要素和程序设计等内容,无疑为人大协商的具体实施提供了宏观的理念导向和具体的程序指引。

第三节 人大协商的基本要素

积极开展人大协商,除了弄清人大协商的概念内涵与理论基础,明确"是什么"和"为什么"的宏观理论问题之外,还需要厘清人大协商具体运行的基本要素,主要包括谁来协商、协商什么以及如何协商等主体、内容和形式要素。

一 人大协商的主体要素

"参与主体是协商民主过程的基本要素,协商的过程实际上就是各种具有不同利益倾向、不同偏好的政治主体参与政治生活的过程。"③ 开展人大协商,首要的就是明确谁与谁协商,即确定人大协商的主体。

第一,具有相应职权的人大机构是主导力量,人大代表是主要参与主体。以立法协商为例,人大的立法机构不仅作为主体参与立法协商,同时又是组织者与主导者,"找谁协商、协商什么、什么时间协商、用什么方式协商、对协商意见的吸纳和反馈等,主要是由人大(及政府)立法机构确

---

① 李君如:《协商民主——解读中国民主制度》,外文出版社,2015,第133页。
② 隋斌斌:《有限政治市场下的多赢治理——中国人大协商民主的发生、运作逻辑与政策建议》,《经济社会体制比较》2014年第4期。
③ 陈家刚:《协商民主:概念、要素与价值》,《中共天津市委党校学报》2005年第3期。

定的"①。另外，人大的立法主导地位也得到了党的决议文件的确认，如2014年10月党的十八届四中全会通过的《中共中央关于全面推进依法治国若干重大问题的决定》和2016年2月《中共中央关于加强党领导立法工作的意见》，都强调要"健全有立法权的人大主导立法工作的体制机制"。另外，有学者进行的"人大与政协系统关于立法协商若干问题认识的比较分析"问卷调研，同样说明了这一点：人大系统中高达78.51%的人倾向于由人大主导立法协商；政协系统选择"人大主导"的比例虽然低于人大系统，但仍有50.56%，也占据大多数。② 还有一点需要注意，现有研究多关注具有相应职权的人大整体或人大有关机构（如人大常委会、专门委员会等）的主导作用，而对人大代表在人大协商中的角色与地位论述较少。事实上，《意见》中已明确提出要"发挥好人大代表在协商民主中的作用"，"有关方面要加强与代表的沟通协商"等。可以说，与人大整体或人大有关机构在人大协商中的主导作用不同，人大代表是人大协商的主要参与主体，更是人大与公众协商的重要中介和桥梁。

第二，政协的各参加单位、政协委员等是基本参与主体。在我国，政协是进行协商活动的基本平台和专门机构。而在人大协商中，与政协方面的协商无疑也是最基本的部分，因此才有人直接把人大协商狭义地限定为"人大与政协方面的协商"。但是政协究竟是不是人大协商的参与主体呢？不少学者提出了不同意见，认为要区分"在政协听取意见"和"与政协协商"的根本不同，"不能笼统地把人民政协同人民政协的参加单位、界别、个人并列为立法协商的主体"③，"政协整体难以作为主体与立法机构进行立法协商"④ 等。应该说，这些意见把握到了政协作为协商平台与政协委员作为协商主体的不同性质定位。因此，我们可以把政协整体或政协机关定位为人大协商的重要合作平台，而把具体参与协商活动的政协各参加单位以及各界政协委员等视为人大协商的基本参与主体。

---

① 张献生：《关于立法协商的几个基本问题》，《中央社会主义学院学报》2014年第5期。
② 肖巧平、曹正龙：《人大与政协系统关于立法协商若干问题认识的比较分析》，《湖南省社会主义学院学报》2017年第2期。
③ 陈建华：《立法协商主体探析》，《河北法学》2016年第3期。
④ 张献生：《关于立法协商的几个基本问题》，《中央社会主义学院学报》2014年第5期。

第三，社会公众尤其是利益相关方也是重要参与主体。2015年2月出台的《意见》提出要"拓宽公民有序参与立法途径，健全法律法规草案公开征求意见和公众意见采纳情况反馈机制"，要"建立健全代表联络机构、网络平台等形式，密切代表同人民群众联系"。由此可见，社会公众也是人大协商的重要参与主体，要重视通过网络媒体、意见平台等载体与社会公众进行广泛协商。另外，在重视向社会广泛征求意见的同时，更要将利益相关方作为协商的重点对象，以求在立法和决策活动中公平公正地设置利益相关方的权利和义务。

总之，人大协商应当由有相应职权的人大相关机构（如人大常委会、专门委员会等）主导并充分发挥人大代表的重要作用；同时，政协委员、人民团体、社会组织以及社会公众等都是人大协商的参与主体，而人民政协作为协商的基本平台和专门机构，应当在人大协商中发挥重要作用。

二 人大协商的内容要素

明确了主体，把握内容就是关键。党的十八大和十八届三中全会都提出，要围绕经济社会发展的重大问题和涉及群众切身利益的问题，开展广泛协商。具体就人大来说，就是要围绕人大在行使立法权、决定权、监督权和人事任免权中的若干重大问题，通过多种形式开展广泛协商，推进人大决策的科学化和民主化，提高人大监督的针对性和实效性。

第一，与人大立法工作相关的协商内容。立法权是人大的基本职权，因而人大协商的基本内容就是立法协商。根据《意见》有关精神，立法工作中的协商主要包括两大部分内容。一是关于立法规划、立法工作计划的协商。要求在出台立法规划或立法计划时，人大方面要广泛听取社会各界的意见和建议，甚至可以向社会各界征集立法建议项目等。二是关于法律法规草案的协商。要求对那些涉及重大利益调整、法律关系复杂、意见分歧较大的草案条款，人大方面在法律法规起草之初就要启动协商程序，在公开征求公众意见的基础上，通过人大与相关方面的沟通协商以及有关国家机关、社会团体、专家学者的调研、论证与咨询等多种协商活动，在基本取得社会共识基础上再依法提请表决。

第二，与人大决策和监督工作相关的协商内容。重大事项决定权和监督权是人大的重要职权，因而人大协商也包括与人大决策和监督工作相关的协商内容。具体包括：人大在作出重要决定时，应多和各类社会团体和民间组织加强协商，收集来自社会各阶层的不同意见，同时要重视发挥专业性研究团体的专业优势；人大在行使监督权（如听取审议"一府两院"工作报告、检查法律法规实施情况以及审查政府预算等）时，可以通过允许公众旁听、召开公民座谈会、开展民意测验、进行参与式公共预算改革等形式，征求社会公众的意见，扩大公民参与，以此弥补可能存在的信息不对称等不足，夯实人大监督的合法性基础。

第三，与人大人事任免工作相关的协商内容。对国家机关领导人员及其组成人员进行选举、任命、罢免、免职、撤职等（即人事任免权），也是各级人大及其常务委员会的重要职权。人事任免的实现形式主要表现为选举，但也有协商的成分。如《中华人民共和国全国人民代表大会组织法》第13条规定，在确定全国人大常委会委员长、副委员长等人选时，要"由主席团提名，经各代表团酝酿协商后，再由主席团根据多数代表的意见确定正式候选人名单"。这里的"各代表团酝酿协商"环节就是协商因素在人大人事任免工作中的体现。另外，实践中还有任命人选的公示、述职评议等协商实现形式。

第四，与人大代表选举及沟通民意工作相关的协商内容。人大代表是政府与社会连接的重要纽带，其选举和具体工作过程中也应该充分发挥协商机制的作用。具体来说，其一，人大代表候选人的提出和确定可以引入协商因素。2015年新修订的《中华人民共和国全国人民代表大会和地方各级人民代表大会选举法》（以下简称《选举法》）第31条，分"由选民直接选举"和"县级以上间接选举"两种情况，分别作出了"交各该选区的选民小组讨论、协商，确定正式代表候选人名单"以及"由全体代表酝酿、讨论"的规定，这表明协商民主可以在确定正式代表候选人中发挥重要作用。其二，人大代表密切联系群众、沟通民意是人大和社会公众之间良好协商的重要途径。可以通过设立人大代表联络工作站、建立人大代表履职服务网络平台、人大代表述职汇报等途径，加强人大代表同群众的联系，汇集选民的意愿。

三 人大协商的形式要素

关于人大协商的民主形式问题,法律法规中没有明确的规定,因此在人大协商民主形式的运用上,还没有一个统一的标准。山东省人大常委会研究室课题组在总结各地实践做法的基础上,指出"座谈会、听证会、专家论证、公民旁听、网上公开、问卷调查、民意检测等"是人大协商行之有效的方式,并根据协商民主的内在要求,重点探索了专题听证、专家论证、网议互动、会议讨论辩论等方式的具体运用问题。[1]

虽然法律法规没有明确规定人大协商的具体形式,但《中华人民共和国立法法》(以下简称《立法法》)却对立法协商的形式有相对明确的规定,这些形式事实上可以广泛运用于人大协商的其他领域和内容中去。如2000年通过、2015年修正的《立法法》第36条规定:"列入常务委员会会议议程的法律案,法律委员会、有关的专门委员会和常务委员会工作机构应当听取各方面的意见。听取意见可以采取座谈会、论证会、听证会等多种形式。"同时,第29条还规定"常务委员会审议法律案时,根据需要,可以召开联组会议或者全体会议,对法律草案中的主要问题进行讨论"。

依据上述法律规定,结合现实实践,人大协商的具体形式主要包括三类:一是面向社会公众尤其是利益相关方的听证会;二是听取以政协委员为主的社会各界意见的座谈会等,即狭义上的人大协商;三是主要在具有相应职权的人大机构内部的审议环节进行的讨论或辩论形式。

理论是实践的先导,推进人大协商首先需要从理论上厘清其概念内涵、理论基础和基本要素。通过本章分析,我们可以得出如下结论。第一,就其概念内涵而言,人大协商不是简单的"人大与政协方面的协商",而是指"协商民主机制在人大制度框架及人大具体工作中的嵌入和运用";人大协商与立法协商的概念紧密相连,但并非完全等同,人大协商主要包括但并不限于立法协商,两者强调的重点也有所不同。第二,就其理论基础而言,人大协商实质上是为了实现"一切权力属于人民"的根本价值原则,而在

---

[1] 山东省人大常委会研究室课题组:《对地方人大开展协商工作基本方式和制度机制问题的思考》,《山东人大工作》2017年第7期。

代议制选举民主的基本制度形式之外,加入了协商民主的因素,以提高人大工作中公民参与的民主化程度。人民主权理论奠定其价值原则基础,代议制理论构筑其制度前提,参与民主理论阐明其现实诉求,协商民主理论提供其理念与程序。第三,就其基本要素而言,人大协商的主体要素包括人大相关机构(主导力量)及人大代表等主要参与主体、政协各参加单位及政协委员等基本参与主体,以及社会公众和利益相关方等重要参与主体;其内容要素包括人大立法、人大决策监督、人大人事任免、人大代表选举及其沟通民意中的协商内容等;其形式要素包括听证会、协商会、辩论会等多种形式。

另外,人大协商必须从理论走向实践。这就要求我们在具体运用人大协商的上述形式时,需要注意以下几点。第一,在现实实践中,听证形式的运用较为普遍,但也主要是有计划、有组织的地方性探索,各地的具体程序要求并不一致,我们可以在总结各地实践经验的基础上,适时出台统一的规范要求,比如可以出台专门的"听证法"或全国统一的"听证条例",以解决各地听证政策性文件中存在的主体、程序、内容等要求不一致的问题。第二,人大机构内部的讨论或辩论形式在实践中应用还不够广泛,既缺乏相关的制度规定,也缺乏相关的实践探索,少有的实践探索中也存在变通和走样现象,比如很多所谓的"立法辩论"实践案例都是将立法辩论形式与立法听证形式结合起来,更多是社会层面的立法辩论而并非严格意义上立法机关内部的辩论等,因此人大及其常委会要重视过去被相对忽视的辩论、质询等协商环节,在实践基础上完善讨论和辩论相结合的审议制度。第三,听证、协商、辩论等形式并非孤立存在、相互排斥的,人大在立法和决策监督等工作中具体采取哪种协商民主形式,要视具体情况而定,同时也需要在决策的不同阶段采用不同的协商形式,打"组合拳",综合运用上述协商形式。总而言之,只有加强制度建设、明确程序规范、综合运用上述协商形式,人大协商才能从理论走向实践,真正成为保障人民当家作主、加强社会主义协商民主建设的一个重要渠道。

第四节 人大协商的实践探索

虽然把人大协商明确为一种重要的协商渠道是近年来的理论突破,但在实践领域，不少地方早已在人大工作中有意识地嵌入和运用了协商形式。从整体上看，这些实践探索主要还是各地的地方性探索，没有全国性的统一部署。

一 人大协商的制度建设逐步推进，制度体系初具形态

制度是实践的基础。党的十八大报告第一次提出"推进协商民主广泛、多层、制度化发展"的命题，党的十八届三中全会再次对这一命题进行了具体的阐释和部署。2015年2月，中共中央印发的《意见》就加强社会主义协商民主建设作出了总体部署，是我国协商民主制度建设的顶层设计。随后，协商民主各个渠道的具体制度安排，如《关于加强人民政协协商民主建设的实施意见》（2015年6月）、《关于加强城乡社区协商的意见》（2015年7月）、《关于加强政党协商的实施意见》（2015年12月）等也相继印发，并作为相关渠道的指导意见付诸实践。然而，关于人大协商的实施意见至今还没有出台，其制度安排散见于法律法规和地方性政策文件之中。

从制度基础来看，人大协商的制度安排体现在三个方面：宪法、法律和政策文件。首先是宪法。如《中华人民共和国宪法》第2条规定，"中华人民共和国的一切权力属于人民。……人民依照法律规定，通过各种途径和形式，管理国家事务，管理经济和文化事业，管理社会事务"。这一规定奠定了人大协商的宪法基础。其次是法律。如2000年通过、2015年修正的《立法法》第36条和第29条对立法协商的形式进行了规定，"列入常务委员会会议议程的法律案，法律委员会、有关的专门委员会和常务委员会工作机构应当听取各方面的意见。听取意见可以采取座谈会、论证会、听证会等多种形式"，"常务委员会审议法律案时，根据需要，可以召开联组会议或者全体会议，对法律草案中的主要问题进行讨论"。最后是各种地方性的政策文件，这是人大协商制度的最主要表现形式。如各地围绕立法协商专门制定文件的有吉林、新疆、上海、南京、杭州、济南等地。另据不完全统计，截至2016年，有11个地方法规、2个地方政府规章、101个地方规范性文件中规定了有关"立法协商"的内容。而各地在探索人大重大决策和监督、人事任免、人大代表选举及沟通民意工作中的协商实践中，有

的地方也制定了相关的地方性政策文件。

上述散见于各种法律法规和地方性政策文件之中的制度安排,从其内容来看主要体现为:听证、论证调研、审议辩论等人大立法协商制度,意见咨询、民意测验等人大决策和监督协商制度,正式代表候选人预选等人大代表选举协商制度,人大常委会主任接待日、人大代表述职评议等人大代表联系群众制度等。以立法听证制度为例,20世纪末立法听证作为一种地方性的民主立法尝试开始在全国多地陆续出现,随后2000年3月15日通过的《立法法》对包括立法听证在内的民主立法问题作了原则性规定,自此之后立法听证从一种立法方式上升为全国性的立法制度。浙江省人大紧跟其后,于2000年4月制定了《浙江省地方立法听证会规则》,随后安徽省、上海市、河南省、四川省、深圳市、江西省、广州市、郑州市等地也相继出台了关于立法听证的规则、条例或办法,地方立法听证工作因此走上了制度化轨道。尤其值得一提的是广东省人大,2013年先后出台了《立法论证工作规定》、《立法公开工作规定》、《立法听证规则》、《立法咨询专家工作规定》和《立法评估工作规定(试行)》等5项立法规定,这意味着广东每一部地方性法规的出台都要打通立法论证、立法公开、立法听证、立法咨询和立法评估等五道"制度关",立法协商的制度体系已经初步构建起来。

二 具体实践情况:以人大立法中的协商为例

"制度的价值在于实践,实践可以在民众与制度之间建立起规范性的联系,从而增强民众对制度的认同和支持,也建构了制度本身的合法性。"[①] 就人大协商而言,无论是从制度文本还是实施情况来看,较为成熟的部分都是人大立法中的协商,而相对而言人大人事任免、人大决策和监督以及人大代表选举和沟通民意中的协商实践还比较薄弱,因此这里重点梳理人大立法中的协商实践。

1. 稳步推进、运行较为规范的立法听证实践

听证制度始于英国的司法审判领域,后来被美国引入立法和行政实践

---

① 陈家刚:《关于社会主义协商民主制度建设的思考》,《中共天津市委党校学报》2014年第5期。

当中。所谓立法听证,"是指立法机构在制定或通过涉及公民个人、法人或其他组织权益的法律法规时,借助某种程序性的形式,赋予利益相关人表达自身利益的权利和机会,并将这种利益表达作为立法依据或参考的制度形式与实践"①。立法听证被引入中国是在 20 世纪 90 年代末,标志性事件是 1999 年 9 月 9 日广东省人大常委会就《广东省建设工程招标投标管理条例(修订草案)》公开举行的立法听证会,开了我国地方人大立法听证的先河。

从 2000 年《立法法》颁布到 2005 年的一段时间内,由于立法听证受到社会的广泛关注,这一时期地方人大立法听证活动较为活跃,大部分省份和一些有立法权的市先后颁布了规定立法听证规则的条例或办法,并举行了各种听证会。根据学者 2004 年底对北京、上海、天津等 19 个地方的调查,2001 年 11 月以来,越来越多的地方人大常委会在地方性法规制定过程中,运用了听证会的方式,且听证会的次数呈逐年增长的趋势:2002 年 4 次,2003 年 7 次,2004 年 10 次。② 在各地积极实践的基础上,全国人大常委会于 2005 年 9 月 27 日举行了"个人所得税工薪所得减除费用标准听证会",这是全国人大的首次立法听证实践。

中国的立法听证始于地方探索且主要表现为地方探索,虽然全国人大最终跟进,但全国性的立法听证迄今为止只有一次(即 2005 年"个人所得税工薪所得减除费用标准听证会"),整体而言仍以地方人大的立法听证为主。即使是在 2005 年立法听证活动相对沉寂之后,不少地方还是举行了一些立法听证会。

分析各地的立法听证实践,具有如下特征。第一,从听证议题设置来看,根据学者统计的 1999 年至 2011 年省级立法听证会涉及领域来看,"土地、房产、物业的比重最大,为 23.5%。其次为环境卫生,为 17.4%,依次为道路交通 14.8%,教育就业 13.4%,消费权益 6.0%,医疗为 3.4%,都是与人们日常生活有密切关联的领域,全部比重为 78.5%"③,整体而

---

① 陈家刚:《程序民主的实践——中国地方立法听证规则的比较研究》,《南京社会科学》2004 年第 3 期。
② 武增:《地方立法听证的有关情况》,立法听证理论研讨会论文,2004。
③ 张利军:《政治参与视角下立法听证会的困境与机遇》,《经济社会体制比较》2012 年第 4 期。

言,社会普遍关注、涉及群众切身利益或有较大意见分歧等是各地选取听证议题的基本原则。第二,从听证参加人的产生和构成来看,其产生主要采取自愿报名、公开遴选等方式,其构成包括有利害关系的当事人、能够提供相关事实的组织和个人以及相关领域的专家等,整体而言,利益相关、熟悉情况、比例合理是遴选参加人的主要标准。第三,从立法听证的过程公开状况来看,各地除了采取"走出去""面对面"的现场听证外,还通过广播、电视、网络等现代传媒的直播途径让更多无法直接参与的社会公众间接参与到立法活动中来,甚至还出现了"微信立法听证"的开门立法新样本,如2016年5月5日下午,深圳市法制办在市民中心举行了《深圳市公共信用信息管理办法(征求意见稿)》立法听证会,首次采取线上+线下的模式,除现场听证外,还首创了微信听证,彰显了以民为本的开放立法理念。第四,从立法听证的效力反馈来看,对立法听证效力的考察和反馈主要通过最终形成的听证报告效力来体现,虽然有人对立法听证会有形式主义的批评和质疑,而且立法机关也确实不会全部采纳立法听证报告的意见,但整体而言,作为听证会结论性文件的立法听证报告对立法者在审议法案中会产生直接影响,并进而影响到立法决策。

2. 逐步探索人大协商与政协协商相衔接的立法协商(狭义)实践

必须强调的是,此处的"立法协商"是一个狭义概念,不同于"人大立法工作中的协商",它特指人大在立法过程中,在党委领导下,通过召开座谈会、协商会等形式,听取以政协委员为主的社会各界意见的民主活动。

和立法听证一样,立法协商也是人大立法工作中经常使用的协商活动形式,但两者又有明显的不同。第一,参与主体不同。立法听证的参加人以与听证事项有利害关系的当事人为主,持支持或反对意见的人数结构要对等合理;而立法协商的参加人则以政协委员为主,主要看其是否熟悉相关情况,能否提出有质量的意见。第二,公开程度不同。立法听证会一般公开举行,媒体应当报道,公众还可以旁听;对立法协商会或座谈会则没有公开的要求。第三,民主程度不同。虽然两者都是立法民主的具体形式,但相对而言立法听证的民主化程度更高,参加听证的一般是自主报名、主动参与,而参与座谈会、协商会的人很多时候是由立法机关选定并通知的。第四,程序要求不同。立法听证会程序严格,必须有正反方意见交锋和辩论，发言顺序和时间也有明确规定；而立法协商会、座谈会一般没有特别严格的程序要求，一般不强调意见交锋，而更强调意见沟通等。

与立法论证的探索主要起源于地方探索、表现于地方探索一样，立法协商的探索也主要集中在地方。20世纪90年代一些地方政协已经开始参与立法协商，如从1995年开始，大连市政协每年就2～3部地方性法规和规章草案，在人大或政府审议通过之前先进行协商论证；2008年至2013年，云南省政协组织委员、专家、学者对240多部（件）地方性法律法规进行协商，提出修改意见2000余条；① 2011年成都市政协围绕《成都市就业促进条例》等7个地方专门性法规先后进行协商论证；2013年底，北京市政协围绕《北京市大气污染防治条例》进行立法协商，"市政协组织各界别及专家组座谈30次，直接参与座谈会发言建议的委员有265人，回复意见建议的委员有479人，占委员总数的98%"②，促成该条例最终于次年年初获准通过；2016年，上海市政协委员就《上海市推进国际航运中心建设条例》、《上海市道路交通管理条例》和《华侨权益保护条例》等32件（次）法规规章，提出了近千条意见与建议。③ 在地方政协积极参与立法协商的基础上，2014年3月20日全国政协就"安全生产法修正"问题举行座谈会，这是全国政协第一次将法律修订作为协商座谈的议题。分析各地政协参与立法协商的实践，其协商内容主要集中在重要的立法规划、法律法规草案上，协商方式主要是举行座谈会、协商会等。

3. 方兴未艾、日益受到重视的立法辩论实践

立法辩论制度起源于英国议会，建立之初只适用于司法审判活动，后被移植到立法活动中。这里我们讨论的立法辩论，主要是指享有立法权的各级人大及其常委会在审议法律案的过程中，主要在人大常委会委员和人大代表中进行的讨论和辩论活动，是人大内部审议法律案时采用协商民主的主要形式。立法辩论虽然与立法听证有某种相似性，如二者在过程中都

---

① 吕金平：《立法协商迈新步》，《云南政协报》2013年1月11日。
② 余荣华：《一部地方性法规的诞生，如何集聚政协委员的智慧——北京探路政协立法协商》，《人民日报》2014年4月16日。
③ 王燕、顾金亮：《2016委员参与立法协商的"大年"——上海地方立法听取政协委员意见记事》，《人民政协报》2017年1月5日。

有辩论，但它与立法听证又有根本不同，包括：主体主要限于人大常委会委员和人大代表，程序主要安排在审议法律案的阶段，主要体现的是立法主体内部民主等。

立法辩论既可以提升人大内部立法活动效率和代表素质，又可以增强人大立法活动的外部认同。毛泽东早在1930年就认识到了会议辩论的重要性，指出："那种只随便问一下子，不提出中心问题在会议席上经过辩论的方法，是不能抽出近于正确的结论的。"① 周恩来在1956年更明确指出，"将来在大会上也可以辩论"②。彭真也在1988年高度肯定了人大常委会联组会的民主形式，指出："过去人大常委会开会，就是全体会和小组会，不便充分交换意见。""联组会上，常委会委员和各地方、各方面列席的同志都可以就有关问题生动活泼、畅所欲言地交换意见。"③ 2000年出台的《立法法》虽未明确设计法律审议中的辩论程序，但规定了"常务委员会审议法律案时，根据需要，可以召开联组会议或者全体会议，对法律草案中的主要问题进行讨论"，应该说这是中国目前的"准立法辩论"规定了。

然而，相对于立法听证和立法协商活动在各地的广泛开展而言，立法机关内部的立法辩论在我国却付诸阙如。表现在如下两个方面。

一是现有制度文本中还没有关于立法辩论的明确规定。有学者统计指出：我国2000年生效的《立法法》文本中并不存在"辩论"一词的表述，而与之相近的"讨论"一词却出现五次；2015年修改通过的《立法法》并没有改变这一状况，在人大立法审议程序问题上仍是对"讨论"进行了重述。而1989年生效、2009年修改通过的《全国人民代表大会议事规则》基本也是这种情况。④ 地方层面虽然有本溪市、深圳市等少数地方的人大常委会议事规则中有关于"辩论"的文字表述，但也仅是以个别表述的形式体现了"辩论"，并没有具体的规则设计。另外，浙江省和深圳市曾试图实质性地推动立法辩论规则的制定和实施，如2013年12月5日浙江省委转发的《浙江省人大常委会党组关于省十二届人大常委会立法工作的意见》明确指

---

① 《毛泽东选集》（第1卷），人民出版社，1991，第116页。
② 《周恩来选集》（下卷），人民出版社，1984，第208页。
③ 《彭真文选》，中央文献出版社，1989，第613页。
④ 李店标：《从讨论到辩论：我国人大立法审议机制的完善》，《理论导刊》2015年第8期。

出，省人大常委会等将试行立法审议辩论制度；2014年7月30日《深圳市人大常委会立法辩论规则（送审稿）》，也提请深圳市人大常委会主任会议审议。但是，前者至今没有开展立法辩论的具体实践，而后者也尚无审议通过的信息。

二是各地的立法辩论实践探索还比较少，具体实践形式也存在一定的变通性。少有的立法辩论探索主要是：2000年12月，全国人大常委会对《中华人民共和国婚姻法》修订草案进行二审时，采用联组会议的审议方式进行公开讨论，引发了社会的强烈关注，这是"准立法辩论"的积极尝试；2008年9月，深圳市人大在制定《深圳经济特区无线电管理条例》时，首次引入立法辩论机制，召集部分常委会委员、人大代表、专家、行业人士和公众代表，围绕条例草案进行公开辩论；2009年7月，江苏省政府法制办围绕《江苏省城乡规划条例（草案）》的制定，在公开辩题及公开征集辩论人的基础上，由8名省内律师分为正反两方，分别代表三方利益群体，就四个辩题进行了两个多小时的辩论；2012年12月，广州市人大常委会围绕《广州市社会医疗保险条例（草案）》的制定，首次尝试网络立法辩论，18位陈述人围绕三项内容在大洋网上进行了激烈辩论。从整体上看，立法辩论的实践还比较少，而且在上述有限的立法辩论实践中，很多还不是严格意义上的立法辩论，如人大内部审议立法案时虽有不同的观点表述和讨论，但缺乏真正的意见交锋和辩论，"大多数代表通常的选择就是附议领导意见"[①]；很多所谓的"立法辩论"实践案例都是将立法辩论机制与立法听证机制结合起来，更多是社会层面的立法辩论，而并非严格意义上立法机关内部的辩论；等等。

需要指出的是，这里重点梳理人大立法协商的实践情况，并不意味着在人大决策和监督、人大人事任命以及人大代表选举和沟通民意等过程中没有协商的实践，只是相对而言它们的普及度和成熟度不足而已。事实上，21世纪初以来浙江温岭市、河南焦作市、江苏无锡市等地进行的以公众参与预算编制与审查以及参与公共项目预算选择为主要内容的参与制预算，就是人大决策和监督协商的重要实践；而近年来各地陆续建立的人大代表

---

① 王琳：《人大理应成为辩论的圣坛》，《东方早报》2008年7月12日。

联络站、实施的人大代表向原选举单位和选民述职制度等，都是人大代表沟通民意中的协商实践。诸如此类，不胜枚举，这里不作系统的梳理和归纳。

第五节 人大协商的成就与挑战

通过国家层面的政策发动、制度引导以及各地的不断探索，目前人大协商在实践层面取得了一定进展，同时也面临着一些挑战和困境。

一 人大协商取得的主要成就

第一，对人大协商的必要性认识不断增强，从自发协商逐步到自觉协商。过去，不少人存在"人大是选举民主、政协是协商民主"的狭隘认识，认为协商就是政协的事情，与人大无关，因而对人大工作中有机嵌入协商因素的必要性认识不足。实践中即使有些地方人大为了推动工作开展，进行了面向社会公众的开门立法、民主预算监督等尝试和探索，但这种探索常常是一种自发行为，还普遍存在"想协商就协商、不想协商就不协商""平时不协商、遇到问题才协商""有时间就协商、时间紧就不协商"等随意现象。在各地实践探索的基础上，中央出台一系列文件，明确了人大协商的价值与意义，这也促使各地更加深刻地认识到人大协商对于推进社会主义民主事业的必要性，人大协商实践逐步从自发协商走向自觉协商。

第二，人大协商的范围和内容不断扩大，从局部协商逐步到全面协商。过去，主要是各地人大在立法工作中启动和运用一些协商程序，协商的事项和内容集中在群众关切的重要法律法规草案上。而随着认识的不断深化和实践的不断拓展，现在人大协商不仅关注立法工作中的协商，而且逐步在人大代表选举、人大人事任免、人大重要决策和监督以及人大代表沟通民意等工作中有意识地开展与相关组织和个人的广泛沟通。即使是在立法协商领域，也不再仅仅限于对重要法律法规草案的协商，而是普遍扩展至对立法规划、立法计划的协商，人大协商从局部协商逐步走向全面协商。

第三，人大协商的主体和形式不断增多，从单一性协商逐步到多样性协商。人大协商早期的实践形式多为座谈会、沟通会、讨论会等，参与主体多是人大代表、政协委员等特定主体。而随着人大协商内容范围的拓展和新兴技术手段的运用,听证会、网议互动、人大代表工作站、辩论会等很多更能体现协商民主特征的方式也被广泛采用。而伴随着这些协商形式的运用,更多的社会公众可以参与到人大的立法和决策活动中来,成为人大协商的主体,人大协商从单一性协商逐步走向多样性协商。

第四,人大协商的实效性不断提升,从形式性协商逐步到实质性协商。对于人大协商而言,协商是手段,民主才是目的,因而保障人民当家作主是人大协商的根本价值所在。过去人大协商的自发实践中还比较多地存在协商"有头无尾""只征求不反馈"的现象,人们对协商形式主义的质疑还比较多。随着协商的深入推进,对协商意见的回应和反馈机制得到强化,如2000年出台的《立法法》对立法听证只有原则性的规定,而2015年修正通过的《立法法》中,对立法听证有了更为具体和硬性的规定,其中一条就是"听证情况应当向常务委员会报告"。强化了对协商意见的回应和反馈,促使人大协商从形式性协商逐步走向实质性协商。

二 人大协商面临的主要挑战

尽管在人大工作(尤其是地方人大工作)中,协商民主机制得到了一定程度的运用,并取得一定的成绩,但当前深入推进人大协商还面临着观念、制度和实践等方面的诸多困境和挑战。

1. 观念上存在重视不够、认识不清、犹疑抵触等问题

一是仍有少数人对人大的功能定位存在狭隘认识。虽然对全国12个省市的调查显示,"81.9%的地方官员认为,'人大是立法机构,不能搞协商'的观点不成立,他们支持作为立法机构的人大一样是协商民主的重要场所"[①],但仍有少数人把人大定位为选举民主平台,认为人大主要负责选举和监督工作,人大开会就是听听报告、鼓鼓掌、投投票等程式化的政治行为,人大制度与协商民主机制没有什么交叉结合的必要和可能。

二是对人大协商的内涵与外延认识不清,分别存在认识窄化和泛化的问题。如有人把人大协商仅仅界定为"人大与政协方面的协商",过度窄化

---

① 陈家刚:《我国地方官员关于协商民主的认知和态度》,《学习时报》2015年12月17日。

了人大协商的理论和实践空间；更多人把人大协商界定为"协商民主机制在人大现有制度框架下的嵌入和运用"，整体来说这是符合基本的理论和实践现实的，但实践中这种认识却极易导致"协商泛化"的现象出现，对于哪些人可以成为人大协商的参与主体、哪些事项可以归入人大协商的内容、哪种形式可以归入人大协商的形式等，还没有形成一致的共识。

三是部分地方对推进人大协商有顾虑甚至是抵触情绪，通过人大启动社会协商的主动意识不足。比如：担心人大协商的深入推进会激发大规模的社会运动，会削弱或扩充人大权力，引起政治体系的变动，从而影响到党的执政；担心在协商过程中，针对同一议题政府和社会之间可能会出现尖锐的分歧和矛盾。在"管控"、"维稳"、追求效率等传统执政思维之下，政府通过人大开启官民对话、协商沟通的主动意愿常常不足。

2. 制度上存在形式分散、内容不全、规范不明等问题

一是制度形式比较分散，没有形成足以支撑人大协商的制度规范体系。2015 年中央出台《意见》后，协商民主各个渠道（如政协协商、城乡社区协商、政党协商等）的实施意见也相继出台，但关于人大协商的实施意见至今还没有出台，其制度安排散见于法律法规和地方性政策文件之中。其中，这些法律规定也不是关于人大协商（整体或部分领域）的专门法律，而是在讨论其他法律问题时涉及人大协商的内容而已，如《立法法》关于立法协商的规定、《选举法》对人大代表候选人预选制度的确认等。另外，那些地方性政策文件又仅是针对各地而言的，各地规定的差异性也比较大。凡此种种，说明当前人大协商还没有形成较为统一的制度规范体系。

二是制度内容有所缺失，人大协商的制度覆盖面不足。如前所述，人大协商的内容主要是人大立法工作中的协商，但并不仅限于人大立法协商，还包括人大重大事项决定和监督中的协商、人大代表选举及沟通民意中的协商以及人大人事任命中的协商等。但就人大协商的制度内容而言，无论是从法律法规还是地方性政策文件来看，关于人大立法协商的制度规定相对多些，而其他方面的制度规定都极其匮乏（当然这与实践本身的匮乏是分不开的）。同时，即使是在立法协商的制度规定上覆盖也不平衡，相对而言关于立法听证的制度规定较多，而关于立法辩论的制度规定较少。另外，制度规定也没有覆盖立法协商全过程，关于协商活动开展的制度规定相对

较多，而对协商后回应反馈机制的制度规定较少，等等。

三是制度规定比较笼统，人大协商规范的明确性和刚性不足。仔细分析现有关于人大协商的规定，它们大多只是在某些方面作出了笼统的、原则性的规定，表述比较模糊、明确性不够，从而造成制度刚性不足。如《立法法》第36条规定"列入常务委员会会议议程的法律案，法律委员会、有关的专门委员会和常务委员会工作机构应当听取各方面的意见。听取意见可以采取座谈会、论证会、听证会等多种形式"，这里的"应当听取各方面的意见"是刚性要求，但又用了"可以采取座谈会、论证会、听证会等多种形式"的表述，实际上又把是否采取听证、座谈、论证或到底采用听证、座谈还是论证变成了一种自由裁量权。而第29条关于"常务委员会审议法律案时，根据需要，可以召开联组会议或者全体会议，对法律草案中的主要问题进行讨论"的规定，则更是一种柔性倡导罢了。

3. 实践中存在主体不平等、意愿能力不足、运行不畅等问题

人大协商除了面临观念意识偏颇、制度建设不足的挑战之外，在制度的落实即实践过程中更是面临着诸多困境，主要表现在如下几个方面。

一是协商主体地位实际不平等的困境。协商民主强调各方参与主体在地位、机会、信息和资源获得以及对协商结果的影响力等方面完全平等，这样才能保证协商民主参与目标的实现。然而，现实中协商主体既定的权力结构、知识储备以及参与协商能力素质等不同，造成了协商主体在人大协商过程中实际地位的不平等，如囿于既定的权力结构框架，普通公众参与者实际上在协商中处于劣势地位，难以与领导机构参与者进行真正意义上的协商和讨论，在参与协商中常常会采取一些附和、回避或迂回等策略性行为，以寻求互动协商中的均势。

二是协商主体参与意愿和能力不足的困境。目前公众参与人大协商的积极性并不乐观，很多地方人大在征集公众意见和建议时，存在人大"一头热"而社会公众"一头冷"的问题，不少群众对自己感兴趣或与自己关系密切的事项参与积极，而对与自己关系不够密切的事项表现冷淡。同时，协商民主对协商参与者也有较高的协商能力和素质要求，要求其能够在理性沟通的基础上实现公共利益的优化，尤其是在人大立法协商等高度技术化、专业化的协商中，对协商参与者的协商能力要求更高。从这个要求去

看，当前无论是人大代表、政协委员还是普通公众参与者，都还不同程度存在协商能力不足的问题。

三是协商运行规范性不足、深入性不够的困境。如前所述，一些广为运用的协商民主形式（如座谈会、论证会、听证会等），尽管在法律法规等制度层面已经得以确定，但在具体运行这些制度时，由于没有统一的标准，领导意志等人为因素在协商民主形式的选择方面影响较大，因人而异、因事而异、因时而异的现象在具体运行中广泛存在。另外，人大协商在某些方面还存在"重审不重议""表决大于协商""只征求不反馈"等深度不够、互动不足的问题。因此，如何使人大协商形式能够规范化地运转起来，以保证人大协商民主程序的深入推进，是一个需要在实践中认真关注和解决的问题。

四是协商成本与效率的两难困境。协商民主是需要成本的，既包括组织协商活动本身所带来的人力、财力、物力成本，也包括协商运用不当可能带来的议而不决、行政低效的成本，甚至还隐藏着协商实施打折扣、走形式带来的损害人大制度严肃性和公信力的成本。应当说，在人大协商实践中，普遍存在协商成本与工作效率之间的矛盾与张力，尤其是部分地方还存在不切实际、不做区分、盲目协商的倾向，这事实上既不符合人大制度的特点，也不符合人大协商的价值目标，实践中带来了更大的协商成本，也造成了人大工作实效的降低。

第六节　深入推进人大协商

针对人大协商面临的上述挑战和困境，应该从转变观念认识、明确总体思路、提升素质能力、完善制度机制等多方面深入推进人大协商，以开拓人大协商的发展前景。

一　厘清人大协商的理论认识，明确人大协商的总体思路和原则

要进一步加强人大协商的理论研究，夯实人大协商实践的学理基础。首先要说清楚人大制度与协商民主形式结合的可能性与必要性，厘清"把人大定位为选举民主平台，不能搞协商民主"的偏狭认识，消除"人大协

商有可能冲击现实政治体系"的错误顾虑；其次要说清楚人大协商的主体、内容、程序、方式等基本要素，并准确定位人大协商的理论内涵，从而把握好人大协商的外延边界，避免理论认识不清而带来的"协商窄化""协商泛化"等问题；最后要说清楚人大协商的本质特征与根本目标，要坚持正确政治方向，实事求是地推进人大协商，避免实践中出现"形式协商""跑偏走样"等问题，如人大立法、监督等工作中运用协商民主，根本目的是增强立法的开放性、民主性和监督的刚性，而并非"和稀泥"，将协商与立法、监督等简单拼凑，搞所谓的"协商式立法""协商式监督"。

在厘清人大协商理论认识的基础上，进一步明确人大协商的总体思路和原则，即"党委领导、人大主导、多方协同、普遍参与、法治保障"。首先，人大协商必须坚持党的领导这一根本原则，而各级党委作为人大协商的领导力量，要重视发挥人大弥合各方利益分歧的功能，增强通过人大开启官民对话的主动性。其次，各级人大作为人大协商的主导力量，要积极搭建协商平台、开启协商通道、组织协商活动，人大代表也要充分发挥在人大协商中沟通民意的桥梁纽带作用，增强联系群众、反映民意的主动性。再次，政协作为基本协商平台，要积极参与到人大协商活动中去，组织以政协委员为主的社会各界人士围绕人大立法等重要活动建言献策；另外，要积极引导社会公众消除对人大协商的误读和顾虑，增强公众参与人大协商的主观意愿，同时要在培育协商式政治文化的过程中，提升公众普遍参与协商的理性和协商能力。最后，要加强人大协商的法制建设，完善人大协商的制度保障，这一点将在下述部分详细论述。

二 加强人大协商的制度建设，构建系统完备、统一规范的制度体系

深入推进人大协商，必须重视制度建设，构建系统完备、统一规范的制度体系，使人大协商的运行能够有法可依、有章可循。

一是在制度的内容方面，要在有所突出的基础上逐步全面覆盖。针对人大立法协商制度规定相对多些而其他领域的制度规定极其匮乏的问题，要重视把近年来基层人大协商其他领域的创新性实践进行制度化拓展，如对"民主恳谈""人大代表工作站""参与式预算"等创新性实践进行认真

的程序归纳和经验总结，在此基础上建章立制、逐步拓展。针对人大立法协商中立法听证制度规定较多而立法辩论制度规定较少的问题，人大及其常委会要重视过去被虚置的辩论、质询等协商环节，在实践中逐步完善讨论和辩论相结合的审议制度。同时，人大协商的制度规定要覆盖人大工作全过程，既要重视工作开展前和开展中的协商制度建设，也要重视公众意见采纳情况反馈制度的完善；既要完善人大协商的实体性制度，也要完善程序性制度；等等。

二是在制度的形式方面，要针对分散笼统的不足逐步统一规范。一方面，要在现有地方政策性文件、分散性法律规定的基础上，做好顶层设计，中央层面要尽快出台统一的"关于加强人大协商的实施意见"，法律建制层面也可以就实践比较成熟的立法听证出台专门的"听证法"或全国统一的"立法听证条例"，以解决各地立法听证政策性文件中存在的主体、内容、程序等要求不一致问题。另一方面，"制度化必然要求程序化和技术化，必然要求明确协商主体、协商内容、协商议题性质、协商形式、协商程序"[①]，因此在制度的表述方式上，要坚持能具体就具体、能明确就明确的原则，把笼统的原则性规定与细化的程序性规定结合起来，进一步明确协商的议题选择、参加人员、程序安排、时间限定等细节问题，以此增强人大协商制度的可操作性和刚性。

三　完善人大协商的运行机制，规范人大协商的程序安排

制度是静态的文本，要让制度"活化"并有效运转起来，从而转化为实践成效，就必须依赖于总体制度之下的动态运行机制。

一是人大协商的启动和联动机制。人大工作中的民主协商，主要是会前的"决策前"协商而非会议期间的"决策中"协商，因此在人大及其常委会进行立法等活动和决策前，就应该通过报刊、网络、送达文件资料等方式，向社会公众公布或向相关人员传达，启动协商程序。同时，人大协商是在党委领导下，由人大主导、政协等多方主体参与的活动，因此人大及其常委会在启动协商时还需与党委、政府、政协等各方积极联动，从而

[①] 谈火生、霍伟岸、何包钢：《协商民主的技术》，社会科学文献出版社，2014，第257页。

为人大协商的顺利开展奠定基础。

二是人大协商的议题设置和主体遴选机制。协商是有成本的，因此需要遴选确定哪些议题可以进入协商范围，哪些主体可以参与协商过程。在议题设置上，不能事事都要协商，应该在统一原则性标准的前提下，明确协商议题的提请、商议、确定等程序和机制；在主体遴选上，人大及其常委会应当针对不同的协商议题，采取自愿报名、公开遴选、指定推荐等相结合的方式，着重考虑参与主体的代表性、对协商议题的熟悉程度以及各方主体的比例均衡等因素，先确定初步名单，经公示程序后再最终确认。

三是人大协商的程序安排和过程终结机制。协商的意义不仅在于协商的结果，更在于协商过程中各方意见的平等表达和理性沟通，因而从发布公告，公众报名，确定人员、时间、地点到活动组织、意见整理和反馈等，都要有一套合理可行、有机循环的操作办法和程序安排，以此减少协商随意性。另外，由于在价值取向、利益诉求等方面的分歧，协商主体可能会在一些焦点问题上争论不休，导致协商共识不能达成、协商久拖不决，因此必须给协商设置合理的过程终结机制，如可以在协商开始之前规定协商的终止时间，也可采用多数参与主体同意即可终止协商等方式。

四是人大协商的回应反馈和评估激励机制。一次协商活动的终结并不意味着整个协商过程的结束，应该重视对协商结果的回应、反馈，如先整理出载明协商过程和各方意见的专门报告，分送相关人员进行讨论审议后决定是否采纳，未采纳的也应说明原因，再把采纳情况汇总成协商意见反馈报告并以适当方式进行公开，杜绝协商意见"有来无回"。另外，在协商全过程结束后也要注重总结，通过评估报告的方式来提炼经验、反思不足，以进一步完善人大协商的运行机制，同时对于积极参与协商、贡献有分量意见的参与主体，也可以给予适当激励，借此营造各类主体积极参与、高效协商的良好氛围。

综上所述，虽然把人大协商明确为一种协商渠道是2015年《意见》中的理论突破，但从20世纪90年代起我国多地陆续已有了人大协商的实践探索。从制度文本和实施情况来看，较为成熟的是人大立法中的协商实践，主要表现为立法听证、立法协商（狭义）以及立法辩论等三种形式。这些探索促使人大协商逐步向自觉协商、全面协商、多样性协商和实质性协过渡，但同时人大协商也面临着观念、制度和实践等方面的诸多挑战。深入推进人大协商，既需要加强人大协商的理论研究，明确人大协商的总体思路和原则，更需要加强人大协商的制度建设，完善人大协商的运行机制，从而增强人大协商的实效，使人大协商真正成为加强社会主义协商民主建设、保障人民当家作主的一个重要渠道。

（李　蕊　信阳师范学院）

第六章

政协协商

中国人民政治协商会议（简称人民政协）是中国人民爱国统一战线的组织，是中国共产党领导的多党合作和政治协商的重要机构，是我国政治生活中发扬社会主义民主的重要形式。党的十八大提出健全社会主义协商民主制度之后，作为我国协商民主的重要渠道和专门协商机构，人民政协协商民主的实践创新加速推进，与此同时，人民政协协商民主的理论研究也不断丰富。本章旨在系统梳理人民政协协商民主的发展脉络，科学归纳人民政协协商民主的基本内涵，正确认识人民政协协商民主的特征与价值，为坚持和完善中国共产党领导的多党合作和政治协商制度，改革和发展社会主义民主政治制度，奠定理论基础。

第一节 政协协商：逻辑起点与发展脉络

虽然"政协协商"概念的权威提出是近年来的事情，但人民政协的协商实践在中国已有近70年的发展历史。作为中国共产党领导的多党合作和政治协商的重要机构，人民政协立足基本职能，在国家建设，促进政治文明、社会进步等方面发挥了巨大的作用，是中国人民对民主政治制度的创造，也是对人类政治文明的重要贡献。

1. "民主协商"思想的产生

民主协商是新民主主义理论的核心思想。众所周知，旧中国是一个半殖民地半封建的大国，帝国主义、封建主义、官僚资本主义的力量比较强大,而产业无产阶级的力量却比较薄弱。只有建立广泛的统一战线,实现工农联盟,并在此基础上实现各革命阶级乃至一切可以争取的力量的大联合,才能完成新民主主义革命的任务。抗战时期,毛泽东在《新民主主义论》和《论联合政府》等文章中,系统地阐述了新民主主义的政权是各革命阶级联合专政的思想,并为完成新民主主义革命的任务、建立无产阶级领导的联合政权提出了明确的方针政策,标志着"民主协商"思想的产生。其中,在各民主阶级与新民主主义政权的关系问题上,毛泽东指出,中国的无产阶级、农民、知识分子和其他小资产阶级,是决定国家命运的基本势力。这些阶级,有的已经觉悟,有的正在觉悟,他们都将成为新民主主义国家政权构成的基本部分,而觉悟的无产阶级的先锋队中国共产党则是它的领导力量。毛泽东的这些正确思想,不仅成为中国共产党在抗战时期的政治纲领,而且为后来中国人民在中国共产党领导下通过"民主协商"的方式完成创建新中国的历史任务奠定了思想基础,标志着"民主协商"思想的萌芽。

2. "政治协商会议"是人民民主的主要形式

1948年4月30日中共中央为纪念五一劳动节发出"五一号召",其中第5条提出"各民主党派、各人民团体、各社会贤达迅速召开政治协商会议,讨论并实现召集人民代表大会,成立民主联合政府!"①"五一号召"体现了毛泽东关于"夺取全国政权"的民主思想,概括起来,就是用统一战线这种最广泛的民主阵线,来建立最广泛的人民民主。在这里,"政治协商会议"是实现人民民主的重要形式。这一形式的基本特点是具有不同阶级基础、不同利益诉求的政治和社会组织,通过对话和协商,形成合作斗争的纲领政策等共识,来共同建立新中国。因此,"五一号召"的意义在于它彰显了中国共产党组建民主联合政府的真诚态度,推动了民主党派和无党派爱国人士对中国共产党的热烈拥护,找到了协商建国的民主形式,为我们创造了协商民主这种新型的人民民主。②

3. 政治协商、参政议政、民主监督是人民政协的主要职能

人民政协作为"中国共产党领导的多党合作和政治协商机构",其本质

---

① 《毛泽东文集》(第5卷),人民出版社,1996,第90页。
② 李君如:《"五一口号"与协商民主》,《北京观察》2013年第5期。

上就是一个实行协商民主的"政治机构",并且这种机构首先是要致力于搞好中国共产党同各民主党派及无党派人士之间的"政治协商"。人民政协这种"党派性的协商机关"①的作用,是其他一般协商形式所不可替代的。在这里,政治协商是人民政协工作的首要职能。党的十一届三中全会后,人民政协在邓小平的直接领导下,迅速地把工作重心转移到为以经济建设为中心的社会主义现代化建设服务上来。随着人民政协的性质由不同阶级联盟性质的人民民主统一战线转变为最广泛的爱国统一战线组织,邓小平认为今后人民政协的历史任务,是"广泛联系各界人士,充分发挥民主协商和监督作用"②,并把二者规定为人民政协的主要职能,写进了政协章程。1989年1月,《关于政治协商、民主监督的暂行规定》中正式提出"加强社会主义民主政治建设,逐步实现政治协商、民主监督的经常化、制度化"③,确立了人民政协政治协商和民主监督两项职能。江泽民同志高度重视人民政协参政议政的职能,把它作为政协的一项主要职能列入了新修订的政协章程。1995年1月,《政协全国委员会关于政治协商、民主监督、参政议政的规定》中提出,"参政议政是政治协商和民主监督的拓展和延伸"④。同年3月,李瑞环在讲话中指出:"把参政议政确定为政协的一项主要职能,是新的历史条件下政协工作的进步和发展。"⑤至此,政治协商、民主监督、参政议政就被正式确立为人民政协的三大职能。

4. "选举民主"和"协商民主"

社会主义民主包括选举民主和协商民主两种重要形式。首先,选举是现代民主不可或缺的重要形式,但民主不局限于选举民主,协商民主也是民主的重要实现形式。民主具有广泛的内涵,如政协委员由协商举荐产生,只要这种协商举荐是严格按照各方赞成的程序进行的,得到了有关党派、

---

① 卞晋平:《协商民主新格局下的人民政协》,《四川省社会主义学院学报》2015年第3期。
② 全国政协办公厅、中共中央文献研究室编《人民政协重要文献选编》(中),中央文献出版社,2009,第369页。
③ 全国政协办公厅、中共中央文献研究室编《人民政协重要文献选编》(中),中央文献出版社,2009,第465页。
④ 全国政协办公厅、中共中央文献研究室编《人民政协重要文献选编》(中),中央文献出版社,2009,第557页。
⑤ 全国政协办公厅、中共中央文献研究室编《人民政协重要文献选编》(中),中央文献出版社,2009,第573页。

团体或界别人士的同意，就应当承认他们是我国各党派、团体和各族各界的代表，应当享有政协委员应有的各项民主权利，而不能说他们没有民意和合法性的基础。1991年3月23日，江泽民同志在全国"两会"党员负责人会议上提出：我国有选举民主和协商民主两种社会主义民主重要形式。①2006年《中共中央关于加强人民政协工作的意见》以中共中央文件的形式确定："人民通过选举、投票行使权利和人民内部各方面在重大决策之前进行充分协商，尽可能就共同性问题取得一致意见，是我国社会主义民主的两种重要形式。"其次，选举民主和协商民主相辅相成，互为补充。前者强调少数服从多数，特指以法律为基础，行使国家法定权力，是一种刚性民主；后者强调多数尊重少数，以政策为依据，注重权利表达，是一种柔性民主。②2007年国务院发表《中国的政党制度》白皮书，进一步明确人民代表大会制度与多党合作和政治协商制度相辅相成，选举民主与协商民主相结合是中国社会主义民主的一大特点。2012年召开的中共十八大和次年召开的十八届三中全会，把协商民主列为深化政治体制改革的重要内容，作出了健全社会主义协商民主制度，推进协商民主广泛、多层、制度化发展的战略部署，标志着我国社会主义协商民主的正式确立和全面实施。

5. "社会主义协商民主"和"政协协商"

2011年中共中央办公厅转发全国政协党组关于《中共中央关于加强人民政协工作的意见》贯彻落实情况的报告，明确了社会主义协商民主与政协协商的关系，指出我们的社会主义协商民主是"在中国共产党领导下，人民内部各方面围绕改革发展稳定重大问题和涉及群众切身利益的实际问题，在决策之前和决策实施之中开展广泛协商，努力形成共识的重要民主形式"。我们所要建立的协商民主体系包括政党协商、人大协商、政府协商、政协协商、人民团体协商、基层协商和社会（组织）协商，共七种。③从社会主义协商民主体系的角度看，政协协商就是把协商民主这种理念落

---

① 全国政协办公厅、中共中央文献研究室编《人民政协重要文献选编》（中），中央文献出版社、中国文史出版社，2009，第506页。
② 张献生、吴茜：《试论中国社会主义协商民主制度》，《政治学研究》2014年第1期。
③ 李君如：《人民政协协商民主制度化的里程碑》，《世纪行》2015年第7期。

实在人民政协这样一个机构之上的努力①，因此，社会主义协商民主和政协协商之间就形成了"整体"与"重要组成部分"的关系。党的十八大提出健全社会主义协商民主制度之后，作为我国协商民主的重要渠道和专门协商机构，人民政协在我国协商民主制度体系建构和实践创新中的地位和作用越来越突出。2015年2月，中共中央印发了《关于加强社会主义协商民主建设的意见》，明确勾画了协商民主建设的目标、原则与制度结构。2015年6月，中共中央办公厅印发了《关于加强人民政协协商民主建设的实施意见》（本章以下视情简称为《实施意见》），明确了政协协商的基本原则、协商内容、协商形式和制度保障等。2015年7月印发了《关于加强城乡社区协商的意见》。同年12月印发了《关于加强政党协商的实施意见》。这些规范性文件的出台标志着社会主义协商民主体系走上了制度化发展的轨道。

认真梳理人民政协协商民主的发展脉络，我们发现，人民政协协商民主的确立和发展，与当代中国经济社会的发展变化密不可分。它不是以一个制度代替另一个制度、一种形式代替另一种形式、一项职能置换另一项职能，而是对中国共产党领导的多党合作和政治协商制度的丰富与发展，是对人民政协理论与实践的创新与完善，在一定意义上讲，政协协商是中国社会主义协商民主的根基，抓住政协协商，就抓住了中国特色社会主义协商民主的灵魂。

第二节 政协协商的基本内涵

研究视角不同、侧重点不同，关于政协协商的界定也就存在诸多差异。当前关于政协协商的研究成果中，人们主要是从协商主体、协商内容、协商平台或者载体等角度来界定其基本内涵的。

1. 从政协协商的平台或载体来理解

关于政协协商的载体，有学者认为人民政协是协商的载体而非主体，其角色定位是为协商开展提供平台和场所；也有人认为人民政协具有双重

---

① 柴宝勇：《简论人民政协协商民主：概念、原则与制度化建设》，《中国政协理论研究》2013年第4期。

属性,既是协商平台的提供者和协商活动的组织者,也是协商的参与主体。① 事实上,我国的协商民主体系包括政党协商、人大协商、政府协商、政协协商、人民团体协商、基层协商和社会(组织)协商,七种协商渠道在推进协商民主发展中各有优势,但绝大多数都不是专门的协商机构,只有人民政协不仅是协商民主的重要渠道,而且是专门的协商机构,承担着经常性的协商任务。可以说,人民政协就是为协商而生的,没有协商就没有政协,这是政协与其他协商形式的根本区别。协商对于人民政协来说,不是自己遇到事情才协商、自己有事才商量,而是说政协的事就是协商,协商就是政协的主业和常态性工作;并且,政协商量的不是政协自己的事,而是国事、民事、天下事。所以,在"谁与谁协商"的问题上,是各协商主体"在人民政协协商",而不是各协商主体"与人民政协协商"。

2. 从政协协商的参与主体来理解

《中国人民政治协商会议章程》规定,中国人民政治协商会议全国委员会和地方委员会可根据中国共产党、人民政府、民主党派、人民团体的提议,举行有各党派、团体的负责人和各族各界人士的代表参加的会议,进行协商,亦可建议上列单位将有关重要问题提交协商。因此,政协协商中的协商主体包括:中国共产党方面的负责人、政府方面的负责人、各民主党派方面的负责人、各人民团体方面的负责人、各民族代表人士以及各界代表人士。概括起来,就是9个政党和无党派人士、56个民族、5大宗教等34个界别,这是政协协商参与主体的整体格局。其中,中国共产党居于核心地位。一方面,政协协商是以中国共产党为领导核心的协商民主,中国共产党对人民政协进行宏观上、政治上的领导;另一方面,中国共产党是人民政协的重要参加单位,在与其他主体协商时,大家地位平等、机会平等,避免过度强调党的领导而忽视平等和民主。但实践中,政协协商中也出现过"党委先有倾向性或实质性意见",然后通过协商"赋予其合法性与民意基础"的做法。② 所以,明确界定中国共产党在政协中的地位非常关

---

① 肖存良:《人民政协政治协商主体研究——以上海市1993—2009年的政治协商主体建设为例》,《中国政协理论研究》2012年第4期。
② 柴宝勇:《简论人民政协协商民主:概念、原则与制度化建设》,《中国政协理论研究》2013年第4期。

键。政协党组肩负着实现党对政协领导的重大政治责任，要充分发挥它在政协工作中的领导核心作用，发挥把方向、管大局、保落实的重要作用。只有如此，政协协商才不会偏离、脱离这个领导核心，才不会在协商主体中出现多个核心或出现多个核心之间互相博弈的"多头协商民主"。

3. 从政协协商的内容来理解

全局性、战略性问题是政协协商的重要内容。2015 年 6 月的《实施意见》明确规定，政协协商的内容主要有四个方面：（1）协商国家大政方针和地方的重要举措以及政治、经济、文化和社会生活中的重要问题（"地方的重要举措"比原来的提法更准确）；（2）协商各党派参加人民政协工作的共同性事务；（3）协商政协内部的重要事务；（4）协商有关爱国统一战线的其他重要问题等。① 概括起来，政协协商的主要内容分三类：第一类是党委和常委会报告、"一府两院"的报告、重要部门的领导人选、财政预决算报告和发展规划等，第二类是重大公共政策，第三类是政协的共同性事务，以及统一战线的其他重要事务。2012 年党的十八大进一步把协商范围扩大到了基层，协商内容也由过去主要就经济社会发展的重大问题展开协商，扩展到"涉及群众切身利益的实际问题"，并要求深入开展专题协商、对口协商、界别协商和提案办理协商，使协商形式更加经常化、多样化、专题化。这些新的部署和要求，打破了以往"政治协商"和"社会协商"的界限，打通了"精英阶层"和"普通群众"之间的壁垒，为真正找到最大公约数，确保各项大政方针反映最广大人民群众的根本利益创造了条件。

4. 从推进政协协商的基本要求来理解

民主不是装饰品，不是用来做摆设的，而是要用来解决人民要解决的问题的。中国共产党领导下的中国，实现了经济发展和政治稳定，但是，任何政治制度都有缺失的部分，一个党在长期执政过程中必然有它的隐忧。目前最大的隐忧就是一旦决策失误，就很可能会造成很大的损失。所以，有学者认为，要保证一个党在长期的执政中不犯错误或少犯错误，就需要推进民主，在决策之前和决策执行之中进行协商，提高决策的科学化和民

---

① 李君如：《人民政协协商民主制度化的里程碑》，《世纪行》2015 年第 7 期。

主化水平。① 习近平总书记强调,"协商就要真协商",要讲真话、求实效,敢于直言、从善如流;更重要的是,"要协商于决策之前和决策之中,根据各方面的意见和建议来决定和调整我们的决策和工作,从制度上保障协商成果落地,使我们的决策和工作更好顺乎民意、合乎实际"。② 只有将协商与决策相联系,协商才具有民主的意义,也只有将协商先行于决策之前,才能增强决策的科学性和实效性。

上述关于政协协商的界定各有侧重,综合起来看,人民政协的协商民主就是指在中国共产党领导的人民政协内部各方面,在中国人民政治协商会议这个平台上,依法就国家和地方改革、发展、稳定的重大问题和涉及人民群众切身利益的实际问题,在决策之前和决策实施之中进行平等、理性、充分的沟通,以达成共识、形成重要公共决策的民主形式。

第三节 政协协商的主要特征

关于人民政协协商民主的基本特征,有学者从基本原则的角度,将其概括为以共产党为核心主体、以宪法为最高权威、以制度为基本保障平台、以共存为基本前提、以合作为基本价值、以发展为共同目标、以参与为基本动力、以监督为基本保证、以协商为基本手段。③ 有学者从核心理念的角度,将其概括为利益整合、求同存异、平等参与、政党合作。④ 我国的政协协商,除了具备协商、平等、合作的一般特征外,还具有不同于其他协商形式的特征,这些特征使人民政协作为一个有别于领导机关(党)、权力机关(人大)、行政机关(政府)的机构而独立存在于我国的政治体系之中。

1. 人民性是政协协商的政治特征

人民性体现了人民政协协商民主的政治属性。无论是革命、建设还是改革时期,中国共产党始终认为人民群众是历史的创造者,是创造世界的

---

① 牛旭光等:《坚持中国特色的政治发展道路》,《群言》2005年第6期。
② 习近平:《在庆祝中国人民政治协商会议成立65周年大会上的讲话》,《人民日报》2014年9月22日。
③ 林尚立:《协商政治:对中国民主政治发展的一种思考》,《学术月刊》2003年第4期。
④ 赵蕙兰:《人民政协协商民主的核心价值分析》,《重庆社会主义学院学报》2011年第5期。

动力。但是，我们也必须承认，"人民"是一个集体性概念，"人民"具有多元、多层的特点，这就决定了人民民主并不必然产生完全一致的意见，当人民行使民主权利的时候，无论是通过选举民主选出代表参与国家管理，还是通过协商民主先在人民内部形成局部共识，再去影响国家政策，都是人民当家作主的重要体现。政协协商的人民性体现在以下三方面：一是从协商的参与主体看，人民政协是有广泛代表性的统一战线组织，它密切联系中国社会各个层面的群众，集中了人民内部各方面的力量，体现出"与人民"协商的特征；二是从政协协商的议题看，都是涉及改革、发展、稳定的重大问题，是涉及群众切身利益的实际问题，都关乎人民利益，体现出"为人民"协商的特征；三是从协商的具体行动看，坚持"有事好商量，众人的事情由众人商量"的民主精神，由人民内部各方面协商解决冲突、化解分歧，体现出"由人民"协商的特征。①

2. 界别性是政协协商的组成特征

政协协商以界别为单位。"界别协商"就是指以界别为单位组织政协委员开展的协商建言、协调关系的履职活动。界别是人民政协建立和发展的重要组织基础，它是对参加政协的社会阶层和社会群体按党派、按行业、按社团等作出的一种划分。界别组成形式打破了区域性和行政性壁垒，是人民政协区别于其他任何协商组织的最鲜明特色，也是人民政协在结构上区别于西方的国会或议院和我国的人民代表大会的根本的重要特征。随着中国经济的发展和社会阶层结构的变化，人民政协的界别设置进行了多次调整。从政协委员的构成看，政协委员大多由行业技术精英或业务精英构成，都是通过"遴选—推举"产生，这种产生机制类似于科恩讲的"专业性精英代表制"②。这些精英来自社会的各个方面，具备普通民众所不具有的专业知识、技能优势，所以，经他们协商达成的共识，往往带有方向性、前瞻性、科学性，更便于通过人民政协这一渠道，与党委和政府的决策和执行系统建立直接的沟通和对话联系，对协商共识进入决策起到了至关重要的作用。

---

① 张丽琴：《政协协商：概念、特性与价值》，《经济社会体制比较》2018 年第 4 期。
② 〔美〕科恩：《论民主》，聂崇信、朱秀贤译，商务印书馆，1988，第 86 页。

3. 专门性是政协协商的功能特征

人民政协是专门的协商机构。在我国协商民主体系中，政党协商、人大协商、政府协商、人民团体协商、基层协商，以及社会组织协商这些协商渠道，在推进协商民主中各有优势，但它们都不是专门的协商机构。唯有人民政协不仅是协商民主的重要渠道，而且是专门协商机构，承担着经常性的协商任务。这突出表现在，政协协商是以中国共产党领导的多党合作和政治协商制度为依托的我国的一项基本政治制度，它是被纳入党和国家科学民主决策程序的重要环节，是经宪法确立的国家层面的政治制度安排，是一种制度性民主。这种制度性民主要求，政协协商必须由专门的组织机构即各级政协负责实施。目前，人民政协已经逐步建立和完善了从全国到省级、地级、县级的各级政协组织。据统计全国有3000多个政协组织，60多万政协委员，有些地方还建了乡镇政协工作委员会或政协工作室，形成了从中央到基层的完整的组织体系，为开展协商提供了平台。

4. 团结性是政协协商的合作特征

团结是人民政协的一大主题。这个团结不是一般的团结，而是以中国共产党为领导核心，着重巩固和发展与各民主党派、党外人士的统一战线的团结，是各团体、各界别之间的团结，这种团结合作关系深植于中国的传统文化，有学者将其概括为"和合文化"。在这种文化传统下，人们考虑问题，必然重视相互之间的这种合作，强调"和为贵"。中国共产党和各民主党派的关系是在长期的合作中发展起来的，这种"团结性合作"可以克服"竞争性合作"带来的负面作用，与我国的社会主义性质、经济基础、人民的根本利益是相一致、相适应的。西方国家的政党之间也有合作，但这种合作是竞争性的，不是团结性的，不存在一个党领导其他党的关系，它们在联合政府中既有联合又有竞争，甚至相互争夺政策的主导权，导致联合政府的危机甚至垮台。所以，我国的参政党和西方国家的参政党有明显的区别。在我国，执政党和参政党都以实现本党的最大利益为根本目标，执政党执政为民，参政党参政为民，共同把各自的意志和力量集中在实现全面建成小康社会、全面深化改革、全面依法治国和全面从严治党的实践中。

第四节　人民政协协商民主的实践价值

在政治体制改革和民主政治建设中推进政协协商，有利于充分吸纳各种意见，体现最广大人民群众的意愿；有利于促进科学民主决策，推进国家治理体系和治理能力现代化；有利于化解矛盾冲突，促进社会和谐稳定；有利于激发社会活力，全面深化政治改革；有利于落实平等理念，推进法治中国建设。

1. 巩固党的执政基础的重要制度

人民政协作为党和政府联系群众的重要纽带，是人民群众表达利益诉求的重要渠道。一方面，人民政协集中了我国各党派、各团体、各阶层的代表人物，这些代表人物即政协委员来自不同社会阶层和群体组成的界别，担负着反映本界别群众的利益与要求的责任。人民政协通过各个界别和广大委员，把基层的各种情况、各种呼声系统地汇集起来，这是我们党和政府及时、全面掌握社情民意的第一渠道，也是将社会诉求纳入决策过程的重要行动。另一方面，随着新社会阶层的不断产生，各党派、各团体都会把他们作为发展对象，这有利于把各种社会力量纳入政治体制中来。与此同时，政协委员在充分代表各自所联系群众的具体利益的基础上，将群众的利益诉求转化为意见、建议、批评等形式向执政党反映，使党的决策能够反映和体现最广大人民群众的意愿，这就扩大和巩固了党的执政基础。

2. 促进社会和谐的重要平台

协调各方、团结各界是人民政协作为统一战线组织的固有功能。随着我国社会主义市场经济体制的建立和发展，计划经济时期社会利益低水平、相对单一的局面已被完全打破，出现了新的社会特征，突出表现为社会矛盾日益增多、利益群体冲突加剧。应当说，社会主义市场经济体制的建立是一场深刻的革命，对我国的经济、政治和社会生活产生了广泛而深刻的影响。在市场经济条件下，由于多种经济成分、多种分配方式的并存与发展，由于新的社会阶层、新的利益群体的产生与演变，由于不同生活方式、不同价值观念的碰撞与变化，不可避免地会在社会生活的各个方面，产生各种复杂的关系和矛盾。这些矛盾主要是人民内部矛盾，因而一般不具有对抗性。但是如果处理不好，也会发生转化，产生不良后果。政协中的各协商主体，都致力于促进国家发展，一方面必须反映和体现自己所代表的阶层、群体的愿望与要求，另一方面也必须关注和维护广大人民的整体利益、根本利益。应该说，处理好群体和整体的利益关系，化解二者之间的矛盾，始终是民主政治的一项重要任务。正如邓小平同志所言："要让群众能经常表达自己的意见，在人民代表大会上，政协会议上，职工代表大会上，学生代表大会上，或者在各种场合，使他们有意见就能提，有气就能出。有小民主就不会来大民主。"① 因此，一定要运用好人民政协这一形式，积极化解矛盾、努力形成共识，以维护社会的和谐稳定。

3. 实现国家治理能力现代化的重要手段

在世界很多国家和地区的现代化进程中，中央集权化、国家一体化、社会动员、经济发展、政治参与，以及社会福利等问题不是相继而来，而是同时涌现的。② 这种状态对于发展中国家的执政者来说，一个带有普遍性的压力，就是如何主动健全国家治理体系和提升国家治理能力，使之适应现代化中期发展阶段的需要，以缓解诸多同时涌现的社会矛盾和问题。具体到民主政治领域，就是要实现"民主治理"体系的现代化，"进一步落实民主选举、民主决策、民主管理和民主监督，让人民成为改革的主体，让改革价值和目标真正符合人民群众的愿望"③。当然，只有权力机关的民主还不行，还需要有其他与之相辅相成的、同样不可或缺的协商民主。人民政协作为协商民主的专门机构，通过联系社会各阶层，反映社会不同方面的意见和要求，能够为我们党提供一种单靠党员所不容易提供的监督，能够发现我们工作中的一些我们所没有发现的错误和缺点。④ 人民政协协商民主有利于提高相关部门的管理和决策水平，应成为党和政府科学管理、民主决策的重要环节。

4. 激发社会活力的重要机制

当前，中国改革已经进入攻坚期和深水区，面对思想观念的障碍、体

---

① 《邓小平文选》（第1卷），人民出版社，1994，第273页。
② 〔美〕塞缪尔·亨廷顿：《变动社会的政治秩序》，张岱云、聂振雄、石浮、宁安生译，上海译文出版社，1989，第50～51页。
③ 黄骏：《面向国家治理现代化的政协协商民主角色建构》，《云南社会科学》2014年第6期。
④ 陈惠丰：《中国政党制度的民主价值》，《中国政协理论研究》2008年第4期。

制机制的痼疾、利益固化的藩篱，没有民主政治保证的改革是不可能成功的。但中国的政治改革又不同于经济改革。中国的经济体制改革是"取代"型的改革，是用社会主义市场经济体制去取代计划经济体制，而政治体制改革则是"完善"型的改革，它不是用别的制度去取代人民民主专政、中国共产党领导的多党合作和政治协商制度、人民代表大会制度等政治制度，而是要按照人民民主的本质要求完善和发展这些制度。① 完善和发展这些制度，就必须通过一定的民主程序，达成改革的共识，协商就成为推进改革的一项基础性工作。今后，协商议题不仅要聚焦于以经济体制改革为重点的领域，还要以市场决定资源配置的经济体制改革为重点，深入推进到与此相联系的政府转型、行政体制改革、社会体制改革等各项改革之中，激发政治领域的改革活力。

5. 推进依法治国的重要方式

法治是治国理政的基本方式。人民政协事业是中国特色社会主义事业的重要组成部分，要放在党和国家事业发展全局中部署和推进。十八届三中全会在新的历史起点上强调推进法治中国建设，坚持法治国家、法治政府、法治社会一体建设，那么，推进人民政协协商民主广泛、多层、制度化发展，当然应该是法治中国建设的题中之义，政协协商民主的法律保障必须跟上这一进程。把依法治国贯彻落实到政协协商，首先就要保证人民政协各个协商主体在宪法和法律范围内的政治自由、组织独立和法律地位平等，这是推进人民政协协商民主制度化、规范化、程序化发展的必然要求；其次，要加强政协委员对宪法及相关法律法规的学习，提高他们运用法治思维和法治方法分析问题、解决问题的能力。

总之，人民政协是具有中国特色的制度安排，是社会主义协商民主的重要渠道和专门协商机构。人民政协工作要聚焦党和国家的中心任务，把协商民主贯穿政治协商、民主监督、参政议政全过程。充分发挥人民政协的制度优势，深入挖掘存量资源，不断完善协商的形式和路径，一方面能够更好地推动人民政协自身的完善和发展，另一方面也有助于社会主义协商民主制度体系的建设。

---

① 李君如：《积极稳妥地推进政治体制改革》，《毛泽东邓小平理论研究》2013 年第 8 期。

第五节　政协协商的实践探索

人民政协作为我国社会主义协商民主的重要渠道，近年来发展迅速。从中央到地方，各级人民政协都进行了广泛的探索，积累了丰富的经验。这些探索和经验是我们的宝贵财富，是我们在新形势、新要求、新挑战中，不断发展和完善人民政协协商民主的重要基础。

1. 政协协商的制度化建设扎实推进

制度机制是保障政协协商常态长效的基础。进入 21 世纪以来，政协协商的制度化建设逐渐走上正轨。2005 年 2 月和 2006 年 3 月，中共中央分别颁布了《中共中央关于进一步加强中国共产党领导的多党合作和政治协商制度建设的意见》和《中共中央关于加强人民政协工作的意见》，初步界定和规范了人民政协履行职能的内容、形式和程序。党的十八大后，政协协商的制度化建设全面推进。2015 年中共中央办公厅印发的《实施意见》共七个部分 27 条，第一部分，主要阐述了加强人民政协协商民主建设的重要意义、指导思想和重要原则；第二到第六部分，主要从协商的内容、形式、衔接、制度建设和能力提升等方面作出了具体规定；第七部分着重强调加强和完善党对政协协商的领导，以及关于推进政协协商的具体要求。可以说，2015 年的《实施意见》是对人民政协协商民主的顶层设计和整体规划，对今后政协协商工作的开展具有直接的指导意义。

此外，这一时期全国政协还先后出台了一系列的规则、条例、办法、通则等制度规定。例如，在规则方面，制定了《中国人民政治协商会议全国委员会全体会议工作规则》《中国人民政治协商会议全国委员会双周协商座谈会工作规则》《中国人民政治协商会议全国委员会主席会议工作规则》《中国人民政治协商会议全国委员会秘书长会议工作规则》《全国政协常务委员会工作规则》《中国人民政治协商会议全国委员会委员履职工作规则（试行）》；在条例方面，制定了《中国人民政治协商会议全国委员会提案工作条例》《中国人民政治协商会议全国委员会委员视察考察工作条例》《中国人民政治协商会议全国委员会反映社情民意信息工作条例》等。这些规范性文件的出台，从组织机构、运作机制和操作程序上，搭建了人民政协协商民主的基础性结构和框架，为人民政协协商民主工作的开展提供了制度支撑。

2. 政协协商表现出广泛多层的特征

首先，政协协商的内容十分丰富。比如，党的十八大以来，围绕"五位一体"总体布局、"四个全面"战略布局，以及全面深化改革、法治中国建设、京津冀协同发展、"一带一路"倡议等重大决策的出台，政协协商都发挥了积极的作用，各方面的意见、建议都能通过人民政协这一平台得到及时反映。其次，政协协商的形式多样。界别协商、提案协商、对口协商、专题协商等形式不断完善。特别是十八大之后，全国政协重启了"双周协商座谈会"，内容涉及国家经济社会发展的方方面面，如粮食定价机制改革、科技评价体系改革、营改增执行情况和改进、住宅房地产调控、新型城镇化建设、垃圾无害化处理、电子商务监管等问题。目前，双周协商座谈会已成为政协协商的经常性平台和重要品牌。

3. 协商民主的意识和氛围正在形成

首先，人们对政协协商的定位、职能和作用有了更深刻的体认。例如，在政协协商与中国共产党的关系上，政协协商是我国协商民主体系中的重要组成部分，它是巩固中国共产党的执政地位，提升党的执政能力的重要方式；在政协协商与中国社会主义民主政治制度的关系上，政协协商是进一步完善中国共产党领导的多党合作和政治协商制度的必然要求；在政协协商与国家治理的关系上，政协协商是推进国家治理体系和治理能力现代化的重要途径。其次，通过会议协商、双周协商座谈会，以及其他各种协商形式，参加政协的各党派、各方面、各界别的政协委员可以直接参与到国家政治生活中，参与渠道更丰富、更规范了。再次，为做好政协协商，参与各方都能够聚焦国家发展大局，针对具体问题，通过扎实的调研、论证、协商、沟通等提出建设性意见。例如，"十三五"期间，全国政协就瞄准全面深化改革重大任务，开展视察调研和协商议政活动185次，报送专题报告和意见74份；抓住涉及人民群众切身利益的实际问题，开展视察调研和协商议政活动共171次。[①] 一种包容宽容、尊重理解、团结合作的民主习

---

① 《全国政协常委会工作报告》，中国政协网，http://www.cppcc.gov.cn/zxww/2018/03/02/ARTI1519979667290172.shtml。

惯和协商氛围正在逐步形成。

第六节　政协协商面临的挑战

政协协商对我国社会主义协商民主的制度建设具有重要意义，并在实践中取得了显著的进展。但政协协商与我国民主政治建设的内在要求，以及人们对于人民政协的期盼相比，还存在不小差距，一些地方有待提升。

1. 协商意识有待增强

"协商民主"与"政协协商"是我们党十八大以来正式提出的党的理论创新成果。无论是执政党，还是民主党派，或者其他各方面人士，正确认识并主动探索政协协商的实践，都要经历一个过程。在这一过程中，由于受传统文化中的"官本位"等观念文化、实际工作中的体制机制约束，甚至个人工作作风等因素的影响，一些领导干部开展协商的意愿并非那么强烈。有的领导干部甚至不屑于推进协商，有的是"以通报情况、部署工作代替协商"[1]，有的是"以会代议"。在这些干部的认识中，人民政协不是国家机关，不具备国家机关的职责和权力，既然没什么权力，协商就不会有什么效果，因而他们在思想上就不积极。另外，在协商过程中，还存在利益表达不充分、利益反馈不及时等现象。例如，因为担心得罪上级部门或领导、害怕得罪与自己或所属机构的利益密切相关的部门或领导、害怕所谓"不当言论"被有关部门记录在案不利于自己的政治前途等而"不敢说"；或者因为意见得不到重视、建议不能产生实效、建言献策贡献得不到承认等而"不愿说"；或者因为协商过程中发言机会不公平、会议时间不够长、发言内容被打断等而"不及说"；或者因为能力不够、信息不充分、准备不够而"不会说"等。[2] 这些现象表明，参与者的协商意识还需加强。

---

[1] 孙春兰：《着力推动政党协商深入开展》，《求是》2015 年第 11 期。
[2] 杨君武：《当前中国政党协商机制创新初探》，《湖南省社会主义学院学报》2015 年第 6 期。

2. 协商程序有待规范

制度建设是保证政协协商有效运转并持续发挥作用的基础,制度建设要取得实效,则需要具体的体制机制和程序规范予以支撑。目前,政协协商的制度建设存在程序性不足。首先,中央层面顶层设计建构了方向性、原则性的结构与路径,但地方和基层的主动建构不足。这就导致了上热下冷(中央、省市"热",基层"冷")、内热外冷(人民政协内部"热",人民政协以外"冷")等现象。其次,顶层设计之下缺乏具有可操作性的程序性规范。例如,对于涉及公共利益的重大问题、重要事务,什么情况采取什么样的协商方式,协商参与者各自发挥什么样的作用、承担什么样的责任,协商结果如何应用等问题都缺乏详细的规定。再次,现有制度还缺乏执行力。因为制度可行性、适应性不强,制度实施保障以及监督力度不够,政协协商在执行层面还存在消极性执行、象征性执行、选择性执行等现象。

此外,关于政协共同性事务方面的协商,有学者认为,并不一定都要制度化、程序化。[①] 但实际上,无论议题如何,都必须遵循基本的协商程序和规则。现阶段,这方面的工作还有待加强。比如,从协商的内容来看,哪些是必须协商的重要问题、重大议题,还没有设立明确的边界;从协商的筹备来看,协商议题一般应提前多长时间告知协商各方,以保证各党派、各界别能有充分的时间进行内部酝酿,先达成内部共识再参与外部协商,尚无规定和条例可循;从协商的形式来看,协商与通报的界限区分不明,在实际操作中难以避免以通报代替协商的行为,这实际上直接关系到政协协商的实质;从协商成果的落实来看,协商共识进入立法进程还只是一种期望,实际操作起来仍有困难。

3. 协商能力有待加强

首先,在政协协商实践中,作为协商主要参与者的各民主党派、团体、各方面人士都面临着身份与认同困境。有学者将这种困境称为"主体性困境"[②],一方面,人民政协是中国共产党领导的多党合作和政治协商的重要机构,但另一方面它不是权力机关,没有决策权,这就导致参与者认为政

---

① 陈惠丰:《关于人民政协协商民主的若干问题》,《中国政协理论研究》2013 年第 3 期。
② 徐行、陈永国:《政党协商中参政党的主体性困境探究》,《重庆社会主义学院学报》2016 年第 6 期。

协组织"可有可无",政协委员就是"举举手,鼓鼓掌"。其次,由于政协委员多是兼职,这就影响了政协委员在调查研究、准备议案、协商讨论上的时间投入,政协委员难以充分代表其所联系的群众的意见。再次,从社会基础来看,公众对政协及政协委员形成了一种固化的类似"荣誉机构""养老机构"的印象,一定程度上也反映出人们对政协协商是缺乏信任和认同的。

4. 法治保障有待推进

改革开放以来,我国政治协商的制度化建设取得了很大成效,但也存在一些问题。首先,人民政协的性质和定位在宪法中有体现,但还需要丰富和完善。比如,从政治制度的架构来看,中国共产党领导的多党合作与政治协商制度、民族区域自治制度和基层群众民主自治制度,同属于基本政治制度;民族区域自治制度有《中华人民共和国民族区域自治法》加以规范,基层群众民主自治制度有《中华人民共和国城市居民委员会组织法》和《中华人民共和国村民委员会组织法》加以规范,但政治协商制度却没有相应的法律规定,这与政治协商制度在我国政治生活中的地位极不相称。其次,人民政协协商民主的运行程序也缺乏法律规定。目前政协协商主要靠政协章程、中共中央有关文件精神以及领导人的讲话来规范和落实,这方面并没有一个具体的、可操作的法律文本。① 再次,人民政协的组织建设也缺乏相应的法律规定。人民政协是中国共产党领导的多党合作和政治协商的重要机构,但在组织、行为等方面,人民政协还没有一部"政协组织法"予以配套和规范。

第七节 发展政协协商的新要求

新时期,人民政协协商民主必须适应经济社会发展的新变化和新要求,聚焦党和国家的中心任务,以服务科学发展、和谐发展、创新发展的新战略和新任务。概括而言,就是要把协商工作从高层向基层延伸,协商行为从形式向实质推进,协商规范从政策向法治转变,协商意愿从被动向主动

---

① 郑弋:《改善基层政协协商民主外部环境之我见》,《文史博览》(理论) 2013 年第 9 期。

转化。

1. 协商工作从高层向基层延伸

政协协商应当体现基层民意。过去，人民政协组织的设立主要着眼于统一战线工作的需要，哪个层级有统战的对象，就在哪个层级设立政协组织。现在，人民政协的组织设立，就不能仅仅满足统一战线的需要，完成"统一民意"，还要满足人民民主的需要，更好地实现"代表民意"。要充分利用人民政协协商民主具有的社会属性，推动社会治理重心向基层下移，发挥乡、村、社区等基层组织的作用，实现党的领导、政府治理、社会调节、居民自治的良性互动，"推动国家意义上的民主向社会本身回归"①。如此，协商才能更加体现基层民意。

2. 协商行为从形式向实质推进

政协协商应当生根落地。习近平总书记就指出，如果人民只有投票的权利而没有广泛参与的权利，人民只有在投票时被唤醒、投票后就进入休眠期，这样的民主是形式主义的。② 要将民主从形式推向实质，关键是在"真协商"的基础上，把体现民意的协商结果送进权力机关的决策层面。什么是"真协商"？按照习总书记的要求，必须满足两个条件，一是"协商于决策之前和决策之中"③，二是要根据各方面的意见和建议来决定和调整我们的决策和工作④，这是保障政协协商成果落地，保证党和政府的决策更好地顺乎民意、合乎实际的必然要求。只有深入贯彻政协先协商、党委后决策、政府后决定、人大后通过的要求，才能为协商结果进决策创造条件，才能真正体现社会各方面的最大公约数，这是将政协协商从形式推向实质的关键环节。

3. 协商规范从政策向法治转变

政协协商应当符合法治化要求。党的十八大明确提出全面推进依法治

---

① 刘学军：《关于加强人民政协协商民主建设的几个问题》，《科学社会主义》2015 年第 6 期。
② 习近平：《在庆祝中国人民政治协商会议成立 65 周年大会上的讲话》，《人民日报》2014 年 9 月 22 日。
③ 习近平：《在庆祝中国人民政治协商会议成立 65 周年大会上的讲话》，《人民日报》2014 年 9 月 22 日。
④ 习近平：《在庆祝中国人民政治协商会议成立 65 周年大会上的讲话》，《人民日报》2014 年 9 月 22 日。

国，强调法治是治国理政的基本方式；党的十九大明确指出，要推进科学立法、民主立法、依法立法，以良法促进发展，保障善治。根据这个要求，目前政协协商的法治化水平明显不足。表现在：一方面，人民政协的制度设置、运行规则和程序规范等，还主要依赖政协章程、中共全国代表大会的报告以及有关决定和意见、领导人的讲话来规范，在宪法的具体条款中，没有具体的规定；另一方面，各种文件之间不衔接、不匹配、不协调之处不少。要使参政有序、协商有理、监督有据，就必须进一步加强政协协商的制度化、规范化建设，推进政协协商从政策引导转向法治规范。

4. 协商意愿从被动向主动转化

协商意识应当积极主动。民主政治发展的经验表明，制度和规则的完善，需要人民具备与之相应的民主意识、政治意识、参与意识的支撑。试想，如果一个国家的人民不具备与所实行的民主政治制度相匹配的社会心理基础，如果一个国家的执政者和管理者，自身还没有从心理、思想和态度上完成一种现代化的转变，仍然故步自封、因循守旧，那么，参与失效、管理失败的结局将不可避免。正如有学者所言：再完美的现代制度、管理方法、技术工艺，也会在一群传统人的手中变成废纸一堆。① 所以，加强政协协商民主建设，除了搭建必要的组织机构、完善相关法律法规外，还必须加强协商文化建设。所谓协商文化就是指协商自觉，即参与协商的人的情感、态度和价值取向必须积极主动。积极主动的态度能最大限度地激发人们的主体意识和权利意识，能最大限度地增强人们的社会责任感，这是减少社会管理成本、减轻政府维稳压力的有效措施。②

第八节 政协协商的前景：原则与制度建构

未来中国的社会经济状况依然会经历深刻变化，政协协商还将面临许多新情况、新问题。应对挑战、解决问题，人民政协必须始终遵循"党委领导、政协主导、多方参与、民主协商、法治保障"的总要求。首先，必须坚持中

---

① 〔美〕阿历克斯·英格尔斯：《人的现代化》，殷陆君译，四川人民出版社，1985，第4页。
② 俞可平：《更加重视社会自治》，《人民论坛》2011年第6期。

国共产党领导这一根本原则。作为领导力量,各级党委在政协协商中要充分发挥总揽全局、协调各方的领导核心作用,把握正确方向,形成强大合力,确保协商的有序高效开展。其次,人民政协要积极发挥重要渠道和专门协商机构的作用,将协商民主贯穿到政治协商、民主监督、参政议政的全过程。再次,政协协商要充分调动各个方面的积极性。随着新社会阶层的不断涌现,人民政协要适时吸纳各类新阶层的代表人士,倾听他们的声音、反映他们的诉求,这有利于形成和谐稳定的政治局面。又次,政协协商要坚持平等原则。要善于营造平等、合作、包容、团结的氛围,通过充分协商、广泛讨论、求同存异、追求共识,形成解决问题、促进发展的合力。最后,政协协商要不断加强制度保障。要按照全面依法治国的要求,积极开展体制机制建设,确立和完善协商议题的提出和确定程序,出台通报协商情况、听取协商意见的程序,及时整理并报送协商成果的程序,处理并反馈处理情况的程序,等等。通过制度建设保障政协协商的规范、有序、有效果。

第一,要准确把握人民政协的性质定位。人民政协是中国人民爱国统一战线的组织,是中国共产党领导的多党合作和政治协商的重要机构,是我国政治生活中发扬社会主义民主的重要形式,是国家治理体系的重要组成部分,是具有中国特色的社会主义新型政党制度,是专门协商机构[①],这是我们党对人民政协性质定位的新概括。党在这一点上态度是明确的,就是不能搞两院制,不能把政协搞成权力机构。我国的宪法没有赋予政协权力,政协既不是政权机关,也不是决策机关。政协协商是中国共产党同各民主党派、无党派人士以及各界代表人士,以人民政协为制度平台,就国家重要方针政策、重大事务进行的协商。人民政协既然只是协商平台,不是协商主体,那么,各界人士在人民政协只有充分发表意见和提出建议的权利,而没有作出集体决议的权利,这就决定了政协不能对人大、政府和党的决策形成倒逼机制。所以,在具体的协商实践中,必须牢牢把握人民政协和政协协商的性质定位,它是发展和完善政协协商的总方向。

第二,要善于挖掘人民政协的各种优势。在社会主义协商民主体系中,

---

① 《中国人民政治协商会议章程》,中国政协网,http://www.cppcc.gov.cn/zxww/2018/03/27/ARTI1522131885742644.shtml。

政协协商是一种相对成熟的形式，有组织、有平台、有议题、有程序。要充分利用政协协商的诸多有利条件，挖掘政协协商的优势和资源，使人民政协在协商民主建设中发挥好带动、示范、引领的作用。一是在政治上，党和国家要高度重视人民政协的协商民主，善于运用党的领导这一政治优势，为政协协商提供强有力的政治保证。二是在组织上，人民政协作为我们党联系各族各界人士的桥梁和纽带，拥有完整的组织体系，可以最大限度地凝心聚力。三是在智力上，人民政协人才荟萃、智力密集，要围绕党和国家发展战略，谋划发展、建言献策、推动转型。四是在职能上，要把协商民主贯穿于政治协商、民主监督、参政议政的全过程，以协商促进履职、以履职发展协商。

第三，要合理设计政协协商的具体形式。政协协商是健全社会主义协商民主的重要内容，也是我国协商民主实践中制度体系较为完整和系统的民主形式。首先，人民政协要推动专题协商、界别协商、提案协商、对口协商等形式，围绕人民群众关心的具体问题展开协商活动。其次，要不断完善双周协商座谈会，截至目前，第十二届全国政协共举行76次双周协商座谈会，第十三届全国政协已举行14次双周协商座谈会，其主题涉及当前我国经济社会发展的各个方面。① 此外，还要积极探索网络议政、远程协商等新形式，在这方面，杭州市政协就采取网络直播的形式，全程公开了政协全体会议、常委会议、民主议政会实况，使网民全程参与了政协会议的讨论，实时发表了自己的见解。②

第四，要逐步推进政协协商的制度进程。有制度和法治保证的协商，才能够使协商主体的权益受到保护、协商对话规范有序、协商结果得到应用和实施。首先，要严格遵守协商民主、政协协商的一系列规范和制度，如《关于加强社会主义协商民主建设的意见》和《关于加强人民政协协商民主建设的实施意见》等。这些规范性意见为深入推进政协协商提供了制度保障。其次，要努力完善宪法和法律关于人民政协的性质、地位、职能、

---

① 《汪洋主持召开全国政协双周座谈会》，中国政协网，http://www.cppcc.gov.cn/zxww/newcppcc/szh/14/index.shtml。
② 顾建军、王柳、曹伟：《人民政协协商民主的创新、问题及优化》，《中共天津市委党校学报》2016年第2期。

组织等方面的制度性规定，使人民政协的协商活动以及其他各方面工作有健全的法治保障。再次，要增强参与主体依法履职的自觉意识，做依法协商的积极推动者。又次，要及时总结经验，将符合时代要求、符合客观实际的规范性制度上升为法律，或者嵌入既有的法律框架中，确保协商严格在法律规范下运行。最后，要及时建立健全保障协商实施并取得成效的一系列程序，着力解决"如何做"的问题。例如，建立健全政协协商与人大协商、政党协商、政府协商和社会协商等各种协商渠道之间的衔接程序。

第五，要大力提升参与主体的协商能力。协商能力是协商民主有效运行的关键要素。协商能力包括政治把握能力、利益表达能力、建言献策能力、协调沟通能力、调查研究能力等。[1] 对于政协协商中的执政党来说，尤其需要提升协商意识、熟悉协商方法、总结协商经验，推进政协协商的发展；对于人民政协的其他参与主体来说，要善于提出符合国家发展方向的重大议题，善于在协商过程中提出具有针对性、建设性的意见与建议，善于在实际工作中切实推动协商共识的贯彻和落实。具体而言，要加强政协委员的队伍建设，规范政协委员的培训和管理，提高政协委员的履职能力；要建立知情明政制度，保证和支持协商主体有时间、有条件开展调查研究、政务咨询等活动；[2] 要建立政协委员发言免责制度，可以参照人大代表的身份保障制度，对政协委员提出的批评、意见和建议做到发言免责[3]，既要保障政协委员自由发表观点的权利，又要制定权利被侵犯的救济制度，使政协委员在履行职责时讲真话、讲实话。

第六，要深入推动政协协商向基层延伸。在我国，基层包括乡镇基层政权机构、城市和乡村的自治机构，人民政协作为专门的协商机构，在基层缺乏相应的组织支撑；但现实是，经济社会发展中的各种矛盾、冲突、纠纷又大多集中于基层。因此，在基层设立人民政协的组织机构，使政协协商向基层延伸，可以更好地使政协委员贴近人民群众，更有效地反映社

---

[1] 张瑞琨、吉秀华、程芳：《解读民主党派参政议政能力的两种视角》，《江苏省社会主义学院学报》2012年第1期。
[2] 李君如：《人民政协协商民主制度化的里程碑》，《世纪行》2015年第7期。
[3] 周清：《人民政协民主的特点及前景展望》，《中国政协理论研究》2009年第3期。

情民意，这符合民主的价值追求，符合现实的需要，也有利于降低制度成本。① 加强基层协商、推进基层治理，有很大的作用空间。

综上，人民政协的协商民主是我国社会主义协商民主的重要内容，在各种协商活动中发挥着全局性、广泛性、基础性的作用，已经成为我国发扬社会主义民主的重要渠道，是我国政治体制的一个特点和优点。完善和发展政协协商，有利于扩大民主党派等社会各方面有序政治参与、畅通意见表达的渠道，有利于增进政治共识、广泛凝心聚力，有利于促进科学民主决策、推进国家治理体系和治理能力现代化。深入挖掘存量资源，大力推动增量改革，改进和完善人民政协的协商民主，对于我国社会主义政治文明建设具有重要的意义。

（张丽琴　北京工业大学）

---

① 刘学军：《人民政协介入基层协商民主问题研究》，《中国政协理论研究》2015年第2期。

第七章

基层协商

协商民主是我国人民民主的重要形式，推进协商民主广泛、多层、制度化发展，构建程序合理、环节完整的协商民主体系，是我国社会主义协商民主制度建设的重要目标。在协商民主的各种具体形式和渠道中，基层协商民主具有基础性的地位和功能。在协商民主制度建设被作为政治体制改革重要任务提出来的前后，我国各地基层协商民主的实践探索已经取得了显著的成效。随着我国协商民主制度建设的整体推进，基层协商民主作为一种民主实践形式，不仅有力地改变着当代中国的治理方式、民主观念，而且切实地为中国民主政治建设提供了一种新的观察视角和可行的实践路径。

第一节　基层协商的内涵

民主是人类共同的价值观，但如何实现民主，则存在不同的方式。不同国家、不同地区在实践民主方式的选择上也存在很大差异。虽然民主是一个总体性概念，但有的强调授权即选举的环节，有的强调协商即决策管理和监督的环节。协商民主的重点在于权力运行过程。因此，在一般意义上讲，协商民主指的是在现代政治体制中，不同的行为者，包括政党、公民个体、社会组织等，基于平等的权利和理性，通过对话、讨论、辩论等形式，达成共识，作出合法决策的民主形式。协商民主以平等为前提，以权利为基础，以对话和协商为手段，以达成共识为核心原则，以合法决策、促进公共利益为目标。协商民主可以在政党之间展开，也可以在国家政权机关中施行，也可以是基层政治生活的重要方式。基层协商民主是协商民主各种形式中最为基础性的形式。

1. 基层协商指的是什么

要探讨基层协商民主问题，前提是确定基层协商民主的内涵和边界。有学者认为，"所谓基层协商民主，就是在我国社会基层单位，公民通过有组织地开展对话、讨论、审议等方式，参与公共决策和基层社会管理的活动"。而基层的边界在什么地方呢？"省级以下的社会基层单位。除了乡镇、农村、城市社区、企事业单位等社会基层之外，县市级政府涉及的公共事务也大多与基层民众有着密切关联，应该属于基层协商民主涉及的范围。"① 另外一种观点是通过探讨协商民主的基础来界定的，"随着我国社会经济结构不断发展和完善，建立在村民委员会制度、城市居民委员会制度和企业职工代表大会制度基础上的基层民主协商得到很大发展"②。基层民主协商主要包括这三个方面的内容。有的学者则对"基层"的界定给出了一般的原则性描述，例如，"基层概念的发展经历了一个党的组织体系→国家政权机关→群众自治组织的过程，实现了党的领导、政府管理和群众自我治理三个层次的统一"。基层是指社会组织结构和行政管理组织中最低的层次，与群众的联系最直接、最广泛，是构成各种组织的基础。其外延主要包括：中国共产党的基层组织、基层政权机关（即国家机构中的基层组织）、基层群众性自治组织和企事业单位。③ 而 2015 年中央出台的《关于加强社会主义协商民主建设的意见》，对基层协商民主作出了明确的规定，即"乡镇、街道的协商"、"行政村、社区的协商"以及"企事业单位的协商"④。而在同年 7 月出台的《关于加强城乡社区协商的意见》中，则将其中的"企事业单位的协商"的主体具体化为"农村集体经济组织、农民合作组织、物

---

① 余华：《基层协商民主的现状分析与发展对策——以浙江省为例》，《观察与思考》2015 年第 3 期。
② 陈立明：《参政党参与协商民主的制度设计与运行机制》，《湖南社会主义学院学报》2014 年第 3 期。
③ 陈丽：《基层协商民主：概念的界定及其解读》，《科学社会主义》2014 年第 5 期。
④ 中共中央：《关于加强社会主义协商民主建设的意见》，《人民日报》2015 年 2 月 10 日。

业服务企业"①。"企事业单位"在基层协商民主中有了明确的规定。

综合起来看,基层协商民主主要是在县级以下的乡镇、行政村和城市社区等范围内,不同的行为主体,包括基层党组织、基层政权组织、自治组织、社会组织、农村经济组织,以及公民个体等,围绕涉及各方面利益的公共问题,通过广泛参与、协商对话形成共识的民主形式。因此,把握基层协商民主重点可以围绕这样几个关键环节:一是基层协商民主是基层民主的一种,二是其核心是促进公共利益,三是基层范围的广泛参与,四是对话与协商的方式。我国各地党政机构在不断探索推进基层协商民主创新的过程中,形成了一些典型,例如浙江温岭的"民主恳谈会",南京的"党员议事会",四川彭州的"社会协商对话会",吉林安图的"民意裁决团",云南盐津的"参与式预算",浙江、广东、安徽、海南等地的乡贤参事会等,其他比较常见的还有村(居)民会议、村(居)民代表会议、社区论坛、民主听(议)证会等。这些协商实践取得了良好的效果,丰富了社会主义协商民主的理论和实践。

2. 基层协商民主的参与主体

随着我国市场经济的发展,城市化、工业化、信息化的发展,以及20世纪80年代以来国家推动的基层治理改革的推进,我国基层政权和基层社会都在经历着深刻的变革。基层利益结构日益多元,人们的权利意识逐步增强,围绕公共利益与私人利益的矛盾和冲突也更加凸显出来,治理主体也越来越多元化。基层治理从最初党政主导的单一权威主体治理开始走向以党政为主、同时辅之以多元利益主体的合作治理。虽然受占有资源、权力属性等因素的影响,党和政府依然在基层治理过程中发挥着主导作用,但是,各种自治组织、社会组织、群众个体等也越来越多地在基层治理中发挥着关键作用。因此,从协商参与的主体来看,基层协商民主是一个不同的行为主体通过民主的方式协商合作的过程。基层协商民主的参与主体,包括基层的党政机构,如乡镇、街道党政机构,基层自治组织,如村民委员会、居民委员会等,农业合作社等合作型、公益性社会组织,基层公众

---

① 中共中央办公厅、国务院办公厅:《关于加强城乡社区协商的意见》,《人民日报》2015年7月23日。

个人，以及基层各种经济组织，等等。

在所有这些参与基层协商的主体中，掌握着国家权力资源、经济资源的党政机构仍然是协商过程的核心参与主体或者说组织者。在目前中国的政治框架下，作为执政党的中国共产党是国家和社会全部政治生活的领导核心，在各级地方政权组织中，党组织与政府机构一并设立，乡镇以上党的各级领导机构的干部也享受政府公务员待遇。党组织在基层协商民主中发挥着核心作用，它们既是基层协商活动的牵头组织者，例如，"涉及两个以上行政村、社区的重要事项，单靠某一村（社区）无法开展协商时，由乡镇、街道党委（党工委）牵头组织开展协商"①，也是直接的参与者。党政机构发挥作用，主要是通过乡镇（街道）干部、城乡自治组织的书记（主任）等来体现的，作为党和政府各项政策的执行者，他们的知识与能力、政策观念和服务意识等是影响基层协商民主的关键因素。虽然在基层，但他们都要执行上级的指示和政策。

基层协商民主的参与主体，还包括基层经济组织及其代表力量，如"合作社""青苗会""农林会"等；其他各种由基层群众自发成立或政府倡导成立的社会组织，如农村中的宗族或家族组织、庙会组织等；还有互助性的公益组织，如"积善堂"等，以及辅助性的自治组织等。随着经济社会的发展，此类组织及其代表人物的作用开始变得越来越大。

基层协商民主最主要的参与者是基层群众，因为协商主题关系到最广大群众的利益。基层民众的积极参与是推动基层协商民主的基础，他们的素质、能力、参与热情也直接影响着协商的质量。他们中有普通村民，也有基层精英，如乡贤、乡绅、能人，以及村（居）干部等。在基层群众参与者中，那些文化素质较高、管理能力较强、比较富裕、办事比较公道或德高望重的精英个体，在推动和参与协商过程中发挥着极为重要的作用，其影响力甚至在某些方面超过了基层干部。

3. 基层协商民主的价值

在我国，基层是社会生活最基础的层级，是政治与民众联系最密切的

---

① 中共中央办公厅、国务院办公厅：《关于加强城乡社区协商的意见》，《人民日报》2015年7月23日。

地方，也是各种利益关系最直接显现的地方。做好基层的协商民主，最直接的价值就是解决群众的实际困难和问题，解决基层社会的矛盾。当前我国经济社会发展正处在巨大的转型期，基层群众的利益诉求逐步多元化，权利意识也越来越强，利益分化带来的不同利益主体的冲突使基层社会成为矛盾多发地带，化解分歧和冲突已经成为基层社会发展的关键。而传统的、依靠权力简单施压的方式已经无法实现治理目的。基层协商民主具有多重价值。第一，可以创造平等对话与沟通交流的平台，对不同利益主体间的利益关系进行协调和整合，引导其参与到公共事务的管理和讨论中，理性地表达自己的意见与建议，最终达成理解和共识，从而化解纠纷和矛盾。

第二，基层协商民主能够推动政府决策更加合理和正当，提升基层民主治理能力。基层政府的决策是否合理和正当，一方面影响着党和国家政策与法律的落实，另一方面也是维护基层群众利益的保证。开展基层协商民主，通过一定的规则和程序，例如浙江温岭的"民主恳谈会"，广东云安的"村民理事会"制度、"两代表一委员"制度等，将要决策的问题进行广泛的酝酿、磋商、讨论，开展充分的协商，比较各种不同意见和方案，吸收有价值的意见与建议，构建问政于民、问需于民、问计于民的互动沟通平台，推动基层方方面面力量参与涉及公共事务的决策讨论，体现了基层有序政治参与的扩大和政策主体间的协商、合作与对话的互动关系，提高了决策的民主化和科学化水平，减少了政府决策的随意性和盲目性，提升了政府公信力，增强了基层党政机构的治理能力。

第三，基层协商民主有利于深化我国基层制度化建设。我国基层民主政治制度虽然已经形成了原则性的框架，但是民主制度的实践性还需要有更深入的推进。目前，基层民主制度建设普遍存在滞后性明显、空洞化突出和制约力不足的现象，基层民主制度中的授权、决策、监督和评估等环节缺乏有效的实施机制和程序安排。做好基层协商民主，能够形成全面表达社会利益、合理平衡社会利益、科学调节社会利益的协调机制；能够破除长期以来的"官本位"和"人治"思想，对权力行使进行有效监督，遏制基层政权肆意侵害民众利益的非民主取向；能够完善以民主选举、民主决策、民主管理和民主监督为核心的基层治理模式。

第四，基层协商民主实践有利于培养有责任感的公民。民主不仅仅是个政治体制问题，也是国家与公民、公民与公民之间的关系问题。"为真正民主力量提供基础的最重要的前提是把个人看作价值的唯一来源。"① 协商民主尊重每个人的尊严，保障每个人的权利，其内在价值符合"每个人的自由发展"的本质要求。基层协商是一个公民教育过程，在这个过程中，公民的政治参与意识得以增强，民主技能得到训练，政治责任感和民主精神得到提升。人们在参与协商过程中学会了怎样行使自己的权利，怎样实现自己的主体价值，怎样成为合格的协商者。

第五，推进基层协商民主是我国社会主义民主政治发展的必然。社会主义民主政治的本质和核心是人民当家作主，它是最大多数人享有的最广泛的民主。基层民主是我国政治文明建设的基石，提升基层治理能力是推进国家治理体系和治理能力现代化的基础。基层协商民主，与基层的选举民主一样，是推动社会主义民主政治发展的具体表现形式，是为了更好地实现人民当家作主。基层协商民主作为党的群众路线在基层政治领域的重要体现，是协商民主的一个重要部分。我国基层协商民主实践集中体现了人民主权原则，是符合我国国情、确保人民当家作主的重要民主形式。发展基层协商民主是社会主义民主政治的必然要求。

第二节 基层协商的实践

基层民主内容非常广泛，概括来讲，涵盖着民主选举、民主决策、民主管理和民主监督等内容。就其基本内涵与运行机制来说，协商贯穿于基层民主的整个过程并在各个环节发挥着关键的作用。近年来，我国各地在城乡社区基层协商领域进行了许多有价值的探索。

1. 形成了具有创新性、针对性的基层协商民主平台

近年来，我国各地基层治理的实践中，围绕协商民主这个主题，形成了各具特色、切实有效的制度设计和操作平台。这些平台和制度为协商民

---

① 〔美〕詹姆斯·M.布坎南：《自由、市场和国家》，吴良健、桑伍、曾获译，北京经济学院出版社，1988，第253页。

主的开展提供了制度依托和支撑,从而保障了协商民主在基层的探索。

在乡镇层面,比较具有特色的有这样几种协商平台。(1)浙江温岭的"民主恳谈会"。通过听证会、对话会、沟通会的实践,以平等对话形式,把涉及城乡社区的公共决策直接诉诸广大群众,并针对不同群体的意愿诉求和利益表达展开协调沟通,党委、政府决策建立在群众协商共识基础之上,民主恳谈已经成为基层协商的典型形式。(2)四川彭州的"社会协商对话会"。彭州市从维护基层群众利益出发,逐步搭建起了村、镇、市"三级"协商平台。议事成员采取群众推荐、个人自荐和组织推荐三种方式,从镇干部、村(居)民议事(协商)会成员、民主党派、无党派、民族宗教、新社会阶层、新型职业农民和农村乡土人才代表中协商产生。(3)云南盐津的"参与式预算"。盐津采取随机抽样与村民代表相结合的方式产生议事代表,保证了议事成员的广泛性和代表性,使普通村民有途径参与到协商中来,促进了讨论视角的丰富与多样。(4)重庆万东镇的"圆桌议事会"。万东镇以"圆桌议事会"的形式,邀请、联系各个方面的群众代表一起协商解决本地(区)面临的重要问题和处理重要相关事务,协商制定具体的制度、操作程序、行事方式,探索形成了村务管理的提案权、审议权、决定权、执行权、监督权等"五权一体"的协商民主管理运行机制,"五权"前后衔接,互相推动,环环相扣,循环往复,形成一个既开放又闭合的运行体系。

在城市社区和村级自治组织,人们也创造出了各种不同的协商平台。例如,杭州市上城区紫阳街道上羊市街社区的"邻里值班室"。[①] 通过服务社区事务,包括定期参与社区决策、听取居民意见、向社区反映居民诉求、调解邻里纠纷,鼓励居民积极参与社区治理,构建社区多元主体协商共治的"公共论坛",切实维护社区和谐与稳定。还有广西贵港屯级"一组两会"(党小组+户主会+理事会)协商自治制度对村民自治的新探索。"一组两会"协商自治制度是以自然屯为基本单元实行的民主协商、互助自治制度。[②] 其他如"民主议政会""民主听证会""民主议事会""民主评议

[①] 郑春勇、陈珊珊:《协商民主与社区自治模式新选择——基于杭州市上羊市街社区"邻里值班室"的分析》,《中共太原市委党校学报》2015年第3期。

[②] 何霜梅:《协商民主与乡村治理——基于广西贵港屯级"一组两会"协商自治制度的思考》,《中央社会主义学院学报》2014年第5期。

会"等多种协商民主形式也在基层社区广泛实践。这些形式因地制宜,针对居民反映的突出问题,收集梳理形成议题,召集相关利益主体按照规范程序进行协商,达到办实事、解难题、聚民心的目的。"居民说事""协商议事""居民论坛""小巷访事"等各种协商实践不断涌现,展现了基层民主的旺盛生命力。

2. 既充分利用已有的制度构造,同时也发展出新的制度设计

在实践中推动协商民主的运转,一个重要的条件是搞好协商民主制度建设。协商民主作用的发挥是通过什么样的制度来实现的?实践表明,一方面,我国的宪法、法律、法规等一系列规范所建构的制度安排,可以保证协商民主的运转;另一方面,民主实践的多样性、差异性也为创设新的制度安排预留了拓展的空间。

就利用既有制度来说,有广东省云安区的基层协商民主实践,该区的富林镇马塘行政村基层协商的做法是,"完善村民会议制度,建立协商平台。马塘村建立以村民大会和村民代表大会为核心的协商平台、参与决策平台。村两委会把村里的重大决策和群众关心的热点、难点问题提交村民大会和村民代表会协商解决,在广泛听取村民和村民代表的意见建议的基础上,再做出决策"①。通过健全和完善基层群众自治机制,使协商活动建立在法定制度平台之上,保证了制度本身的权威性和持续性。另外,浙江省温岭市首创了"民主恳谈"制度,在自治组织中利用法定制度开展协商,而在政权组织中,则致力于激发既有制度的活力。例如,民主恳谈实践促进了人大制度改革。主要体现为:一是通过民主恳谈形式,大力提升社会公众的参政议政意识,形成公众参与的政治氛围,促进人大代表增强履职的责任感和能力;二是通过"参与式预算",当地政府建设项目及其预算向公众公开,群众可以直接提出意见和建议,有助于地方人大听取民意并作出正确决策;三是探索地方公共事项决策的科学、民主和法律依据,特别是在参与式公共预算过程中,引入专业技术人员进行可行性论证和资金预算,

---

① 广东省社会主义学院"基层协商民主的实现途径研究"课题组:《基层协商民主的实现途径研究——以云安县为例》,《广东省社会主义学院学报》2015年第2期。文章执笔人为耿世栋、张山、余伟、廖昕。

这对地方人大具有重要的借鉴作用。① 利用已有的制度设置，如党支部、村委会、村民会议、村理财小组等，开展基层治理、协商议事，而不是重构制度结构，解决了支部作用问题，解决了群众权利问题，解决了"两委"矛盾，解决了监督问题。

在制度创新方面，浙江丽水雅溪镇在充分酝酿、广集民意的基础上，2013年初召开会议，协商、选举产生有关村干部、"乡村能人"等24人组成的居民自治联合会理事会，全面承担参政议事、民意代理、调解维权、监督评议等职能，构筑了基层民众参与民主决策、民主管理、民主监督的新机制，形成了较为充分完备的乡镇协商民主发展模式，以富有成效的实践拓展了基层协商民主，优化了乡镇治理。而重庆万东镇则通过"圆桌议事会"协商解决基层问题，特别是在党支部的带领引导下通过各个方面的代表协商探索出了村级组织民主管理的新思路、新方法，建立村级组织"五权一体"民主管理运行机制，在加强基层组织建设、调动群众参与基层社会事务和社会治理、营造和谐稳定社会环境、服务地方经济社会发展大局等方面发挥了积极作用。② 通过创造性的探索，搭建民众协商参政的新平台，构筑组织化协商载体，将分散的参与者、利益表达等有序有效地组织起来，是基层协商民主发展中的重要内容。

3. 重视协商民主实践程序和机制建设

基层协商民主的重点，主要是围绕基层的公共利益，解决基层群众经济社会生活中遇到的各种问题。因此，建立什么样的协商机制，对于推进基层协商民主，保障基层协商民主科学决策、持续运转非常关键。从总体上讲，选用简便、易懂、实用和有效的方式，激发公众表达意愿和诉求的热情，建立政府与公众之间的对话平台，进而构建政府与公众的沟通、互信机制，是我国基层地方民主政治建设的基础性工作。例如，四川省成都市青白江区的芦稿村村民议事会，摸索总结出了一整套村民议事的基本程序——"村民议事六步法"。主要流程是：议题收集、议题审查、民主讨论、结果公示、执行监督、评议整改。芦稿村采用"村民议事六步法"议

---

① 翁鸣：《温岭模式：一种协商民主实践的创新机制》，《理论探讨》2014年第3期。
② 傅汝栋、汪守军：《基层协商民主实践探索——以重庆万东镇"五权一体"实践为例》，《广州社会主义学院学报》2015年第1期。

定通过了村级公共服务项目、村民享受低保及申请残疾补助、村组财务制度、产改误工费用支出等诸多涉及村民权益的重大事项。"村民议事六步法"初步形成了村民协商议事的机制，在实践中取得了良好的成效。①

针对基层民众参与能力较弱、公共责任精神相对缺失的现实问题，华中师范大学城市社区建设研究中心陈伟东教授、袁方成教授团队秉持"社区是居民的"这一核心理念，充分吸收开放空间会议、世界咖啡馆会谈等现代参与式技术方法的精髓，结合中国城乡基层实际，开发了一整套具备开放性、易用性和适用性的社会治理技术体系，通过技术训练和引导，推动社区、社团、社工和居民共同行动，利用社区内外的各类资源，在居民组织化、社团化的过程中推进公益和志愿服务的多样化，在创新服务和治理运作机制的过程中，促进具有参与热情和行动能力的现代社会公民的培养。复旦大学的韩福国博士提出了在城市社区实践的"复式协商民主"决策程序。为了矫正"协商民意测验"在中国适用的局限性，基于中国特定的政治参与结构，他提出了分层抽样的代表选取方式，保证各个社会群体参与的平等性，以及利益表达的充分性。②

"公共协商的程序能够促进公平的民主结果。"③建构具体的有针对性的程序和机制，有助于引导基层群众有序有效地参与基层政治生活，提升民意嵌入的动力，有助于为基层政权运作、职能发挥提供支撑和实现机制，从而实现基层政权治理行为与群众利益诉求的契合，找到基层社会"最大公约数"。

第三节　基层协商前瞻

随着经济社会的发展与进步，我国许多地方的基层协商民主实践取得了很大的成绩。但是，受观念认知、发展导向、制度落实等方面的影响，

---

① 任中平、王菲：《基层协商民主的经验、价值与启示——以成都市青白江区芦稿村为例》，《党政研究》2015年第4期。
② 韩福国：《我们如何具体操作协商民主——复式协商民主决策程序手册》，复旦大学出版社，2017。
③ 陈家刚选编《协商民主》，上海三联书店，2004，第47页。

基层协商民主的实践还存在一些需要完善的地方。

首先，人们对协商民主的认知还存在一定程度的偏颇。随着主流话语的形成和传播，"协商民主"在文件、讲话、讨论中逐渐成为热词。但囿于工具性的倾向，基层政治生活中"遇到问题才协商""想协商就协商""有时间就协商"的现象依然存在；一些基层干部的官本位思想根深蒂固，缺乏对基层民主政治建设的科学认识，"替民作主"的行事作风比较常见；"生计问题大于民主"的观念在基层尤为突出，很多人认为参与政治活动既浪费时间又浪费精力，人们不善于甚至不屑于运用手中的民主权利。

其次，基层协商主动参与不足。党政机构在我国社会生活中发挥着领导、主导作用。很多地方的案例表明，没有政府的重视和推动就不可能有基层协商民主的萌芽和发展。这种制度路径，本质上是"强政府、弱社会"国家社会关系的产物，虽然很多时候基层政府与群众有着共同价值取向，但动员参与方式的弱化，使基层群众并非完全认同基层政府。另外，随着居民政治理性的提升，人们不再对政治权威简单遵从，人们更关心与自身利益息息相关的公共政策。再有就是随着实现自身价值的途径和机会增多，人们不再必须选择通过公共参与来实现自身的社会选择。与社区精英阶层相比较，普通居民进行社区公共参与的机会要少一些，主动性也弱一些。这些在不同程度上降低了人们的参与热情和积极性。

再次，协商实践在某些地方存在形式化倾向。有些地方或者有些方面的协商存在走形式、假协商问题。例如，决定后协商，实际上以通知、告知的方式取代协商；又如扭曲协商程序、操控协商过程，导致"听涨"现象出现；等等。在我国，由于协商多数是在国家和政府主导下进行的，参与者获得真实的平等和自由可能会受到怀疑，协商的真实性和说服力也会受到怀疑。有时，会有许多记者出现在会场，这表明，协商制度的开展是宣传工作的需要。[1] 形式化倾向还表现在许多地方，如"推进协商民主改革发展领导小组""协商民主领导小组""协商民主试点工作领导小组""协商民主制度创新专项领导小组"等组织领导与协调机构纷纷成立。

---

[1] 何包钢：《中国协商民主制度》，陈承新摘译，《浙江大学学报》（人文社会科学版）2005年第3期。

最后，基层协商制度存在欠缺，组织协商能力不足。虽然主要的制度框架已经确立，但在具体运行机制方面还存在一定的欠缺，如制度规定过于笼统、过于宽泛，协商弹性大，缺乏具体明确的操作规则等。各地创设的协商民主形式虽然丰富多样，但也导致了协商民主制度机制存在碎片化现象或缺乏系统性，协商程序尚未规范化、制度化；由于参与者掌握的资源与提出有说服力观点的能力存在差异，协商通常难以保证有效参与的实现与预期目标的达成；组织开展协商活动需要一定的经济条件作支撑，经济条件在某种程度上就会对协商进程产生实质上的影响。

作为协商民主的具体实现形式之一，基层协商民主的实质就是保证和实现群众广泛、有序的政治参与。"在民主政治中，正当性的基础来自所有人民义务性的服从，人民之所以履行此一义务，是假定他们的决定是在一个公正的起点上，平等地表达了所有人的利益，而此一假设要能成立，必须在原则上将这些决定开放给自由且平等的公民，且这些决定是在适当的公共领域的协商过程中获得的。"① 在基层社会推行协商民主，是解决当前经济社会转型时期凸显出来的基层公共事务治理矛盾和问题的重要途径。

第一，深入推进基层协商民主，首先要坚持人民的立场。鉴于中国的社会和政治结构形态的特点，广大群众参与基层民主必然以个体的身份出现。中国传统文化中有调解协商传统，纠纷和冲突大多通过协商解决，而不会轻易诉诸法律，协商本身也是为保障和实现老百姓参与权、知情权和表达权，所有这些都为基层协商的发展提供了有利的社会条件，协商民主在基层治理中有良好的社会基础。"人民群众是社会主义协商民主的重点。"② 涉及人民群众利益的大量决策和工作，主要发生在基层。发展基层协商民主，重点是在基层群众中开展协商。凡是涉及群众切身利益的决策都要充分听取群众意见，通过各种方式，在各个层级、各个方面同群众进行协商。

---

① Seyla Benhabib, "Toward a Deliberative Model of Democratic Legitimacy," *Democracy and Difference: Contesting the Boundaries of the Political*, Edited by Seyla Benhabib, Princeton: Princeton University Press, 1996, p. 69.
② 习近平：《在庆祝中国人民政治协商会议成立65周年大会上的讲话》，《人民日报》2014年9月22日。

第二,深入推进基层协商民主,加强制度建设的同时,需要将增量发展与存量利用充分结合起来。在我国的基层民主治理实践中,协商民主依托的制度平台,既包括由宪法、法律等规范的一系列制度形式,如村民代表大会、居民代表大会、村民会议、居民会议等,也包括基层实践创新的制度形式,如村民议事会、"圆桌协商会议"等。如果仅仅局限于既有的存量制度,则有可能出现无法适应和解决新问题的状况;如果离开既有的制度规范,而过多依赖创新的制度形式,则明显会削弱法定制度的权威性、合法性和持续性。"既要充分开放官方的协商议事管道和平台,进一步拓宽居民参与的渠道和范围,集中民智民力,反映社情民意,解决民生、落实民权,维护民利;又要积极鼓励和支持民间组织、民间机构建立贴近居民及居民公共生活的社会化沟通协商新的管道和平台。"[1] 要推动基层协商民主的完善和发展,就需要在进一步推进制度建设的过程中,将增量和存量的制度形式有机结合起来,使制度管用、使制度有效、使制度可持续。

第三,深入推进基层协商民主,应当更多鼓励人民政协参与实践探索。在基层协商民主实践中,由于参与主体多元化的现实,基层群众很多时候都是将基层党委、政府视为各种利益关系的相关方,对于其是否能够保持公平公正的立场表示出很大的不确定性,因此,由基层党委、政府直接具体组织协调协商活动,存在基层群众认同度低的问题。人民政协作为我国协商民主的重要渠道和专门协商机构,相对超脱,是没有直接利益关系的"第三方",可以通过向下延伸的方式在推动基层协商民主协调联动机制中发挥作用。虽然人民政协在基层发挥作用会遇到机构、编制等挑战,但是可以采取较为灵活适用的方式开展探索,如湖北省宜昌市政协多年来在经常性联系群众中推进人民政协协商民主向基层延伸的探索,为建立人民政协牵引的基层协商民主建设协调联动机制提供了重要启示。[2]

第四,深入推进基层协商民主,重点要加强基层组织建设。任中平教授通过对成都市青白江区芦稿村基层协商实践的考察指出,开展基层协商

---

[1] 梅志罡、李文献、黎园:《协商民主视域下的城市基层社区自治管理研究——以武汉市社区协商民主情况为例》,《湖北省社会主义学院学报》2015年第1期。
[2] 刘学军:《建立人民政协牵引的基层协商民主建设协调联动机制——以宜昌市人民政协的探索为例》,《理论视野》2015年第6期。

民主实践的效果究竟如何，在很大程度上取决于有没有一个坚强的基层党组织发挥领导核心作用，关键还在于议事会召集人即村党支部书记能力强不强、威信高不高、方法好不好，这会极大地影响基层协商民主的实际成效。由此看来，开展基层协商民主建设，首先要加强农村基层党组织建设，关键是要选好一个称职的基层党组织书记。而这是基层协商民主本身无法解决的问题，只能有赖于党内民主和基层民主的深入推进，尤其是村党支部书记选任制度的改革。也就是说，基层协商民主能否有效推进，很大程度上还要取决于基层党内选举民主的实现程度。① 要推进协商民主进一步发展，必须加强领导干部的民主意识，改造决策中强势的"官本位"文化和"管制型"行政思维。

社会发展和民主的进步取决于人民群众思想认识的提升，而人的正确思想主要来源于社会实践。我国各地开展的基层协商民主实践，通过公众参与、议题选择、协商对话等多种形式和环节，启发了干部和群众的民主意识，并使这种意识融入社会生活和民主实践，成为社会改革和进步的内在、持久动力。"基层矛盾要用基层民主的办法来解决"，"基层民主越健全，社会就越和谐"②。我国基层城乡社区的各种协商民主实践，覆盖了基层治理中的群众自治实践，涉及民主决策、管理和监督等环节，能够有效解决基层的各种问题。基层协商民主较好地实现了民主从观念到实践、从价值到程序的转变，有力推动了基层治理的深化和发展。多样性的协商民主实践，是基层群众自治的生动体现，是社会主义协商民主建设的重要组成部分和有效实现形式。

（陈家刚　中央党史和文献研究院）

---

① 任中平、王菲：《基层协商民主的经验、价值与启示——以成都市青白江区芦稿村为例》，《党政研究》2015年第4期。
② 习近平：《之江新语》，浙江人民出版社，2007，第226页。

第八章

社会协商

改革开放大潮,推动了国家与社会关系的变迁,提出了多元分化背景下国家与社会的有机互动、吸纳整合问题。为此,1987年中共十三大提出"建立社会协商对话制度"的战略任务,一时引起各界对社会协商对话的热烈讨论。但是苏东剧变和中国20世纪80年代末的资产阶级自由化思潮及运动,很快又使这项讨论趋于沉寂。①21世纪和谐社会理念启动了社会改革,也使协商民主在中国获得了政治上的肯定,引发了理论方面的探讨和治理实践方面的改革尝试。②中共十八大提出要健全社会主义协商民主制度体系,并且在随后的中共十八届三中全会的决定中将"社会协商"单列做了深入的阐述。社会协商,作为中国特色社会主义协商民主体系当中的重要内容,再次获得社会各方的高度关注③,成为社会科学界探讨的理论热点和政治实践领域创新的沃土。

---

① 以CNKI为检索工具,以"社会协商"为关键词,全国在1986年至1989年一共发表了162篇论文,可见讨论之热烈;然而全国在1990年至2000年以"社会协商"为关键词公开发表的论文才有仅仅13篇,其中只有3篇论文的标题内含"社会协商"一词。
② 进入21世纪后,德国学者哈贝马斯来华演讲,掀起一股"商谈民主"的学术风潮,引起学界的热烈讨论;与此同时,国内温岭地区和成都地区分别以"民主恳谈"和"村民议事会"开启了基层社会的社会协商探索。
③ 以郑永年和林尚立等为代表的一些学者,认为当今中国正在进入社会改革或社会建设时期;社会协商是社会建设的重要渠道,将推动社会改革的深入进行。参见郑永年《中国改革三步走》,东方出版社,2012;林尚立《社会协商与社会建设:以区分社会管理与社会治理为分析视角》,《中国高校社会科学》2013年第7期。

第一节　社会协商的历史缘起

从 1987 年中共中央提出社会协商对话来看，社会协商似乎是一个新的时代问题。但究其实质，社会协商几乎是人类公共生活的伴生物。自从人类产生以来，群生活就是人类的基本生活状态。而只要是群生活，就必然面临群体内部或群体之间的沟通整合与利益协调等问题；社会协商，是解决群体内部或群体之间各种矛盾冲突和促进群体内部或群体之间团结合作的重要渠道。所以，在古代西方，雅典人"认为一个不关心公共事务的人不是一个没有野心的人，而是一个无用之人。我们雅典人即使不是倡议者，也可以对所有问题作出裁判；我们不是把讨论当作绊脚石，而是把它看做是任何聪明行动所必不可少的首要前提"①。在中国古代，"乡校"议政和"先民"询政也多有记载。群生活当中的社会协商，是人类社会生活有序进行的重要基础保障与必不可少的润滑剂和整合器。

具体到中国近代，社会协商思想与实践萌生于中国近代的革命历程之中。近代资本主义生产方式传入中国打破了旧有的封建社会力量格局，进而阶级分化，社会力量多元竞起，各种救国思潮也风起云涌。面对这种政治和社会现状，为更好地完成近代中国革命的历史使命，中国共产党从成立之初就在思考如何促进社会力量的组织化发展和团结社会各方面进步力量。在传统"和合"政治心理、近代民主共和思想与列宁的统一战线思想的共同作用下，中共一大的部分代表在会议讨论期间就曾主张"应该在行动上与其他政党合作反对共同的敌人"，认为这"并不违背我们的原则"，"我们的力量会因为这个进展而强大起来"②。极具政治意味的社会联合思想在此时已经开始萌动。而在 1922 年 7 月中共二大通过《关于"民主的联合阵线"的决议案》中提出了三点具体建议。其中第三点建议就是"在全国各城市集合工会、农民团体、商人团体、教员联合会、学生会、妇女参政

---

① 〔古希腊〕修昔底德：《伯罗奔尼撒战争史》，徐松岩等译，广西师范大学出版社，2004，第 100 页。
② 中央档案馆：《中共中央文件选集》第一册，中共中央党校出版社，1989，第 558 页。

同盟团体、律师公会、新闻记者团体等组织"构建"民主主义大同盟"。①由此可见,在中国共产党成立之初,作为体制外反对党的中国共产党就已经开始了在公权力领域之外的社会领域中进行政治意义和社会组织化意义上的协商探索,出现了革命党派多党合作与进步社团之间协商合作的早期萌芽。这种萌芽后来进一步演化为近代革命过程中的政治协商思想与社会协商思想,出现了两次"国共合作"、抗日根据地"三三制政权"建设、国民参政会和旧政协等一系列的社会联合与政治合作实践,形成了以社会协商促进政治协商——以党派会议促进国事会议②——的社会合作共同革命的逻辑。所以,社会协商思想与实践根源于中国近代革命的艰辛探索。为推翻旧制度和建设新社会,革命时期的中国共产党——作为体制外的反对党——形成了以社会联合为基础、以党派协商为主干、以从下到上为内在路径的社会协商思想。

中华人民共和国成立后,尤其是1956年宣布进入社会主义之后,社会协商经历了一段时间的沉寂。它的沉寂彰显了在高度同质化的社会里难以有真正意义上的社会协商。随后伴随着改革开放,社会协商再次成为社会热点。它在以改革开放为特征的中国社会主义建设过程中获得了时代复兴与快速发展。1978年市场化取向的改革逐渐改变了一元化的政治-社会结构,民主化取向的政治体制改革则不断调适着全能主义政府体制,解放思想背景下的文化体制改革使人们直面社会分化现实,思考社会力量的自主自治与政治整合问题。它们凸显了社会协商的时代必要性。

首先,社会阶层日趋多元和社会自主性力量的不断成长为社会协商奠定了社会力量基础。市场经济体制改革,正深度地调整着我国的社会阶层结构和利益结构。新兴社会阶层不断涌现,社会利益日趋多元。人民的特

---

① 中央档案馆:《中共中央文件选集》第一册,中共中央党校出版社,1989,第66页。
② 1944年9月15日中共代表林伯渠在国民参政会上明确提出:"由政府召开各党各派各地方各政府各人民团体的国事会议,成立抗日党派的联合政府。"(参见中央档案馆《中共中央文件选集》第十四册,中共中央党校出版社,1992,第333页)后又补充提出,先"召开党派会议,作为国事会议的预备会议,以便正式商讨国事会议和联合政府的组织及其实现的步骤问题"(参见中央档案馆《中共中央文件选集》第十五册,中共中央党校出版社,1991,第11页)。

征就"不仅表现为不同的物质利益,而且还具有不同的文化属性和伦理责任",人民正在成为"多维层面的异质性要素"的集合。① 具有独特社会利益的社会阶层和社会群体,在现有的法律框架内不断进行组织化的凝聚,正日益成为"一股不可忽视的社会力量"②。它们构成了当代中国必须开展社会协商的坚实社会基础。

其次,政治-社会结构变迁提出了构建政府与社会力量之间新型关系和连接机制的时代课题。伴随着社会力量的成长,传统意义上的以国家吞没社会为特征的一元主义国家-社会关系模式及其衍生的国家全能主义体制正在悄然发生改变③,传统意义上的党、国家和社会"三位一体的格局向各自相对自主的格局转型"④,逐渐形成政治与社会二分视野下的"国家在社会中"⑤的政治-社会结构。在此过程中,"政党国家开始转型和回归社会,社会冲突却呈现出不断加剧甚至弥散化的态势"⑥。这就构成了中国共产党建立健全社会协商对话机制重要的现实背景。它提出了两个方面的挑战:一是社会自主性力量如何有序参与公共政治生活,在获得政治合法性的同时提升组织行动绩效;二是党和政府如何构建与社会(第三部门)新型的"竞争中的合作关系"机制⑦,在有效吸纳和整合社会力量的过程中提升公共政策的政治合法性。

最后,政治生态改善为重塑政府与社会的良性互动关系提供了现实可能性。解放思想、实事求是的思想路线,使中国共产党和政府直面中国的政治-社会结构变迁,对变迁带来的挑战不断地进行思想和体制的适应性

---

① 〔美〕詹姆斯·博曼、威廉·雷吉主编《协商民主:论理性与政治》,陈家刚等译,中央编译出版社,2006,第212页。
② 李景治:《协商民主是中国民主政治的特有形式和独特优势》,《南京政治学院学报》2014年第1期。
③ 林尚立:《当代中国政治形态研究》,天津人民出版社,2000,第313页。
④ 林尚立:《领导与执政:党、国家与社会关系转型的政治学分析》,《毛泽东邓小平理论研究》2001年第6期。
⑤ 郁建兴、吴宇:《中国民间组织的兴起与国家-社会关系理论的转型》,《人文杂志》2003年第4期。
⑥ 黄杰:《社会协商对话:中国共产党沟通和回归社会的有效机制》,《甘肃理论学刊》2013年第5期。
⑦ 该机制的内涵参见梁艳菊《构筑政府与第三部门的新型关系》,《内蒙古大学学报》(人文社会科学版)2004年第5期。

调整。① 1979 年，各民主党派摆脱 1957 年后的资产阶级政党定性，"现在它们都已经成为各自所联系的一部分社会主义劳动者和一部分拥护社会主义的爱国者的政治联盟，都是在中国共产党领导下为社会主义服务的政治力量"②。政党内部的民主协商和社会系统中的党际协商再次成为可能。1987 年中共十三大提出建立"社会协商对话制度"，在 21 世纪中共十八届三中全会更是提出建立"中国特色社会主义协商民主体系"，并将社会协商作为该体系的重要组成部分。

综观建设时期社会协商的发展，一方面政治-社会的适度分化是社会协商得以开展的社会基础；另一方面在此社会基础上社会协商的政治使命是国家与社会上下互动实现有序公共参与、力量整合和社会合作，共同致力于实现民族复兴的伟大目标。社会协商的现实运动轨迹是以从上到下的协商路径为主，渐次启动从下到上协商路径的改革创新。这就形成了现阶段以党和政府主导下的社会协商为主、社会主导下的社会协商为辅的中国特色社会协商发展逻辑。

第二节 社会协商的理性分析

在改革开放逐渐进入深水区和攻坚期的现阶段，中国特色的社会协商正日益受到社会科学界的高度理论关注，学者们也作出了诸多理论探索。这种多方理论关注和多元思想探索，在深化社会协商认知的同时，也在一定程度上呈现碎片化的特征，未能形成相对系统化的思想。有学者就认为："社会协商对话活动在我国的政治生活中早已有之。但这种活动往往或是流于形式，或是局限在狭小的范围，更没有能形成一整套制度。"③ 所以，现有的社会协商思考亟须进行系统化的思想整合，以完成理论建构过程中"抽象的具体化"工作。

---

① 这种适应性调整可能会促成中国特色"兼收并蓄型国家"的形成。参见〔美〕沈大伟《中国共产党：收缩与调适》，吕增奎、王新颖译，中央编译出版社，2011，第 242~250 页。
② 《邓小平文选》（第 2 卷），人民出版社，1994，第 186 页。
③ 俞可平：《论当代中国政治沟通的基本特征及其存在的主要问题》，《政治学研究》1988 年第 3 期。

1. 社会协商的内涵界定

中国社会协商的内涵界定，应秉持历史与逻辑相一致的原则。一方面，它要尊重中国社会协商发生和发展的政治现实，是对中国社会协商实践的经验总结；另一方面，它又要依据中国政治发展的内在逻辑对社会协商进行前瞻性的理性思考，以更好地引领中国社会协商的健康发展。

以此原则为指导审视现有的社会协商界定，主要存在三个方面的局限性。一是以偏概全。要么是将"社会力量之间的自主协商"等同于社会协商，要么是将党委、政府与社会之间的协商等同于社会协商。二是内容与形式混淆。部分学者将社会协商活动与社会协商制度混为一谈，如某些界定认为"从总体上讲，社会协商对话是指各级党政机关与群众之间、党政部门与各社会群众组织以及各部分群众之间，依照法定的原则，对国家、地方和基层重大事情进行直接平等的对话和协商的一种制度"[1]。三是就事论事，照顾到了历史与现实，却看不到内在的演变逻辑与未来成长空间。如某些学者认为，"社会协商对话，就是指领导机关与群众之间、部分群众之间、领导机关之间，就共同关心的重大问题进行平等的直接的相互沟通和商议"[2]。事实描述中缺乏价值判断和远景审视。

那么，到底什么是社会协商呢？社会协商是中国政治－社会结构变迁的内生产物，是促进市民社会自治和政治－社会沟通合作的多元民主活动、对话平台与整合机制，是中国对社会民主的一种独特探索，是以协商为民主偏好的中国特色协商政治的重要组成内容和建构渠道。

2. 社会协商的类型分布

目前，关于社会协商的类型主要有四种划分。其一，广义与狭义的类型划分。有学者认为："广义上讲，社会协商对话包括社会生活中人们就某一问题进行的所有的沟通、协商与对话。狭义上讲，社会协商对话是指现代社会政治活动中，各个政治主体之间就共同关心的有关政治、经济、文化、社会等各个领域的重大问题和涉及不同群体利益的决策和行为所进行

---

[1] 周罗庚：《社会协商对话制度含义初探》，《理论前沿》1988年第39期。
[2] 沈荣华：《社会协商对话》，春秋出版社，1988，第4页。

的平等的、直接的有效沟通、协商和对话。"① 其二是从对话主体的角度进行划分，有学者认为包括党和政府各级党政领导机关、各种群众性的民主团体和各个政治个体之间三种类型的社会协商。② 其三是从对话客体（即对话内容）来划分，社会协商可以分为宏观性协商与微观性协商、冲突性协商与融合性协商。③ 其四是从对话目的角度划分，认为可以分为"处理型、调研型、沟通型、疏导型、宣泄型"等不同类型的社会协商。④

这些类型的细分，在一定程度上丰富了对社会协商的理解和认识。从发生学和社会空间⑤分布的视角，社会协商还可以划分为以下三种类型。

第一，国家主导下与社会力量展开的社会协商。该类型的社会协商适应了当前中国的政治－社会结构现状，在社会协商体系中占据着主要地位。当下中国的政治－社会结构的主要特征仍是国家（党和政府）居于主导地位，"总体基调依然是国家主导社会建设"，"社会成长所凝聚的力量、组织和机制，目前尚未达到能够有效化解国家主导的局面"⑥。因此，在社会协商体系中，国家扮演着主导者角色，一方面以社会协商吸纳社会力量的有序参与、民主整合社会力量、巩固和提升党委与政府的政治合法性；另一方面，它又以社会协商培育社会合作力量、促进社会力量的组织化建设。国家主导下的社会协商，主要存在于国家与社会的交叉渗透空间。该空间被有些学者界定为"公共空间"，是"国家与社会、政府与民众共享的'界

---

① 杨弘、张等文：《中国社会协商对话制度的现实形态与发展路径》，《理论探讨》2011 年第 6 期。
② 杨弘、张等文：《中国社会协商对话制度的现实形态与发展路径》，《理论探讨》2011 年第 6 期。
③ 赵志宇：《当代中国社会协商对话：要素、特征与功能》，《中央社会主义学院学报》2013 年第 1 期。
④ 叶山土：《社会协商对话制度的哲学基础》，《探索》1989 年第 3 期。
⑤ 依据国家－社会理论、哈贝马斯的公共领域思想等的分析，现代社会空间可以大致划分为公权力领域、公权力与公共领域的交叉渗透空间、公共领域、私人领域等几个部分。参见王洪树《协商合作视野下的民主政治研究》，中国社会科学出版社，2010，第 94、292～299 页；参见林尚立《社会协商与社会建设：以区分社会管理与社会治理为分析视角》，《中国高校社会科学》2013 年第 7 期。
⑥ 林尚立：《社会协商与社会建设：以区分社会管理与社会治理为分析视角》，《中国高校社会科学》2013 年第 7 期。

面'",是"国家与社会、政府与民众相互延伸并交集而成的公共空间"①。它是公权力领域与公共领域之间的"模糊地带或者边缘交叉地带,隔离着二者";连接二者要求"在公共领域和公共权力领域的边缘交叉地带建立起沟通政治意见与政治决策的耦合机制"②。所以,整体来看,该类型社会协商目前仍是占据主导地位的社会协商,它是社会管理理念下必然存在的主要社会协商类型,是自上而下开展的。

第二,社会主导下与国家力量展开的社会协商。该类社会协商是政治－社会逐渐分化背景下滋生的自下而上的社会协商,也存在于国家与社会的交叉渗透空间,是一定社会力量(集体组织或公民个体)主动发起的与党委、政府之间的社会协商,是社会力量制约国家力量的初步尝试,在目前处于萌芽探索阶段。改革开放以来,组织化的社会力量有所恢复和成长。独特的社会利益,在催生社会组织独立性的同时,也促使它们力图借助公权力维护和增进各自的核心利益。存量协商渠道的僵化和增量协商渠道的匮乏,制约着该类型社会协商的发展,但也萌生着一种自下而上的公共参与冲动。随着中国社会改革的深入,该类型社会协商将扮演越来越重要的信息沟通者、社会整合者与民主促进者角色。它是具有内生可持续性的社会合作治理理念下必然存在的主要社会协商类型。

第三,社会内部发起的自主性社会自治协商。该类型的社会协商是市民社会自身发展的必然产物,是前两种类型社会协商有效进行最为重要的前提条件,是促进公私权力分野并以私人权利制约公共权力的社会基础。它主要存在于公共领域和私人社会之中,是公民之间的社会协商。它的目的是促进市场经济背景下日益原子化的公民实现再组织化、公民组织内部的协商自治、微观公共生活中公民个体或组织之间的利益和价值协调,最终使市民社会获得相对的独立性,形成以公民权利制约和规范公共权力运行的政治－社会结构。虽然该类型社会协商在现阶段仍然处于探索之中,但是,随着市场经济和社会治理改革的深入发展,它必然将以不可遏制的

---

① 林尚立:《社会协商与社会建设:以区分社会管理与社会治理为分析视角》,《中国高校社会科学》2013年第7期。
② 王洪树:《协商合作视野下的民主政治研究》,中国社会科学出版社,2010,第292页。

态势蓬勃发展;① 因为，它适应了现代国家与社会的成长演化逻辑，是社会民主②在中国社会成长过程中的勇敢尝试，是社会自我组织、自我管理和自我服务的具体表现，是基于社会自身力量的社会合作治理。长远来看，社会力量自主性的社会自治协商及其作用的发挥，是中国社会现代化和政治民主化的基础与根本。

所以，中国语境下的社会协商，以社会内部自主性的社会自治协商为基础，是国家与社会之间的双向运动与相互合作，是各方共同创造和共享社会秩序的一系列民主活动。社会协商体系的现实逻辑是国家主导下的社会协商占据主导地位，引导和规范其他两类社会协商的发展。社会协商体系的未来发展逻辑，是在继续发挥国家驱动力的同时，社会自身力量将在社会协商的驱动方面扮演更为积极主动的角色，最终形成国家与社会高效互动与有机合作的"双动力"政治－社会发展格局，促进中国的善政和善治。

3. 社会协商的主要特征

特征是一事物区别于其他事物的根本属性。依此逻辑审视现有关于社会协商特征的界定，存在以下几点缺陷。一是几乎都未能将社会协商与其他协商形式区分开来。人们在探讨社会协商特征时，大都是从协商民主整体意义上来思考的。二是将社会协商的实然特征与应然特征混为一谈，逻辑略显混乱。三是未能深入社会协商内部进行更为细致的分类特征探讨。所以，探讨社会协商的特征，既要将之放在中国协商民主体系之下给予宏观审视，认识到社会协商具有协商民主的一般性特征，更应该着力探讨社会协商与其他协商形式之间的区别、社会协商实然特征与应然特征的内容和关系、社会协商内部不同类型相互之间的区别。这或许更有助于加深对

---

① 在社会力量的成长和作用发挥过程中，有学者就提醒："值得注意的是，作为一股不可忽视的社会力量，它们并没有主动融入或被纳入传统的民主党派、人民团体之中。我们的立法工作、行政工作、社会治理工作，都要认真听取这些组织及相关人员的意见，充分发挥这些组织在社会治理中的独特功能和作用。无论是执政党、国家权力机关还是政府部门，在开展民主协商工作中，都需要加强社会协商，对此绝不能掉以轻心。"参见李景治《协商民主是中国民主政治的特有形式和独特优势》，《南京政治学院学报》2014 年第 1 期。

② 对于社会民主，科恩就认为它是一种社会管理体制，"以社会为范围的自治或自主就是民主"。参见〔美〕科恩《论民主》，聂崇信、朱秀贤译，商务印书馆，1988，第 10 页。

社会协商的认识和引导它更好地发展。

其一，社会协商与其他协商形式之间的区别。就协商主体而言，参与社会协商的主体比其他四类协商形式①的主体更为多元与广泛；就协商客体（内容）而言，社会协商的主题更为丰富、界面更为宽泛；就协商形式而言，社会协商形式更为多样、手段更为灵活；就协商规则或程序而言，社会协商的规则更为多元与繁杂；就协商效果而言，社会协商也更为迅速和准确。

其二，现实生活中的社会协商与应然状态中的社会协商的区别。中国的社会协商正在从党的领导式协商②逐渐走向党的引导式协商，从党委、政府的"主人恩惠式"协商逐渐走向"公仆服务式"协商，从政治动员性社会协商逐渐走向自主自愿性社会协商，从自上到下的整合式社会协商逐渐走向上下互动的合作治理式社会协商，从主体地位形式平等的社会协商逐渐走向主体地位实质平等的社会协商，从对抗冲突型社会协商逐渐走向和平合作型的社会协商。

其三，社会协商体系中不同类型之间的区别。国家主导下与社会力量之间的社会协商具有更强的政治领导性，协商主体具有选择性，协商主题更为公开和明确，协商程序更为规范，协商结果也更具有社会约束力和社会整合性。社会主导下与国家力量之间的社会协商具有时间和事件的偶发性、形式上的对抗性和冲突性、内容上的复杂多样性、动力上的社会自发性、过程方面的不可控性、结果方面的不确定性、机制程序的匮乏性。社会自身的自主性社会自治协商的最显著特征，就是协商主体多元、协商过程自主、协商结果自治。

4. 社会协商的基本原则

社会协商的原则，应是社会协商的基本规范和方向指南，是社会协商展开的底线共识和行为导向。所有参与社会协商的主体都必须予以遵守，

---

① 其他四类协商是立法协商、行政协商、民主协商和参政协商。参见《中共中央关于全面深化改革若干重大问题的决定》，人民出版社，2013。

② 关于现实状态中的领导式协商，有学者认为："社会协商这个杠杆要真正撬动中国的社会建设，就必须有一个支点，这个支点就是党的领导。"参见林尚立《社会协商与社会建设：以区分社会管理与社会治理为分析视角》，《中国高校社会科学》2013年第7期。

否则，将受到国家法律的强制或社会道德的谴责。

具体而言，当前社会协商的基本原则主要有以下五个方面。

其一，社会协商主体地位的权利平等原则。在社会协商中，参与主体的地位平等不是指主体的权力地位平等，而是指基于主体有限理性假设的权利平等。所有参与社会协商的主体，都是有限理性的主体。面对协商话题的理性平等（每个人都有一定的真知灼见，但没有人全知全能），使得所有参与者都有平等的权利参与意见表达和话语沟通。协商过程中，要以权利的平等来遏制甚至消除权力不平等带来的强制或压迫。任何权力方面的胁迫或压制，都将不具有任何意义上的政治正当性或公共合理性。

其二，社会协商主体行为的自律原则。此处的自律原则，是指参与社会协商的主体的任何言行主张，都既要能够经受住公共理性和公共道德的审视与评判，又要能够经受得住自我的道德审视和利益评判。后者显得更为重要，所有外在的限制和约束，最终都只有转化为协商主体的内心认可才可能具有内在的、可持续的约束效力。不仅如此，各协商主体参与其中并最终形成的协商共识，也应该获得协商主体的自觉主动遵守和执行。无论是他律向自律的转化，还是协商共识成为自律的重要组成部分，究其实质来看都是协商主体价值均衡和利益均衡的结果。

其三，社会协商客体的包容原则。社会协商客体，主要是指协商的内容。社会协商内容的包容原则，首先表现为协商主题的开放性。主题的开放性主要根源于当代中国社会的快速变迁，新事物、新问题总是层出不穷。与其回避问题，还不如直面问题。它们需要多维的社会协商平台集中民智进行探讨和认知。其次表现为协商话语的百家争鸣。参与协商的各方都能够在协商平台上充分表达自我独特的经验感知和理性分析；即使是社会弱势群体或个体，也能诉说自我独特的经历与遭遇，以唤起其他参与者的人性体验和情感共鸣。因为，对任何参与主体言说权利的排斥，最终只能导致对协商结果的社会抵制。再次表现为观点依据的多元多维。中国内部社会阶层的分化，形成了多元的社会价值标准和利益标准。这些支撑参与者言说的依据，只有在相互碰撞和交融中才能形成或强化整个社会的公共理性或公共道德。与此同时，对于凡是未能融入公共理性和公共道德的社会价值标准和利益标准，只能采取"回避方法"，承认现代社会中多元公共理性的存在。最后表现为言说方式的丰富多样。它既包括协商能力较强者的条分缕析或现代多媒体技术的综合运用,也包括协商能力较弱者的经验描述和情感宣泄。

其四,社会协商过程的有序原则。社会协商过程的有序原则主要表现在三个方面。首先是法治原则。所有参与社会协商的主体都必须遵守国家的法律,在社会主义宪法体系内维护和增进各自的利益。正如有的学者所言:"坚持这一原则,我们就有了一条衡量僵化和自由化观点的准绳,就可以维护社会的安定团结,把社会协商对话制度引向正确的轨道。"① 其次是党的领导原则。中国共产党的领导地位是宪法明确规定的。社会协商是在以宪法为核心的法律体系规范下进行的。所以,中国共产党对社会协商活动的领导,是法治原则在社会协商当中的具体体现。不仅如此,党的领导既有利于社会协商沿着正确的政治方向开展,也有利于社会协商共识的政治吸纳。最后是组织化表达原则。社会协商,一方面是社会组织内部自主开展的自治活动,有力地促进了市场经济背景下原子化个体的组织凝聚与发展。另一方面,社会协商也是组织化集体或其代表与国家力量之间的协商活动;组织化或代表式的协商参与,将克服"群氓式"参与的诸多弊端,将现阶段大量存在的对抗冲突型公共参与逐渐转化为有序合作型的社会协商参与。

其五,社会协商结果的共享合作原则。社会协商的结果,可能是公共问题的决策基础——决策理性共识的获得;它使公共决策建立在理性共识的基础之上,各方凡是能够经受得住公共理性和公共道德审视的诉求都能够得到决策体现与维护;这就必然激起社会协商参与者及其所代表群体对公共决策的内心认同和行为遵守。社会协商的结果,也可能是针对无序参与进行的创制活动——形成具有理性共识基础的协商规则或自治规则;从社会建设的角度看,社会协商就是要"建构与维护旨在促进社会进步与发展的社会秩序"②,是一个规则文明形成过程;具有理性共识基础的规则文明的形成,将引导参与者及其所代表群体在共享性规则下展开富有成效的

---

① 郑杭生、张建明:《试论社会协商对话制度》,《中国社会科学》1988 年第 2 期。
② 林尚立:《社会协商与社会建设:以区分社会管理与社会治理为分析视角》,《中国高校社会科学》2013 年第 7 期。

协商合作。社会协商的结果，还可能是多元公共理性支撑下不同社会价值与利益诉求的"有尊严的并存"；这种"有尊严的并存"，从表面上看是一个社会多元分歧的显性存在，但它实质是一个在合作中富有张力的社会的集中表现，是宪法框架下多元化社会存在的具体表现。

第三节　社会协商的理论资源

上述关于社会协商的界定、类型、特征与原则的理性分析，是对核心概念的一个聚焦式剖析。然而，要想对社会协商有一个更全面完整和准确深入的理解，就离不开对其主要理论资源的梳理。

第一，"中国梦"思想揭示了社会协商的内在动力与共同愿景。自习近平2012年11月29日参观《复兴之路》展览时提出"中国梦"以来，"中国梦"思想渐趋成熟，形成了以"国家富强、民族振兴、人民幸福"为核心内涵的思想体系。[①] 它在三个方面为社会协商奠定了思想基础。首先，"中国梦"思想揭示了社会协商追逐的核心共同利益——中华民族的伟大复兴。社会协商是多元社会利益和价值的沟通协调。它的成功开展必须有共同利益作为分歧通约和冲突消融的基础。正如恩格斯所言："没有共同的利益，也就不会有统一的目的，更谈不上统一的行动。"[②] 而中华民族的伟大复兴，就"体现了中华民族和中国人民的整体利益"。它构成了社会协商成功开展的利益共识基础。其次，"中国梦"思想激发了社会协商的内在动力。因为"中国梦是民族的梦，也是每个中国人的梦"。它的实现离不开每一个公民或公民组织的艰辛付出和协调推动。为此，就需要在多个层面上开展社会协商，消弭矛盾，凝聚力量，共同追逐梦想的实现。再次，"中国梦"思想提供了社会协商的共同愿景。社会协商，在一定意义上而言就是社会各界在利益和价值协调过程中对美好未来的追求。"中国梦"思想，则对这个美好未来做了详尽的勾勒和描述。它"凝聚了几代中国人的夙愿"，

[①]　习近平：《在第十二届全国人民代表大会第一次会议上的讲话》，《人民日报》2013年3月18日，第1版。

[②]　《马克思恩格斯选集》（第1卷），人民出版社，1995，第490页。

"是每一个中华儿女的共同期盼",吸引着所有中华儿女在协商合作中不断地追逐它在各个社会层面的逐步实现。

第二,以人学理论为代表的马克思主义哲学思想阐释了社会协商的哲学基础。马克思主义哲学从多个方面为社会协商提供了哲学的论证。首先,社会主义矛盾学说分析了社会协商客体的缘起与发展。社会协商往往缘起于社会矛盾和冲突的存在。在社会主义社会,"没有矛盾的想法是不符合客观实际的天真的想法"①。然而,社会主义社会中存在的矛盾是否能够协商解决呢?社会主义矛盾学说认为在社会主义社会中人民内部矛盾居于主要地位,它们"是非对抗性的,是在根本利益一致基础上的利益分化和冲突,其解决的方式就是民主"②。其次,马克思主义人学思想分析了社会协商主体的特征。"人的本质是社会关系的总和"的马克思主义观点,将社会协商主体置于社会系统的相互作用之下进行考察,揭示了复杂社会中协商主体相互之间的依赖性。而正是这种相互依赖性构成了社会协商的必要性基础。"人的理性是有限的又是无限的"这一马克思主义观点,一方面揭示了作为特定时代的个体的人的理性是有限的,任何人都不可能有足够的知识和能力来独立地成功处理社会公共问题,因而有限理性个体之间的社会协商和沟通就显得尤其必要;另一方面,该观点又揭示了具有集体人格的人的理性从整体和长远来看又是无限的,他们需要相互话语协商来实现对社会公共问题的全面认识和准确把握,这使得社会协商又具有现实可能性。最后是唯物辩证法的相互作用原理揭示了社会协商的过程性特征。"社会协商对话本质上就是一种以信息为中介的主体之间直接的相互作用。"③ 相互作用中要么实现了偏好的转移,协商的一方认同了另一方的观点,要么实现了偏好的交融,协商双方形成了新的偏好共识。这就可能产生一种协同效应,引导社会系统协调地运行。

第三,以国家-社会理论为代表的社会学说阐明了社会协商的社会根源和社会使命。按照马克思主义的基本观点,经济基础决定上层建筑。根源于经济发展的社会变化迟早会投射到政治领域。所以,分析社会协商的

---

① 《毛泽东文集》(第7卷),人民出版社,1999,第204页。
② 《毛泽东文集》(第7卷),人民出版社,1999,第213~214页。
③ 叶山土:《社会协商对话制度的哲学基础》,《探索》1989年第3期。

理论基础一定离不开对社会学的剖析。社会学说主要从四个方面为社会协商提供了理论支撑。

国家-社会理论揭示了社会协商产生的社会根源。伴随着市场经济的发展和社会阶层的分化,传统的"国家与社会合一的一元主义模式正在走向解体"①,中国国家与社会的关系正在向米格代尔(Joel S. Migdal)、克奇利(Atul Kohli)和许惠文(Vivienne Shue)等人在《国家权力和社会力量:在第三世界中的支配和转型》一书中所阐释的"国家在社会中"模式转变。在此模式下,"国家和社会都不是固定的实体,在相互作用的过程中,它们的结构、目标、支持者、规则和社会控制都会发生变化,它们在不断适应当中"②。而这里的"相互作用"和"不断适应"的方式在当下中国的重要体现就是社会协商的多元竞起和蓬勃开展。

根源于社会市场经济理论的社会伙伴关系思想阐释了社会协商的主体性质。社会市场经济理论,在强调经济增长的同时,更加强调社会各阶层和各群体之间的利益均衡和社会的整体进步。后者的理论延伸就构成了社会伙伴关系思想,主张不同社会群体之间应该通过和平协商的方式来建构一种相互信任、相互合作和利益均衡的社会互动关系。该思想既有助于分析社会协商主体之间的伙伴关系特征,又有助于引导多元社会协商将这种伙伴关系结构化、组织化和制度化,促进社会合作,为社会安定提供坚实的社会基础。

合作主义思想为社会协商提供了明确的发展导向和相对成熟的发展模式。合作主义根源于国家与社会的适度分立。依据国家与社会力量的对比差异和国家与社会整合的逻辑差异,合作主义常常被分为"国家合作主义"和"社会合作主义"。"前者强调自上而下国家对利益集团的控制,后者强调利益集团自下而上的参与。"③ 这种思想,一方面揭示了国家仍然居于强势地位的中国,具有"国家合作主义"特征的"国家力量主导下与社会力量展开的社会协商"仍将占据非常重要的政治地位;而随着社

---

① 曹海军:《改革三十年:党、国家和社会关系再思考》,《探索》2008 年第 6 期。
② See Joel S. Migdal, *State in Society: Studying How States and Societies Transform and Constitute One Another*, Cambridge, New York: Cambridge University Press, 2001, p. 57.
③ 张静:《"合作主义"理论的中心问题》,《社会学研究》1996 年第 5 期。

会力量的成长，具有"社会合作主义"特征的"社会主导下与国家力量展开的社会协商"将逐渐发挥越来越重要的作用。另一方面，这种思想提供了国家主导下的多元合作与社会主导下的多元合作模式，为中国社会协商的机制建设和规范运行提供了丰富的镜鉴资源，有助于国家与社会的协商沟通与合作互强。这样，"国家变得更靠近社会，其合法性、渗透能力和控制能力都有所增强；而民间组织也得到了政府和社会双方面的认同，得以利用自身的双重身份来获得政府体制内外的资源，行动更有效也更为灵活"①。

社会建设思想揭示了当下中国社会协商创建和共享秩序的社会使命。中国社会的阶层分化和利益博弈，逐渐使当下中国社会底层呈现"抗争性政治"特征。② 为消弭社会冲突和构建社会秩序，国内有学者提出了"社会建设思想"，认为"当下中国社会建设必须解决两个问题：第一，使社会力量凸显，成为能够担纲的力量；第二，从国家主导的单向社会建设结构向国家主导与社会担纲的双向社会建设结构转化"③。这两个问题的解决，都离不开社会协商的有效开展。其中，社会内部发起的自主性社会自治协商，将有助于培育具有适度独立性的社会力量，使其在构建市民社会的秩序中担当主要角色；而国家主导下与社会力量展开的社会协商和社会主导下与国家力量展开的社会协商，则有助于建立健全"国家主导与社会担纲的双向社会建设结构"。它们多维互动，共同作用，将承担起以秩序创建和共享为核心内容的社会建设使命。所以，有学者认为，"从中国的政治逻辑来看，能够同时提升政府与社会治理能力，并促进它们协调、合作和融合的有效机制，就是社会协商。从这个角度讲，社会协商无疑是中国社会建设的轴心机制"④。

---

① 郁建兴、吴宇：《中国民间组织的兴起与国家-社会关系理论的转型》，《人文杂志》2003年第4期。
② 于建嵘：《利益博弈与抗争性政治——当代中国社会冲突的政治社会学理解》，《中国农业大学学报》（社会科学版）2009年第1期。
③ 林尚立：《社会协商与社会建设：以区分社会管理与社会治理为分析视角》，《中国高校社会科学》2013年第7期。
④ 林尚立：《社会协商与社会建设：以区分社会管理与社会治理为分析视角》，《中国高校社会科学》2013年第7期。

第四，以群众路线思想为代表的中国政治学理论①阐明了社会协商的方法技巧与政治价值。作为中国特色社会主义协商民主体系主要组成部分的社会协商，已经成为中国民主政治的重要内容。所以，中国政治学理论就为分析社会协商提供了丰富的思想资源。

群众路线思想揭示了社会协商的价值取向和互动性特征，有助于党委、政府通过社会协商赢得广大群众的政治认同。群众路线是中国共产党的生命线和工作路线，落实群众路线是当前中国共产党党建的重要工作内容。而正如中共十八届三中全会所言，协商民主"是党的群众路线在政治领域的重要体现"。其中，社会协商就是党委、政府在公权力与公共领域的边缘交叉地带自觉贯彻落实群众路线的具体形式和主要路径。② 一方面，群众路线明确了社会协商的群众导向和服务导向。社会协商，不仅以内部的自治性社会协商促进群众的组织化凝聚和组织诉求的理性提炼，而且以群众主动或党委、政府主动发起的社会协商吸纳群众的诉求，将施政治国的政治出发点和政治归属都置于维护和增进群众利益的基础上。另一方面，群众路线也揭示了社会协商的互动合作特征。党委、政府主动开展与社会力量的社会协商，就是从群众中汇集民智，到群众中宣讲公共政策，这是党委、政府与社会力量的民主互动。民主互动激发政治合作，这有助于巩固和提升广大群众对党委、政府的政治认同度。所以，群众路线思想在为社会协商提供理论说明的同时，社会协商也将为群众路线思想在社会领域里的贯彻开拓出崭新的空间，提供多维的路径。

统一战线思想丰富了社会协商具体开展的方法技巧，阐明了社会协商在整合社会力量维护社会安定团结方面的突出价值。党的十八届三中全会总结历史经验，强调要"发挥统一战线在协商民主中的重要作用"③。具体

---

① 按照教育部的设置，作为一级学科的政治学包含七个二级学科。政治学二级学科中就有"科学社会主义与国际共产主义运动"和"中共党史（含党的学说与党的建设）"。笔者在国内一些学术会议交流中发现个别政治学者似乎将这二者排斥在该学科体系外。这种做法既不符合学科设置精神，也使政治学脱离了主流社会价值和中国政治现实。
② 国内学者认为，"协商民主来源于党的群众路线，是党坚决依靠群众、密切联系群众、认真听取群众意见的重要形式"。参见李景治《协商民主是中国民主政治的特有形式和独特优势》，《南京政治学院学报》2014年第1期。
③ 《中共中央关于全面深化改革若干重大问题的决定》，人民出版社，2013，第30页。

到社会协商,统一战线思想的作用,一方面表现为它揭示了社会协商的目的和主要任务就是凝聚力量、争取人心,为实现"中国梦"而共同奋斗。"进入新世纪,党对统一战线的基本要求是:高举爱国主义、社会主义旗帜,团结一切可以团结的力量,调动一切积极因素,化消极因素为积极因素,为建设有中国特色社会主义的经济、政治、文化服务,为维护安定团结的政治局面服务,为实现祖国完全统一服务,为维护世界和平与促进共同发展服务。"① 另一方面,统一战线思想为社会协商的具体开展提供了方法艺术的指导。坚持"三不主义"(不抓辫子、不扣帽子、不打棍子),为社会协商创造良好的民主氛围;运用民主讨论、说服教育的方法,推动社会协商消弭冲突和寻求共识;② 坚持"团结—批评—团结"的协商方法③,在斗争与妥协中巩固各方力量之间的社会团结;分清矛盾性质④,及时调整社会协商的方针;辩证认知群众⑤,反思社会协商中的激进行为和尾巴主义做法。最后,统一战线思想凸显了社会协商的政治重要性。总结历史经验,可以发现"凡是党的统一战线工作做得好的时候,我们的事业就发展、就胜利,反之,革命和建设事业就受到严重影响,甚至遭受挫折。这是一条用沉重代价换来的历史经验"。⑥ 所以,在现阶段,社会协商多层多元的成功开展,势必在促进市民社会成长的同时提升党委、政府的政治合法性;否则,国家和社会将可能在分化过程中走向冲突与对抗。

---

① 中共中央文献研究室:《江泽民论有中国特色社会主义(专题摘编)》,中央文献出版社,2002,第342页。
② 毛泽东就一再主张:"凡属于思想性质的问题,凡属于人民内部的争论问题,只能用民主的方法去解决,只能用讨论的方法、批评的方法、说服教育的方法去解决,而不能用强制的、压服的方法去解决。"见《毛泽东文集》(第7卷),人民出版社,1999,第209页。
③ 具体而言,该方法就是"从团结的愿望出发,经过批评或者斗争使矛盾得到解决,从而在新的基础上达到新的团结"。见《毛泽东文集》(第7卷),人民出版社,1999,第210页。
④ 刘少奇就认为:"事情是复杂的,这两类矛盾是可以互相转化的。对抗性矛盾在一定条件之下会转化为非对抗性的矛盾,非对抗性的矛盾在一定条件之下也会转化为对抗性矛盾。矛盾转化了,处理的方针也要随之转化。"见《刘少奇文选》(下),人民出版社,1985,第301页。
⑤ 辩证认知群众,"一切关系广大群众切身利益的事情,都必须依靠群众的自觉和自愿。我们既不要把群众的觉悟程度估计过高,也不要估计过低"。见《刘少奇文选》(下),人民出版社,1985,第405页。
⑥ 中共中央文献研究室:《江泽民论有中国特色社会主义(专题摘编)》,中央文献出版社,2002,第340页。

善治思想彰显了社会协商的终极目的。善治思想的实质就是"政府与公民对公共生活的合作管理,是政治国家与公民社会的一种新颖关系,是两者的最佳状态"①。而社会协商的政治追求,就是力图在国家与社会渐趋分化的背景下连接二者,既能在社会自我组织整合的基础上引导社会力量"有序""有为"地参加公共生活,又能使党委、政府顺畅高效地吸纳民意以提升政治合法性,最终实现二者的沟通协调、合作互强。所以,善治思想引导下的社会协商的成功开展,将开拓出一条政府与公民对公共生活进行合作管理的有效路径,协调公民之间、公民(或公民组织)与政府之间的各种矛盾冲突,促进二者最佳状态——强政府与强社会的有机互动与和谐共存——的形成,使社会更加公平公正,国家运转更加高效有序。

第四节　结论

回溯历史,社会协商在中国共产党成立之初就进入了它的思想视野。近代中国多元生产方式的并存和当代中国国家与社会的分化,使得社会协商在不同历史时期都具有存在的社会基础,并获得了多元的实践探索和理性审视。这也在一定程度上说明社会协商是中国革命和建设过程中自然生成的整合社会力量、推进革命和建设的民主产物,具有内生性特质。

具有内生性特质的社会协商,在当代中国国家与社会关系不可逆转的深刻变化中占据着重要的政治地位,具有重要的作用与功能。当代中国国家与社会的关系,正在"强政府－弱社会"与"强社会－弱政府"之间摇摆。从宏观视野来看,中国共产党和中央政府对社会有着较强的控制和引导能力,呈现"强政府－弱社会"的特征,政党通过国家机构治理社会。然而与之形成鲜明对比的是,从微观视野或社会基层来看,社会内部有组织或"群氓式"的社会力量又不断地冲击着基层政府和局部社会秩序,呈现"强社会－弱政府"的状态。无论是"强政府－弱社会"还是"强社会－弱政府",都难以构建文明法治的未来中国。因此,"强政府"与"强社会"和谐并存的政府－社会模式,才是未来中国文明进化的追求。而社

---

① 俞可平:《增量民主与善治》,社会科学文献出版社,2005,第146页。

会协商的多元开展，就是建构这种模式的有效路径。其中，社会内部的自主性社会自治协商，将培育社会组织力量，促进中国市民社会的形成，逐渐厘清公私权力（利）的边界，形成具有中国特色的"强社会"。市民社会形成后对公私权力（利）相对明确的划分，也将使国家权能更趋清晰，进而推动中国特色"强政府"的逐渐形成。其他两种类型社会协商，将积极发挥沟通协调"强政府"与"强社会"的功能。其中，社会主导下与国家力量的社会协商，将遵循"自下而上"的民主逻辑积极主动地参与公共对话，制定更具理性共识和民众基础的公共政策。而国家主导下与社会力量的社会协商，将公权力置于民众的监督之下，以开放透明的施政风格吸纳社会力量参与公共事务的管理，既推动公共决策的民主化和科学化，又提升政府的政治合法性。上述二者有机互动，将最终使"强政府"与"强社会"在沟通协调中互动合作，实现和谐并存。由此可见，多元社会协商之民主功能的充分发挥，对于形成中国特色的"强政府–强社会"模式确实具有极其独特的促进价值。

（王洪树　四川大学）

第九章

网络协商

网络的出现深刻地改变了全人类的生活方式,它提供了一个不同于现实社会空间的网络空间。在这个全新的网络空间中,协商民主的内容与形式也发生了微妙的变化。

第一节 互联网:协商民主新空间

互联网时代的到来,不仅是一种沟通工具的变革,也不仅是生活环境的改变,而是一种深刻影响社会生活的机制发生了重大变化。不同于以往的生产方式革命,互联网的出现是一次交往方式的革命,人与人之间的对话形式正在发生根本性的反转。这次革命重新塑造了社会结构,对社会公共舆论的发展与转型造成了前所未有的重大影响。

一 互联网与社会舆论结构的转型

任何一种民主形式都根植于一定的社会权力结构与社会舆论结构基础,协商民主也不例外。在互联网的作用下,社会舆论结构开始出现转型。最为典型的表现是社会舆论结构与社会权力结构的分离已经逐渐显现。

在互联网出现之前,社会舆论结构虽然与社会权力结构之间时有"偏离",但就整体格局而言,社会权力结构能够深刻地影响社会舆论结构,反之,社会舆论结构也基本适应与反映社会权力结构。正是两者之间的这种紧密关系为一个国家的政治社会化提供了基本保障。但在互联网出现后,社会舆论结构与社会权力结构开始分离。互联网为社会民众提供了一个不同于现实社会生活的话语空间，在这个空间中，个体之间的关系突破了现实的社会关系，而依赖互联网重新联结虚拟的社会关系。

这种变化的重要结果是，社会舆论可以脱离社会权力结构而自由地重新组合。在这个背景下，传统社会舆论结构中依赖社会权力的谱系而排列的主流观点与边缘观点的分野被打破。大量为主流观点所排斥的边缘观点，在互联网空间中找到了新的发展机会。边缘观点无论与社会主流观点多不相符，都可在互联网中迅速找到"志同道合"者，从而结成不同于社会群体的网络群体。由此可见，互联网空间是一个为边缘观点提供发展机会的全新社会空间。互联网作为一种新的沟通工具，悄然推动社会舆论结构的转型。社会舆论结构的转型对网络空间中协商民主的发展起到至关重要的作用。

二　网络空间与社会空间的差异

在研究网络空间内协商民主发展之前，有必要更为全面地理解网络空间与社会空间的差异（见表9-1）。这种差异往往被习惯性地简化为环境性差异，这是不全面的。作为交往方式的一次革命，网络空间的出现是社会关系的一次根本变化，主要表现在两个方面。

表9-1　网络空间与社会空间的差异

差异类型	社会空间	网络空间
身份性差异	关联式身份	原子式身份
认知性差异	利益主导型认知	符号主导型认知

资料来源：作者自制。

1. 身份性差异

网络空间与社会空间的差异首先表现为社会行为主体在身份定位上的差异。在社会空间中，不同的行为主体会由于社会利益关系的差异定位自身的身份。在现实的社会空间中，任何社会行为主体都体现其背后社会关系的总和，它必须通过现实的社会利益关系，以及由此产生的各种权利义务关系定位身份存在。可以说，社会空间中社会行为主体的身份是"关联式身份"。与现实的社会空间不同,在网络空间中,一个虚拟的名称或一串数字就能成为网络行为主体的代号。网络中的行为主体可以利用互联网隐蔽性的特点掩盖自己的身份、年龄、性别、职业等信息,凭借这些隐藏手段就可以虚拟出一个完全不同于现实社会身份的虚假身份。因此,网络行为主体不需要与固定的社会关系相联系,从而能够暂时地、随意地在不同的网络群体之间流转,而不需要承担社会空间中的群体义务。"网民作为网络文化价值的主体,是在虚拟实践或网络(网民)的高频互动中形成和被创造出来的。"① 由此可见,在网络空间中,网络个体不是根据社会关系定位身份,而表现为一种"原子式"的个体身份。这个"原子式"的身份使网络个体可以自由地在网络空间中与任何人结合成社群,而不必受到现实社会利益关系的限制。

2. 认知性差异

身份性差异直接影响到行为主体的认知结构。在社会空间中,由于行为主体依赖于社会利益关系进行身份定位,因此,社会行为主体的认知结构是以利益认知以及在此基础上形成的观念维度为导向的。可以说,利益认知主导社会行为主体的认知结构。但是,在网络空间中,认知结构发生了实质性变化。作为一个虚拟空间,网络空间打破了现实社会身份的利益关系,网络行为主体主要通过对一定信仰符号的认同而自由聚集成新的社群。而这些新的社群不同于现实中的社会团体,它们不需要权利义务关系而联结,可以自由生成或自由解体。网络社群不是实质社群,不会遵循实质社群那种沟通和互动模式。② 在这个新的社群生态中,网络个体聚集的动力已经不仅仅是现实利益认知,更重要的是一种虚拟的符号认知。这种符号认知是观念维度进一步提炼与异化的结果。因此,在网络空间中,符号认知取代了利益认知成为行为主体认知结构的主导要素。

网络协商民主正是在原子式身份与符号型认知的社会关系中生成与发展起来的民主形式。综上所述,互联网从技术上为协商民主打破社会利益

---

① 唐魁玉:《网络文化价值与网民的核心价值观——以中国网民社会经验为中心》,《学术月刊》2012年第11期。
② 具体观点见〔美〕曼纽尔·卡斯特《网络星河——对互联网、商业和社会的反思》,郑波、武炜译,社会科学文献出版社,2007。

关系提供了一个新的空间，由此，原先被边缘化的各种观点能够与主流观点得到平等对话的机会，其中所蕴含的自由性、开放性与平等性都是现实协商民主所期望却难以实现的。

第二节　网络协商民主：虚拟世界的参与、表达与对话

网络协商民主是虚拟世界中的一种民主形态，参与、表达与对话都深深打着虚拟世界的烙印。

一　网络协商民主的定义与内涵

如果一定要给网络协商民主下个定义，可以初步认为，网络协商民主是运用现有的互联网技术推动社会民众参与协商过程，营造共识，共同决策的民主体制与机制。当然，这个定义只是抽象的叙述，如果要对该定义的内涵进行深入说明，我们就必须意识到，网络协商民主不简单是协商民主由社会空间转移到网络空间，也不简单是协商民主所处环境发生了变化，而是协商民主运行机制发生了转型。那么，网络协商民主是不是一种不同于社会协商民主的全新民主形态呢？答案既是也不是。

一方面，网络协商民主确实与社会协商民紧密相连。虽然网络空间与社会空间中的差异日益清晰，但也要清醒地认识到的是，网络空间"并非是一个与现实社会截然分开的存在，它毕竟仍然以种种方式或种种渠道联系着现实社会中的历史积淀，联系着现实社会中的脉搏跳动"[①]。在互联网中，社会民众的意见表达在逻辑层面上主要由两部分构成。一部分是本身就存在于社会现实生活中的意见，一部分是只有在网络中才得以表达的意见，而这两部分意见在实践层面中相互交织，有时甚至难以区分。

另一方面，互联网又赋予协商民主新的机制。相较于现实社会空间而言，互联网空间确实更为平等与开放。即使是现实社会生活中的意见，在

---

① 刘丹鹤：《赛博空间与网际互动——从网络技术到人的生活世界》，湖南人民出版社，2007，第153页。

互联网中的表达也受到了网络机制的影响。首先，一部分社会民众的意见在现实生活中可能由于人数太多而不被关注，但是在网络空间却能得到回应；其次，社会民众的意见出现内涵上的异化，有时甚至在各方面舆论的作用下演化为民粹主义。这就决定了网络协商民主所面对的问题不仅包括现实协商民主中需要考虑的技术性问题，还包括如何保持民主理性，避免民粹绑架民主等价值性问题。

由此可见，网络协商民主是不是一个全新的民主形态依然是一个值得思考的重要问题，有待于在实践中进一步地研究与分析。

二 网络协商民主的主要特征

如果从特征的角度分析，可以更好地理解网络协商民主的定义与内涵。因为在定义网络协商民主的主要特征时，实质上已经暗示着网络协商民主与现实社会中的协商民主之间的对比与区别。

1. 协商民主结构的扁平化

行为主体的平等是协商民主的重要前提与价值追求，"平等是协商的前提，只有在平等的条件下，人们才能理性地对话和讨论，否则，就不称为协商，只是咨询而已"[①]。在互联网中，每个行为主体在形式上是平等的，因此，协商民主结构在网络空间呈现扁平化的特点。在现实社会中，协商民主的运用不得不在一个客观的权力结构中展开。在这种背景下，所谓的行为主体之间的平等性在特定条件下往往难以实现。这也一直是协商民主的关键"软肋"之一。但是，在虚拟的网络空间，这一问题有望得到解决。

第一，网络空间建构了协商民主的扁平结构。网络空间中的行为主体是一种原子式的身份，无论行为主体在社会空间中拥有多大权力，在网络空间都成为一个独立的原子个体。这可以很大程度上弱化社会利益关系，尤其是自上而下的权力结构对于意见表达的影响。因此，网络空间实际上打破了社会空间中自上而下的权力结构，而建构了一个扁平式结构。这个平等结构为行为主体能够更为自由、充分地表达意见提供了一个平台与契机。

---

① 何包钢：《协商民主：理论、方法和实践》，中国社会科学出版社，2008，第55页。

第二，网络空间实现了指令关系向对话关系转变。在权力结构中，协商民主的话语体系以不同权力主体之间指令关系为主导，这种指令关系不利于不同行为主体之间的平等沟通。而在扁平式结构中，协商民主的话语体系能够使不同的行为主体之间平等沟通，从而形成一种对话关系。只有在网络空间中，协商民主的话语体系才能够从指令关系向对话关系转变。

当然，需要注意的是，网络空间中协商民主结构的扁平化不是绝对的，它依然受到现实社会空间中权力结构的影响，只是这种影响被互联网的虚拟性削弱，从而强化了协商民主所需要的平等性。

2. 协商民主内容的政策化

协商民主相较于选举民主的一个重大差异在于，选举民主以选票为标准决定决策者，而协商民主则允许和鼓励社会民众参与决策过程。但在现实社会中，受制于参与决策过程的成本，协商民主往往更适合社会民众在较小的地域范围内，如社区或小型城市内，参与公共事务，而对于较大地域范围，如大型城市、省、国家等层面的公共政策问题，协商民主时常难以达到预期的效果。然而，在互联网上，协商民主的内容可以从小范围的公共事务向更大范围的公共政策转变。

第一，互联网降低了社会民众参与大范围公共政策的成本。在较大的地域范围中，协商民主需要大量的成本，例如行政成本、交通成本、时间成本等，这些成本是制约现实社会中协商民主发挥作用的重要因素。而在网络空间中，社会民众可以打破空间的局限，高效地依赖互联网参与公共政策，而行政机构也可以因互联网的使用降低协商民主的行政成本。

第二，互联网扩大了参与公共政策的社会民众的范围。在现实社会中，一旦地域扩大，所涉及的社会民众或利益相关者也自然增多，而要在大范围的社会民众中展开平等的协商，显然存在较大的困难。换言之，现实社会中的协商民主实际上存在参与规模的局限。而互联网的出现则使这个局限得以突破，更多的社会民众可以通过网络参与到公共政策中。互联网所能容纳的协商规模远远地超过现实社会。

由此可见，互联网的出现与发展使更多的社会民众参与到更大范围的公共政策讨论中成为一种可能。

3. 协商民主过程的多向化

协商民主所需要的平等实质上是话语权的平等。在现实社会中，话语权的分配是以政治权力与社会权力的分配为基础的。在这种权力结构中，协商民主的过程不可避免地会出现话语权由小到大的"集合"，呈现单向化的特点，这就难以实现行为主体之间的平等对话。而互联网则为话语权的重新分配与行为主体的平等互动提供了平台。

第一，从技术层面上看，互联网是基于网络节点而形成的交互体系。互联网中的行为主体依赖于网络节点与其他行为主体发生互动。因此，互联网在技术上并不是一个行为主体的网络，而是多元网络节点的交互体系。这也是网络空间中会形成原子式身份与符号主导型认知的重要技术基础。在这种环境中，每一个行为主体被简化为网络节点，现实社会中的权力也就被互联网技术自然剥离。

第二，从权力分配上看，互联网是一个话语权平等分配的系统。互联网促进了自媒体（We Media）的出现。自媒体是普通大众能够经由互联网的联结而提供与分享自身的事实、新闻的方式，它以私人化、平民化、普泛化、自主化为特点。"协商网络不存在统一权力中心，任何一个节点（协商主体）都可能成为传播与协商的中心。"[1] 这意味着，自媒体的出现重新分配了话语权，使网络中的行为主体平等地享有话语权，从而突破了政治权力与社会权力决定话语权的格局。

在上述两方面的作用下，网络协商民主突破了单向化的局限，使行为主体能够利用互联网平等互动，从而表现出协商过程的多向化特点。

三　网络协商民主的基本形式

虽然网络协商民主能够实现结构扁平化、内容政策化与过程多向化，但就目前的发展情况而言，网络协商民主主要是现实社会中协商民主的一种补充形式，其主要有网络公共论坛、网络问政、自媒体政务三种基本形式。

1. 网络公共论坛

网络公共论坛，又称为BBS，是通过互联网而形成的交流场所。目前，

---

[1] 汪波：《社会网络视角下虚拟协商民主：逻辑、变迁与测评》，《当代世界社会主义问题》2016年第1期。

网络公共论坛已经成为网络协商民主的一种重要形式。通过网络公共论坛，政府可以发布政务信息与收集社会民意，社会民众可以实现意见表达与互动。

案例一　杭州市政府的"杭网议事厅"

杭州市委十届四次全会确定把"民主民生"作为城市发展的六大战略之一，2009年杭州市出台了《关于建立以民主促民生工作机制的实施意见》，明确要求搭建以民主促民生议事平台。围绕"杭州的事杭州人民来办"，在杭州网上建立一个相对固定的党政、市民、媒体"三位一体"的平台，以此推动杭州民主促民生工作。杭州400多万网民们期盼建立一套长效的网上问政机制，使网络成为党委政府与群众之间大门永远敞开的"议事厅"，形成和谐共振的良性互动。

为了更好地发挥网络、网民在民主促民生中的重要作用，使网络成为构建"三位一体"的以民主促民生工作机制的重要平台，使网民成为民主促民生的重要主体，由市委办公厅、市政府办公厅、市委宣传部、杭报集团牵头，在深入调查研究的基础上，经多次研究和协调，决定在杭州网上创建一个新的网络频道——"杭网议事厅"，作为民主促民生的网络互动平台。

杭州网是杭州地区唯一一家经国务院新闻办批准的新闻门户网站，拥有网络影视播放许可证，可合法从事网络视频直播和视频互动业务。杭州网论坛是浙江省人气最旺的民声类论坛，论坛注册会员已突破90万。近年来，杭州网已跻身主流媒体行列，承办了市委常委网上恳谈、市人大常委会互动直播和市政府常务会议互动直播等多项互动交流活动，为网络民主促民生的探索打下了扎实的实践基础。

杭网议事厅在杭州市"市民之家"拥有实体"杭网议事厅"，将定期不定期邀请领导、嘉宾做客议事厅，与网友互动交流。

杭网议事厅的网络平台下设"问计于民、热点热议、网上服务、民生恳谈、新闻发布"等十余个栏目，围绕"人民城市人民建，建好城市为人民；大家的事大家来办，杭州的事杭州人民来办"，实施"民主民生"战略，建立党政、市民、媒体"三位一体"以民主促民生工作机制,充分发挥广大市民和"新杭州人"共建共享"生活品质之城"的积极性、主动性和创造性,努力使之成为推动党委、政府科学民主决策的重要载体、人民群众民主协商的重要平台、人民群众有序政治参与的重要渠道,"让我们生活得更好"。

杭网议事厅还将为领导了解舆情提供快速通道,帮助党委、政府建立高效工作信息应用平台,为科学决策、民主决策作参考。

2. 网络问政

网络问政,就是政府或行政机构通过互联网了解民情民意,问计于民,民众通过互联网向政府与行政机构表达意见、对其实施监督的方式。相较于网络公共论坛而言,网络问政往往针对性较强,对政府的影响也更为直接。

案例二 "我向总理说句话"

从2014年3月起,中国政府网开设"我向总理说句话"常设板块,"一些好的意见建议将被直接送到总理的办公桌上"。这让中国网民的电脑桌与政府总理的办公桌的距离从未如此之近。

在中国政府网上,一位网名"明明德"的高中生提出,山东考生上北大、清华的难度是北京考生的几十倍,强烈建议收回京、沪等地考生的"高考特权",各大名校按照考生人数比例向各省投放招生指标。

"明明德"的留言得到了主管部门教育部的回复。在承认历史和自然等原因导致省际高考录取分数存在差距的前提下,教育部回复表示,2007年以来,部属高校累计调出3.3万个名额投向中西部及入学机会偏低的地区。未来还将进一步推动优质高教资源公平、合理配置等,并对相关政策进行了解释。

就在教育部回复"明明德"的留言不久,2014年8月29日召开的中央政治局会议审议通过了《关于深化考试招生制度改革的实施意见》,其中明确提出"要改进招生计划分配方式,提高中西部地区和人口大省高考录取率,增加农村学生上重点高校人数,完善中小学招生办法破解择校难题"。

"明明德"以及数以万计的中学生将从中受益,甚至可能改变命运。

根据中国政府网对 2014 年 7 月网民留言的分析,43% 的留言是表达个人诉求,31% 的留言提出了各类意见、建议,揭发控告的也有 4%。此外,留言的主题还有表达感情、政策咨询、突发事件等。

而在所有建言内容中,排名前十的领域分别是教育、卫生计生、公安、劳动社保、行政体制改革、工业和信息化、外交国防、发展改革、城乡建设、纪检监察,留言的数量都在 100 条以上。

截至 2014 年 8 月 28 日,网站公布 59 个建言回复,2014 年 3 月到 6 月,每月两三条,2014 年 7 月到 8 月进入常态化大规模办理阶段,办理回复最多的部门是国务院办公厅、人力资源和社会保障部、教育部,而回复部门除了国务院直属部门,还有全国人大常委会办公厅、全国政协办公厅。

3. 自媒体政务

随着自媒体的兴起,微博、微信等自媒体工具也成为网络行政协商的重要场域。通过这些自媒体,政府能够更为广泛地发布政务信息,听取网络民意,解决网民问题,消除网络谣言,同时在这一过程中加强了政府与网民之间的互动。

案例三 "平安北京"政务微博

2010 年 7 月 29 日,北京市公安局以微博账号"平安北京"的身份第一次出现在新浪微博平台。2011 年,"平安北京"跻身中国十大政务微博榜首。2011 年 12 月"平安北京"粉丝突破 210 万,到 2015 年,在五年时间内粉丝数量攀升到 900 多万,位列"十大政务微博"榜单之首。"平安北京"相关负责人表示,维护微博的团队来自基层的兼职警员,夜间也会安排专人值守。在北京市公安局新闻办公室的领导下,"平安北京"由来自不同警种的 14 名工作人员负责运营,成员均为市公安局各个岗位的优秀民警,分别来自刑侦、治安、消防、出入境等岗位，他们从 2011 年 8 月 8 日起正式上岗，将长期为"平安北京"的网友提供咨询服务，并将受聘为"平安北京"特约博主，定期在网上与网友进行交流。"平安北京"工作团队通过 24 小时的轮流值守，应对网络舆情事件，并及时与市公安局指挥中心、其他政府部门、分局部门联络，办理网民报案，解答疑问，澄清网络谣言，消除由谣言造成的恶劣影响。

第三节 网络协商民主的困境与未来

由上述分析可见，网络协商民主利用互联网的便利优势正在迅速发展起来，成为现实社会中协商民主的一种有力补充。但网络协商民主的发展也存在一定的问题值得反思，只有在研究与解决这些问题的基础上，网络协商民主的可持续性发展才是值得期待的。

一 网络协商民主中的民粹主义问题

在互联网空间中，自由与失序时常紧密相连，民主与民粹也往往只是"一个问题的两个方面"。网络协商民主固然以广泛的政治参与与社会民众的参与热情为依托，但是，由于在网络空间中，协商民主往往难以建构有效的程序，从而使民主失去一定的制约，而极易演变为"民粹主义"。所谓民粹主义，是指"人民大众为诉求对象，奉行人民至上，大众崇拜，主张直接民主，大众民主，坚持反精英、反体制的社会批判立场"[①]。它是一种群体性情绪的表达，是出于对正义、平等、参与和简单朴素等人类之爱的极度渴望而表现出的对现状的批判。网络民粹主义表面上打着维护平民利益的幌子，实际上通过街头政治、广场运动、网络声讨以及排外活动等形式不断诱导并助推无政府主义在国家政治文化中的普遍实现。现阶段网络空间中的民粹主义倾向日益明显。首先，民粹主义者极力渲染官员、富人

[①] 向冬梅：《理性审视民粹主义——基于当下国内社会思潮的论争》，《理论探讨》2015 年第 1 期。

等对立群体的负面形象。他们通过塑造弱势群体的形象,抢占话语权,将少数官员或者富人的行为失范放大成整个官员群体或者富人阶层的形象,将个体事件夸大为普遍现象。其次,通过抢得的话语权进行舆论造势,逐渐形成对政府、官员的有罪推定,推动对政府、官员的群众广场式道德审判,削弱网民对政治主流文化的信任。更令人担忧的是,这种民粹化言论在网络舆论中往往能获得相当高的支持率。民粹主义者借助社会转型期所出现的住房、医疗、教育、贪腐等问题,在网络上将其发酵成为"官与民"、"富与贫"甚至是"专家与百姓"之间的对立,通过对社会精英阶层与部分知识分子的丑化、妖魔化,实现对精英与知识分子的道德审判或舆论审判。"互联网为极端主义的蔓延提供了土壤,正在成为极端主义的温床,因为观点相同的人可以通过网络十分便捷且非常频繁地对话交流,但听不到或不允许有不同的声音。"①

在现实社会中,在主流文化的作用下,民粹主义会成为一种边缘观点而难以为大众所接受,但是,在网络空间中,"主流-边缘"的二分逐渐消失,民粹主义也成为一种具有较大影响力的网络思潮。尤其在自媒体的环境下,民粹主义更容易得到认同,有学者就将这种民粹主义的兴起与无政府主义联系在一起。② 网络协商民主是否能够保障政治参与的秩序,避免民主陷入民粹主义的陷阱,就目前网络协商民主的发展水平而言,依然是个未知数。

二 网络协商民主过程中的平等问题

从形式上看,互联网毋庸置疑地为协商民主提供了一个行为主体平等对话的空间。但在这个平等的背后也蕴含着不平等的因素。

一方面,在网络协商民主的过程中,"话语权-信息权"失衡产生了新的不平等。虽然话语权得到了平等的分配,但是信息权并没有平等分配。这也是互联网空间中谣言极易传播扩散的重要原因。在信息权不平等的背景下,在网络协商民主的过程中,依然会以信息权为中心而形成一个等级

---

① 伍俊斌:《网络协商民主的契合、限度与路径分析》,《马克思主义研究》2015 年第 3 期。
② 高宏强:《网络无政府主义与协商民主理念的意识形态博弈》,《内蒙古社会科学》(汉文版)2016 年第 2 期。

体系。也有学者将这种信息权的不平等分配理解为"数字鸿沟",网络技术尽管为实现普遍的利益表达和直接的政治参与创造了技术条件,但只要"数字鸿沟"在现实社会普遍存在,民众就不可能获得真正意义上的政治参与和诉求表达的民主平等。①

另一方面,信息权的不平等又与政治权力、社会权力的不平等紧密相连。在话语权开放的条件下,政治权力与社会权力会尽可能控制信息权,而与之相适应的是,信息权的不平等分配又进一步巩固现有政治权力与社会权力结构。而信息权与政治权力、社会权力的相互强化无疑会对协商民主的平等性构成挑战。

由此可见,"在信息时代,信息不仅是一种新的资源,一种科学技术力量,一个强大的生产力,也是一种重要的政治资源和政治影响力。谁能及时准确地掌握信息技术,谁就能在政治上获得更多的主动权和发言权"②。由于信息权的不平等,网络协商民主虽然可以保障政治参与的广泛性,却无法保障政治参与中的讨论能够深入、有效。

互联网只是提供了话语权平等开放的技术,却难以在信息权层面实现平等分配。因此,如何保证网络空间中信息权与话语权相适应,而非与政治权力、社会权力结构相适应,是网络协商民主可持续发展需要研究的一个重要课题。

三 网络协商民主过程中的代表性问题

网络协商民主值得关注的第三个问题是代表性问题。在社会利益结构多元化的背景下,社会民众针对具体政策也会形成许多不同的利益诉求与意见。而互联网中的政治参与又存在"低门槛"的特点。这就意味着,大量不同层面不同类型的利益诉求与意见表达都会呈现在互联网中。那么,网络协商民主是否能够代表社会多元化的利益诉求则成为一个重要疑问。

一方面,网络空间中的多元利益之间存在的分歧影响了利益表达的效果。由于民间社会正处于复杂的转型时期,社会多元利益之间的冲突不可

---

① 杨继红:《新媒体生存》,清华大学出版社,2008,第232页。
② 陶文昭:《电子政务与民主参与》,《电子政务》2010年第9期。

避免。这种冲突在互联网的作用下被放大,从而使简单的意见表达难以进行"综合",无法形成具有约束力的决策参考。协商民主如果与决策环节相分离,就会演化为简单的咨询,而非协商。

另一方面,网络协商民主对于社会多元群体缺乏科学的"抽样模式"。协商民主要充分覆盖不同的社会群体,就需要针对这些利益群体进行科学的抽样,否则,协商民主又将演化为"少数服从多数"的票决民主方式,从而失去其区别于选举民主的特色。但是,在互联网中,这种科学的"抽样模式"难以实现,也不可能全面覆盖不同的利益群体,甚至无法准确地判断一项具体政策的利益相关者。

因此,如何才能使行政协商更为广泛与合理地代表社会多元利益是网络协商民主需要进一步研究和回答的问题。

由上述分析可见,在网络空间中,协商民主的整个流程实际上是不可控的。网络协商民主在技术层面激发民众政治参与热情的同时,也产生了一系列新的难题。网络协商民主的未来取决于我们能在多大程度上解决这些难题。

(张　翔　福建师范大学)

第十章

协商民主：地方官员的视角*

2012年，党的十八大明确提出"健全社会主义协商民主制度"，2015年，中共中央印发了《关于加强社会主义协商民主建设的意见》，协商民主制度建设具备了详细的路线图。因此，不管是理论上，还是政策实践中，协商民主建设已经成为我国政治体制改革的重要组成部分，是我国全面深化改革的重要内容，也是我国政治文明建设的题中应有之义。"政治路线决定之后，干部就是决定的因素。"① 协商民主制度建设的推进在很大程度上取决于作为执政党的中共，其干部群体是如何认识协商民主、理解协商民主的，如何在实际工作中将协商民主制度建设的顶层设计具体加以贯彻和落实的。协商民主实践，不仅需要相关制度的保驾护航，而且需要协商民主主体意识的内驱力。因此，从地方政治精英的视角出发，了解这些地方官员如何认识中央的政策取向、如何落实中央政策，将有助于我们深入分析协商民主制度实践可能面临的复杂环境，以及未来走向。

2015年3月到6月，课题组在全国12个省市党校开展了"完善和发展社会主义协商民主问卷调查"。课题组在广泛征求政治学、社会学等相关领域研究者意见的基础上完成问卷设计并进行小范围试测。课题组委托有关

---

* 本章是本研究项目2015年"完善和发展社会主义协商民主问卷调查"的成果。此次问卷调查活动得到北京、上海等12个省市党校领导和研究人员的大力支持与配合。同时，协商民主研究团队为数据采集、录入、分析和应用也做出了巨大贡献。有关观点、分析等吸收了课题组其他成员的成果。

① 《毛泽东选集》（第2卷），人民出版社，1991，第526页。

党校的合作研究人员，在培训班学员中开展问卷调查。调查采取配额抽样方式进行，配额依据为党政干部的行政级别及地域归属。问卷填写对象为我国地方的厅级和处级官员；所选 12 个省市分别属于东北地区、华北地区、华东地区、华南地区、西南地区，基本每个区域都有 1~2 个省份代表，从地域上讲有一定的代表性。2015 年 6 月底完成问卷回收工作。此次调查共向省级党校参训党政领导干部发放问卷 2880 份，完成有效问卷 2223 份，有效完成率为 77.2%。为保障调查质量和受访人隐私，本次调查采取匿名调查方式，由受访人自填问卷。

此次问卷调查旨在通过设计更为结构化的问题，从制度建设的角度，初步了解我国政治精英的民主观念和行为，系统分析我国协商民主建设的发展状况、面临的挑战以及发展前景。

第一节　协商民主认知与实践图景

2012 年党的十八大报告明确提出"健全社会主义协商民主制度"，2015 年《关于加强社会主义协商民主建设的意见》、《关于加强人民政协协商民主建设的实施意见》、《关于加强城乡社区协商的意见》和《关于加强政党协商的实施意见》相继出台，体现了执政党对推进协商民主实践的觉醒和设计。而在如何理解"协商民主"方面，则存在因为出发点和落脚点的不同而表现出的差异。

一　协商民主认知

1. 协商民主内涵认知

其一，将协商民主作为国家的一种民主制度，即"社会主义协商民主是中国共产党在革命、建设、改革的长期实践中创造的一种以民主协商为基本特征的人民民主形式，是同我国人民民主专政的国体、人民代表大会制度的政体相适应的一项国家民主制度，是充分体现党的领导、人民当家作主、依法治国有机统一的民主实现机制，是中国特色社会主义政治发展道路的重要组成部分"[1]。

---

[1] 郑万通：《关于社会主义协商民主的几个问题》，《中国政协理论研究》2013 年第 4 期。

或者一种民主形式,即"关于社会主义协商民主,其基本概念是:在中国共产党的领导下,国家政权机关、政协组织、党派团体、基层组织、社会组织、各族各界人士和人民群众,对经济社会发展重大问题和涉及群众切身利益的实际问题,在决策前和决策实施之中开展广泛协商。这是一种既维护整体利益又兼顾各方的社会主义民主政治的特有形式"①。也有较为简单明了的表达,如"协商民主,简单地说,就是公民通过自由而平等的对话、讨论、审议等方式,参与公共决策和政治生活"②。这种界定显然已经突破了仅仅局限于既有制度实践的思维模式,从更为广义和根本的角度去理解协商民主。

其二,将协商民主作为一种决策方式,即"协商民主提倡的是这样一种民主形式:自由而平等的公民在信息充分的情况下,就共同关心的议题,运用明智的判断,通过讲道理的方式,审慎地评估各种观点,提出合理的解决方案"③。"从整体上考察,协商民主主要是指在一定的政治共同体中特定的政治主体通过对话、讨论、商议、妥协、交易、沟通和审议等协商型的方式及机制参与政治的一种民主模式。"④ 包括这样几个方面内容,如参与协商的主体是平等的、理性的、自由的、知情的;参与方式的协商性,即对话、讨论等;协商过程的公开性;协商程序的建制化,即各方遵循规范化、制度化程序进行协商;协商结果的共识性,提高认同与政策合法性。"社会主义协商民主除了具备协商民主的一般含义外,还具有不同于其他协商民主的特殊规定性,也就是在党的领导下,社会各个政党、阶层、团体、群众等,就共同关心或利益相关的问题,以适当方式进行协商,形成各方均可接受的方案,作出决策或决定,以实现整体的发展。"⑤

其三,将协商民主看作一种治理形式,即"在社会主义政治经济社会生活中,所有可能受到决策影响的行为主体,围绕经济政治社会生活中的

---

① 李金河:《如何正确认识社会主义协商民主》,《理论参考》2014年第4期。
② 俞可平:《协商民主:西方民主理论和实践的最新发展》,《学习时报》2006年11月6日。
③ 谈火生:《协商民主:西方学界的争论及其对中国的影响》,《中国党政干部论坛》2013年第7期。
④ 黄卫平、陈文:《协商民主与多党合作和政治协商制度》,《中国政协理论研究》2010年第1期。
⑤ 刘佳义:《大力发展社会主义协商民主》,《中国政协理论研究》2012年第4期。

重要议题,以吸纳群众参与公共事务为灵魂,以改善乡村政治社会权力结构为渠道,以达成共识、作出决策为指向,通过直接参与商议、讨论或咨询的方式,展开积极、理性的交流和沟通,相互体谅,彼此让步,从而尽可能就共同关心的议题达成共识的一种民主治理形式"①。协商民主能够吸纳更多元的行为主体,参与公共事务的管理活动。

其四,从政治协商制度的角度理解协商民主,"我国协商民主的实质是最广泛地发扬社会主义民主,使广大人民群众更好地行使民主权利。这种民主形式主要体现在中国共产党领导的多党合作和政治协商制度之中,贯穿于多党合作和政治协商的全过程,表现在国家政治和社会生活的各个方面,具体有四种实现途径,即政治协商、参政议政、民主监督、合作共事"②。这种界定实际上是以中国共产党领导的多党合作和政治协商制度的理论与实践为基础的,具体指向就是我国的这一基本政治制度。

2. 协商民主的重要性与效能认知

一是认为协商民主是一种更高、更优越的民主形式。协商政治概念则"在一定程度上是作为竞争政治的替代来强调的"③。协商民主能够回应代议民主的不足,"是民主发展的一个更高形态"④。

二是在选举民主和协商民主的关系方面,存在截然不同的分歧。例如,有观点认为,选举和协商是两种民主形式,二者相辅相成、相互支持。协商民主只是选举民主的补充,而不是要替代选举民主,协商民主的发展仍然要建基于选举民主之上。⑤ 也有观点认为,"竞争性民主不能成为判断民主的根本标尺"⑥,选举民主并不适合中国的政治发展,中国的事情更多地

---

① 陈朋:《社会主义协商民主的基本内涵与运行机制》,2013 年全国社会主义学院系统理论研讨会暨中国政党制度研究中心第 11 届年会征文。
② 庄聪生:《协商民主是中国特色社会主义民主的重要形式》,《毛泽东邓小平理论研究》2006 年第 6 期。
③ 林尚立:《协商政治:对中国民主政治发展的一种思考》,《学术月刊》2003 年第 4 期。
④ 马德普:《协商民主是选举民主的补充吗》,《政治学研究》2014 年第 4 期。
⑤ 董前程、王雪:《协商民主是选举民主补充的原因初探》,《江苏省社会主义学院学报》2008 年第 3 期;杨雪冬:《协商民主的前途及挑战》,《中国党政干部论坛》2013 年第 7 期;王江雨:《要"好民主",不要"坏民主"》,《南风窗》2013 年第 9 期;俞可平:《协商民主是中国特色民主政治的重要内容》,《光明日报》2013 年 11 月 27 日;马奔:《协商民主与选举民主:渊源、关系与未来发展》,《文史哲》2014 年第 3 期。
⑥ 杨光斌:《竞争性选举怎么成了判断民主的根本标尺》,《北京日报》2013 年 8 月 12 日。

要靠法治而不是民主来解决①,当前竞争性的民主形式反而会撕裂中国②。也有观点指出,协商民主可以反过来催生选举民主。③

三是在协商民主与党内民主等关系方面,诸多研究认为,发展协商民主,有利于提升党员主体地位,支撑和加强党内领导权力监督,以及推进党内民主的制度建设。④ 现阶段全面发展协商民主,必然要推动协商民主在党内的率先建立和发展,通过协商民主在党内的发展来推进和带动党际协商民主和人民协商民主的发展,这是目前中国全面推进社会主义民主政治建设的一个可选路径。⑤

四是从中国民主发展的路径出发,认为协商民主是适合中国国情的民主新路。发展中国特色民主政治的现实选择,应该以"协商性民主"为主,"竞争性民主"为辅。⑥ 在一些学者看来,中国一直就存在政治协商的传统,有着长期的实践经验⑦,现有的社会主义体制也为协商政治提供了良好的制度平台,使得协商民主在中国具有内生性的特征。⑧ 中国应选择协商民主作为推进民主政治建设的重点和切入点,优先发展协商民主。⑨ "协商民主制度是与中国共产党所领导的民主实践共同成长的,不仅成就了中华人民共和国,而且也成就了中国人民当家作主的权利和实践。显然,协商民主制度虽然不是人民民主在中国实践的全部,但是它所观照的则是人民民主在

---

① 钟加勇、潘为:《专家治国及选举迷信——访北京大学教授潘维》,《商务周刊》2006 年第 11 期。
② 房宁:《竞争性民主形式会撕裂中国》,《环球时报》2010 年 2 月 10 日。
③ 陈奕敏:《基层民主化与民主基层化》,《中国改革》2007 年第 9 期。
④ 贺善侃:《发展协商民主与发展党内民主——对我党党内民主建设的回顾和思考》,《理论探讨》2011 年第 3 期。
⑤ 范明英、向东平:《协商民主:推进党内政治民主的现实价值思考》,《深圳大学学报》(人文社会科学版) 2008 年第 4 期。
⑥ 黄卫平、陈文:《论中国民主政治发展进程中的"竞争性民主"与"协商性民主"》,载黄卫平、汪永成主编《当代中国政治研究报告 IV》,社会科学文献出版社,2005,第 247 页。
⑦ 李君如:《协商民主在中国——中国特色协商民主的理论思考》,《中共天津市委党校学报》2014 年第 4 期;梁丽萍:《协商民主与多党合作制度的发展》,《浙江学刊》2014 年第 4 期。
⑧ 林尚立:《协商政治:中国特色民主政治的基本形态》,《毛泽东邓小平理论研究》2007 年第 9 期。
⑨ 房宁:《发展协商民主是中国民主建设的重点》,《中国政协理论研究》2014 年第 1 期;杨光斌:《西式民主困境与中国民主的未来》,2014 年 7 月 16 日,共识网,http://www.21ccom.net/articles/zgyj/xzmj/article_20140716109514.html。

中国实践的全局。"①

就当代中国的协商民主来讲，澳大利亚学者约翰·德雷泽克（John Dryzek）认为，"与和竞争性选举或人权的个人主义观念联系紧密的对抗性政治相比，协商更容易在儒家文化中开展"②。何包钢则认为，虽然选举是方向和目标，但当前应注重协商民主。"一个公平、开放、自由的选举制度是中国民主政治的方向和目标，但是，目前中国民主发展的战略选择应注重和完善协商民主。协商民主是一种治权意义上的民主，它不是通过选举对政治权力进行委托和授权，它是一种公共事务治理模式的民主化。"③ 斯坦福大学的詹姆斯·菲什金（James Fishkin）（一译费实金）教授开发了"协商民意测验"的方法，并在世界各地进行了广泛的试验。在中国的温岭、成都等地也尝试了不同的试验。他认为，"协商民主提供了相对于传统民主形式而言的更多选择。传统形式的民主或是表现为基于大众传媒攻势的'观众民主'，或是表现为基于普通选举的大规模参与民主，或是表现为通过立法过程的精英民主。对于后者，协商民主是一种有益的补充，因为他能够更多地代表人民的真正欲求。而一旦人民深入了解当前所辩论的题目，就会更加明确自己的愿望与需要"④。"在中国进行协商民主实验具有很高的可行性。"⑤

而在国外的学者看来，从一般意义上讲，协商民主是自由而平等的公民的公共协商，是合法的政治决策和公民自治的核心组成部分。⑥ 民主走向协商，表明人们在持续关注民主的真实性，也就是说，在多大程度上，民主控制是实质的而不是象征的，而且公民有能力参与民主过程。因此，"虽然协商民主理论家在如何批评现有代表制度时各不相同，但协商民主通常

---

① 林尚立：《协商民主制度：中国民主发展的新境界》，《人民政协报》2012 年 12 月 26 日。
② John Dryzek, "Democratization as Deliberative Capacity Building," *Comparative Political Studies*, 2009, Vol. 42, No. 11, p. 369.
③ 何包钢：《协商民主和协商治理》，《开放时代》2012 年第 4 期。
④ 黄岳、郭烁：《协商民意调查是公众参与权力的方向——詹姆斯·费实金教授与萧莹敏研究员专访》，《国际社会科学杂志》（中文版）2009 年第 2 期。
⑤ 黄岳、郭烁：《协商民意调查是公众参与权力的方向——詹姆斯·费实金教授与萧莹敏研究员专访》，《国际社会科学杂志》（中文版）2009 年第 2 期。
⑥ 〔美〕詹姆斯·博曼：《协商民主时代的来临》，载陈家刚主编《协商民主与政治发展》，社会科学文献出版社，2011，第 52 页。

并不被认为是代议制民主的替代品,而只是丰富和扩展了代议制民主"①。"协商民主"的目标是以公共讨论为渠道让大众影响决策过程。人们通常假设它是民主政体的一种高级形式,也许只能存在于既有民主政体中。② 协商民主不是对既有体制的替代,也不排斥既有体制,而是对既有体制一定程度的调整、完善和补充。

在比较国内外研究的基础上,我们可以发现,国内外研究成果对协商民主的认识存在阶段性的时空差异,国外学者将协商民主作为既有民主体制中的一种更高形式的治理方式,以及既有民主体制前提下的一种民主形式,因此,他们的关注重点是具体的、实践性的操作环节,包括影响其实行程度的因素、如何实行等。而中国依然处于实行什么样的民主的选择阶段。因此,关注点是价值选择,工具性的因素比较少。这种民主实践本身的阶段性差异,既导致了理论探讨上的区分,也极大地影响了当代中国政治进程中的行为者对协商民主的认知和态度。

3. 协商民主运作机制认知

协商民主的运作离不开意见包容、相互论理、真诚理性、自由平等和尊重认同等关键性要素。

第一,意见包容。包容性表明协商民主区别于协商,因为协商可能发生在不具包容性的精英和小团体之间而排斥其他的决策相关者。意见的包容性表明,协商的参与者的代表性并非简单的统计学意义上的人数的代表性,而是基于"意见市场"的多元性意见的代表性,它要求所有与决策议题相关的意见不能因为其持有者政治、社会、经济条件方面的属性而被排斥在协商过程之外,协商和对话应尽可能容纳不同的观点和意见。

第二,相互论理。论理是协商民主的基本特征,根据"理由更佳的观点"来进行决策是协商民主的内在要求。相互的论理性表明,当议题相关者一方要求另一方接受自己的意见时,另一方也须要求对方以同样的方式接受自己的观点。在这个过程中,"一个论点的价值不会因其提出者的动机不具

---

① 〔加〕西蒙·钱伯斯:《协商民主理论》,载陈家刚主编《协商民主与政治发展》,社会科学文献出版社,2011,第85页。
② 〔美〕理查德·A. 波斯纳:《法律、实用主义与民主》,中国政法大学出版社,2005,第163页。

有足够的美德而贬低其真正的价值。同样，一个站不住脚的论点也不会因为其提出者的真诚、诚实或美德而增加其价值"①。与此同时，"那些不全面的审慎思辨形式必须被更全面的审慎思辨所替代，并且因此来确保那些具备一定价值但价值有限的目标让位于那些更加广泛的甚至更具有价值的目标"②，从而经由扩展、精练和更为理性的意见来形成决策。在协商民主运作实践机制认知上，协商主体平等、真诚互动是协商民主得以开展的重要前提；但学者观点呈现一分为二的倾向。

第三，真诚理性。真诚表明协商过程中的意见表达是意见持有者本来的想法，要求排除信息欺骗、事实扭曲和策略性行动。协商过程形成的是交往权利，只有真诚对话才能正确地去认识和界定问题，进而解决冲突。同时，公共理性的观念又意味着对话、权衡证据和反思性思考的过程应建立在不能合理地予以拒绝之理由的基础上。也就是说，"在公开的场合，如果未能说明为什么自己认为好的、可信的、合理的、有利的观点对于他人而言亦是如此，就会无法使他人信服"③。

第四，自由平等。协商式决策过程中的自由平等要求排除强制的可能，意味着"政治决策应该通过协商而不是金钱或权力的途径进行，同时，协商决断的参与度应尽可能平等而广泛"④。实际上，协商民主的兴起在很大程度就是"为了回应西方社会面临的诸多问题，特别是多元文化社会潜藏的深刻而持久的道德冲突，以及种族文化团体之间认知资源的不平等而造成的多数人难以有效地参与公共决策等方面的问题，而对民主本质进行深刻反思的结果"⑤。

第五，尊重认同。尊重认同是对他人以及他人意见的承认，是一种更深层次的合法性宣称，正如曼宁（B. Manin）所言，"有必要从根本上改变

---

① James S. Fishkin and Peter Laslett, *Debating Deliberative Democracy*, Oxford: Blackwell Publishing Ltd., 2003, p. 206.
② 〔美〕海伦·英格兰姆、斯蒂文·R. 史密斯：《新公共政策：民主制度下的公共政策》，钟振明、朱涛译，上海交通大学出版社，2005，第 30～32 页。
③ Seyla Benhabib (ed.), *Democracy and Difference: Contesting the Boundaries of the Political*, Princeton, NJ: Princeton University Press, 1996, pp. 71-72.
④ 〔加〕马克·华伦：《协商性民主》，孙亮译，《浙江社会科学》2005 年第 1 期。
⑤ 陈剩勇：《协商民主理论与中国》，《浙江社会科学》2005 年第 1 期。

对于自由理论和民主思想的普遍看法：合法性的源泉不是先定的个人意志，而是它的形成过程，即协商本身"①。同时，尊重认同也是协商民主功能和价值本身的体现。正如有研究认为，尽管协商民主理论也受到诸多质疑和批评，但在回答诸如协商是否可以或可能塑造偏好、缓和个人利益冲突、赋予社会边缘群体以权利、消弭分歧、促进整合和团结、提高识别能力、形成合理的意见与政策、产生共识②等问题上，协商民主的支持者都给出了肯定性的回答。

二 协商实践

1. 国外协商实践途径与形式

在协商民主的知识谱系中，针对协商民主操作化的场合或途径，毕塞特（Joseph M. Bessette）根据美国的政治实践认为国会是联邦政府实施协商的主要场所，国会具有就公共政策价值进行真正诉理的持续的生命力。③ 杰弗里·杜里斯（Jeffrey K. Tulis）以分权制衡为基础，提出了不需要面对面接触的制度间协商，这发生在"宪政所构造的制度之间"，并以美国的政治实践为例，认为"国会、总统和法院之间的协商是美国权力分立系统的一个关键品质"④。哈贝马斯以交往权力的形成为基础提出了协商的"双轨途径"，即协商既发生在正式的建制化机构中，也发生在非正式的公共领域之中，并且认为"商议性政治的成功并不取决于一个有集体行动能力的全体公民，而取决于相应的交往程序和交往预设的建制化，以及建制化商议过程与非正式地形成的公共舆论之间的共同作用"⑤。阿米·古特曼（Amy Gutmann）和丹尼斯·汤普森（Denis Thompson）进而认为，协商民主发生在正式与非正式的广泛的组织当中，"不仅包括立法会议、法庭审理和政府

---

① B. Manin, "On Legitimacy and Deliberation," *Political Theory*, 1987, Vol. 15, No. 3, p. 351.
② Simone Chamber, "Deliberative Democratic Theory," *Annual Review of Political Science*, 2003, Vol. 6, pp. 307–326.
③ Joseph M. Bessette, *The Mild Voice of Reason*: *Deliberative Democracy & American National Government*, Chicago: The University of Chicago Press, 1994, pp. 3–4.
④ Jeffrey K. Tulis, "Deliberation Between Institutions," in James S. Fishkin and Peter Laslett (eds.), *Debating Deliberative Democracy*, Oxford: Blackwell Publishing Ltd., 2003, p. 200.
⑤ 〔德〕尤尔根·哈贝马斯：《在事实与规范之间：关于法律和民主法治国的商谈理论》，童世骏译，生活·读书·新知三联书店，2003，第440页。

所有层次上的听证会，也包括各种草根组织、职业联盟、股东大会、医院和其他类似机构中的市民委员会"①。迈克尔·萨乌德（Michael Saward）在检索各种文献后强调存在多种协商的可能性，"在一些特设的微观论坛中……在那里，对人口中小的代表性样本进行论辩并就某些议题进行表决（协商民意测验、公民陪审团等）；在政党内部；在国会和其他议会机构；在诸如欧盟这样的超国家委员会网络中；在私人或志愿者协会中；在法院；在受'特定保护'的'公共'领域即社会中受压制的群体中"②。

根据协商规模（参与者人数多少）的大小，亨德里克（Carolyn Hendriks）区分了"微型协商"和"巨型协商"。其中，"微型协商"主要涉及那些规模较小、独立的论坛，包括公民陪审团、协商民意测验、共识会议，甚至包括议会协商、最高法院；"巨型协商"则涉及范围更广的公共领域，包括舆论、私人对话、正式和非正式背景下潮起潮落的公共辩论。③ 约翰·加斯蒂尔（John Gastil）从公民参与的角度出发，将协商民主的途径概括为协商式民意调查、公民共识会议、公民陪审团、国家议题论坛、选举协商与公共舆论、网络协商、21世纪城镇会议、协作学习、学习圈等形式。④ 在奥肯·冯（Archon Fung）看来，公众参与具有惊人的多样性，他用微型公众（minipublic）来描述制度安排的广泛性，指出绝大多数制度化的公共讨论不会以协商民主"平等的参与者之间直接地相互一起就公共问题进行论理"这一理想的方式来进行，他根据"谁参与，参与者如何沟通和作出决定，以及参与者沟通和作出的决定与公共政策、公共行动之间的连接"三个维度，提出用"民主的立方"来分析和评价各种不同的公民参与途径。⑤

---

① 〔美〕阿米·古特曼、丹尼斯·汤普森：《民主与分歧》，杨立峰等译，东方出版社，2007，第11页。
② 转引自 David Held, *Models of Democracy*, 3rd ed., Cambridge: Polity Press, 2006, pp. 251 - 252。
③ 转引自 John Parkinson, "Why Deliberative? The Encounter Between Deliberation and New Public Managers," *Public Administration*, 2003, Vol. 82, No. 2, pp. 377 - 395。
④ John Gastil, *By Popular Demand*, Berkeley, CA: University of Berkeley Press, 2000.
⑤ Archon Fung, "Varieties of Participation in Complex Governance," *Public Administration Review*, December 2006, Special Issue, pp. 66 - 75.

2. 国内协商实践形式与问题

伴随着理论研究不断向前推进,西方协商民主理论也日渐进入实践阶段。学者和官员们结合不同的社会问题开展了多种形式的协商民主实践,这些制度实践主要可以归为四类:协商民意试验、公民陪审团、专题小组和大规模协商大会(又称 21 世纪城镇会议)。① 随着协商民主的引入,中国也开始了一轮协商民主实践探索热潮,这些实践探索主要归纳起来有九种:党际协商、人民政协协商(如双周协商座谈会)、立法协商、立法听证、行政协商(如杭州的开放式决策等)、人民陪审员制度、社会协商对话(如公众座谈会、接待日等)、基层协商(如恳谈会、参与式预算等)、网络公共论坛(如人民网强国论坛)。②

针对中国协商民主贯彻与实施中面临的问题,何包钢指出中国的协商民主可持续发展面临"人走茶凉"的难题,也就是领导的意志和决心是决定协商民主能否生存和发展的关键因素③,认为中国协商民主的实践会受到以下因素的影响:地方领导干部对政治业绩的追求、经济条件和富裕程度④、开明的地方领导人的支持⑤等。陈家刚指出要使协商民主在中国的实践更加有序、真实和有效,需要"把协商主体的法定权利、协商主题、协商周期、协商形式、程序过程、结果运用与反馈等内容详细规定下来"⑥,从而推动协商民主的经常化、制度化实践。马得勇的研究指出,协商民主并非对所有问题和所有层级的政府都适合。⑦ 隋斌斌就协商民主实施中党政机构与人大的关系指出,"在人大协商民主的具体实践中,党和政府往往占据着主导权,人大反而处于边缘化的位置"⑧,表明党政机构和党政领导干部在协商

---

① 何包钢:《协商民主之方法》,《学习时报》2006 年 2 月 13 日。
② 陈家刚:《当代中国的协商民主:实践探索与理论思考》,《马克思主义与现实》2014 年第 4 期。
③ 何包钢:《地方协商民主制度会持续发展吗?》,《学习时报》2006 年 10 月 23 日。
④ 何包钢:《中国协商民主制度》,《浙江大学学报》(人文社会科学版)2005 年第 3 期。
⑤ 何包钢:《中澳两国协商民主实践之比较》,《学习时报》2007 年 12 月 3 日。
⑥ 陈家刚:《协商民主要走向深入具体》,《学习时报》2015 年 3 月 9 日。
⑦ 马得勇、张国亚:《选举抑或协商:对两种乡镇民主模式的比较分析》,《国外理论动态》2015 年第 6 期。
⑧ 隋斌斌:《有限政治市场下的多赢治理——中国人大协商民主的发生、运作逻辑与政策建议》,《经济社会体制比较》2014 年第 4 期。

民主的贯彻和实施中起着非常重要的作用。

三 协商民主认知对实践的影响

从国外的实践来看，安克特（E. S. A. Akortor）对北塞浦路斯两个城市的问卷调查数据比较分析发现，城市领导干部的协商民主认知高于市民，应推动他们主动开展协商民主实践，并由此带来对协商民主实践较高的满意度。[1] 在西澳大利亚的城市规划和基础设施建设过程中，政府官员成功将协商民主引入实践中，但协商民主实践过程中，大部分官员认为协商民主（21世纪城镇会议、公民陪审团、专题论坛等）的实践程序过于烦琐，批评此过程"太多的民主"，耗费太多的时间和精力，导致协商民主实践未能得以持续发展。在美国的汉普顿，市政府官员能与市民建立一个持久协商的平台，之所以能成功在于，多数政府官员必须意识到要达到协商民主的目标速度较慢，具有不确定性；官员和市民必须同等看待结果和享受协商的过程；同时意识到协商民主是对公民充分的赋权。在印度和巴西等发展中国家的参与预算实践中，政府官员意识到，参与预算协商民主有助于形成较好的决策（扩大公共服务范围）、促进公民参与、拉近政府与公民的距离、提升政府公信力，进而主动和持续开展协商民主实践。[2]

从国内的实践来看，正如亨廷顿所说的"政治领袖推动民主"，我国的协商民主实践也是由领导干部精英所推动的，省、市、基层领导的协商民主意识是驱动协商民主可持续发展的原动力。何包钢通过对泽国镇的民主恳谈会的试验进行分析发现，泽国镇和扁屿村的党政干部对民主恳谈会、协商民主的认知和态度比较积极，领导干部意识到协商民主有助于提高决策的合法性水平，积极支持协商民主实践。相反，其他几个村庄干部的协商民主认知和态度比较消极，认为协商

---

[1] E. S. A. Akortor, "Deliberative Democracy: An Analysis of Citizens' Perspective in Buyukkonuk – North Cyprus," *Procedia – Social and Behavioral Sciences*, 2012, Vol. 35, pp. 301 – 312.

[2] Hartz – Karp, Janette1, Briand, Michael K. 2, "Institutionalizing Deliberative Democracy," *Journal of Public Affairs*, 2009, Vol. 9, No. 2, pp. 125 – 141.

民主程序非常烦琐和复杂，还不如按照现有的方式做事；重大事情没有必要通过如此烦琐的程序去讨论和决定，消极开展协商民主实践，协商效果满意度低。① 潘荣江等以泽国镇的参与式预算为例，分析认为选举民主和协商民主可以共生发展，但执政党的协商民主意识和技能是必要条件，泽国镇的协商民主实践之所以能够持续进行，重要条件在于镇党委书记的积极协商意识和态度。② 郎友兴对温岭市的协商民主实践进行考察发现，党委干部对协商民主规则的共识转化为政党的文件形态，引导协商民主制度变迁，促进协商民主的制度实践。③

四 文献评述

当前学者通过个案研究以及个别问卷调查发现，官员的协商民主观将对协商民主实践发挥着至关重要的作用。但这些研究仍存在不足和可拓展之处。一是在研究对象上，当前协商民主认知与实践分析主要集中于发达地区的乡镇、街道、社区等地方官员，而没有包括不同层次、不同系统、不同地域的地方官员。二是在研究内容上，已有研究鲜有文献专门探讨协商民主认知和态度，而只是散见于其他主题文献中，由此而带来的后果是，关于协商民主观的测量不全面、不深入，难以系统反映官员的协商民主认知与实践现状。三是在研究方法上，现有文献主要采用个案定性分析和田野实验的方式，零星分散地讨论官员的协商民主观和实践，以及两者之间的因果关系，而缺乏基于全国大规模问卷调查，客观、量化地分析与解释地方官员的协商民主认知样貌和实践图景，以及协商认知对协商实践的影响。因此，本章试图从以上三个方面出发，借助全国大规模的社会调查数据，对地方官员的协商民主认知、实践和两者之间的关系进行系统的描述与深入分析。

---

① 何包钢、王春光：《中国乡村协商民主：个案研究》，《社会学研究》2007年第3期。
② 潘荣江、陈朋：《选举民主与协商民主共生发展：乡村的实践与价值——浙江泽国镇的案例启示》，《中国特色社会主义研究》2009年第4期。
③ 郎友兴：《观念如何形塑制度：对温岭民主恳谈会演进历程的一种解释》，《中国延安干部学院学报》2016年第1期。

第二节 协商认知与实践的描述分析

一 民主和协商民主内涵认知

1. 民主认知：偏向于直接民主和为民作主

课题组设计了六个选项来了解中国地方官员的民主观念。调查问题和选项是：在您看来，民主是指（　　）？（单选）A. 所有的重大公共事项都应该由人民集体讨论，并按多数人意见办，实现人民当家作主；B. 有决策权的官员通过协商、抽签、抓阄等多种方式产生，体现真正的人人平等；C. 有决策权的官员由选举产生，但人民有权随时撤换不负责任的官员；D. 有决策权的官员由人民定期直接选举产生，且有固定的任期，不能随时撤换；E. 政府的公共事务决策都应该由官员以多数票决定，而不是由个别领导说了算；F. 政府官员愿意倾听人民的声音，并且通过政策反映人民的意愿，能够为民作主。上述选项对应的是三种类型民主观：A、B是直接民主，C、D是代议民主，E、F是为民作主。各选项情况如表1所示。

表1　地方官员对于民主价值观的差异化理解

选项	频数（人）	百分比（%）	有效百分比（%）	累计百分比（%）
选项A	750	33.7	33.7	33.7
选项B	47	2.1	2.1	35.9
选项C	286	12.9	12.9	48.7
选项D	140	6.3	6.3	55.0
选项E	173	7.8	7.8	62.8
选项F	720	32.4	32.4	95.2
缺失	107	4.8	4.8	100.0
合计	2223	100.0	100.0	

在地方官员的民主观念方面，比例最高的是"为民作主"，其次是"直接民主"，两者的比例非常接近；将民主理解为"代议民主"的仅为20.1%。因此，在我国的地方官员中，对民主的理解存在较大的差异；在差异化的民主观中，将民主理解为"代议民主"的比例不到1/4；"直接民

主"和"为民作主"是主流的民主观。

2. 协商民主内涵认知：民主决策方式和促进公共参与的机制

自协商民主理论兴起以来，国内外学者对协商民主的内涵作了界定，归纳起来，主要有三种：协商民主既是一种民主决策和公共参与机制，又是国家与社会的一种治理结构或形式，或者是一种政府性的实体。[①] 总体来看，党政干部对协商民主的内涵认知与学术界保持较高的一致性，对于协商民主内涵的理解，集中体现在民主决策、群众参与和平等讨论等方面。地方官员将协商民主理解为一种民主决策方式的比例最高，占所有被调查官员的75.4%；认为协商民主是促进群众参与的具体机制和程序的比例次之，为56.3%。其他理解依次为通过公开平等的讨论做决定的制度形式，一种化解矛盾和冲突的方式，一种尊重理性、鼓励对话的观念文化，一种公共部门的日常工作方式，各选项占比分别为58.4%、49.9%、34.5%和14.0%（见表2）。

表2 地方官员对协商民主概念的认知（N=2160）

选项	频数（人）	百分比（%）
通过公开平等的讨论做决定的制度形式	1262	58.4
一种民主决策的方式	1628	75.4
一种化解冲突和矛盾的方式	1078	49.9
促进群众参与的具体机制和程序	1217	56.3
一种尊重理性、鼓励对话的观念文化	746	34.5
一种公共部门的日常工作方式	302	14.0

二 协商民主的重要性和作用认知

1. 与其他各类民主相比，协商民主的重要性并不具有优先性

20世纪中后期以来，在推动政治体制改革与民主发展的历程中，执政党分别在不同层面、不同领域尝试实施不同的民主路径，一方面探索其可行性，另一方面积累发展经验。自20世纪80年代起，我国就开始在农村和

[①] 陈家刚：《协商民主：概念、要素与价值》，《中共天津市委党校学报》2005年第3期。

城市推进"村民自治"和"社区自治"的制度建设，作为自治实践核心的"选举"极大地影响着中国城乡居民的日常生活和观念。随后，执政党着力推进党内民主的实践，依据"党的领导、人民当家作主、依法治国的有机统一"的原则，在基层试行"公推公选"等具有竞争性特征的党内民主建设。与此同时，明确提出"以党内民主带动人民民主"的实践路径。而政府管理过程的民主改革则倾向于决策过程吸纳更广泛的群众参与和透明。党内民主、基层民主、选举民主、行政民主等不同民主实践在不同阶段、领域和层级发挥着不同的作用。十八大提出的协商民主制度建设，则为我国的民主政治建设又提供了一种新的思考路径。那么，在所有这些不同的民主形式中，其重要程度，或者说优先性如何呢？问卷的问题是"您认为我国政治生活中哪些民主形式比较重要？"（限选3项）根据数据可知，地方官员认为"党内民主"的重要性要高于"选举民主"和"协商民主"。在总提及率中，地方官员认为党内民主最重要的比例是28.8%；其次是选举民主，占22.7%；再次是协商民主，占21.1%；认为基层民主和行政民主重要的官员分别占18.2%和9.1%（见表3）。因此，可以说，"作为唯一执政的中国共产党，党内民主的改革和探索在一定程度上已成为一种国家政治行为，党内民主只有充分地在协商民主的基础上实现普遍平等的参与，才能从根本上推进党内民主建设，从而推进中国的民主化进程"[①]。

表3 地方官员对不同民主形式的评价分布

项目	第一选择		第二选择		第三选择		总提及	
	频数（人）	百分比（%）	频数（人）	百分比（%）	频数（人）	百分比（%）	频数（人）	百分比（%）
党内民主	1773	82.0	14	0.7	16	0.8	1803	28.8
基层民主	257	11.9	848	40.5	33	1.7	1138	18.2
选举民主	95	4.4	939	44.8	385	19.3	1419	22.7
协商民主	28	1.3	259	12.4	1035	51.8	1322	21.1
行政民主	9	0.4	34	1.6	529	26.5	572	9.1
合计	2162	100.0	2094	100.0	1998	100.0	6254	100.0

---

① 贺朝霞、鲁丽敏：《协商民主、选举民主在党内民主建设中的互动》，《学理论》2011年第10期。

而在人们尤为关心的选举民主和协商民主的重要性方面，调查发现二者具有几乎同样的重要性。问卷提出的问题是，"对于我国的民主政治建设来说，您认为协商民主与选举民主哪个更重要？"选项分别是"协商民主、选举民主、都重要、都不重要、说不清楚"。据统计，50.1%的地方官员认为，选举民主和协商民主一样重要。此外，25.0%的地方官员认为协商民主更重要，17.5%的人认为选举民主更重要（见图1）。也就是说，在地方官员看来，发展和推进民主，既需要协商民主，也需要选举民主。不能只把选举民主当民主，而排斥或低估协商民主的作用，也不能因为今天重点发展协商民主就将其当作民主的唯一形式而忘记发展选举民主的任务。协商民主与选举民主一般不是独立存在的，而是相互结合的，并且只有在结合中才能发挥其应有的效力和作用。"选举民主和协商民主是民主政治的两个基本环节，它们是一种互补的关系，而不是一种相互排斥的关系。我们不能以选举民主去否定协商民主，也不能以协商民主去取代选举民主。选举和协商，对中国特色的社会主义民主政治而言，都是不可或缺的基本要素。"① 人民通过选举、投票行使权利和人民内部各方面在重大决策之前进行充分协商，尽可能就共同性问题取得一致意见，是中国社会主义民主的两种重要形式。在中国，这两种民主形式不是相互替代、相互否定的，而是相互补充、相得益彰的，共同构成了中国社会主义民主政治的制度特点和优势。选举与协商是我们的制度特点和优势，不是非此即彼，相互排斥的。② "继续推进选举民主的实践、大力发展协商民主，是我国社会主义民主政治建设的明智的战略选择。"③

另外，不同的民主观会影响对民主形式重要性的判断，无论是选择直接民主、代议民主还是为民作主的官员，其中大部分倾向于认为协商民主与选举民主都很重要。与此同时，那些认为民主就是直接民主和为民作主的官员，会倾向于认为协商民主比选举民主更加重要；而那些选择代议民主的官员，则倾向于认为选举民主比协商民主更为重要。

---

① 俞可平：《中国特色协商民主的几个问题》，《学习时报》2013年12月23日。
② 习近平：《在中国人民政治协商会议成立65周年纪念大会上的讲话》，《人民日报》2014年9月22日。
③ 陈家刚：《协商民主研究在东西方的兴起与发展》，《中国政协理论研究》2008年第2期。

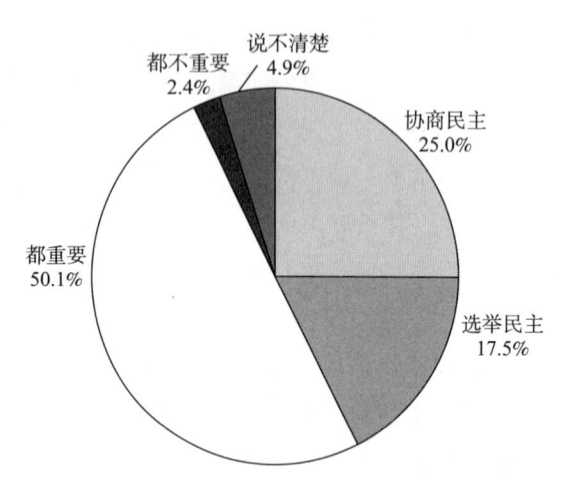

图1　地方官员对协商民主与选举民主重要性的评价分布

2. 协商民主的作用主要表现在促进科学决策、公民参与、利益表达

在理论上，协商民主具有促进公民有序政治参与、整合民意、提升决策合法性、提升公民素养等功能。[①] 总体而言，党政干部基本上认同这些功能，表4数据表明，协商民主的作用主要体现在三个方面：促进科学决策、促进公民参与、促进利益表达，76%的官员认为协商民主有利于"促进科学决策"，59.5%的官员认为有利于"促进公民参与"，而认为有利于"促进利益表达"的官员比例是52.1%，认为有利于"加强民主监督"的官员比例达到了44.7%。概括之，协商民主有利于强化决策科学化和公众参与。

表4　协商民主作用的比例分布（N=2118）

选项	频数（人）	百分比（%）
促进公民参与	1261	59.5
促进利益表达	1104	52.1
促进科学决策	1609	76.0
加强民主监督	946	44.7
化解矛盾和纠纷	657	31.0
提高公众支持	686	32.4

---

① 朱益飞：《近年来国内协商民主研究综述》，《社会主义研究》2008年第2期。

三 协商民主的层级和环节认知

1. 适用环节主要体现在决策、选举和管理环节

在应然的理论层面,协商民主要求所有"公共性"的决策,都应该由公众自由平等参与讨论协商,正如德雷泽克所说:"协商民主可以在不同的领域内应用,每个场所都可以构建一个协商民主实践。"[①]

由表5可知,在"最适合"的选项中,决策环节的选择者占比是53.6%,其次是选举环节,占比是24.5%,再次是管理环节,占比是15.9%。地方官员最倾向于选择决策环节。

在"第二适合"的选项中,管理环节的选择者占比是39.1%,决策环节占比是26.9%,随后是选举环节,占比是20.3%。在管理环节实施协商民主也得到地方官员的认同。在"第三适合"的选项中,监督环节选择者占比是36.7%,管理环节占比是29.6%,选举环节占比是21.5%。从总体上看,我国的地方官员认为,政治过程中的协商民主最适合于决策环节,其次是管理和监督环节,仅有部分地方官员认可协商民主适用于选举环节。从地方官员的角度看,协商民主更多是一种应用于决策、管理和监督过程的民主实践。

表5 协商民主适用环节的比例分布

选项	最适合		第二适合		第三适合	
	频数(人)	百分比(%)	频数(人)	百分比(%)	频数(人)	百分比(%)
选举环节	524	24.5	420	20.3	435	21.5
决策环节	1146	53.6	557	26.9	246	12.2
管理环节	340	15.9	809	39.1	598	29.6
监督环节	127	5.9	283	13.7	742	36.7
合计	2137	100.0	2069	100.0	2021	100.0

2. 协商民主最适用的政府层级是村(居)、乡(镇)和县级

在"最适合"的选项中,有34.8%的官员选择了村(居)级;其次是

[①] 马奔:《协商民主问题研究》,博士学位论文,山东大学,2007,第23页。

省级，占比为 23.2%，超过县、乡（镇）两级 16% 左右的比例。在"第二适合"的选项中，选择乡（镇）级的官员占比是 38.2%，地市级是 29.8%，县级是 24.6%。在"第三适合"的选项中，选择县级的官员占比是 52.2%，其次为地市级、省级，占比分别为 15.7%、14.7%。从总体上看，地方官员认为，我国最适合推进协商民主实践的是村（居）层级；其次是乡（镇）和县级（见表 6）。

表 6 协商民主适用层级的比例分布

选项	最适合		第二适合		第三适合	
	频数（人）	百分比（%）	频数（人）	百分比（%）	频数（人）	百分比（%）
村（居）级	737	34.8	89	4.3	175	8.6
乡（镇）级	347	16.4	792	38.2	183	8.9
县级	351	16.6	511	24.6	1068	52.2
地市级	192	9.1	617	29.8	321	15.7
省级	492	23.2	65	3.1	300	14.7
合计	2119	100.0	2074	100.0	2047	100.0

四 协商民主的运作机制认知

（1）意见包容：多数领导干部认为制定政策应该"因地制宜"地包容相关者所有的意见，倾向经由"推选"而不是"投票"和"随机"产生的代表来反映意见和观点。意见的包容性是审视协商民主品质的重要标准，它与参与者的代表性、广泛性直接相关。当问及"如果通过广泛征求意见和讨论再出台政策，您认为政策相关人都应该参与吗"这一问题时，有 58.7% 的领导干部认为"应该，但要因地制宜"，27.9% 的领导干部认为"应该全部参加"，有 13.4% 的领导干部认为"没有必要"（见表 7）。调查数据显示，多数领导干部认为政策相关者都应参与意见的征求和讨论，只是在具体的方式方法上比较强调"因地制宜"，其缘由可能在于需要考虑协商民主实践中参与者规模、操作成本和可操作性等问题。进而，当问及"在无法保证所有人都参与协商的情况下，您认为应该如何选取代表？"（多选）时，选择"按比例推选不同行业和领域的代表"的最多，占总人数的 74.5%；选择"推荐与协商主题相关的人或组织"的占总人数的 58.7%；选择"投票选举产生"和"随机抽样选取"的分别占总人数的 38.0%、28.6%（见表 8）。可见，我国领导干部对通过"投票选举产生"和"随机抽样选取"两种方式来选择代表和反映意见的评价不是很高，还是比较强调"推选代表"来反映相关意见。

表 7 政策相关人是否都应该参与政策讨论的比例分布

选项	有效频数（人）	有效百分比（%）
应该全部参加	594	27.9
没必要	285	13.4
应该，但要因地制宜	1251	58.7
合计	2130	100.0

表 8 代表选取方式的比例分布（N = 2125）

选项	频数（人）	百分比（%）
随机抽样选取	608	28.6
投票选举产生	808	38.0
推荐与协商主题相关的人或组织	1247	58.7
按比例推选不同行业和领域的代表	1583	74.5
其他方式	29	1.4

（2）相互论理：多数领导干部首先比较倾向认为协商过程中的发言应围绕主题和反映群体的利益，其次是"争论但不吵架"。协商式决策要求以相互的论理为基础，这需要恰当的发言规则。当问及"您认为参与协商座谈会的代表应该如何发言？"（多选）时，选择"应该围绕主题发言，不相关的不说"的领导干部占总人数的 71.9%，选择"要表明自己或自己所在群体的利益"的领导干部占总人数的 71.2%，选择"可以争论，但不能吵架"的领导干部占总人数的 54.4%，选择"按规定程序和要求发言"的领导干部占总人数的 51.5%（见表 9）。调查数据显示，不同政治身份的受访者对代表应如何发言在一定程度上存在不同看法，民主党派中 75.5% 的领导干部和无党派中 83.9% 的领导干部比较强调发言的群体代表性，中共党

员中 71.9% 的领导干部比较强调发言的切题性，群众中 71.4% 的领导干部强调发言的程序规范性。进一步将领导干部的多重身份与"应该如何发言"进行交叉分析发现，具有政协委员身份的受访者中 73.8% 的领导干部认为"应该围绕主题发言，不相关的不说"，具有人大代表身份的受访者中 74.2% 的领导干部认为"要表明自己或自己所在群体的利益"，具有党代表身份的受访者中 74.7% 的人认为"应该围绕主题发言，不相关的不说"或"要表明自己或自己所在群体的利益"。调查表明，民主党派、无党派的领导干部比较强调发言的群体代表性，中共领导干部比较强调发言的切题性，群众比较强调发言的程序规范性。在多重政治身份中，政协委员倾向于"应该围绕主题发言，不相关的不说"，人大代表倾向于"要表明自己或自己所在群体的利益"，党代表人员倾向于"应该围绕主题发言，不相关的不说"和"要表明自己或自己所在群体的利益"。

表 9　协商座谈会发言方式的比例分布（N = 2122）

选项	频数（人）	百分比（%）
按规定程序和要求发言	1093	51.5
应该围绕主题发言，不相关的不说	1525	71.9
可以争论，但不能吵架	1155	54.4
要表明自己或自己所在群体的利益	1510	71.2
其他	9	0.4

（3）真诚理性：约一半的领导干部倾向在协商对话中"愿意"真实表达自己的思想观点，选择"看情况"的受访领导干部比例也较大。当问及"在协商对话或讨论问题中您愿意真实表达自己的思想观点吗"这一问题时，有 54.0% 的受访者回答"愿意"，有 5.1% 的受访者选择"不愿意"，40.9% 的受访者选择"看情况"（见表 10）。数据反映出，尽管超过一半的受访者倾向讲真话，但选择"看情况"的领导干部不在少数，因此需要在实践中切实创造讲真话的制度条件和社会氛围。进一步将领导干部的多重政治身份与"是否愿意真实表达自己的思想观点"进行交叉分析表明，共青团员身份领导干部中的 85.7%、中共党员身份领导干部中的 52.2% 和民主党派身份领导干部中的 45.5% 选择"愿意"真实表达，群众身份领导干部中

的 64.3% 和无党派人士领导干部中的 50% 选择"看情况"真实表达，可见拥有党团政治身份的领导干部与其他政治身份的领导干部在是否愿意真诚表达意见方面具有差异性。此外，调查显示科级干部中超过一半（54.4%）的人选择"看情况"，其他级别的干部则大多数选择"愿意"。

表 10　是否愿意表达真实观点的比例分布（N = 2122）

选项	频数（人）	百分比（%）
愿意	1146	54.0
不愿意	108	5.1
看情况	868	40.9

（4）自由平等：超过一半的领导干部认为党和政府与群众"肯定能或基本能"进行直接平等的协商对话，选择"一般"、"基本不能或绝对不能"的受访领导干部还为数不少。针对"您认为党和政府能够与群众进行直接平等的协商对话吗"这一问题，57.0% 的受访领导干部认为党和政府"肯定能或基本能"，18.3% 的受访者认为"基本不能或绝对不能"，有 24.7% 的受访者认为"一般"（见表 11）。进一步将领导干部所在的单位系统与"是否能进行直接平等的协商对话"进行交叉分析发现，法院、检察院系统中 35.0% 的领导干部认为"肯定能"，党的系统中 30.3%、政府中 32.2%、政协中 32.3%、群团中 32.5%、企事业单位中 28.4% 的领导干部认为"基本能"，人大机构中 28.9% 的领导干部认为"一般"。数据表明，不同单位系统对党和政府能否自由平等协商对话的认知存在差异性，法院、检察院中较多认为"肯定能"，人大中较多认为"一般"，其他则多数认为"基本能"。

表 11　党和政府能否和群众直接平等协商对话的比例分布（N = 2124）

选项	频数（人）	百分比（%）
肯定能或基本能	1211	57.0
一般	525	24.7
基本不能或绝对不能	388	18.3

(5) 尊重认同：多数领导干部认为参与协商的人"应该遵守"或"必须遵守"协商达成的结果，具有民主党派身份的领导干部选择"必须遵守"的比例最大。对于"您认为参与协商的人应该遵守通过协商达成的结果吗"这一问题，回答"应该遵守"、"必须遵守"与"不一定"的受访者分别占49.2%、40.0%、10.8%（见表12）。用政治身份与其进行交叉分析，发现有45.5%的民主党派领导干部认为"必须遵守"协商共识，有36.4%的民主党派领导干部认为"应该遵守"协商共识，认为"必须遵守"的所占的比重大于认为"应该遵守"的所占的比重；而在共青团员身份的领导干部中，回答"应该遵守"和"必须遵守"的比重持平，均为42.9%；在中共党员、无党派人士以及群众中，回答"必须遵守"的比重小于回答"应该遵守"的所占的比重。调查显示，民主党派身份的领导干部比其他政治身份的领导干部更加注重协商共识的约束性，前者中较多数人认为"必须遵守"协商共识，而后者中较多数人认为"应该遵守"。民主党派与其他政治身份的领导干部的态度有差异，原因可能在于中国特色的政治协商制度中民主党派地位特殊，民主党派的领导干部对协商共识的约束性更加重视。如果协商结果或协商共识没有约束性，那么只会使协商成为一种"闲谈"。

表12 是否遵守协商结果的比例分布（N = 2124）

选项	频数（人）	百分比（%）
应该遵守	1045	49.2
必须遵守	849	40.0
不一定	230	10.8

五 协商实践及效果评价

1. 积极协商实践少，被动协商实践多

协商式决策的广泛推进需要以具体的制度平台和途径为基础，当问及"您所在单位或者个人在日常生活中通过如下途径开展协商民主的状况如何"时，有28.6%的领导干部表示"从来没有"召开过决策听证会，25.8%的领导干部表示"有时"召开决策听证会，22.9%的领导干部表示"偶尔"召开决策听证会，仅有9.9%的领导干部表示"经常"召开决策听证会，表明通过决策听证会来推动协商民主的实践还有很大拓展空间。

关于党务会议定期向群众代表开放，27.2%的领导干部表示党务会议"从不"定期向群众代表开放，有22.8%的领导干部表示党务会议"偶尔"定期向群众代表开放，有23.8%的领导干部表示党务会议"有时"定期向群众代表开放，表示党务会议"经常"定期向群众代表开放的仅为13.2%。数据表明通过党务会议向群众代表开放状况不乐观。这在一定程度上说明需要发展党内民主，推进党务会议定期向群众公开，党务会议公开有利于在全社会实质性塑造协商性的政治文化。表13显示，"有时"开展协商民主的途径是"多部门联席协商"（36.9%）、"党务政府机关定期收集群众意见"（35.2%）、"通过网络问政平台与群众协商"（30.7%）等。"经常"开展协商民主的途径是"接待群众信访"（49.6%）、"群众代表对党委主要领导工作进行年终评议"（44.7%）、"多部门联席协商"（37.2%）等。调查数据显示，不同的途径协商民主开展情况不一样，"从不"开展选项中最多的是"召开决策听证会""党务会议向群众/群众代表开放"，"有时"开展选项中最多的分别是"多部门联席协商""党务政府机关定期收集群众意见""通过网络问政平台与群众协商"，"经常"开展选项中最多的是"接待群众信访""群众代表对党委主要领导工作进行年终评议""多部门联席协商"。这表明，协商民主的实施在功能上需要推动公众从最基础的知情、获得信息逐步上升到对决策过程的实质性影响，甚至参与决策。

表13 地方官员开展协商实践的比例分布

单位：%

选项	从不	偶尔	有时	经常
召开决策听证会	32.7	29.6	26.3	11.4
干部定期接待群众	11.6	25.2	29.3	33.9
干部热线电话	22.3	22.5	27.2	28.0
党务会议向群众/群众代表开放	31.3	26.2	27.4	15.1
接待群众信访	5.0	17.2	28.2	49.6
党务政府机关定期收集群众意见	8.0	24.2	35.2	32.7
通过网络问政平台与群众协商	17.9	27.1	30.7	24.3
群众代表对党委主要领导工作进行年终评议	16.3	14.4	24.6	44.7
多部门联席协商	4.8	21.1	36.9	37.2

2. 协商实践满意度总体一般

表 14 显示，对于协商民主实施情况，53.2%的人认为"一般"；表示"非常满意"和"比较满意"的占比合计为 25.5%；表示"不太满意"和"很不满意"的占比合计为 21.2%。协商民主作为一种新的民主形式，在各地实践不均衡的情况下，其效果还未充分显现出来。因此，在实施了协商民主的地方，地方官员的评价是积极的、正向的；在未实施协商民主的地方，地方官员的评价则是负面的。而持中立态度的官员所占比重大，这从一个侧面反映，在很多地方或者领域，协商民主实践的推进比较缓慢，或者官员对于协商民主的了解存在差异。

表 14 对协商民主实施情况的满意度比例分布

选项	有效频数（人）	有效百分比（%）
非常满意	54	2.6
比较满意	472	22.9
一般	1098	53.2
不太满意	371	18.0
很不满意	67	3.2
合计	2062	100.0

第三节 协商认知对实践的影响

在中国的政治语境下，十八届三中全会明确指出，"中国特色社会主义协商民主，是在党的领导下，以经济社会发展重大问题和涉及群众切身利益的实际问题为内容，在全社会开展广泛协商，坚持协商于决策之前和决策实施之中"①。也就是说，中国的协商民主是"在党的领导下"的协商民主，党委系统是协商民主的核心主体，其协商民主意识对协商民主的发展发挥着至关重要的作用。因此，对中国协商民主实践的考察不能忽略党委系统的协商民主态度。下面我们将以党委系统为分析对象，考察党委系统

---

① 《中共中央关于全面深化改革若干重大问题的决定》，《人民日报》2013 年 11 月 16 日。

干部的协商民主认知对协商实践及效果评价的影响。

我们以协商民主实践（积极实践和消极实践）为因变量，以上文的协商民主认知为自变量，控制性别、教育程度、职务级别、年龄、党委工作年限等变量，建立多元线性回归模型，考察协商民主认知对协商实践的影响，具体结果见表15。

表15 影响协商民主实践及效果评价的因素：回归模型

	多元线性回归		定序逻辑斯蒂回归	
	模型1 积极实践	模型2 消极实践	模型3 满意度	模型4 满意度
协商民主总体熟悉度	0.262***	0.184**	2.151***	1.876***
协商民主效能认知	0.00904**	0.00127	0.994	0.986*
协商民主平等机制认知	0.193***	0.146**	1.397***	1.258*
协商民主重要性认知[a]	0.22	0.267*	1.503	1.237
协商民主最适合层级认知	-0.00129	-0.0225	1.096	1.197**
协商民主真诚互动认知[b]	0.229*	0.114	1.656**	1.353
协商民主内涵认知[c]——做决定的制度形式	-0.159	-0.146	0.882	0.938
协商民主内涵认知[c]——民主决策方式	0.0592	-0.0241	1.122	1.148
协商民主内涵认知[c]——公共参与机制	0.083	0.163*	0.978	0.911
男性[d]	-0.0397	-0.241*	0.787	0.741
本科[e]	-0.0781	0.0772	0.64	0.429
研究生	0.0968	0.233	0.65	0.463
处级[f]	0.394	0.244	0.514	0.372*
厅级	0.388	0.13	0.509	0.354
年龄	0.0246*	0.0229*	0.974	0.967
进入党政部门年限	-0.0153	-0.0163*	1.012	1.003
积极协商民主实践				2.054***
消极协商民主实践				1.183
常数/阈值点1	-3.11***	-2.27***	-1.74	-4.17
阈值点2			0.57	-1.72
阈值点3			3.19	1.18
阈值点4			6.50	4.49
N	260	276	300	249

续表

	多元线性回归		定序逻辑斯蒂回归	
	模型1 积极实践	模型2 消极实践	模型3 满意度	模型4 满意度
R^2/Pseudo R^2	0.204	0.123	0.0835	0.1447
F/ LR chi^2	3.901***	2.279***	58.93***	85.90***

注：1. a. 认为协商民主重要或与选举民主同等重要赋值为1，其他赋值为0；b. 愿意表达真实观点赋值为1，不愿意或看情况赋值为0；c. 协商民主内涵认知，认可协商民主是做决定的制度形式、民主决策方式、公共参与机制赋值为1，其他赋值为0。其他协商民主认知操作化方式与上文的描述性分析保持一致，熟悉度为完全不熟悉~非常熟悉（赋值1~5）；效能认知为完全不重要~非常重要（赋值0~10）；平等机制认知为绝对不能~肯定能（赋值1~5）；适用层级认知为村级~省级（赋值1~5）。d、e、f的参照对象分别为女性、大专及以下。

2. 因变量协商民主实践（公众协商），根据表13的协商民主实践主动性程度，将召开决策听证会、干部定期接待群众、党务会议向群众/群众代表开放、定期收集群众意见、网络问政协商归为积极实践，将干部热线电话、接待群众信访、群众参与年终评议归为被动实践，并分别对其进行因子分析，最终各自拟合成一个因子；积极实践因子的KMO值为0.80，alpha信度系数为0.79；消极实践因子的KMO值为0.62，alpha信度系数为0.79；上述系数表明，两个均勉强适合做因子分析；最终以各自的因子值作为最终因变量。因变量满意度为很不满意~非常满意（赋值1~5）。

3. *** $p<0.001$，** $p<0.01$，* $p<0.05$。模型1和模型2的数值为非标准化回归系数，模型3和模型4的数值为发生比（odd ratio）。

从模型1和模型2的R^2来看，两者分别为0.204和0.123，说明协商民主认知无论是对积极协商实践还是消极协商实践均具备较好的解释力，尤其是积极协商实践。但不同的协商民主认知对协商民主实践存在差异性影响，假设1部分得到验证。

一 协商认知对协商实践的影响

1. 协商民主总体熟悉度对协商实践的影响

协商民主总体熟悉度对积极实践和消极实践均具有显著正向影响，这与我们强调的知识指导工作实践有关，只有对协商民主总体较为熟悉，才可能开展各类协商民主实践；相反，对协商民主越不熟悉，越难以接受协商民主，更不会主动开展协商实践。从这个角度来说，党委干部的协商民主实践遵循"协商知识—协商行为""知行合一"的内在模式，即在开展协商民主实践时，需要掌握协商民主的相关知识。

2. 协商民主效能认知对协商实践的影响

协商民主效能认知对积极实践具有显著正向影响，但对消极实践影响不显著，即党委干部越意识到协商民主对社会稳定发展具有重要的作用，越可能积极主动组织协商，与公众讨论公共事务和决策，作出群众满意度高的决策，精准地回应民意诉求，而不是消极被动等待群众的信访和热线电话。

3. 协商民主重要性认知对协商实践的影响

协商民主重要性认知对积极实践影响不显著，但显著促进消极实践，这从较大程度上证实了党政干部协商民主理念与实践的不一致性，更多党政干部在理念上重视协商民主，但未能积极主动开展协商民主实践。

4. 协商民主内涵认知对协商实践的影响

协商民主内涵认知中只有公共参与机制认知对消极实践具有正向影响，其他的内涵认知均对实践影响不显著。虽然那些认为"协商民主是促进群众参与的具体机制和程序"的党政干部可推动协商民主实践，但是这只是消极的协商民主实践，并不是主动组织和动员开展协商民主实践；这一发现进一步说明当前党政干部的协商民主认知与日常实践存在"知易行难"的特征。

5. 协商民主最适合层级认知与机制认知对协商实践的影响

最适合层级认知对积极实践和消极实践均影响不显著，但影响方向为负向，意味着党委干部越是认可协商民主适合层级较高，开展协商实践的频率越低，这与我国当前协商民主实践集中在村（居）、乡镇（街道）等层面具有较大一致性。

另外，真诚互动认知有助于促进积极协商实践，但不能有效改变消极实践，那些愿意在协商民主讨论中表达观点者，相信协商民主能够收到较好的效果，进而积极开展协商民主实践。平等机制认知对协商民主实践具有显著的促进作用，即党委干部越相信党和政府能与群众进行平等对话，开展协商民主的实践频率越高。

与印度、巴西等发展中国家的协商民主实践保持一致的是，协商民主效能认知、平等机制认知、真诚互动认知显著促进党委干部的协商实践。党委干部意识到通过与群众平等的沟通、诚意互动，有助于精准回应公众多样化利益诉求，作出公众满意的决策或决定，维护社会发展稳定，进而持续积极主动地组织多样化协商实践。与澳大利亚等发达国家的协商民主一致的是，协商民主重要性认知、最适合层级认知、内涵认知不仅没有显著直接影响积极协商实践，反而对协商实践产生负向影响。虽然党委干部意识到协商民主是做决定的制度形式、民主决策方式、公共参与机制，与选举民主同等重要或更重要，但协商民主弥补选举民主的缺陷，需要付出一定的"代价"，即达到协商民主共识目标是一个相对较慢和不确定的过程，尤其涉及较多相关利益群体的高层级的协商实践。正如有的干部所抱怨的，"协商民主实践程序过于烦琐""协商效率低下"等，这些削弱了其积极持续开展协商民主实践的动力。

二 协商认知对协商实践效果的影响

为进一步考察协商民主认知对实践效果的影响，我们采用定序逻辑回归方法，以"协商民主实践满意度"为因变量，协商民主认知为自变量，建立基准模型（见表15模型3），并在此基础上，加入协商民主实践变量，讨论协商民主实践对实践效果的作用机理（见模型4）。

纵观表15中的4个模型我们发现，不同协商民主认知促进协商实践的影响效力存在差异，进而带来不同的效果评价。具体来看，协商民主总体熟悉度对协商民主实践满意度影响显著，系数均大于1，说明党委干部对协商民主越熟悉，越倾向于开展多样化的协商民主实践，并越可能满意实践行动。在模型3中，协商民主效能认知对实践满意度影响不显著；加入协商民主实践变量后，效能认知对实践满意度影响显著。但具体而言，认为"协商民主对社会稳定发展重要"的党政干部，对协商民主效果满意度是较高等级的概率下降1.4%；协商民主效能认知虽有助于促进协商民主实践，但协商民主理想与实践存在较大差距，导致实践效果评价较低。协商民主平等机制认知对实践满意度有正向影响，即党委干部越认可"党和政府能够与群众进行平等对话"，越可能积极开展协商民主实践，积极协商民主实践的动员性、组织性、可控性比消极实践强，进而达到较好的沟通协商效果，实践满意度较高。协商民主最适合层级认知对实践满意度有正向影响，即党委干部越认可协商民主适用于较高层次，协商民主的满意度是较高等级的概率上升19.7%。尽管越认可协商民主适用于较高层次，在较高层级开展的协商民主实践频率越低，但较高层次的协商民主参与主体的素质相对较高,协商能力较强,能够达到较好的沟通效果。在未加入协商实践变量前,协商民主真诚互动认知有助于提升实践效果评价,但加入实践变量后,影响不显著,系数变小,说明真诚互动认知通过协商民主实践提升实践满意度,尤其是通过积极协商实践的中介。

在模型 4 中,积极协商实践和消极协商实践的系数均大于 1,意味着协商实践与实践效果评价呈正相关。无论是积极实践还是消极实践,均有助于加强党与群众的联系,增进两者之间的互动与联系,提升决策的合法性、公正性,当地的协商民主实践满意度可能越高。但从具体的系数大小和显著性来看,消极协商民主实践对实践满意度影响不显著,系数为 1.183;积极协商民主实践对实践满意度影响显著,系数为 2.054。这说明积极协商民主实践频率每提升 1 个单位,协商民主实践的满意度是较高等级的概率提升 105.4%;积极协商实践比消极协商实践对实践满意度的影响更大,积极协商实践更能调动公众的积极性和主动性,更能规范地执行协商民主程序,发挥协商民主的应有效能,进而提升实践效果评价。

协商民主熟悉度、平等机制认知、真诚互动机制认知直接促进党政干部经常主动开展协商实践,进而强化党政干部自身的实践效果评价。实现协商过程的高效率和协商结果的公平需要完善的平等、互动机制体系等作为保障;积极的协商民主平等机制和真诚互动机制认知,能够促进党委干部在协商实践中积极践行相关原则,充分赋权于参与主体,进而提升协商效率和协商结果的相互接受度,提高协商实践满意度。协商民主重要性认知和内涵认知对实践效果评价不具有显著影响;协商效能认知虽有助于提升积极实践,但反而降低了协商满意度;认为协商民主越适用于高层,开展协商民主实践越少,反而协商实践满意度越低。已有相关个案研究表明,协商民主有助于平衡多方利益、优化决策、回应多方诉求等,促进社会稳定发展;党政干部越认可这些价值意义,越可能积极开展协商民主实践。但是,在基层协商民主领域,公民参与水平低、参与主体资源能力不对等、参与代表性不足、制度不健全等,限制了协商民主价值的发挥[1],造成了协

---

[1] 刘璐:《基层协商民主的实践效果与限度研究——以杭州市为例》,硕士学位论文,浙江大学,2014,第 2 页。

商民主理想与效果之间的张力,这在较大程度上降低了党委干部对协商实践效果的评价。无论是积极实践还是消极实践,频率越高,党委干部的协商实践满意度越高,但积极的协商实践对实践满意度的影响显著大于消极实践。积极的协商实践一般由党委干部主动组织,可控性和动员性比干部热线电话、接待群众信访等被动协商要强,进而达成较好的沟通效果,提升了协商满意度。

第四节　结论

调查问卷的结果,一方面回答了我国地方官员对于民主、协商民主的主要认知和态度,揭示了开展协商实践的现状,另一方面得出了一些不同的判断。通过问卷分析,课题组得到了一些基本的结论。

第一,大多数官员心中的民主主要是指实现人民当家作主的"直接民主"或者"为民作主";将协商民主理解为一种决策方式和促进公共参与的机制。大多数官员认为协商民主的作用主要表现在"促进科学决策""促进公民参与""促进利益表达";虽然协商民主、选举民主都很重要,但发展党内民主应当处于优先地位;选举民主和协商民主同样重要,不能因为积极推进协商民主而忽略或者反对选举民主。大多数官员认为最适合开展协商民主的是决策环节,而最适合开展协商民主的是村(居)层级。多数领导干部认为制定政策应该"因地制宜"地包容相关者所有的意见,倾向经由"推选"而不是"投票"和"随机"产生的代表来反映意见和观点,认为协商过程中的发言应围绕主题和反映群体的利益。超过一半的干部在协商民主实践中愿意表达自己的真实观点,认为党和政府能够平等开展协商对话;40%的党政干部强调必须遵守协商结果。

第二,当前党政干部经常开展的协商民主实践为接待群众信访、群众代表对党委主要领导工作进行年终评议,这些均为被动协商。召开决策听证会、党务会议向群众/群众代表开放、通过网络问政平台与群众协商等积极协商实践开展比例相对较低。由此导致的是多数党政干部认为其作用发挥并不显著,75.5%的党政干部对当地贯彻协商民主的满意度评价在"一般"及以下。

第三，协商认知与实践及效果呈现"知易行难"的特征，协商民主总体熟悉度、平等机制认知和真诚互动认知显著促进党委干部积极开展协商实践，进而强化实践满意度评价。协商民主重要性认知和内涵认知对实践及效果评价影响不显著。协商民主效能认知虽有助于促进积极实践，但会降低协商满意度。越认可协商民主适合于高层，积极实践越少，但满意度越高。此外，经常开展协商实践有助于提升协商满意度，积极实践比消极实践对协商满意度影响更大。

因此，进一步推进我国的协商民主制度建设，需要：（1）一切从实际出发，因地制宜，不同地区、不同层级、不同领域采取不同的协商民主形式。避免采取"一刀切"的制度设计。（2）充分利用既有资源和制度优势推进协商民主，在形式上，重点开展政党协商和社会协商对话；在政治环节上，集中于决策和管理过程；在行政层级上，集中于县乡与基层。（3）推进协商民主的实践，着重建构具体的体制机制、程序，以具体的、可操作的技术将抽象的原则具体化。（4）发展协商民主，要以解决实际问题为出发点。协商民主应在促进科学决策、鼓励公民参与、化解社会矛盾等方面发挥积极作用。（5）为保证协商民主的顺利发展，应继续推进党内民主、选举民主的发展和完善。党内民主具有不可替代的引领作用，选举民主具有基础性作用。在实践中，应通过逐步试点的方式，平衡推进不同民主形式的实践。（6）在我国持续推动协商民主走向实践的过程中，需要不断创造有利于协商民主实践的政治、经济、社会条件，增强党政机构实施协商民主的主动性。在运用协商民主的过程中创新和发展协商民主的实施途径，应特别重视公众主动发起而党政机构和领导干部被动卷入的公众协商，不断提高协商民主被领导干部实际接纳的程度和运用的可能性。同时，特别需要防止协商民主被束之高阁而难以制度化、常态化，最终真正促使各级领导干部将协商民主运用于公共事务治理的过程，使协商民主的实践取得实效并实现可持续发展。

（聂　伟　深圳大学）

第十一章

使民主运转起来：协商方法

"协商民主"强调民主的公开性、平等性、包容性以及理性思辨基础上的共识达成，对于推进当前世界各国的民主进程均具有重大的现实意义。但协商民主本身并无法与实践结合起来实现这些理念，因此就要借助一定的方法来实现。协商方法即是将协商民主的理念、要素贯彻到具体的程序中，以一定的程序为载体来实现协商民主的要义。在十八大提出推动我国协商民主制度"广泛、多层、制度化"发展的伟大目标的背景下，本土协商方法的发展创新更加不容忽视。为此，我们就需要明确如下问题：协商方法对于各国民主进程的推进主要有哪些作用？协商方法在设计时应遵循哪些原则？国内外都有哪些协商方法在被实践，实践情况如何？国外协商方法近期有何进展？最后，我们又该如何推动我国社会主义协商方法不断发展创新？本部分将对这些问题一一进行回顾与解答。

第一节 协商方法的作用与设计原则

一 协商方法的作用

协商方法是对协商理念的实践，因而其作用自然与协商民主的作用大体相似，区别在于协商方法的作用更多体现在应用层面。具体来看，对于各国的民主实践以及民主进程的推进来说，协商方法主要有如下作用。

1. 增强公共决策的合法性

各类协商方法的出现为提升公共决策的合法性带来福音。协商民主理论的支持者认为，只有当公共决策是通过协商和讨论的方式制定出来，并且参与协商的公民或公民代表超越了单纯的自身利益和局限，反映公共利益时，决策才是合法的。[①] 这一观点也得到了大多数公民的认同。当公共决策是由一个人制定出来时，其他人有充分的理由怀疑这个人的动机以及他的决策水平。而当决策是采用协商民主的方式制定时，意味着要求更多的公众协商与讨论。首先，协商和讨论的方式意味着最终制定出来的公共决策是大家集体决定的结果，而不是权力角逐的结果，即使最终的公共决策与某些人最初的立场不同，他也明白这是出于集体利益的考虑，而不会认为自己成了某些人的牺牲品；其次，当大家聚在一起进行协商和讨论时，不同观点的交流和碰撞使人们了解到其他人的想法，关于公共决策的知识水平也在这个过程中得到提升，这样一来，公众就有了相应的能力和水平作出最后的集体决策，而不是在信息欠缺的情况下作出的。

2. 改善公共决策的质量

协商方法的采用为公共决策质量的提升提供了可行途径。人类的理性是有限的，有限理性制约了决策的质量，公共决策也是如此。公共决策如果不依靠民众的话，单由决策者进行决策很难克服有限理性的障碍，或者说是一种十分冒险的选择，公共决策的质量完全取决于决策者的能力和水平。协商民主则不同，虽然协商民主方法也没有办法完全克服有限理性的障碍，但当人们聚集在一起进行协商和讨论时，各自拥有的知识、认知、观点也会汇合起来，在交流过程中，公众的知识水平和对议题的认知或多或少都会有所提升，能够从更加全面的视角来分析和考虑问题，有限理性得到了制约，最终作出的集体决策质量也有所保障。有人从投票决策的角度考虑，认为投票决策也是一种集体决策的结果，但实际上投票决策和协商民主有着很大的不同：在投票过程中，每个人不必说出自己之所以选择某种方案的原因，很多人可能是出于个人利益来作出选择；而在协商民主过程中，参与者必须给出一个合理的理由说明自己为何作出这种选择，为了说服他人，这种理由一般是从公共利益的角度出发，因此，运用协商民

[①] 〔美〕詹姆斯·博曼：《公共协商：多元主义、复杂性与民主》，黄相怀译，中央编译出版社，2006，第4页。

主方法作出的决策更趋向于遵从公共利益,这也是改善公共决策质量的一个方面。

3. 培养理性公民

公共决策中协商方法的采用有助于培养理性公民。首先,各类协商方法为公民提供了一个表达自身意见和观点的平台。公民对于公共事务都有自己的看法,当公民急切希望有一个平台来表达自身的意见和观点却缺乏这样的平台时,他就很有可能采取一些看似不理性的手段来进行表达,如上访。在这种情况下,协商民主创造的意见表达平台让公民能够充分表达自己的观点和看法,这是一种制度化的、有序的表达,这种表达平台下的公民也显得更加理性。其次,协商民主促使公民用理性方式思考公共议题。一般情况下,公民思考公共议题时更倾向于从感性出发,从自身利益出发,如要在居民周围兴建一个垃圾场,他们就会考虑"垃圾场会不会散发出臭味影响日常生活""垃圾会不会堆积如山影响交通"等,这都是感性思考的结果;而通过协商民主这个平台进行协商和讨论时,就会有人提出其他的观点,如"此地为何适合建设垃圾场""如果不建设对城市会有哪些危害"等,当人们听到这些不同于自己的观点时,他们也会思考、吸收,然后从这些观点出发考虑问题,这样一来,公民就会由感性思考的方式转变为理性思考的方式,这也是培养理性公民的一种途径。

4. 促进公众参与

各类协商方法本身就是公民参与的方式,但除此之外,它们仍旧能够促进公民参与。公民不愿意参与到对公共事务的讨论中,一部分原因在于他们认为参与过程是由官方主导的,自己很难表达出自己的意见来。但协商民主的核心要素之一就是平等性,运用协商民主方法进行协商和讨论时,每个参与者的地位是平等的,每个人都有权利表达自己的意见,也都有相同的机会来进行表达,中立的主持人会保证协商平等性的实现。公民不愿意参与到对公共事务的讨论中,还有一部分原因在于他们认为自己的讨论没有什么用处,最后还是由决策者进行拍板。但协商民主不同,协商民主最后阶段参与者会根据协商和讨论情况作出集体决策,这些集体决策通常会呈送给决策者,成为很重要的决策依据。如在公民陪审团中,决策中如果不遵从集体决策,必须给出合理的理由才行。这样一来,公民会明白他们意见和观点的价值，愿意参与到公共事务的讨论中来。

5. 化解社会矛盾

化解社会矛盾是协商民主以及由此衍生而来的各类协商方法一个十分重要的应用价值。协商民主之所以能够化解社会矛盾，与上面提到的几个作用密不可分，尤其是理性公民的培育。社会矛盾产生的原因在于多元利益的不可调和，事实上多元利益并非不可调和，只是没有找到一种合适的调和方式而已。一般情况下，发生利益冲突的各方很难心平气和地坐下来谈一谈，因此无法进行良好的、充分的沟通，在沟通不畅的情况下矛盾很容易扩大，甚至激化为一些冲突事件。而协商民主以及由此衍生的各类协商方法恰好是合适的利益调和方式，它们将多元利益主体聚集在一起，并让其平等地、充分地表达自己的观点，然后就这些观点进行沟通和交流，使得多元利益主体能够从其他利益主体的视角来看待问题，如果确有需要补偿的情况的话，也可以讨论如何对利益受损失的群体进行补偿，在协商中达成共识。在良好、充分沟通的情况下，即便最后共识暂时无法达成，一般情况下也不至于演变为激烈的冲突事件。

二 协商方法的设计原则

为了保证设计出来的协商民主方法能够遵循协商民主的本义，在设计时一定要考虑协商民主的基本要素、基本原则等，与此同时也要考虑实际应用中的一些原则。总体来看，这些原则主要如下。

1. 平等性原则

平等性原则是协商民主的核心原则，也是协商民主方法设计的重要指导原则之一。协商民主的平等性主要体现在参与者参与权利的平等以及协商地位的平等两个方面。前者指每个公民都有平等的权利和机会参与到协商民主活动中，后者是指在协商过程中每个参与者的地位是平等的。在设计协商民主方法时，首先要考虑到平等性问题，在设计参与者的选取方式时不能因公民的背景信息而随意排除，最好采用科学随机抽样的方式来抽取，给予每个公民平等参与的机会；在协商过程中，也一定要设置相关环节来保障协商的平等性，例如可以纳入中立的主持人，事先对主持人进行相关培训，使其在协商过程中维持协商现场的平等性，让每个参与者都有机会发言，表达自己的观点和意见，避免部分人在协商时占据主导地位，控制协商过程。平等性是协商民主的关键因素，如果协商民主方法无法保障平等性的实现，那它的意义和价值就会大打折扣，甚至在严格意义上不能称为协商民主方法。

2. 协商性原则

协商性原则也是协商民主的核心原则，协商民主与其他民主形式的主要区别就在于其协商性，因此在设计协商民主方法时，一定要遵循协商性原则。协商性原则主要是指如何设计程序来保障协商的实现，即要采取何种协商方式，如在协商式民意调查中，协商主要是靠小组讨论和大组问答来实现的，这两个环节充分体现了协商要素。设计协商民主方法时，首先要考虑相关背景信息，如参与者人数等，不同的参与者人数决定了不同的协商形式，如果参与者人数较少，只有 10 个人的话，就不需要先分小组进行协商，然后再集合起来在大组进行讨论。其次要考虑如何提升协商质量。协商的质量至关重要，并不是参与者聚集在一起讨论就叫作协商，因此在设计时也要关注协商质量问题。

3. 参与性原则

民主离不开参与，协商民主也是如此。虽然为了保障平等性和协商性的实现，协商民主在某种程度上无法实现广泛意义上的大众参与，但参与性仍然是其无法忽略的一个要素。在设计协商民主方法时，一定要将参与性原则纳入其中，也就是说，不能单纯地为了平等性和协商性，而完全不考虑参与性。在具体的协商民主方法设计中，参与性主要靠两个方面来实现：一是在程序设计上有公民参与的方式和途径，二是对协商活动进行宣传让更多的人了解到并参与其中。从平等性角度来看，协商民主可能更多的是一种被动的参与，即通过随机抽样的方式来抽选出参与者，然后邀请这些被选中的人前来参与。但随机抽样并非唯一的一种参与方式，设计者可以在兼顾平等性原则和协商性原则的情况下，设计出多元参与的方式，尽可能让更多的公民参与到协商活动中来。

4. 平衡性原则

平衡性原则主要是指协商民主方法设计时要保障观点的平衡性。协商民主是多元意见主体聚集在一起进行面对面的、平等的讨论和协商，之所以有多元意见主体,是因为公民对某一议题有不同的看法,如果看法都一致的话,就不需要协商了。因此,在选定好有争议性或有选择性的议题后,首先应保证将所有的意见主体都纳入协商过程中,任何一方意见主体的缺失都会使协商过程丧失意义。其次,在有多元意见主体存在的情况下,要想实现平等协商,就需要保障多元意见主体的平衡性,即持有不同意见的主体数量大致相同。如若不这样的话,协商过程的意义也会丧失。例如,如果运用协商民主方法对某个城镇建设文化活动中心还是建设公园进行选择,纳入的参与者中只有10个人支持建设文化活动中心,其余50个人都支持建设公园,那么在协商时支持建设文化活动中心的人明显处于劣势,协商很难顺利进行。因此,在设计协商民主方法时要充分考虑平衡性原则,将多元意见主体都纳入协商过程中,并且保证多元意见主体数量平衡。

第二节 协商方法的类型与实践

自协商民主被创设至今,国内外学者以及实务界人士围绕协商民主理论所阐述的理念,依据协商、平等、参与、理性等原则创造出了诸多协商民主方法。本部分将分别对国内外协商方法的种类与实践情况进行回顾与总结。

一 国外协商方法的类型与实践情况

国外对于将协商民主的理念应用于实践的探索较早,创造了包括共识会议、协商式民意调查、公民陪审团、愿景研讨会在内的多种协商方法。这些协商方法与传统的公共参与形式最大的不同之处在于,它将公共政策的讨论扩展到普通公民参与的范围。[1] 至今,这些协商方法已经在很多国家得到了实践,甚至欧盟也把其作为解决"民主赤字"问题的重要手段。[2]

---

[1] 〔澳〕卡罗琳·亨德里克斯:《公民社会与协商民主》,郝文杰、许星剑译,载陈家刚选编《协商民主》,上海三联书店,2004,第134页。
[2] 卢倩仪:《审议式超国家主义》,《问题与研究》2004年第6期。

1. 共识会议①

共识会议是指邀请不具专业知识的公众组成公众小组，针对与他们相关且具有争议性的政策和议题，通过事前阅读和学习相关资料，在充分了解议题的基础上，咨询专家，并进行讨论和协商，最终达成一定程度的共识。这个过程充分体现了公民参与、平等对话、知情讨论、民主决策等理念。

（1）简要介绍。"共识会议"这一术语最初诞生于美国。20世纪70年代末，美国国家健康研究所首次设计使用"共识发展会议"（Consensus Development Conferences），汇集医学专家、科学家及其他专业人员对新的医学技术进行科学交流，并就研究发现达成某种"意见共识"，作出专业评估。②但是，在这种最初的形式中，所谓的"共识"只是专家的共识，并没有将公民的参与纳入其中。

真正意义上的"共识会议"是在丹麦产生的。随着科技的发展，科技政策越来越牵涉到伦理和社会风险等问题，科技决策的作出也面临着新的挑战。而丹麦是一个具有良好公共启蒙传统的国家，其法律明文规定，凡涉及重大争议的科技政策，在决策前必须让社会公众了解科技发展对社会、环境和公众生活带来的影响，也必须让社会公众或公众代表对有争议性的科技议题进行公共讨论。③ 这为丹麦共识会议的产生和发展提供了法律依据，最初美国式的"共识发展会议"在丹麦发生了根本意义上的变化，创造出通过作为外行的公众与作为内行的科学技术专家的对话而形成共识的

---

① 关于共识会议，参见马奔《协商民主：民主理论的变迁与实践》，山东大学出版社，2014，第47~50页；原文主要参考以下文献和网站：Carolyn M. Hendriks, "Consensus Conferences and Planning Cells—Lay Citizen Deliberations," in John Gastil and Peter Levine (eds.), The Deliberative Democracy Handbook: Strategies for Effective Civic Engagement in the Twenty - First Century, San Francisco: Jossey - Bass, June 2005, pp. 80 - 110. The Consensus Conference, http://www.tekno.dk/subpage.php3? article = 468&toppic = kategori12&language = uk, 2014年5月20日；Citizen Conferences, http://participedia.net/en/methods/citizen - conferences, 2014年5月20日；Consensus Conference, http://participedia.net/en/methods/consensus - conference, 2014年5月20日；Participatory Consensus Conferences, http://participedia.net/en/methods/participatory - consensus - conferences, 2014年5月20日。

② 刘锦春：《公众理解科学的新模式：欧洲共识会议的起源及研究》，《自然辩证法研究》2007年第2期。

③ 佟贺丰：《丹麦公众参与科学事务模式综述》，《科学学与科学技术管理》2004年第12期。

全新的形式。到了 90 年代，随着协商民主的兴起，这种丹麦风格的公民参与形式——共识会议，被认为与协商民主的理念相契合，逐步被引入协商民主的实践中来，通过各国的不断改进与完善，目前已成为协商民主理念最基本的一种制度形式。①

（2）具体运行。共识会议主要由七步构成：选定议题、组建指导委员会、组建公众小组、预备会议、组建专家小组、正式会议、会议后续工作。

选定议题。共识会议的第一步是选择一个社会广泛关注、具有争议性且范围适中的议题。议题选择适合与否，对于协商共识能否有效开展具有决定性的影响，因此议题的选择必须慎重。

组建指导委员会。选定议题之后，需要组建一个指导委员会，负责会议的组织与监督工作，保证会议的顺利进行。指导委员会成员的组成要充分考虑到平衡性和多元性，以保证会议的质量和公正。

组建公众小组。指导委员会组成之后，最重要的工作就是选择志愿参与议题讨论的公民，组成公众小组。主办方要通过公开的途径登出公众小组招募广告，征集志愿参与者，并根据年龄、性别、教育程度、职业和居住地等要素，随机选取 12~18 人组成公众小组。

预备会议。在共识会议正式召开之前，要举行一定时间的预备会议。预备会议一般在正式会议召开前的两个周末举行，其目的是让公众小组成员熟悉将要讨论的议题及其相关资料，通过讨论形成问题清单，并决定专家小组的备选名单。

组建专家小组。指导委员会根据公众小组在预备会议过程中形成问题的方向，拟订专家小组备选名单，经由公众小组成员增减后，形成最终清单，并向清单上的专家寄发正式邀请函，确认最终的专家小组。

正式会议。正式会议一般分为三个阶段：①公众小组成员与专家的交流互动：专家小组回答公众小组提前拟定的问题及现场提出的问题，公众小组也可以针对某些特定问题，对专家小组进行交叉提问，让专家进一步阐述其观点，从而深入了解有分歧的焦点问题；②公众小组成员进行内部讨论：公众小组根据所获得的信息及对议题的深入了解，进行充分的讨论

---

① 马奔：《公民会议：协商民主的一种制度设计》，《山东社会科学》2009 年第 10 期。

和沟通,以期对有争议的问题达成共识;③撰写共识报告:公众小组根据达成的共识撰写共识报告,并向媒体和公众公布。

会议后续工作。正式会议的结束并不意味着共识会议所有工作的结束,主办方还要完成以下工作:①会议宣传与报道;②会议总结;③将公众小组形成的共识报告提交与议题相关的政府部门,以作为决策的依据。

(3) 共识会议在国际上的实践情况。共识会议作为一种协商民主的制度设计,强调一般公民具备能力对存在争议的议题进行知情和理性的讨论,在真诚沟通的基础上形成共识,很多国家进行了共识会议的实践①(见表1)。

表1 共识会议实践的国家或地区及议题(1987~2008年)

年份	议题类型	
1987	丹麦:工业和农业中的基因技术	
1989	丹麦:人类基因组图谱;食品辐射	
1990	丹麦:大气污染	
1991	丹麦:教育技术	
1992	丹麦:转基因动物	
1993	丹麦:私人汽车的未来;不孕问题	荷兰:转基因动物
1994	英国:转基因食品 丹麦:电子身份证;交通运输中的信息技术;农业综合性生产	
1995	丹麦:食品和环境中的化学物品设限;基因治疗 荷兰:人类遗传学研究	
1996	丹麦:未来渔业 挪威:转基因食品	新西兰:植物生物技术
1997	丹麦:消费与环境;远程办公 美国:电信和民主的未来	奥地利:高层大气中的臭氧问题
1998	韩国:转基因食品的安全性与伦理 丹麦:公民粮食政策;食品辐射 日本:基因治疗	加拿大:大学中的强制性笔记本电脑 法国:转基因食品 瑞士:国家电力政策

---

① 关于共识会议实践案例的统计,来自马奔《协商民主:民主理论的变迁与实践》,山东大学出版社,2014,第58~60页,原始资料参见 http://www.loka.org/TrackingConsensus.html,2014年5月29日。

续表

年份	议题类型	
1999	澳大利亚：食物链中的基因技术 加拿大：麦克马斯特的在线教育政策；食品生物技术 巴西：转基因食品 日本：高信息化社会 瑞士：基因工程和食品	英国：放射性废物管理 丹麦：转基因食品 新西兰：植物生物技术Ⅱ；生物防治 韩国：克隆
2000	以色列：未来运输 阿根廷：转基因食品 日本：转基因食品 瑞士：移植医学	丹麦：噪声与技术；电子监测 加拿大：都市固体废物管理 挪威：疗养院的智能住宅计划
2001	阿根廷：人类基因组计划 比利时：空间规划；流动性和可持续发展	德国：基因检测
2002	丹麦：基因测试 津巴布韦：知识和小农参与	美国：转基因食品
2003	丹麦：环境价值分配 比利时：基因治疗；转基因食品；转基因作物	奥地利：遗传数据
2004	澳大利亚：纳米技术	
2005	英国：纳米技术 美国：纳米科技	澳大利亚：纳米技术
2006	加拿大：氟化物	美国：生物监测
2007	欧盟：脑科学；公民陪审团	
2008	美国：人力资源提升；身份和生物学	

2. 协商式民意调查①

协商式民意调查是对传统民意调查的一种有建设意义的新尝试。与其他协商方法相比较，"协商式民意调查"（Deliberative Polling）有着鲜明的特色，在探寻知情的民意方面发挥着重要作用。

---

① 关于协商式民意调查，参见马奔《协商民主：民主理论的变迁与实践》，山东大学出版社，2014，第47~50页。原文主要参考了以下文献和网站：黄东益《审慎思辨民调——研究方法的探讨与可行性评估》，《民意调查季刊》2000年第1期，第123~143页；James Fishkin and Cynthia Farrar, "Deliberative Polling—From Experiment to Community Resource," in John Gastil and Peter Levine (eds.), *The Deliberative Democracy Handbook: Strategies for Effective Civic Engagement in the Twenty - First Century*, San Francisco: Jossey - Bass, June 2005, pp. 68 - 79; James S. Fishkin and Robert C. Luskin, "Experimenting with a Democratic Ideal: Deliberative Polling and Public Opinion," *Acta Politica*, 2005, Vol. 40, No. 3, pp. 284 - 298; Center for Deliberative Democracy, http://cdd.stanford.edu, 2014年5月20日。

（1）简要介绍。斯坦福大学协商民主研究中心菲什金（James S. Fishkin）在 1988 年最先提出了协商式民意调查的概念，他受雅典人利用抽签来选举法官和立法者方式的启发，采取科学随机抽样方法，选择具有代表性的民众聚集起来，进行面对面协商。协商式民意调查强调"抽样"与"协商"后的公众意见，再将这些意见用于实际决策中。协商式民意调查与传统民意调查不同，不是我问你答式的单向反馈过程，而是设计了一个让公众参与的对话性公共论坛，在信息公开情况下，让公民、专家和官员在讨论中，获得对公共议题的认知与理解。协商式民意调查的过程能够扩充公众的观点，并且公民通过参与协商能够产生良好的判断，而不是被动和盲目的民意呈现。[1] 在此过程中，为了确保把"原始的"民意转换为"知情的"民意，协商式民意调查的实施过程中的每个环节都力求科学。它在使用相同问卷的两次（也可能是三次）民意调查之间，引入民主协商这一环节，参与者在获得均衡全面信息基础上讨论议题，从而形成经过深思熟虑的意见。[2]

（2）具体运行。协商式民意调查有五个核心环节——第一次民意调查问卷、征集参与者、均衡的信息、小组讨论和大组问答、第二次民意调查问卷与媒体报道，这是斯坦福大学协商民主中心设计的协商式民意调查标准环节。[3]

第一次民意调查问卷。该步骤在正式协商开展之前进行，所得到的调查结果用来与第二次问卷调查的结果进行对比，以验证民意是否发生了改变。首先要选择调查样本。调查样本的选择方式要依议题的性质而定，既要保证公民有平等的参与机会，又要保证所选择的问卷调查对象能够完整地代表整体的民意；代表选择过程结束后，让代表填写调查问卷。

征集参与者。参与者主要是指参与协商式民意调查会议以及第二次问卷调查的公众。在第一次问卷调查结束后，运用随机抽样的方式，通过电话访问对接受第一次问卷调查的调查者进行活动邀请，询问其是否愿意参加协商活动。

---

[1] James S. Fishkin, "The Nation in a Room: Turning Public Opinion into Policy," *Boston Review*, March/April 2006, https://www.bostonreview.net/james-fishkin-nation-in-a-room-turning-public-opinion-into-policy.
[2] 何慧媛、郭晓东：《媒体民调报道的新载体、新机缘》，《中国记者》2011 年第 5 期。
[3] 协商式民意调查具体的操作步骤要更具体一些，包括：议题确定、调查对象选择、问卷设计、第一次问卷调查、活动邀请、平衡简介资料的制作与派发、培训工作、后勤安排工作、小组讨论和大组问答、第二次和第三次问卷调查、追踪反馈、分析报告和媒体报道。

由于在第一次问卷调查时已经询问了调查者的参与意愿,因此只用给那些有参与意愿的调查者(未完全拒绝参加协商活动的调查者)打电话进行邀请即可。

均衡的信息。均衡的信息是协商式民意调查过程中十分重要的一个环节和步骤,协商式民意调查旨在获取"知情的"民意,"知情"一部分是从讨论和协商中取得的,另一部分则来源于平衡简介资料。平衡简介资料主要包括两部分的内容,一是议题的相关信息;二是观点的相关信息。为了保障平衡简介资料的准确性、平衡性以及全面性,最好成立由学者、业界人士和第三方专家组成的咨询委员会对材料进行审查。

小组讨论和大组问答。小组讨论和大组问答是协商式民意调查中十分重要的一个环节。在协商当日,参与者首先会被随机分配到各个小组中进行讨论和协商。同时,每个小组都有一个主持人来引导讨论和协商的进行,主持人的专业素养影响着协商的质量,因此要提前对主持人进行专业培训。小组讨论过后进行大组问答,大组问答主要是参与者代表就在小组协商中确定的问题向专家委员会提问,专家委员会通常由专家和政府官员组成。

第二次民意调查问卷与媒体报道。在经过小组讨论和大组问答的环节后,将再一次进行问卷调查,以获得经过深思熟虑后的"知情的"民意,同时与第一次问卷调查进行对比,以测量民意是否变化。在第二次民意测验结束后,调查结果将通过各类媒体传播给社会公众。

(3)协商式民意调查在国际范围内的实践。初步统计,截止到2013年大约在全球18个国家或地区进行了70多次的实践,包括美国、中国、日本、韩国、波兰、丹麦、澳大利亚、保加利亚和欧盟等。协商式民意调查的实践非常广泛,可以在国家层面,也可以在地方层面;可以对国家安全、经济和外交政策进行调查与协商,也可以对当地某一具体设施(如体育馆)的使用安排进行调查与协商;可以通过面对面的形式,也可以通过互联网的形式。近年来协商式民意调查在很多国家或地区实践的议题包括了民族政策、能源政策、住房问题、就业问题、地方治理改革、公共建设项目、医疗保健和食品安全等各个方面(见表2)。[1]

---

[1] 协商民意调查的实践情况参见以下文献和网站:马奔《协商民主:民主理论的变迁与实践》,山东大学出版社,2014,第64~66页;Center for Deliberative Democracy Deliberative Polling: Timeline, http://cdd.stanford.edu/polls/docs/flyers/DP - timeline.pdf。

表 2 进行协商式民意调查实践的国家或地区以及议题（1994～2013 年）

年份	国家/地区及议题	年份	国家/地区及议题
1994	·英国：犯罪	2007	·美国——互联网：公民权 ·美国佛蒙特州：能源 ·美国州立大学与学院协会项目：多个议题 ·欧盟：欧洲的未来 ·北爱尔兰：教育 ·意大利：移民
1995	·英国：教育		
1996	·美国得克萨斯州（多个城市）：公共事业 ·英国：君主政体		
1997	·英国：大选		
1998	·英国：国民健康保险制度		
1999	·美国得克萨斯州（多个城市）：公共事业 ·澳大利亚：公投	2008	·美国加利福尼亚州：圣马特奥市的住房 ·匈牙利：失业 ·中国：地方预算
2000	·丹麦：欧元		
2001	·澳大利亚：土著居民 ·美国得克萨斯州（多个城市）：公共事业	2009	·美国密歇根州：困难时期的艰难选择 ·欧盟：气候变化、移民 ·巴西：公务员改革 ·阿根廷：运输、交通 ·波兰：欧洲杯体育馆的使用 ·日本：道州制
2002	·美国康涅狄格州：公共事业 ·保加利亚：法律实施		
2003	·美国——互联网：对外政策 ·美国内布拉斯加州：公共事业 ·美国：对外政策		
2004	·美国——互联网：1 月初选和 10 月大选 ·美国 10 个城市：初选 ·加拿大新斯科舍省：能源	2010	·英国：政治改革 ·日本：藤泽市的未来
2005	·美国——互联网：健康教育 ·美国 17 个城市：健康教育 ·美国加利福尼亚州：经济和国家安全 ·中国：基础设施	2011	·美国加利福尼亚州：税收、州和地方关系、提案程序、立法改革 ·韩国：南北关系 ·日本：食品安全 ·日本：退休金制度 ·中国澳门：《出版法》和《视听广播法》
2006	·保加利亚：罗姆人 ·泰国：医疗保健 ·意大利：医疗保健 ·希腊：选举候选人	2012	·日本：能源政策 ·美国——互联网：医疗保健
		2013	·巴西：预算

3. 公民陪审团①

（1）简要介绍。公民陪审团起源于美国的陪审制度，创始者是美国杰斐逊研究中心（Jeffrson Center）的内德·克罗斯比（Ned Crosby）。另外，德国武佩特大学的彼得迪尼尔（Peter Dienel）主导的"公民参与和计划方法研究中心"也发展出了类似于公民陪审团的方法。公民陪审团由一个个官方委员会创设而成，由委员会选择专家、证人和随机抽选陪审团成员，促成公民、证人与政府官员之间的对话。公民陪审团所讨论的议题将对外公布。在陪审团进行协商后，他们会产生一份决议或建议，并且该决议或建议以公民报告的形式出现。一般情况下，相关部门要回应公民的建议，要么接受公民报告的建议，要么说明拒绝建议的理由。

（2）具体运行。

准备工作。公共协商的议题通常由政府或者其他主办单位选定并委托给独立的机构来执行（在美国通常是杰斐逊研究中心）。在接到议题后，该独立机构首先建立咨询委员会（Advisory Committee），其成员由熟悉议题的专业人士组成，负责议程安排、材料准备以及专家的邀请等重要事项。其次是陪审团成员的确定。为了能找到完全符合人口特征的陪审团成员，独立机构要确定人口学意义上的变量，其中六个变量（年龄、教育程度、性别、居住地、民族和受访者对议题的不同态度）需要注意。公共议题协商中代表性不足的问题还可以在一定程度上通过严格的科学抽样来解决。同时在这个阶段，主办单位、独立机构和被邀请的公民必须签订协议，以保证每位公民陪审团的成员能够得到主办单位所提供的酬劳，并且要求主办单位在一定时间内对公民陪审团的讨论结果作出回应。

---

① 关于公民陪审团，参见马奔《协商民主：民主理论的变迁与实践》，山东大学出版社，2014，第52~54页。原文参考了以下文献和网站：〔美〕格雷厄姆·史密斯、科琳娜·威尔斯《公民陪审团与协商民主》，〔南非〕毛里西奥·帕瑟林·登特里维斯主编《作为公共协商的民主：新的视角》，王英津等译，中央编译出版社，2006，第100~118页；Ned Crosby and Doug Nethercut, "Citizens Juries—Creating a Trustworthy Voice of the People," in John Gastil and Peter Levine (eds.), *The Deliberative Democracy Handbook: Strategies for Effective Civic Engagement in the Twenty - First Century*, San Francisco: Jossey - Bass, June 2005, pp. 111 - 119; Graham Smith1 and Corinne Wales, "Citizens'Juries and Deliberative Democracy, *Political Studies*," Vol. 48, 2000, pp. 51 - 65; The Jefferson Center: http://www.jefferson - center.org, 2014年5月20日。

进行讨论。正式的陪审代表将会针对选定的公共议题进行 4~5 天的讨论。第一天，主办单位将就讨论的议题分别列出多项子议题，陪审代表在听取专家对不同观点所进行的分析以及政府官员阐述的制定相关政策依据后，询问有关问题，使陪审代表对议题有深思熟虑的时间。第二天与第三天，陪审团成员将就该议题对经济、环境与社会等层面的影响与和该议题相关的公民、政策利益相关者、专家与政府代表进行讨论，在相互质疑和讨论的过程中寻求问题的解决之道。在讨论的过程中，对不同的利益相关者进行交叉询问，必要时可再度邀请专家或利益相关者厘清问题，形成共识与结论。最后一天，在陪审团成员对各项子议题进行深入讨论后，寻求解决有关问题的共识，并对问题提出相关的建议，最后形成书面报告，由承办的独立机构提交给主办单位。虽然公民陪审团提出的意见并不具备法定约束力，但主办单位必须对陪审团的报告有所回应。

（3）公民陪审团在国际的实践情况。以美国为例，从 1974 年开始，公民陪审团共进行了 35 次各类实践，主题各不相同，出现次数比较多、比较集中的涉及选举、环境和资源、儿童和教育、预算和财税等议题（见表3），占到了所有议题的 70% 左右。①

表 3　公民陪审团在美国实践的议题情况统计（1974~2013 年）

议题类型	具体议题
选举问题（7 次）	总统选举（1976 年）、圣保罗市市长选举（1989 年）、明尼苏达州州长选举（1990 年）、宾夕法尼亚州的参议院选举（1992 年）、宾夕法尼亚州州长选举（1994 年）、关于选举改革的讨论（1998 年）、选举期的民意表达（2009 年）
环境和资源问题（8 次）	农业对水质的影响（1984 年）、生猪养殖（1995 年）、交通拥挤收费（1995 年）、环境风险比较（1996 年）、明尼苏达州的电力未来（1997 年）、达科他郡的土地使用（1997 年）、地铁固体废物（2001 年）和全球环境变化（2002 年）
儿童和教育问题（6 次）	校园诊所（1988 年）、学校艺术教育（1990 年）、处于风险中的儿童（1994 年）、奥罗诺公立学校（1998 年）、查特菲尔德学区（1999 年）和幼儿教育（2008 年）

---

① 关于公民陪审团实践案例的统计，参见马奔《协商民主：民主理论的变迁与实践》，山东大学出版社，2014，第 70~71 页，原始数据来自杰斐逊研究中心官方网站，http://jefferson-center.org/who-we-are/our-history/。

续表

议题类型	具体议题
预算和财税问题（5次）	明尼苏达州预算优先项目（1991年）、联邦财政（1993年）、国家和地方财政问题（1996年）、明尼苏达州的物业税改革（1999年）、经济和联邦债务（2012年）

4. 愿景研讨会①

（1）简要介绍。愿景研讨会是由丹麦创新的一种公民参与方式，也被认为是具有落实协商民主理念潜力的一种方法。"愿景"是对未来可能发生的问题的描述，强调事件以及事件的解决方案或决策。"研讨会"则是达成愿景的途径，政府官员、专家学者、利益团体和普通公民针对共同面对的问题，通过讨论、质疑和批判的方式寻求解决问题的方案，发展未来的愿景。因为在多元化的社会中，人民面对一些共同的问题，但因为价值和利益的差异，对于什么才是解决问题的最佳方案可能看法不一，甚至陷入冲突的僵局。因此，为解决共同的问题，需要运用各方的知识与信息，需要有不同利益和价值的人们协商与合作，才有成功的可能。通过"愿景"和"研讨会"的结合，围绕着"愿景批评"、"愿景展望"和"行动计划"三个方面，通过一系列的全体会议和小组会议，创造一个对话与协商的空间，其核心是促进不同参与者之间的对话、协商，发展出共同行动的愿景来解决问题。

（2）具体运行。

议题选择。愿景研讨会的议题应当是备受社会公众关注的政策问题，且不同群体对该议题具有不同的看法并存在利益分歧，事先相关政府部门未作出决策或者拟订行动方案。在这种情况下，不同群体之间的对话，能够使公众对政策问题产生新的认知。

选择参与者。为通过研讨会明确不同群体对议题的观点，必须综合考虑区域社会结构和与议题有关的主要利益相关者，通常有四个群体，即公

---

① 关于愿景研讨会，参见马奔《协商民主：民主理论的变迁与实践》，山东大学出版社，2014，第54~56页。原文主要参考了以下文献和网站：Ida - Elisabeth Andersen and Birgit Jaeger, "Scenario Workshops and Urban Planning in Denmark," *Participatory Learning and Action*, Vol. 40, 2001; Scenario Workshop, http://participedia.net/en/methods/scenario - workshop, 2014年5月20日；Workshop Method, http://www.tekno.dk/subpage.php3?article = 1235&toppic = kategori12&language = uk#scenario, 2014年5月20日。

民（社会）、政治家（决策者）、商业代表（利益团体）和对议题熟知的专家学者。愿景研讨会中参与者一般为 25～30 人，也可以根据问题的重要程度、严肃程度与规模大小来调整参与者的数量。愿景研讨会要求确保参与者的多样性，同时又要保证协商是有成效的。所以，选择合适的参与者至关重要，通常要提前几个月开始准备。

前期愿景设计。在正式会议开始之前，主办方须事先设计一系列的愿景，以描述解决问题的不同方案，描述对愿景的不同态度和观点，等等。愿景通常由专家设计。在愿景设计完成后，为使参与者在研讨会实施阶段的会议上更好地进行协商与讨论，参与者会被分为不同的愿景小组，每个小组分析一种愿景。

角色扮演和愿景建构。依据公民、决策者、专家学者和利益团体对参与者进行分组，由各小组对方案进行讨论，据此提出有关议题的愿景，并进行总结。然后，在全体会议中，对各组的愿景进行阐述，由全体成员对各组的愿景进行讨论。讨论的焦点在于：哪些愿景是可行的？哪些愿景是较难施行的？各组愿景的共同点是什么，差异又是怎样的？会议后对各组愿景中的共同因素进行归纳，以供下阶段讨论。

提出和选择行动方案。依据主题将参与者分成几个小组，就实现共同愿景的策略进行讨论。在每小组讨论中，先由每个人提出各自的行动方案，说明这些方案的重要性。然后对各个行动方案进行投票，选出该组的前五个方案，并向全体大会报告。在全体会议中，对几个主题小组所提出的方案进行排序，在各小组分别报告后，对其可行性进行评估并进行投票表决。

形成共同的行动方案和公布结论。得分前 5 名的方案将在该阶段由参与者分别进行讨论。讨论的重点在于：这些想法是否可行？有什么机会和方法使这些想法可行？如何制定出具体的行动方案作为政策建议？讨论的目的是形成共识，并形成实现愿景的行动计划。最后将此次会议获得的结论，包括共同的愿景与行动方案，向政府相关单位报告，并通过媒体向大众公布，作为决策参考。

(3) 愿景研讨会在国际上的实践情况。愿景研讨会主要在欧洲国家进行了一系列实践。从已有实践来看，较其他协商民主的方法相比，愿景研讨会的议题选择较为单一，大部分议题与城市和城市中的日常生活有关，且主要运用在地方层面上，基层参与的色彩更为浓厚（见表 4）。

表4 欧洲十二国愿景研讨会实践案例一览

年份	国家及实践	年份	国家及实践
1994	·希腊：可持续的城市生活	1999	·西班牙：城市发展 ·西班牙：城市可持续发展 ·西班牙：农村地区的未来发展 ·意大利：可持续发展：城区结构、环境、经济和生活质量 ·意大利：公共住房区域的可持续管理 ·意大利：城市发展 ·意大利：城市发展
1995	·希腊：环境问题、地方发展 ·芬兰：地方可持续发展 ·瑞典：城市管理 ·法国：社区规划 ·英国：可再生能源 ·意大利：社区规划 ·意大利：环境		
1996	·德国：地方可持续 ·西班牙：城市规划 ·西班牙：创新能源政策	2000	·意大利：地方发展 ·意大利：交通、工作、社区服务、社会生活 ·意大利：建筑与生态 ·意大利：地方管理和发展 ·意大利：全球化与地方发展 ·意大利：可持续发展 ·意大利：公共住房区域的可持续管理 ·意大利：公共住房区域的可持续管理和维护 ·意大利：防治荒漠化
1997	·奥地利：土地使用规划、城市生态、可持续发展 ·奥地利：女性与信息技术 ·奥地利：旅游和可持续发展 ·丹麦：未来的污水处理 ·荷兰：交通 ·瑞典：工作与职业 ·葡萄牙：城市复兴 ·西班牙：女性与城市规划参与 ·西班牙：青年人关注环境、就业和城市规划 ·西班牙：地区未来可持续发展 ·西班牙：女性与城市规划参与 ·西班牙：城市环境 ·意大利：可持续发展 ·意大利：交通 ·意大利：环境、可持续发展、生活质量		
		2001	·意大利：社会与可持续发展 ·意大利：地方发展 ·意大利：资源和环境
		2002	·意大利：地区发展 ·意大利：城市未来发展 ·意大利：固体废弃物处理 ·意大利：城市供水
1998	·法国：环境和可持续发展 ·英国：环境和城市生活 ·西班牙：城市某公共资产的管理 ·西班牙：女性身份和平等 ·意大利：生活方式和生产活动 ·意大利：可持续发展、城市生态	—	·意大利：热核聚变实验装置的社会经济影响 ·意大利：地方发展 ·意大利：环境问题和可持续发展

注：愿景研讨会实践案例，参见马奔《协商民主：民主理论的变迁与实践》，山东大学出版社，2014，第76页。国外愿景研讨会的实践状况的原始数据可在"欧洲觉醒愿景研讨会"网站http://cordis.europa.eu/easw/src/events.htm查询，并且不纳入网站中关于讨论愿景研讨会方法的研讨会，而只选择将此方法运用于具体实践的案例，其流程不一定严格遵守愿景研讨会的标准方法。此表尚有待修正与补充。

5. 国外实践状况评价

除以上协商方法外，在国外应用较为广泛的协商方法还有协商日、学习圈、开放空间会议技术等。虽然这些协商方法在运用过程中的具体细节方面（如参与者的数量与选择方式、议题的类型及协商的次数等）可能均不尽相同，但这些方法均实践着协商民主的理念，尤其体现了协商的意涵——在作出最终决策或者提出行动建议前，把需要协商的议题信息告知协商会议的参与者，鼓励他们在充分考虑别人意见基础上进行讨论与质疑。[①] 当然，国外的协商实践以及协商方法并非完美无缺，当协商程序有失严谨，举办机构有失中立、公正时，也可能产生虚假的协商。但从整体上来看，协商方法较好地实践了协商民主的理念，为参与公众提供相互对话、沟通乃至辩论的机会，将持有不同立场以及不同偏好的公众的意见完整呈现出来，通过理性协商深化公众对议题的认识，力求在公众中取得共识并对政府公共政策的制定产生影响。

二 国内协商方法的类型与实践情况

除对协商方法的探索起步较晚外，与国外协商方法类型化明显不同的是，我国的协商方法更多地凸显领域性。党的十八届三中全会指出要拓宽国家政权机关、政协组织、党派团体、基层组织、社会组织的协商渠道。本节也将以协商领域为区分标准，对各协商渠道中的协商民主方法进行总结，力求对我国的协商民主方法有一个整体性的认识。

1. 国家政权机关

国家政权机关主要包括我国的立法机关（各级人民代表大会及其常委会）、行政机关（各级人民政府）、司法机关（各级法院、检察院）。

在立法机关层面，主要有立法听证、立法协商和立法辩论三种已制度化的协商民主方法。立法协商制度要求人大在立法过程中积极听取以政协委员为代表的社会各界人士的意见，往往借助人民政协这一平台来开展。立法听证制度则要求人大机关在法律制定过程中，直接就立法草案广泛听取人民群众的意见，并将相关意见作为该法律确立与完善的依据。立法辩

---

① 马奔：《协商民主的方法》，中央文献出版社，2015，序第16页。

论制度涉及更为广泛的参与群体，要求人大在审议法案的过程中，依据一定的规则召集人大常委会委员、人大代表、专家、行业人士和公众代表，就法案内容进行公开辩论。①

人民陪审员制度是司法机关层面的较具代表性的协商民主方法。该制度诞生于新民主主义革命时期，以人民陪审员与法官"同职同权同责"为基本设计理念。通过该制度，非法律职业的普通公民得以参与司法审判过程，与法官一起就法律案件作出裁决。②

在行政机关层面，各级政府机关通过"社会协商对话"制度就公共政策以及关系群众切身利益的问题与民众直接展开对话，并开创了包括公众座谈会、接待日、集体协商制度等在内的社会协商对话方法。广东省佛山市顺德区更是进行了创新的尝试，逐步建立起公民参与政府决策的"决策咨询制度"。③ 除传统的线下协商方式以外，网络公共论坛的发展也为公众更广泛地参与政府决策过程提供了新的可能。目前我国各级政府已设立了各类政府论坛，并进行了多次实践尝试。"2007 年关于'五一'黄金周存废的网上商讨，是中国网络公共协商的重要事件……2008 年 11 至 12 月间，关于成品油价格和燃油税费改革的网络商讨所体现的协商民主精神，彰显了网络民意势能。"④

2. 政协组织

政协组织即中央及地方的各级人民政治协商会议。各级政治协商会议不仅是国家的一项制度安排，也是一种日益发展成熟的协商民主方法。政协组织中的协商民主方法包括正式的国家制度与地方实践创新两大层面。

在正式的国家制度层面，以政治协商会议为制度平台，中国共产党同

---

① 隋斌斌：《有限政治市场下的多赢治理——中国人大协商民主的发生、运作逻辑与政策建议》，《经济社会体制比较》2014 年第 4 期。
② 苏明月：《论人民陪审员制度的设计与功能实现》，《北京师范大学学报》（社会科学版）2013 年第 2 期。
③ 朱亚鹏：《协商民主的制度化与地方治理体系创新：顺德决策咨询委员会制度的经验及其启示》，《公共行政评论》2014 年第 2 期。
④ 何海平、蓝翰翔：《基于互联网的协商民主实践——以"五一"黄金周存废中的网络舆论为例》，《山东社会科学》2010 年第 3 期。

各民主党派、各人民团体以及无党派人士"对国家和地方的大政方针以及政治、经济、文化和社会生活中的重要问题在决策之前进行协商和就决策执行过程中的重要问题进行协商"①。此外，专题协商、对口协商、界别协商、提案办理协商和双周协商座谈会等均是国家制度层面的代表性协商方法。

在地方实践创新层面，典型的协商方法创新包括河南省安阳市政协开创的"思辨堂"与济南市政协的年度"政协论坛"。"思辨堂"是安阳市政协探索运用"论辩"的方式开展协商，力图包容不同的声音并给予公民平等的表达机会的政治协商会议程序创新。济南市政协的年度"政协论坛"则通过充分激活"市长热线"的功能来听取民意。其主要形式包括利用"市长热线"来征求提案线索、政协委员接听"市长热线"电话与市民就热点和难点问题互动等。②

3. 党派团体

我国实行由共产党领导的多党合作和政治协商制度。由我国的政党制度所决定，执政的中国共产党坚持协商于决策之前和决策之中，就国家的经济、社会发展中的重大问题在党内外展开广泛的对话、协商。由此产生众多协商民主的方法，主要包括：中共中央邀请各民主党派领导人举行民主协商会，就中共中央将要提出的重大方针、政策进行协商；不定期举行各类小范围谈心会，就共同关心的问题沟通思想、交换意见；中共中央或中共中央委托有关方面邀请，召集民主党派和无党派代表人士参加座谈会，通报或交流重要情况，听取民主党派提出的意见、建议，或者讨论某些专题。此外，民主党派领导人还可就国家大政方针或某一重大问题直接向中共中央提出书面建议。③

4. 基层组织

改革开放以来，我国基层自治发展活跃，创造出了多项具有中国特色

---

① 《中国人民政治协商会议章程》，载政协全国委员会办公厅、中共中央文献研究室编《人民政协重要文献选编》，中央文献出版社、中国文史出版社，2009，第695页。

② 马奔：《协商民主：民主理论的变迁与实践》，山东大学出版社，2014，第81、140~141页。

③ 黄利鸣等：《社会主义协商民主与参政党建设》，湖北人民出版社，2014，第79~81页。

的协商民主方法，如"民情恳谈会、民主理财会、居民论坛、乡村论坛、民主论坛，或议政会等"①，还有依托于网络技术的城市社区网络公共论坛。

在我国农村基层组织层面，最具代表性的实践当属浙江温岭的"民主恳谈"以及河南郑州的"四议两公开"制度。② 发源于浙江省温岭市的"民主恳谈"，以及由其衍生而来的参与式预算，将协商式民意调查与我国的本土农村基层治理机制创新相结合，使得民众的意见得到最大限度的包容与整合。③ 以泽国镇的参与式预算实践为例，参与式预算大体要经历随机抽样选取参与代表、会前项目介绍、两次分组讨论、结果汇总并最终决定等多项流程，并需要在会议前与会议后进行两次问卷调查以验证群众观点的变化。"四议两公开"制度是我国本土生发的协商方法，该方法通过村党支部会议提议、村"两委"商议、党员大会审议、村民会议或村民代表会议决议、决议公开、实施结果公开等步骤将协商民主融入现行的村民自治制度中。④

在城市社区层面，主要的协商方法是各式各样的社区议事会。社区议事会是围绕涉及社区发展的重要事项，由社区居民共同参与讨论、自主决策的治理形式。"社区议事会'民'味很足：议题是社区事务，参与者是社区群众，'舞台'也搭在社区广场。"⑤ 除了传统的议事会形式外，浙江省杭州市德加社区还将社区议事制度付诸网络，在我国首先建立了社区网站——德加社（http://www.dejia.net/）。该网站主要包括社区信息发布以及社区网络公共论坛两大功能板块，为居民了解社区各项事项，自主管理社区各项事务提供了极大便利。在 2003 年 6 月，德加社区的社区网络公共

---

① 陈家刚：《健全社会主义协商民主制度的路径选择》，《团结》2012 年第 6 期。
② 李玉华等：《乡村协商民主研究谱系：概念厘定、实践创制与前瞻导向》，《理论学刊》2014 年第 9 期。
③ 陈朋：《民主恳谈：生长在中国改革土壤中的协商民主实践——基于浙江温岭民主实践的案例分析》，《中国软科学》2009 年第 10 期。
④ 杨旭：《"四议两公开"工作法的内涵及其适用——以邓州市"4+2"工作法实践为蓝本》，《南都学坛》2014 年第 1 期。
⑤ 辛刚国：《近十年来协商民主论在社会领域的成功实践》，《四川省社会主义学院学报》2011 年第 1 期。

论坛"自发地开展了一场关于社区居民休息权与健身权权衡以及健身器械摆放位置的讨论"①。

5. 社会组织

当前我国社会组织层面的协商民主方法尚待丰富，比较具有代表性的实践便是浙江省温岭市的工资集体协商制度。2003年，温岭市开始在全市范围内的泵业、注塑、鞋帽、轴承等行业推行工资集体协商制度。其具体做法是首先组建相应行业的行业工会；通过行业工会、工人代表与企业主代表的三方谈判确定行业工资标准，并签订行业工资标准协议书，报市劳动人事局备案；协议书作为企业与职工签订的劳动合同的附件，与合同具有同等效力，相关企业的工人工资不能低于协议书上的标准。相关行业民营企业的工人工资由行业工会、工人代表与企业主代表协商决定，改变了行业内企业单方面决定工人工资的局面。温家宝同志对温岭市的做法给予较高的评价，并作出批示："温岭的做法可以推广。"②

6. 实践状况简评

当前，我国的协商方法已逐步从零散化、碎片化朝向规范化、整体化发展，并初步呈现广泛、多层、制度化的特点。从纵向行政层级上看，涵盖中央政府、地方政府以及基层社区；从横向的领域上看，不仅涉及国家政权机关的立法、司法和行政领域，在各党派团体以及人民政协也有丰富的实践，甚至延伸到了社会生活领域；从制度层面上看，涉及人民代表大会制度、政治协商制度、政党制度等，协商民主的制度框架基本形成；从技术手段层面上看，不仅应用常规的、规范的制度平台，同时也开始尝试借助现代的信息技术。③ 如此多样的协商民主实践在真正实现人民当家作主的同时，也在丰富着我国人民民主的内涵，推动着我国的民主政治建设。具体协商方法领域分布见表5。

---

① 张雅丽、劳洁:《网络论坛中的协商民主——来自德加社区的实践》，《中共浙江省委党校学报》2005年第5期。
② 2017年11月温家宝总理对温岭市的"行业工资集体协商"制度作出批示：温岭的做法可以推广，见 http://wlnews.zjol.com.cn/wlrb/system/2008/01/04/010293594_01.shtml。
③ 陈家刚:《当代中国的协商民主：实践探索与理论思考》，《马克思主义与现实》2014年第4期。

表 5　国内协商方法领域汇总

协商领域		典型协商方法
国家政权机关	立法机关	立法听证、立法协商、立法辩论
	司法机关	人民陪审员制度
	行政机关	社会协商对话、网络公共论坛
政协组织	国家制度层面	专题协商、对口协商、界别协商、提案办理协商和双周协商座谈会
	地方实践创新	"思辨堂""政协论坛"
党派团体		民主协商会、小范围谈心会
基层组织	城市社区层面	社区议事会、网络议事会
	农村基层组织层面	"民主恳谈""四议两公开"
社会组织		工资集体协商制度

资料来源：笔者自制。

但从协商方法在我国政治社会中的实际运转状况以及与国外协商方法比较中，可以发现当前我国的协商民主方法在实践中还存在一些明显的不足之处。第一，我国的协商民主方法的实践缺乏法律保障，主要表现在民主协商的法律体系尚不完备，法律的实施效果难以保证；第二，我国的协商民主方法在制度化建设方面存在明显不足，主要在于民主协商的制度体系不完备，民主协商方法需要进一步规范化、程序化；第三，部分党员领导干部对民主协商的认识滞后，个人能力也不能满足开展民主协商的要求；第四，现代信息技术在我国协商民主方法中的应用仍需加强，主要表现在信息设备在现有协商民主方法中的应用不足，现有网络协商方法的形式较为单一（大多是网络公共论坛）。这些都是我们在进一步发展我国协商民主方法的过程中亟待解决的问题。

第三节　协商方法的发展与创新

一　国外协商方法的最新进展

除对已有的协商方法不断进行发展完善外，国外学者以及实务界人士对协商方法创新的探索也从未止步。这些探索以协商民主理论的发展为核心根据，以互联网、移动网络技术等新兴信息技术为硬件支撑，以跨领域、跨区域乃至跨国界的系统化协商治理为发展导向，包括在协商过程中对互联网以及移动通信设备更大规模的应用，如完全在网络中开展的"网络协商会议"以及借助移动网络以及多媒体设备突破协商规模限制的新型市镇会议，还有一些国际组织、国际联合体对跨区域乃至跨国协商机制的探索，其中尤以对环境治理中协商机制的探索最为典型。

1. 对规模化协商的探索：二十一世纪市政厅会议①

为克服传统民意调查的局限，力图在大规模群体中实现协商民主，并回应美国社会中一直存在的诸如"我们怎样才能挖掘非正式公众对话的价值，并确保公民的智慧被倾听、公民的声音被尊重？我们怎样才能深化决策者与公众之间的关系，从而使得公民对决策和资源规划产生切实的影响？"等问题，非营利组织"全美开讲"（America Speaking）开发了"二十一世纪市政厅会议"这一协商民主形式，并对其不断进行发展。该种协商方法将数千名公民在同一天聚集在一起，通过创新性使用如下技术和方法来收集、提炼及展示主题和关切点，实现了会议在密切的小组对话和成千人的集体会议中来回转换。

小组对话。在一个较为专业的主持人的协助下，10~12名（符合人口统计学特征）具有多元特质的参与者组成小组聚集在一起，就需协商议题的价值和关键因素进行深入讨论。

联网的计算机（Networked Computer）。通过联网的计算机制作成电子挂图，实时记录讨论桌上产生的观点，确保所有的发言都被听到，没有观点被遗漏。通过无线网络将各小组的数据资料传送给中央计算机，随后，对各个小组的观点进行提炼，并进行投票。

主题化。"主题团队"的成员实时查看来自各小组的电子化意见，并将这些意见通过关键主题的方式进行提炼。然后再将提炼后的主题呈现给整个会场，从而使参与者能够对其作出回应，并进行投票。

---

① 关于二十一世纪市政厅会议，参见马奔《协商民主的方法》，中央文献出版社，2015，第307~325页，原文翻译自 Carolyn J. Lukensmeyer, Steve Brigham, "Taking Democracy to Scale: Creating a Town Hall Meeting for the Twenty-First Century," *Nationnal Civic Review*, 2002, Vol. 91, No. 4, pp. 351-366。

电子键盘。二十一世纪市政厅会议中每个参与者都会获得一个无线键盘，用于对问题进行投票，并用于权衡他（或她）相对于其他参与者的观点和立场。这一键盘也用于收集会议的人口统计数据，用于参与者发现自己所属的群体信息以及专业人员的分析；键盘投票提高了会议期间的透明度，并使得参与者亲眼看到其声音正在被听到。

大型展示屏。大型屏幕将数据、主题以及信息实时展示给全体参会人员。当各主题（以及在会场中相应的支持度）展示到屏幕上时，数千人能够获得关于"他们小组的讨论结果与其他小组结果的契合程度如何"的即时反馈。

二十一世纪市政厅会议从开始到结束的整个过程如下。

在正式会议开始前，会有一个会议开幕式，由主办方接待前来的与会代表，并邀请重要政治领导人做简短开场白，为所讨论议题的背景进行预热。正式会议开始后，参与者首先要使用民调键盘回答一系列涉及人口统计因素的问题，既为了熟悉该技术，也是为了通过年龄、性别、种族、收入、家庭住址以及其他与要讨论的议题相关的标准，了解与会者情况。

在进行正式的协商之前，为使参与者充分了解议题对于他们的意义所在，要进行一个以价值为基础的讨论，并以参与者界定的价值作为之后四到五个小时对关键议题讨论的基础。议程讨论的每一部分都始于单个的讨论桌，并随讨论的进展实时进行主题化，通过电子屏等呈现给整个会场，以进行说明、改进以及最后的投票。

最后，在会议结束前的 20～25 分钟对这一天的成果进行评估，对下一步的行动计划进行审查，并给决策者留出时间听取参与者的意见。会议结束当天要快速形成一份总结报告，并进行复印，以在参与者、发起方和政府官员离开之前进行发放。由于决策者参与了会议，并同意以某种方式根据这些建议采取行动，因此，二十一世纪市政厅会议收集的意见将会具有持久的影响力。

2. **虚拟世界中的协商民主：网络协商的发展**[①]

网络协商是指公民个人、政党以及其他各类社会团体，充分利用信息

---

① 关于网络协商的具体案例，参见马奔《协商民主的方法》，中央文献出版社，2015，第 97~120 页。

通信技术，通过网络这一特殊平台，就政治、经济以及社会生活领域内的各类问题，以平等以及自由的方式进行对话与讨论，进而达成共识并形成法律或者决策付诸实施。网络协商过程突破了时间、空间的束缚，并能够让更为广泛的社会群体参与到协商过程中。

在国外，各个行政层级中都存在对"网络协商"的应用。"在中央政府层面，2001 年，由环境保护局负责实施的'涵盖公众的全国对话'，（National Dialogue of Public Involvement, www. network – democracy. org/epa – pip）为公共行政官员与市民开展在线讨论提供了机会，并在 10 天内发布了 1261 条消息（Beierle, 2002; Holzer et al., 2004）。……在州政府层面，明尼苏达州开设了在线论坛——'议题探讨'（Issue Talk, http://issuetalk. state. mn. us），从 2002 年 1 月 7 日到 18 日，共收到了 600 条关于州预算赤字的评论和想法（Minnesota Planning, 2002）。地方政府层面的案例包括瑞典卡利克斯市（Kalix）的在线论坛（www. kalix. se）……"①

以国外应用较为广泛的网络协商形式"网络公共论坛"为例，网络协商的运作流程大体可归纳如下。

（1）准备阶段。准备阶段要做好议题选择、执行小组组建、网络平台建设以及参与者选择等工作。这里需要注意的是，网络平台的构建可以利用现有的官方网站作为载体，开设专门的"网络论坛"板块。一个设计良好的网络论坛应该能够满足网络协商过程中民众多样化的参与需求。

（2）正式协商阶段。

正式会议前准备工作。为支持正式协商过程的顺利进行，在会议开始前需要确定可以参与到协商过程的人员并进行统计；根据问题以及参与人员确定辅助协商进行的专家以及主持人；对所要协商的问题进行细化，由主办方提供相应的背景材料，由专家团就问题进行讲解；在必要时（通常是要协商的问题较多，且涵盖领域较为广泛），对参与者按照一定方法进行分组。

正式会议。正式会议一般在专家与主持人的协调之下进行。在这一阶

---

① Kim Chan‑Gon and Marc Holzer, "Public Administrators' Acceptance of the Practice of Digital Democracy: A Model Explaining the Utilization of Online Policy Forums in South Korea," *International Journal of Electronic Government Research*, 2006, Vol. 2, No. 2, pp. 22 – 48.

段，公众针对所要讨论的话题，发表自己的观点，也可评论他人的观点。在公众讨论过程中，为避免"议而不决"并推动共识的形成，可进行适当的分组，选出相应的负责人，由负责人负责对本组意见进行汇集并整理。执行小组应在这一阶段加入公众问询环节，利用网络通信技术实现公民与政府部门成员的对话。一般情况下，专家在此时应充当中介的角色——将公民的意见传递给政府官员，再将政府官员的反馈传达给社会公众。最后，可通过公众网络投票的方式（也可以采用专家评估的方式或者二者结合的方式）选择出公众最为支持的观点。

形成最终意见。这一阶段的进行建立在第二阶段形成的多项公众意见的基础上，主要由专家负责对这些意见进行汇总、拓展，并在考虑财政与社会成本的基础上，形成正式的报告方案。执行小组可将该报告方案在网络平台上进行公示，并允许公众提出修改意见，由专家视意见情况进行修改。重复此过程，直到对方案的描述基本达成共识。最后，由专家团将最终报告提交给政府机构。政府机构应对最终报告中所提出的意见向公众作出一定的回应。

3. 对系统性协商方法的探索

除了技术进步带来的协商方法的发展与创新外，由于协商方法是为实践协商理念而创设，因而协商理论的发展也必将会对协商方法的发展产生重大影响。从协商理论的发展脉络来看，协商民主理论于20世纪80年代开始兴起，最初的协商民主理论研究关注于协商理想的提炼与协商民主的规范表述。诸如包括哈贝马斯、科恩、古特曼以及罗尔斯在内的协商民主理论家就协商理想的本质特征进行了大量的探讨。第二阶段的协商民主研究出现了所谓的"经验转向"。在这一阶段，学者们注重研究协商民主的实际应用，也正是在这一阶段，出现了诸如协商式民意调查、愿景研讨会等多样的协商民主方法。[1] 但总体来看，这两个阶段的研究并没有突破规模的限

---

[1] 对协商民主发展阶段的划分有四段论以及三段论两种观点，本书阐述的是三段论的划分方式，参见 David Owen and Graham Smith, "Survey Article: Deliberation, Democracy, and the Systemic Turn," *The Journal of Political Philosophy*, 2015, Vol. 2, No. 2, pp. 213 – 234。四段论可参见 S. Elstub, "The Third Generation of Deliberative Democracy," *Political Studies Review*, 2010, Vol. 8, No. 3, pp. 291 – 307 以及 S. Elstub & P. McLaverty, "Ten Issues for a Deliberative System,"协商民主理论与实践国际研讨会论文，2013，第 241~276 页。

制,大都是"零散的协商情况,很少对它们与整个体系之间的关系投入关注并进行研究"①。以曼斯布里奇(Mansbridge)等为代表的诸多学者认为,这种状况限制了协商民主研究的进展,为了获得更大范围的合法性,必须引入一种系统的观点,即"协商系统"(Deliberative System),这一观点也被他们称为协商理论的"系统转向"(System Turn)。②

从协商方法发展的角度看,"协商系统"的内涵在于强调设计系统性的协商方法,构建环节完整的协商体系。已有的协商实践以及协商方法,如最著名的协商式民意调查、参与式预算等,往往较为零散,涵盖群体规模也比较小,协商的真实性、广泛性要求突破当前的规模限制,实现"Scale Up"。"系统在这里意味着一系列可以识别的、相互区分的,但在一定程度上相互依赖的部分,这些部分通常具有一些不同的功能与劳动分工,以构建复杂整体的形式相互联系。"③ 而"协商系统是一个以商谈的方式解决政治冲突和政治问题的系统"④。与仅仅关注某一特殊类型的制度在何种程度上适合或不适合协商民主标准不同,为保证将协商民主的规范完整贯穿于作为整体的协商系统中,系统方法更多关注于这些制度之间的相互依存、相互作用,因而关注的是怎样将这些制度与其他过程相结合。并且,协商系统中的行为主体不仅包括民族国家,还可适用于比较小的非国家机构,如大学、医院、媒体以及其他类似的组织;同时,这个概念还可以包括跨国过程、超国家组织和国际决策实体,进而还包括国家之外的"社会决策",但民族国家在协商系统中仍占据"中心"地位并具有独特作用。系统

---

① J. Mansbridge, et al., "A Systemic Approach to Deliberative Democracy," in J. Parkinson & J. Mansbridge (eds.), *Deliberative Systems: Deliberative Democracy at the Large Scale*, Cambridge: Cambridge University Press, 2012, p. 25.

② J. Mansbridge, et al., "A Systemic Approach to Deliberative Democracy," in J. Parkinson & J. Mansbridge (eds.), *Deliberative Systems: Deliberative Democracy at the Large Scale*, Cambridge: Cambridge University Press, 2012, pp. 5 – 6; John Dryzek, *Foundations and Frontiers of Deliberative Governance*, Oxford: Oxford University Press, 2010, pp. 6 – 9.

③ J. Mansbridge, et al., "A Systemic Approach to Deliberative Democracy," in J. Parkinson & J. Mansbridge (eds.), *Deliberative Systems: Deliberative Democracy at the Large Scale*, Cambridge: Cambridge University Press, 2012, p. 4.

④ J. Mansbridge, et al., "A Systemic Approach to Deliberative Democracy," in J. Parkinson & J. Mansbridge (eds.), *Deliberative Systems: Deliberative Democracy at the Large Scale*, Cambridge: Cambridge University Press, 2012, p. 4.

性协商的理念也已对国外社会的协商实践产生了影响,在政治、社会、经济等领域中均出现了探索性实践案例,其中尤以环境治理以及世界可持续发展领域的实践较为突出。

二 推动我国特色协商方法不断发展创新

国外学者在发展协商方法上的努力为我国特色协商民主方法的发展与创新提供了大量的可资借鉴的经验。为推动我国特色协商民主方法不断发展创新,首先应对我国的协商民主制度具有充分的认识;其次,在追求更多民主"增量"的同时,应当注重对民主"存量"的开发,注重对现有协商民主方法的完善;最后,对国外协商方法的吸收与引入应当以我国的国情为落脚点。只有这样,才能使各类协商方法在我国充分运转起来。

1. 发展我国协商民主方法的认识前提

(1)正确理解党的十八大报告、十八届三中全会决定以及习近平同志重要讲话的精神实质。党的十八大报告在"坚持走中国特色社会主义政治发展道路和推进政治体制改革"一节中指出,"要完善协商民主制度和工作机制,推进协商民主广泛、多层、制度化发展。……充分发挥人民政协作为协商民主重要渠道作用"。党的十八届三中全会决定在"加强社会主义民主政治制度建设"一节中指出:"协商民主是我国社会主义民主政治的特有形式和独特优势,是党的群众路线在政治领域的重要体现。在党的领导下,以经济社会发展重大问题和涉及群众切身利益的实际问题为内容,在全社会开展广泛协商,坚持协商于决策之前和决策实施之中。"2014年9月,习近平同志在庆祝中国人民政治协商会议成立65周年大会上的讲话中对以上内容进行了强调。

可以从以下几个方面来理解党的十八大报告、十八届三中全会决定以及习近平同志重要讲话的精神实质。第一,我国协商民主的本质在于"是我国社会主义民主政治的特有形式和独特优势,是党的群众路线在政治领域的重要体现";第二,"健全社会主义协商民主制度"是我国政治体制改革的一项重要任务;第三,社会主义协商民主建设的落脚点在于"完善协商民主的制度和工作机制",发展路径在于"推进协商民主广泛、多层、制度化发展",制度建设是协商民主完善的保障;第四,我国协商民主的基本原则在于"坚持协商于决策之前和决策实施之中";第五,政治协商会议制度是我国协商民主建设的重要制度依托,并要充分发挥人民政协作为协商民主重要渠道的作用;第六,我国协商民主的基本方法在于"在党的领导下,以经济社会发展重大问题和涉及群众切身利益的实际问题为内容,在全社会开展广泛协商"。只有正确理解以上论述的精神实质,才能为我国协商民主方法的发展找到正确方向,避免在理论研究与实践探索中出现偏颇。①

（2）厘清选举民主与协商民主的关系。选举民主与协商民主均是我国民主政治建设的重要内容,不可偏废。协商民主更多依赖"对话",强调"沟通与共识";选举民主更加依靠"选票",强调"竞争与多数决定"。两者均以实现人民主权为共同依归,在实现人民主权的形式上具有明显差异,最终起到互补的作用。② 正如习近平同志在庆祝中国人民政治协商会议成立65周年大会上的讲话中所指出,"人民通过选举、投票行使权利和人民内部各方面在重大决策之前进行充分协商,尽可能就共同性问题取得一致意见,是中国社会主义民主的两种重要形式。在中国,这两种民主形式不是相互替代、相互否定的,而是相互补充、相得益彰的,共同构成了中国社会主义民主政治的制度特点和优势"。

着眼于现阶段我国民主政治建设进程,仍要以自由、公开、公平的选举为基础,以民众参与更加广泛的协商民主为辅助手段。各级政府在积极探索创新协商民主方法,开展协商民主实践时,应避免以下错误观念：其一,过分夸大协商民主在行政领域的适用性,在某些问题上"议而不决",影响行政效率;其二,片面重视协商民主方法的建设,轻视甚至忽视选举民主方法的建设,造成民主政治建设的"跛足";其三,认为"选举"或"协商"二者之一才是真正的民主,两者不能共存,用一种方法否定另一种方法。

（3）明确咨询民主与协商民主的根本差异。当前,我国部分政府行政人员对民主的认识仍停留在"咨询民主"的阶段,并未意识到"咨询民主"

---

① 参见陈家刚《当代中国的协商民主：实践探索与理论思考》,《马克思主义与现实》2014年第4期。
② 马奔：《协商民主：民主理论的变迁与实践》,山东大学出版社,2014,第81页。

与"协商民主"在本质上存在巨大差异。咨询民主指的是"政治过程的决策者主动听取利益相关方,或者政策对象的意见和建议的制度形式"[1]。而协商民主的内涵则在于"政治共同体中的自由、平等公民通过参与立法和决策等政治过程,赋予立法和决策以合法性的治理形式。其核心概念是协商或公共协商,强调对话、讨论、辩论、审议与共识"[2]。从决策主体来看,协商民主强调民众的自由参与,通过协商达成共识,进而推动决策,民众是决策主体;而咨询民主的决策主体(一般是政府部门)是单一的,由其来主导整个决策过程,其他参与者消极、被动地参与其中。从参与者与政府部门的关系来看,在协商民主中,参与者与政府部门的地位是平等的,政府部门必须尊重参与者的意见与建议,并积极回应参与者的询问;而在咨询民主中,政府部门往往以一种"高高在上"的姿态参与其中,公众的意见与询问往往不被重视。从议程设置上看,协商民主的议程设置更多强调制度化、法律化、人性化和透明化;而咨询民主的议程设置往往由政府部门所主导,随意性较强,缺乏规范性。另外,协商民主要求民众协商于决策之前或者决策执行过程中,而咨询民主更多的是在决策既定情况下的补充,听取社会各界的意见,而不是在决策之前的平等协商。[3]

2. 推动我国协商方法不断发展创新的现实路径

在对社会主义协商民主制度有了充分的认识之后,我们对协商方法在我国政治建设中的作用及其发展指向也更加明确。"长期以来,我国民主政治的制度建设始终面临两个方面的挑战,一是制度本身不够健全,体系不完备;另一方面,制度的原则性过强,缺乏可操作性。"[4] 在我国协商方法的发展过程中这两大问题也同样存在。因而,为推动我国协商方法不断发展创新,以下建议值得决策者参考。

(1) 为协商民主方法的发展提供完备的法律保障。一方面,要不断完

---

[1] 陈家刚:《当代中国的协商民主:实践探索与理论思考》,《马克思主义与现实》2014年第4期。

[2] 陈家刚:《协商民主与政治协商》,《学习与探索》2007年第2期。

[3] 参见陈家刚《当代中国的协商民主:实践探索与理论思考》,《马克思主义与现实》2014年第4期。

[4] 陈家刚:《当代中国的协商民主:实践探索与理论思考》,《马克思主义与现实》2014年第4期。

善现有的法律体系。除宪法、立法法、村民委员会组织法等少量法律外，我国在协商民主方法领域存在较大法律盲区，现有法律也同样缺乏针对性。邓小平指出："为了保障人民民主，必须加强法制。必须使民主制度化、法律化，使这种制度和法律不因领导人的改变而改变，不因领导人的看法和注意力的改变而改变。"[①] 下一步，有必要构建以"民主协商法"为核心的法律体系，从法律上确定民主协商的地位，对民主协商过程中各参与主体的职责与权力作出具体规定，并赋予协商结果以法律效力。此外，地方人大还可以根据各地的实际情况制定相关的地方性法规。另一方面，要采取各种举措保障相关法律的实施。立法部门可以通过普法教育、法律讲座等措施提高社会各界对协商民主方法领域各项法律的认识；人大法工委可以联手司法部门主动就相关法律的落实情况展开审查；人大机关还可设立举报信箱，依靠群众来进行监督。

（2）大力推进我国协商民主方法的制度化建设。其一，要不断完善我国协商民主的制度体系。一个社会要保持高度的一体性，就必须在扩大政治参与的同时，使强有力、更复杂、更具有治理能力的政治制度也得到发展。当前各级政府应根据党的十八大报告提出的"完善协商民主制度和工作机制，推进协商民主广泛、多层、制度化发展"的要求，形成并构建程序合理、环节完整的协商民主体系，确保协商民主有制可依、有规可守、有章可循、有序可遵。其二，要不断推进我国协商民主方法的规范化、程序化建设。把我国协商民主方法中协商主体的权利义务、协商主题、协商周期、协商形式、协商过程、协商结果的公开与反馈程序等内容进行详细规定，保证每一运作环节的可操作性与可检查性。只有通过完备的制度化建设，才能避免人为因素对协商过程的干扰，才能使协商结果更加科学、合理，有助于实现协商民主方法的"常态化"。

（3）加大信息设备的使用力度并创新网络协商方法。在信息时代背景下，为推动协商民主方法的不断发展必须善于利用现代科技手段。其一，应在现有的协商民主方法使用中合理引入信息通信设备（例如计算机设备、移动通信设备）。这应当建立在对协商流程进行科学审视的基础上，还应当

---

① 《邓小平文选》（第 2 卷），人民出版社，1994，第 146 页。

基于一定的成本考量，以确保引入信息设备的收益大于付出的成本，信息设备的引入确实可为协商过程带来便利，切不可盲目引入。其二，各级党委、各级政府以及社会各界人士应积极以网络技术为依托，对网络协商方法加以创新。在设计网络协商方法时，要注意该方法是否具备充分的可行性——通过使用该方法是否便利了协商进程，运用该方法的社会条件（民众知识能力、技术操作能力与计算机普及率）是否具备，运用该方法的社会收益是否高于运作成本。只有当新创方法具备充分的可行性时，才可将其付诸实践。

3. 整合各领域协商方法构建环节完整的协商体系

国外学者对系统性协商方法的探索同样对国内协商方法的发展以极大启发。从党的十八大以及十八届三中全会对我国协商民主发展的构想来看，我国的协商方法应当是多形式、多层次的。如前文所列举，从国家政权机关到基层组织，从政协、党派团体到社会组织，涵盖行政协商、立法协商、司法协商以及自治协商等多种形式，创造了包括民主恳谈会、民主协商会以及民主议事会等在内的多种协商平台。虽然这些协商方法较为零散，在适用议题以及操作流程上也存在一定差异，但本质上均是我国协商体系的重要组成部分，均体现了我党人民当家作主的执政宗旨。因而，从体系的角度出发，将本并不孤立存在但分属不同领域的行政协商、立法协商、自治协商以及社会协商等协商民主形式整合起来，通过制度化以及规范化，形成各协商形式之间的合力，构建环节完整的协商体系，将是我国政府在创新和发展协商民主方法进而实现我国协商民主广泛、多层、制度化发展过程中所应主要关注的问题。

（马　奔　山东大学）

第十二章

国外的协商民主

从词源学意义上考察，民主（Democracy）一词源自古希腊词，由 demos 和 kratos 两个短语组成，demos 指人民，kratos 意指权力和统治，因此民主的原意是人民的统治或人民的权力。随后在不同历史时期，人们对"民主"的含义有着不同的理解，出现了诸如自由民主、代议民主、理性主义民主、经验主义民主、选举式民主、参与式民主、竞争式民主、合作式民主等有关民主理论的解释或派别。关于民主内涵的概念性把握难有定论，正如乔·萨托利所言，"我们生活在一个以民主观混乱为特色的时代里"[①]，然而"民主获得若干意义我们尚可容忍，但它若是可以无所不指，那就太过分了"[②]。因此，在人类社会政治生活中，民主必然存在客观内容和具体所指。从应然和实然的双向维度来考察，民主在根本上是作为一种协调和解决社会利益矛盾的相对文明的政治机制而存在的。

第一节 国外的协商民主理论

协商民主（Deliberative Democracy）又称为审议民主、商议民主、审议式民主，是 20 世纪 80 年代西方国家兴起的一种民主理论。协商民主是指具有多元文化特征和利益相关性的公民，自由、平等、公开地运用理性，参

---

① 〔美〕乔·萨托利：《民主新论》，冯克利、阎克文译，东方出版社，1993，第 7 页。
② 〔美〕乔·萨托利：《民主新论》，冯克利、阎克文译，东方出版社，1993，第 7 页。

与公共决策和政治生活,不受限制地交流各种观点;通过辩论寻找能信服于人的方法,促进参与者偏好的变化,在某种程度上达成一致或共识。协商民主理论主要是为了解决竞争性选举、票决民主的困境,弥补选举、票决民主的缺陷。

20世纪末,随着人们对自由民主(Liberal Democracy)和代议民主(Representative Democracy)等民主理论的批判性反思,以及世界各地普选、竞选等竞争性民主实践中暴露出来的问题和矛盾的日益增多,单纯强调选举的竞争性及普遍性的民主价值取向日渐为诸多现代政治学家所质疑。一些西方学者开始把研究的焦点逐渐转向了对"协商性民主"的理论探究,期望在现代社会中建立起以公共协商为核心价值理念的民主政治形式。约瑟夫·毕塞特(Joseph Bessettle)较早从学术视角提出了这一概念,之后罗尔斯、哈贝马斯等许多西方学者对协商性民主理论做了进一步的阐述和研究。詹姆斯·D. 费伦指出:"公共讨论而不是遵循更机械的投票程序可能会鼓励具有公共精神的理由和建议,它们将有助于促进所有人的利益。"[①] 罗尔斯认为:"多数裁决原则的程序不管怎样被规定和限制,它作为一种程序手段显然只具有一个从属的地位。"[②] "在立法阶段中,我们必须依赖立法阶段的实际讨论过程而在允许的范围内选择一个政策。"[③] 哈贝马斯在对"自由主义"和"共和主义"等西方传统民主模式进行批判反思的同时,提出了不同于自由派和共和派的第三种民主模式——建立在"交往行动理论"和"商谈理论"基础之上的"商议性政治",其指出"商议性政治的程序构成了民主过程的核心"[④],主张通过建制化的方式和程序促使民主的意见、意志、法律及公共决策的形成和实现。詹姆斯·博曼认为:"协商是民主

---

① 〔美〕詹姆斯·D. 费伦:《作为讨论的协商》,载陈家刚选编《协商民主》,上海三联书店,2004,第13页。
② 〔美〕约翰·罗尔斯:《正义论》,何怀宏、何包钢、廖申白译,中国社会科学出版社,1988,第356页。
③ 〔美〕约翰·罗尔斯:《正义论》,何怀宏、何包钢、廖申白译,中国社会科学出版社,1988,第362页。
④ 〔德〕哈贝马斯:《在事实与规范之间:关于法律和民主法治国的商谈理论》,童世骏译,生活·读书·新知三联书店,2003,第368页。

的，在一定程度上，它以自由平等的公民实现理性一致为基础。"① 德雷泽克（Dryzek）认为："协商民主的理论基础，一方面是基于自由主义理论，另一方面是基于批评理论。"②

国外的协商民主是以人民主权原则和多数原则为基础的现代民主体制，它注重公共行政和公共政策的协商，涉及不同党派、利益集团、阶级和阶层，强调通过不同形式参与到协商民主过程。虽然人们对"协商性民主"尚无一个普遍认同的定义，但从整体上考察，协商性民主主要是指在一定的政治共同体中，特定的政治主体通过对话、讨论、商谈、妥协、交易、沟通和审议等协商性的方式及机制参与政治的一种民主模式，其基本理念主要表现在如下几个方面。

（1）参与协商的主体是平等的、理性的、自由的、知情的政治共同体中的成员或组织，协商主体的态度、行为一般不受先在权威的操纵、限制和影响，参与协商的主体主要是基于理性的审视作出公共判断。

（2）参与方式的协商性。协商性民主政治中的参与主体主要是通过互动式的对话、讨论、商谈、辩论、谈判、沟通和审议等协商性方式参与政治生活，通过相互妥协达成理性共识。

（3）协商过程的公开性。协商性民主强调知情参与（Informed Participation），协商主体必须拥有充分、多元的资讯和信息，于公开的场合检验不同意见和理由，在知情的情况下通过公开透明的协商过程参与政治协商。

（4）协商程序的建制化。协商主体之间进行的并非漫无目的、不限时限、不计成本的协商，参与各方要遵循一定的游戏规则，通过规范化、制度化的程序进行公开商议。

（5）协商结果的共识性。参与各方应认同和遵循通过协商形式形成的决定或意见，并承担相应的义务和责任，还必须就所形成的政策和决定对社会有所交代，以提高民众对协商结果的认可程度，从而提升公共政策的政治合法性。

作为现代民主的重要形式，协商民主在满足公民参与需求、提升决策

---

① 〔美〕詹姆斯·博曼：《协商民主与有效社会自由：能力、资源和机会》，载陈家刚选编《协商民主》，上海三联书店，2004，第141页。

② John S. Dryzek, *Deliberative Democracy and Beyond*, Oxford University Press, 2000, p. 3.

科学化水平，以及解决社会问题等方面发挥着越来越重要的作用，也为完善和发展现代民主政治指出了重要方向。

第一，从代议民主到协商民主，既是民主本身内在的发展逻辑，也是现代民主政治逐步走向完善的必然趋势。民主从来都不是完美的，民主总是在理想与现实、价值与制度的相互作用和相互冲突中开辟自身的发展道路的。古典民主是人类赖以进行理论思考和实践探索的原始版本，但直接民主导致的多数对少数权利的侵害，参与无序导致的混乱、冲突和动荡，以及更大规模人口和广阔疆域导致的直接民主的非现实性，使现代民主选择了代议制民主的形式，人民行使主权的主要方式是选举自己的代理人，代议制民主是现代政治较为稳定的治理形式。但是，在人民投票选举自己的代理人之后，民主理论不再集中关注"人民"的参与，不再关注普通人的参与活动。民主实践更多的是关注促进个人自由，而不是保障公平正义，关注增进利益而不是发现善，进而颠倒了个人自由与政治行为之间的关系。① 协商民主在批判既有民主模式的基础上，更多地强调公民有能力参与政治过程。民主应当是所有公民可以直接、充分参与公共事务的决策活动。只有在大众普遍参与的氛围中，才有可能实践民主所欲实现的基本价值，如负责、理性、自由发展、人类平等等。只有以扩大人民对政治的直接参与为核心，以协商共识为特征，以促进公共利益为最终目的，才能真正落实民主精神。协商民主是民主政治内在逻辑发展的必然，是当代民主的核心所在。

第二，协商民主能够不断扩大政治参与渠道，有效地促进公民政治参与，从而使不同的利益诉求能够通过协商渠道得到反映和解决。稳定的公共生活和繁荣的民主政治是以社会中多数人的积极参与为前提的。公民参与既是我们公共生活的晴雨表，又是我们改善它时一切行动的出发点。政治参与是现代国家政治生活的重要组成部分，是实现公民政治权利的重要途径。随着世界范围内公民权利意识的觉醒和增强，政治参与的领域已经从传统的政治领域扩大到经济、社会、文化、生态和具体生活领域。人们更加关注自身权益、关心公共事务。在我国，随着经济、社会持续快速发

---

① 〔美〕本杰明·巴伯：《强势民主》，彭斌等译，吉林人民出版社，2006。

展,越来越多的人开始关注自己的政治环境,更加关心政治、投身改革、参政议政。在西方,近年来一些国家出现了公民政治参与诉求之间的矛盾和冲突日益加剧的趋势,移民、少数族群、失业青年等群体的利益诉求无法得到有效满足,导致发生一系列新社会运动。在公民政治参与诉求日趋强烈的背景下,如果缺乏有效的、规范的利益表达渠道,缺乏构建共识的机制,那么,这种不断扩大的政治参与就会因为缺乏社会安全阀而对既有体制形成巨大的冲击。而协商民主能够建构起理性解决政治参与诉求、促进公民有序政治参与的制度化渠道,最大限度地包容和吸纳各种诉求,既反映多数人的普遍愿望,又吸纳少数人的合理主张,使个别的、分散的意见与愿望通过协商渠道得到反映和解决,有利于拓宽政治参与渠道,规范、有效地促进公民政治参与。

第三,协商民主能够有效推动利益群体的利益表达、利益沟通和共识达成,能有效地提高决策制定和实施的科学性、合理性,增强决策制定的前瞻性和战略性,使现代民主更加具有广泛性和兼容性。决策是现代政治生活中的核心环节,科学民主决策,能够有效克服经验决策所带来的不足和负面影响。政治决策只有获得广大政策对象的认同和支持,即在获得合法性的基础上才能够有效地加以实施。[1] 由于经济发展和社会变革的影响,以及现代新技术革命的迅猛发展,各国普遍面临着利益结构调整、权力滥用与腐败、环境恶化和生态保护、贫富分化严重与权利保障等各种严峻的挑战。许多重大决策面临的环境越来越复杂,利益调整的范围也越来越大,公共决策利益相关方更加多元,决策所需要的信息和知识也更加全面。这些都对完善公共决策的制定和执行、推进决策科学化与民主化提出了迫切要求。通过广泛吸收社会各方面的意见和建议,并经过充分的讨论、论证和协商,协商民主能够包容各种不同的利益、立场和价值,能够使讨论和决策过程中的社会知识最大化,从而形成普遍的共识;能够使决策程序更规范、决策过程更加民主、决策结果更加科学,有效地防止或消除决策的随意性、短期性、盲目性;协商民主能够通过协商过程使政策获得广泛的

---

[1] Jorge M. Valadez, *Deliberative Democracy, Political Legitimacy, and Self-Determination in Multicultural Societies*, USA Westview Press, 2001, p. 32.

认同和支持，从而保证政策实施过程更为顺利。

第四，协商民主能够有效化解社会矛盾、消除社会冲突、推动社会建设，充分体现了其作为现代民主发展方向的实践价值。随着现代经济社会的发展，不同国家、地区、领域和社会群体之间因为自然禀赋的不同、知识能力的差异、环境机会的区别而形成了多元化的利益格局，并由此产生了多样性的利益诉求，甚至利益冲突，例如"占领华尔街"背后99%与1%的对立；不同民族之间，因文化、宗教、习俗和传统的差异而产生了巨大的社会价值分歧，并进而导致了种族歧视、宗教歧视等文化价值冲突，例如法国因为种族歧视而产生的大规模骚乱，加拿大魁北克的分离运动，以及穆斯林大规模反美活动等；因为各种社会思潮的影响、意识形态的变化和社会价值选择的多样性，人们的社会认同也逐渐呈现碎片化的趋势。协商民主的核心就是以承认利益多元化为前提，主张通过扩大公民参与，更多地包容不同利益需要、更好地开展协商对话、更主动地寻求共识，能够在建设社会公共协商机制、平衡整合各阶层利益方面发挥重要作用。"协商民主是一种具有巨大潜能的民主治理形式，它能够有效回应文化间对话和多元文化社会认知的某些核心问题。它尤其强调对于公共利益的责任、促进政治话语的相互理解、辨别所有政治意愿，以及支持那些重视所有人需求与利益的具有集体约束力的政策。"①

第五，协商民主包容差异与多元，能够积极有效地推进全球治理的发展。全球化以及全球治理的发展，使民主超越了民族国家的边界而成为区域或全球性的政治体制。在世界范围内，文化、历史、传统、种族、宗教的差异作为一种社会事实，既是稳定的，也是随历史而变化的，并且日益产生着新的文化差异。这些差异造成了普遍的冲突和分歧，从而使既有的民主体制无法应对其面临的挑战。协商民主承认多样性并鼓励政治生活参与者利用理性，鼓励包容、参与、倾听、尊重、理解，为分歧和冲突的解决提供了共同合作的方法。当今世界，依然存在分裂国家之间的和解、转型国家的发展、经济贸易纠纷、国际新秩序的构建等问题，各方可以通过

---

① Jorge M. Valadez, *Deliberative Democracy, Political Legitimacy, and Self-Democracy in Multicultural Societies*, USA Westview Press, 2001, p. 30.

协商对话的方式，在遵从人类共同价值的基础上，就各自利益进行公开的沟通、交流，在相互尊重、相互理解的基础上形成广泛共识，从而化解暴力、冲突与战争。在解决环境、安全、恐怖主义等问题上，协商民主不失为恰当的选择和安排。

第六，协商民主超越了对"人类中心主义"或者"自然中心主义"的片面认知，形成了一种既尊重人类，也尊重自然，通过促进人类与自然之间相互作用、相互尊重的生态治理模式，从而推动着生态文明建设。人类中心主义理念支配下的现代化发展模式，已经给人类本身造成了严重的生态危机和灾难，如全球变暖、臭氧层破坏、森林减少、环境污染、水土流失和荒漠化、资源枯竭、生物多样性衰退等。在既有的制度框架内，人类必须实现由工业文明向生态文明的转型。在这个意义上，对生态文明、绿色政治的探索，也就包括了对越来越偏离以人类为中心的政治形式的探寻。"不仅在人类之间存在民主，而且在人类与自然界的交往过程中也存在民主，尽管并不是在自然世界，或者在自然界为人类提供的任何简单模式中存在民主。"① "建立生态社会的战略必须依靠合作型生态地区的方式，只有这种方式才能以一种重新唤起的与社群利益休戚相关的意识替代对竞争优势的不懈追求。与此相关，也应调动参与型民主制的政治艺术，因为这种民主制既力求平均分割权力、化解彼此冲突，又努力维护公民社群内的多样性。"② 生态文明预示着人类的政治发展需要一种新的替代性选择，这种治理形式，就是建立在公民广泛参与基础之上的协商民主政治。只有经由广泛参与的协商民主政治之路，通过生态治理，才能实现人类文明的飞跃。

建设完善的民主制度是具有不同历史文化和传统的国家的共同选择。与其他民主形式相比，协商民主为人类的探索提供了一种新的思考路径。

---

① 〔澳〕约翰·德雷泽克：《协商民主及其超越》，丁开杰等译，中央编译出版社，2006，第138页。
② 〔美〕丹尼尔·A. 科尔曼：《生态政治——建设一个绿色社会》，梅俊杰译，上海译文出版社，2002，第173页。

第二节 国外的协商民主制度与实践

国外的协商民主制度主要包括议会、政党、政府、司法及社会等层面的协商组织设置及其运作机制。在具体的协商民主实践形式方面，在议会层面有美国国会协商委员会、韩国国会交涉团体、印度尼西亚人民协商会议、德国和加拿大的议会听证会等；在政党层面，有英国工党内部的"全国政策论坛"、德国社民党的"纲领委员会"、巴西劳工党的"两阶段代表会议制"等；在政府层面，有澳大利亚政府理事会、新加坡的"民情联系组"、德国联邦政府听证会、日本的审议会与行政对话制度、沙特阿拉伯协商会议等；在司法层面，有英国、法国和美国的陪审团制度等；在社会层面，有英国的工资集体协商、美国的城镇大会、丹麦的公民会议等。

一 议会层面的协商民主形式

1. 美国国会协商委员会

国会是美国的国家立法机构，由众议院和参议院组成。国会的议案在众议院或参议院提出后将被编号，然后分配到负责相关事务的委员会，该委员会的主席再将议案分到相应的小组委员会进行审议。小组委员会对议案进行讨论和修改后，再将议案提交给该院的全体会议进行审议表决。该院全体会议通过该议案表决后，要将议案提交给另一院的有关委员会审议。如果另一院对议案进行了修改，并且该院的全体会议通过了议案的修正案，另一院就要将议案的修正案再送回提出议案的议院进行审议和表决。如果提出议案的议院拒绝另一院的议案修正案，两院都可以提议成立一个联合协商委员会对该议案进行协商（见图1）。

两院正式同意协商某一项具有分歧的议案后，国会众议院议长和参议院议长从本院有关的常设委员会中指定"各自院的协商代表团（众议院一般为12人，参议院一般为10人），共同组成协商委员会"①，协商委员会是一个既有参议员又有众议员作为成员的特殊立法委员会。两院派出的议员

---

① 晓禾：《美国两院制议会制度概说》，《山东人大工作》2003年第10期。

中民主党和共和党都有各自的代表，但是两院中的多数党所占比例相对要大一些。

协商委员会成立后，双方通过协商在合适的时间召开协商会议，协商会议必须在公开的原则下举行，开会地点、议题等必须提前通知与会成员。在协商会议上，两院以文字或口头的方式向对方陈述本院对议案的主张及理由，并且"协商委员会有权就法案两院文本中的所有分歧进行协商，拟出修正案，对文本中两院一致的地方，协商委员会无权修改"[①]。协商委员会的表决以院为单位，两院各自派出的代表团分别只有一票表决权，代表团内部采取少数服从多数的原则对议案的修正案表示赞成或者反对，如果两院的代表团都赞成议案的修正案，那么双方成员都在修正案的协商报告上签名。

国会的两院全体会议只能对修正案的协商报告表示接受或者否定，但是不能够再进行修改。在国会两院全体会议表决协商报告时，首先提出成立协商委员会的议院要在另一院表决之后才能进行表决。如果提出议案的议院通过了包括另一院对该议案的所有修改意见的协商报告，即提出议案的议院撤销了自己原来的议案并且同意另一院的修改，提出议案的议院也要将该院已经撤销原来议案的信息告知另一院。如果两院协商委员会达成的协商报告，既包括提出议案的议院的意见，又包括另一院的修改意见，那么首先提出议案的议院作出审议决定后也要立即通知另一院审议。国会两院的协商结果就形成两份格式和内容相同的协商报告，报告可以包括一个或者几个对该议案的修正案，该报告将作为两院的协商委员会向国会提交的推荐报告。如果两院都接受协商报告，那么国会的两院就将协商报告送交总统签署批准，议案的修正案就成为国家的正式文本。如果一院拒绝接受协商报告或者增加修正案，"两院再由协商委员会反复协商，直到两院大会表决通过"[②]。如果在协商过程中，国会两院的协商委员会成员各持己见，互不相让，未能达成协议，双方的协商委员会委员就要向各自的议院报告实情；或者两院重新任命成员组成一个新的协商委员会，对该议案再

---

① 晓禾：《美国两院制议会制度概说》，《山东人大工作》2003年第10期。
② 田洪俊：《美国议会制度》，《吉林人大》2011年第9期。

次进行协商。

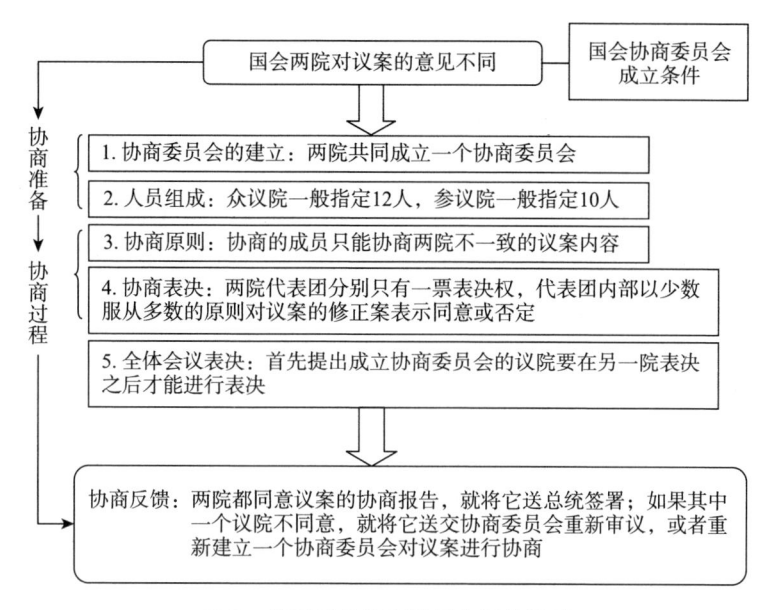

```
                    ┌─────────────────────┐    ┌──────────────┐
                    │ 国会两院对议案的意见不同 │───▶│ 国会协商委员会 │
                    └─────────────────────┘    │   成立条件    │
                              │                └──────────────┘
        ┌─────┐               ▼
        │协商 │    ┌──────────────────────────────────────────┐
        │准备 │    │ 1. 协商委员会的建立：两院共同成立一个协商委员会 │
        └─────┘    ├──────────────────────────────────────────┤
           │       │ 2. 人员组成：众议院一般指定12人，参议院一般指定10人│
           ▼       ├──────────────────────────────────────────┤
        ┌─────┐    │ 3. 协商原则：协商的成员只能协商两院不一致的议案内容│
        │协商 │    ├──────────────────────────────────────────┤
        │过程 │    │ 4. 协商表决：两院代表团分别只有一票表决权，代表团内部以少数│
        └─────┘    │    服从多数的原则对议案的修正案表示同意或否定      │
                   ├──────────────────────────────────────────┤
                   │ 5. 全体会议表决：首先提出成立协商委员会的议院要在另一院表决│
                   │    之后才能进行表决                              │
                   └──────────────────────────────────────────┘
                              │
                              ▼
                   ┌──────────────────────────────────────────┐
                   │ 协商反馈：两院都同意议案的协商报告，就将它送总统签署；如果其中│
                   │ 一个议院不同意，就将它送交协商委员会重新审议，或者重│
                   │ 新建立一个协商委员会对议案进行协商            │
                   └──────────────────────────────────────────┘
```

图 1　美国国会协商委员会运作程序

2. 韩国国会交涉团体

韩国的政治协商机制中最活跃的是国会交涉团体（Parliamentary Negotiation Body）。交涉团体是在议会中设置的政党和无党派的政派团体，不仅以法律为基础，而且与政党政治有密切联系。交涉团体在议会制度中存在的目的是弥补议会运作的缺陷，听取所属议员的意见以便调解政党间的利益矛盾，提高决策效率。是否建立政党交涉团体，对所属议员提出法案的议决有重要的影响，如果建立，其将在国会的本会议和常任委员会的构成与运作中发挥更大的作用。

政府将为组成的交涉团体提供国库补贴金，同一政党所属议员组成的交涉团体补助50%，拥有5个议席的政党补助5%，没有议席或5个议席以下的政党补助2%。国会交涉团体能够参与主要国会运作方案的讨论。例如，《国会法》第5条第1项规定："在翌年国会运作基本日程决定的时候，国会议长和各个交涉团体代表议员应该协议。"交涉团体能担任常任委员会委员长和常任委员会干事。交涉团体的权限对议会政治内的政党地位和代表性有重要影响。交涉团体拥有国会运作权和议会政治中的议题设定权。

交涉团体能够调整国会议题日程，参与国会内的协商。通过交涉团体代表之间的协商来确定交涉团体的常任委员会委员长人选。参与议会主管的委员会拥有据参与讨论的议员的人数对发言时间的决定权，委员会委员指名权，以及安排国会内办公室、行政和财政资助等事宜的权力。

3. 德国联邦议会的听证会

德国联邦议会"从委员会内部来讲，只要有1/4以上的成员提出动议，委员会必须就正在审议的法案举行听证会"①。决定举行听证会之后，联邦议会的网页至少在会前一周向社会公布举行听证会的时间、地点和内容等会议事项。在议会党团推荐的基础上，委员会内各党团工作小组以协商的方式确定听证陈述人。如果委员会没有限制听证陈述人的名额，必须邀请提议举行听证会的少数委员会成员推荐的听证陈述人；如果委员会限制听证陈述人的名额，各个议会党团就按照其成员在委员会的比例推荐相应数量的听证陈述人。议会党团通常是选择在法案方面支持自己或反对其他党团的专家来参加听证会。委员会通常不邀请联邦政府成员或联邦机构的雇员作为听证陈述人，除非委员会多数成员同意。在举行听证会之前，委员会向听证陈述人提供详细的听证问题清单，并且要求他们对相关问题提交书面报告。

德国联邦议会的专门委员会主席或者委员指定的某位委员主持听证会。听证会"按陈述人发表意见和讨论时间的顺序进行，先由2至3名听证陈述人发表意见，再由委员会成员向听证陈述人提问，进行一般性的讨论，然后再开始发表新的意见和讨论，直到所有的听证陈述人陈述完毕"②。由于在发言之前，听证陈述人已经提交完整的书面报告，所以听证陈述人在听证会上通常只是简单地介绍主要的观点。联邦议会通常是在一个比较大的会议室举行听证会，并且要完整记录所有的发言和讨论；在联邦议院的网页上会公布听证会的完整记录和听证陈述人的书面答复。听证会结束之后，专门委员会将讨论听证会上陈述人提出的各种意见和建议；议会全体大会将投票表决是否采纳听证会上陈述人提出的意见和建议。

---

① 焦亚尼：《德国联邦议会的立法听证》，《新疆人大》（汉文）2005年第7期。
② 焦亚尼：《德国联邦议会的立法听证》，《新疆人大》（汉文）2005年第7期。

4. 加拿大议会的听证会

加拿大议会立法程序分为"一读"、"二读"与"三读"三个阶段。议员提出立法动议，如果众议院同意，就可以成为议案，是为"一读"；议员对议案进行讨论和表决，然后呈给委员会审议，是为"二读"；最后议员对议案最终表决，是为"三读"。

加拿大议会立法的"公众咨询程序一般经历这样几个步骤：咨询目标的确立、咨询计划的拟定、咨询通知的发布、公众评议的征集、咨询报告的形成以及咨询意见的反馈等"①。在制定立法公众咨询目标时，必须明确草案要解决的问题，解释该问题及其原因，确定适用范围与注明法定来源。在制订可实行的咨询计划时，必须保证咨询的准备时间不超出底线，确保咨询计划的质量；根据咨询事项的具体情况、参与咨询的人员、立法的规模与范围选择一种最合适的咨询方式；基于目标与利益一致性的原则挑选参与人，并且拟定相关策划，编制财政预算，保障财政的正常运作。对外发布咨询的通知时，必须说明主要问题、解决的办法和必要的合理分析；在法律规定的范围内，宣布公众评议的期限，让公众有充足的时间准备。咨询结束后，负责人必须编写报告，说明咨询的原因与问题、解决的方案、公众的采纳情况、政府需要采取的措施与解决办法，并在最后附上所有参与人名单。最后相关部门反馈公众的咨询信息，与公众互动交流，并且对外发布完成的咨询报告，供公众查阅。完成基本的咨询程序后，立法部门要对此次咨询进行总结与评估，审视此次程序执行的效果与满意度。

加拿大议会的立法听证会的人员主要来自各党派推荐、议会委员会邀请和主动报名。议会委员会充分考虑证人的结构问题，强调人员的广泛性，但是不刻意强调人员观点的差异。所以公众申请报名的时候，工作人员只是登记他们的姓名与联系方式而不会了解他们的观点与利益倾向。通常是法案在"二读"后，专业委员会要专门召开立法听证会，听取公众的意见。听证会可以在驻地召开，也可到各地巡回召开，还可以采取视频会议的形式，委员会也可以分成几个小组，分别听取听证会证人意见。"每一名证人拥有15至20分钟的发言时间，在此期间，证人可以充分地发表意见，并陈

---

① 《加拿大立法过程中的公众咨询制度考察》，http://www.xzbu.com/4/view-3862847.htm。

述自己的观点,听证人及其他证人不得干扰。"① 如果证人离题,主持人有权取消其发言资格。证人发言完毕,听证人可以向证人提问,并且工作人员必须客观全面地记录证人的发言概要,整理分析后要交给听证人核实无误。尽管工作人员会客观记录证人的发言,并且将发言记录提交给议会委员会,但并不是证人的所有意见都能被采纳。加拿大议会的立法听证会听取和收集公众的有价值的意见以便委员会修改法案。由于听证结果的处理问题会影响听证效果和公众的参与度,所以议会对每次听证会的结果都向外通过媒体发布,并作出合理的解释。

5. 印度尼西亚人民协商会议

印度尼西亚人民协商会议(简称"人协")是国家最高权力机构,人民协商会议负责制定、修改和颁布国家宪法和大政方针,选举总统和副总统,监督总统执行国家大政方针情况,并且在总统违背宪法时可以对其进行弹劾或罢免。"人协共有议员700名,其中包括国会成员500名,地方代表135名和社会名流65名,任期5年。"② 其中国会的462名议员由选举产生,国会的其他38名议员由武装部队司令推荐,由总统任命的军警代表组成;省级权力机构选举人民协商会议的地方代表,社会各界推荐各阶层代表。印尼人民协商会议内存在民主斗争党派系、专业集团党派系、建设团结党派系、民族觉醒党派系、新月星党派系、信徒主权党派系、关爱民族民主党派系等政党或政党联盟派系,以及军警、各阶层代表及地方代表派系。人民协商会议每年召开一次年会,必要时可以召开特别会议。

印尼人民协商会议的职责范围比较广泛,涉及的事务是国家高层的事务,所以人民协商会议的协商结果能够对印尼的政治发展产生重要影响。人民协商会议的议员成分具有多样化的特点,国会议员、地方代表、各阶层代表、各党派代表都能够参与国家重要事务的协商,人民协商会议为各方代表提供了政治参与和政治团结的制度平台,有利于吸纳参与人员的意见和智慧,避免国家重大决策失误。人民协商会议的议员大部分由选举产生,会议定期召开的制度设计,表明了印尼人民协商会议较高的制度化和

---

① 汤黎明:《加拿大议会的立法听证制度》,《新疆人大》(汉文)2005年第11期。
② "印尼人民协商会议",百度百科,http://baike.baidu.com/view/10988026.htm?fr=aladdin。

程序化发展程度。

二 政党层面的协商民主制度

1. 美国政党内部的协商

美国的民主党与共和党的全国代表大会每四年在总统选举前召开一次，主要目的是协商提名本党的总统和副总统候选人。总统候选人提名确定后，就成为党的领袖。美国民主党、共和党全国委员会的主席职位，一般由党的总统候选人决定，名义上还经过全国委员会的内部协商与批准。"共和党全国委员会由各州及属地的党主席和各代表组成。民主党全国委员会成员包括各州及属地的党主席，本党国会议员，州、市、县本党高级官员代表等。"[1] 美国的民主党和共和党都在州设有委员会，该委员会的主要职能是党务管理和选举组织协调。例如，协商提出本党州级公职候选人和国会议员候选人、筹集竞选经费、筹备州党代表大会、协调竞选活动等。州委员会的人员组成数按照州的大小而定，小州通常只有几十人，大州有上百人。

美国的民主党和共和党的代表定期与政党的基层组织和党员见面，尽管参加见面的基层党员人数较少，通常参与的人数只有7~9人，但是参加会议的基层党员都是关心国家大事、有社会责任感的人。党员代表向基层党员汇报本人的工作情况，听取基层党员的意见，回答党员的问题并且提出本人的观点。这种平等的意见交流与协商增进了党员代表与基层党员的相互了解，可以汇集基层党员的利益诉求，也有利于党员代表的工作体现本党的意志。

2. 英国工党内部的协商

英国工党内部的全国政策论坛由来自党的各个部分提名的194名代表组成，"其中，由选举产生、任期为两年的代表席位分配是：工党选民55席，地方代表22席，工会30席，下院议员9席，欧洲议会议员6席，上院议员2席，工党学生组织1席，社会主义协会3席，工党少数族裔组织4席，地方政府9席，地方政策论坛9席。根据职权而设定的代表席位分配是：政府

---

[1] 张新平主编《世界各国政治制度概论》，兰州大学出版社，2011，第36页。

8席，合作党3席，全国执行委员会成员全部列席，占33个席位"①。全国政策论坛按照一个滚动计划来审查、监督过去三年以来党的政策的发展情况。论坛每年召开两次会议评估工作进展情况，每年提交一份列入全国执委会总报告的报告。为了使全体党员最大限度地参与决策过程，全国执委会在全国各地召集地方论坛，给政策委员会提供建议。工党在基层有一个大约400人的促进者网络，这些人协助在全国举办政策论坛，促进在地方选区、支部和社区举办政策论坛。全国政策论坛下设8个政策委员会，涉及经济和社会事务、贸易和产业、环境、运输和地区、卫生和福利、教育和就业、犯罪和司法、民主和公民身份以及英国的世界地位等广泛领域。它们按两年一个周期的"政策制定滚动计划"运作，第一年审查现行政策，第二年提出有关政策文件草案，交全国政策论坛讨论，再交联合政策委员会讨论后，提交年会辩论通过。联合政策委员会由领袖主持，负责对"政策制定滚动计划"实施战略监督。成员共同研究政策拟订、竞选宣言的内容及竞选问题。全国政策论坛的所有政策文件必须经过它同意，才能提交给全国执委会。全国政策论坛一年会集会数次来保证工党政策得以反映党内绝大多数人的一致意见。在会议之间，代表们将会联络党员、支持者们与向"你的不列颠"提交提议的民众，对他们的问题进行听取与回应，并将问题提交到论坛上去进行辩论，以便政策向前推动。

3. 德国主要政党内部的协商

德国社民党的全国代表大会通过制定新党纲的决议之后，就成立纲领委员会，由纲领委员会协调组织纲领的制定过程。纲领委员会首先提出新党纲的指导原则，然后开始征询意见，包括咨询党内专家的意见、党内各委员会开展讨论、举办地区党组织负责人会议等。然后纲领委员会起草党纲草案，继续邀请党内人士讨论，最后交给党代表大会批准通过。在征询党内意见的过程中，各党都有一些不同的做法。如社民党领袖到各地听取意见，基督教民主联盟的总书记不仅开展巡回访问征求意见，还要举办六次地方论坛，听取地方党组织负责人的意见。德国各个政党都非常重视基

---

① Official Website of Labor Party, Partnership in Ower Institutions, 2009 - 10 - 10, http://www2.labour.org.uk/partnership_in_power_institutions.

层党员的意见，通过各种方式听取党员意见，而基层党员也可以通过各种渠道发表自己的主张。例如，德国社民党在起草党纲的过程中，经常通过通信、网络、党刊等方式听取党员的意见。党员也通过各级党代表大会，在提交提案、提名候选人、提名党代表等过程中，发表自己的意见。

4. 统一俄罗斯党内部的协商

俄罗斯的统一俄罗斯党的各级领导机关鼓励党员对国家发展的问题、本党的发展与完善的问题进行党内协商。党内的社会保守派政治中心、自由保守派俱乐部、国家爱国主义俱乐部经常讨论立法问题以及国家的决议，讨论的结果常常被用于党的纲领性文件的制定和行动计划的起草。统一俄罗斯党总委员会副书记尤里·舒瓦洛夫也希望，"这三个俱乐部之间日益加强的互动构成党内争论的基础，成为该党未来变革和现代化的助推器"①。统一俄罗斯党强调党内协商的重要性也反映了该党在国内地位的变化，它为了巩固和发展作为议会最大党团的地位，实现其代表广大阶层人民利益的目标，需要尽可能地同各社会群体对话，满足他们的利益诉求。所以党内存在的不同取向的政治俱乐部可能有助于组织不同阶层的社会群体的对话，党内协商在一定程度上能解决统一俄罗斯党在国内政党格局中一党独大造成的一些弊端。

5. 巴西主要政党内部协商

巴西劳工党设立了两阶段代表会议制，即在举行全国代表大会之前，先在联邦、州、市各级分别举行一系列的"会前会议"，此类会议主要讨论党在各时期面临的主要任务并且作出决定。劳工党还实行核心小组制度，即所有党员都应该参加一个核心小组的活动，核心小组的成员可以讨论党的全国与地方领导机构提出的议题，同时可以提出领导机构没有涉及的问题，这使基层党员在各类会议上都有机会参与协商并且充分表达意见。为了维护党规的约束力与震慑力，劳工党也强调："党的原则性规定和纪律必须得到遵守。"② 所以，劳工党违反党规党纪的党员经常被坚决清除。巴西共产党的党章规定，基层组织及以上的党员和干部都可以参与全国代表大

---

① http://www.vccoo.com/v/b98ad8.
② 张凡：《巴西劳工党制度建设和组织发展述评》，《拉丁美洲研究》2007年第5期。

会的审议，在举行全国代表大会前的3个月，中央委员会发出全国代表大会的通知，并在党的机关报上公布大会召开的时间与地点、大会讨论的内容以及将由党的各级机构讨论的决议草案。此外，为了给党员参与党的讨论提供更多的机会，鼓励党员参与党的方针的讨论，巴西共产党还设立了各级磋商机构，力争形成包括全国性会议、各种会晤及各种研讨会在内的磋商机制。针对党员的内部协商，巴西共产党也强调纪律的重要性，"强调党要在自由的和自觉遵守纪律的基础上保持行动的一致性"①。

6. 韩国的党政协议会

韩国的党政协议会是强化执政党的作用，巩固行政部和执政党关系的协议机构。它是执政党和行政部的主要人员协商国家政策的会议。政党代表、总统、总统秘书长、各部部长在党政协议会一起讨论政策的立案、执行等活动。党政协议会包括党政青会议、党政政策协议会、高位党政会议、高位党政协议会、经济问题联席会议、党政实务计划委员会等。党政青会议是执政党、政府和青瓦台三方进行的协商会议。韩国的行政首脑是总统，韩国总统也是党员。因此，为了通过有关的政策，总统有必要在议会上与执政党保持沟通与协调。执政党举办高位党政会议的目的是在执政党选举期间，通过公共事项反映执政党的政策和意向。高位党政会议是非定期性的会议，但是高位党政协议会是定期性的会议机构。在野党也参与党政协议会的协商。协商会议由2个执政党议员、2个在野党议员组成，但是必须先由交涉团体达成协议协商才能进行。会议的协商内容是不固定的，会议主题根据具体情况变化。

中央政府和地方政府也召开党政协议会。地方的党政协议会由地域党员协议会委员、地方政府首长、干部公务员、国会议员等组成。地方政府为了当地政府的发展可以通过党政协议会申请国库补助金。地方政府为了确保国库补助金和党政协议会召开对话的渠道畅通，通常在公布重要政策之前与党政协议会召开会议。例如，地方政府京畿道也召开执政党与在野党的政策协议会，但这只是地方政府内部的民主政治协商。这种协商是通过讨论在野党提出的建议得出一个结果的方式实现的。在野党提出在地方

---

① 刘洪才：《当代世界共产党党章党纲选编》，当代世界出版社，2009，第765页。

政府里应该设置主要机关的人事听证会,这样才能增强执政党和在野党的政治责任感。

三 政府层面的协商民主制度

1. 澳大利亚政府理事会(Council of Australian Governments, COAG)

澳大利亚联邦政府和州政府之间主要通过政府理事会进行协商。政府理事会设立了"联邦财政关系理事会、残疾改革理事会、能源理事会等常设理事会,气候变化理事会、移民和定居理事会、劳资关系理事会等。选择理事会,消费者事务部、食品法规、基因技术等立法和治理论坛"[1]。各理事会对政府理事会负责,政府理事会支持各理事会的职权和工作优先事项。各理事会就有关行动和决策每年向政府理事会作一次报告。政府理事会每三年对理事会的构成、会议次数、花费、目标与绩效、决定的执行情况进行审查。通常是按照全体一致的原则,所有与会成员在达成共识的基础上,并且在会议公报上签字之后,政府理事会才能作出对中央与地方政府具有约束力的决定。所以政府理事会的作用是加强中央政府和各州政府之间的合作,通过协议对重大问题进行协商。

澳大利亚政府理事会的组成人员包括总理、州政府和领地的部长以及澳大利亚地方政府协会主席。政府理事会由总理主持,会议的举办地在首都堪培拉。政府理事会议是"每年一到二次,但是有时一年也会举行四次"[2]。其中联邦财政关系理事会和残疾改革理事会根据需要,可以多次开会。政府理事会的会议主要是解决中央与各州政府之间需要各级政府首长达成协议的重要问题。政府理事会的每次会议联邦政府通常有6~7名部长出席,并带一批各部的专家担任顾问。州政府除了政府首脑之外,最多另有一名部长参加,但是也可以带一批专家。政府理事会的议程内容由总理决定,议程内容在会前、会中都不对外公开,会后才以公报的形式通过网站对外公布(见图2)。

---

[1] http://www.archive.coag.gov.au/reports/index.

[2] http://www.coag.gov.au.

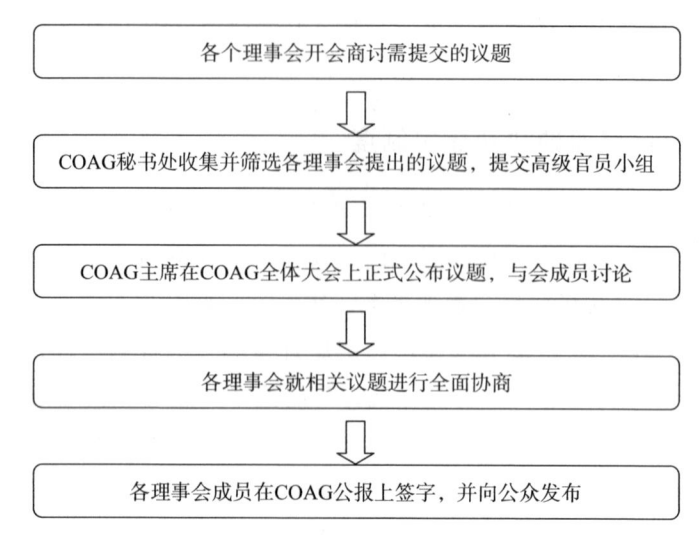

```
┌─────────────────────────────────────┐
│  各个理事会开会商讨需提交的议题      │
└─────────────────────────────────────┘
                  ⇩
┌─────────────────────────────────────┐
│ COAG秘书处收集并筛选各理事会提出的  │
│ 议题,提交高级官员小组                │
└─────────────────────────────────────┘
                  ⇩
┌─────────────────────────────────────┐
│ COAG主席在COAG全体大会上正式公布     │
│ 议题,与会成员讨论                    │
└─────────────────────────────────────┘
                  ⇩
┌─────────────────────────────────────┐
│  各理事会就相关议题进行全面协商      │
└─────────────────────────────────────┘
                  ⇩
┌─────────────────────────────────────┐
│ 各理事会成员在COAG公报上签字,并向   │
│ 公众发布                             │
└─────────────────────────────────────┘
```

图 2　澳大利亚政府理事会（COAG）运作流程

2. 沙特阿拉伯协商会议

沙特阿拉伯协商会议的前称是民族委员会、民族协商委员会，1926 年更名为协商会议。沙特第 5 届协商会议共有 150 名成员，其中新成员 81 名，会议成员任期 4 年。协商会议设主席、副主席、秘书长和主席助理各 1 名，"协商会议主席和成员均由国王任命，成员为 30 岁以上的沙特籍男性，多为社会名流和各领域精英，成员不得在政府机关或公司兼职"①。由于沙特是政教合一的君主制国家，禁止任何政党活动，所以协商会议无党团会议和督导。沙特协商会议是政府决策的咨询机构。协商会议可以对政府的政策法案提出修改意见或建议，并且有权对政府大臣提出正式质询。

沙特协商会议的主要职能包括审议国家经济社会发展计划；研究国际条约和协议，并提出建议；审议各部及其他政府机构提出的年度报告；根据内阁首相的要求对一些重大的国家大政方针发表咨询意见。协商会议设立一个总委员会和若干个专业委员会。总委员会由主席、副主席和各专业委员会的负责人组成。其主要职能是为协商会议和各专业委员会制订总的、可行的工作计划，制订协商会议的日常议程，解决由主席或协商会议委托

---

① "沙特协商会议"，百度百科，http://baike.baidu.com/view/9393445.htm?fr=aladdin。

的有关会议讨论或表决中出现的意见分歧，制定协商会议及各专业委员会开展工作所需的各项章程。协商会议设立了伊斯兰司法与人权事务委员会，社会、家庭及青年事务委员会，经济、能源事务委员会，安全事务委员会，行政、人力资源委员会，教育、科研事务委员会，文化、新闻事务委员会，外交事务委员会，水、设施及公共服务委员会，卫生与环境事务委员会，财政事务委员会，交通运输与信息技术委员会等12个专门委员会。"专业委员会成员不能少于5人，其主要工作是研究讨论与解决由协商会议委托的相关问题。"① 各专门委员会主席同协商会议主席和副主席一起组成协商会议主席团。

协商会议由会议主席宣布开始和结束，并由会议主席确定会议议题，决定是否对某议题进行投票。主席没有参与会议时，由副主席履行上述职责。只有在至少三分之二成员出席的情况下，会议才有效，并且有关决议必须经过多数与会成员同意。在同意与反对票相等时，采纳协商会议主席所在方的意见。沙特协商会议每两周举行一次会议，由主席决定会议时间。会议议题及文件必须在协商会议内部研究讨论，不得带出会场。会议期间，成员发言必须提出书面要求，一个议题的发言时间一般不能超过5分钟，没有经过主席许可不能发言。除主席外，其他人无权打断与会成员的发言，每次会议都要编写会议纪要。协商会议的休会期一般在7月到9月。沙特协商会议通过的各项决议由会议主席呈交给内阁首相，并由他移交内阁会议讨论，如果内阁和协商会议意见一致，经过国王批准后，该决议就可以生效；如果出现分歧，由国王最终裁决是否采纳该决议。

3. 新加坡的民情联系组

新加坡的民情联系组起源于1984年新加坡大选后人民行动党成立的民意处理组（Feedback Unit），2006年民意处理组改为民情联系组，并且建立了一个用于与市民联系、互动、听取反馈意见的总门户网站。新加坡公民可以通过博客、网上聊天、短信息、线上聚会等方式参与政府规划的各类项目，提出自己的意见和看法。由于新加坡很多老年人、贫困人口不具备

---

① 马福德：《从沙特协商会议看王国的政治民主化变革》，《长安大学学报》（社会科学版）2005年第2期。

信息通信技能，无法通过手机短信、网络等方式参与民意表达，所以新加坡致力于构建一个全面数字化社会，确保多数新加坡公民能从信息通信技术中获益的同时，也重视通过举办组屋邻里大会等传统的民意反馈方式，保障信息技能不足的公民也能够充分参与民意反馈。

新加坡政府通过举办有关国家时政、针对特定社群的民众对话会调动民众参与国家社会事务的积极性。2007年，网上民众大会逐渐成为民情联系组举办民众大会的主要方式，"不论是国内或海外的新加坡公民，只要通过民情联系组的官方网站进行登记，就可以自由参与讨论"[①]。民情联系组每两年在全国范围进行一次全面调查，通过电话访问、手机投票、网络调查等方式，了解国民对于经济与就业、医药保健、交通、住房、教育、社区与国家建设、保安与外交、公共服务素质及人民对政府的信心等事项的观点。在民情联系组举办的民众大会或讨论专题中，公众也可以通过手机短信的方式，针对一些公共事件向政府提供信息反馈。在协助政府制定公共政策方面，民情联系组主要采取成立民意团的方式，针对不同课题设立专门的民意团，如负责政治发展的民意团、负责环境保护课题的民意团等。各专门的民意团针对人口老化与保健、经济与就业、教育与人力资源培训、人口与社会融合以及环境课题进行深入研讨，并向政府提出了延长雇佣补贴计划、降低学前教育年限、设立永久居民和新公民网站、实行持续培训计划等有利于经济社会发展的建议。

4. 德国联邦政府的听证会

德国联邦政府准备起草一项法案时，负责该法案的政府部门可以将计划草案通知社团的代表人并且征求他们的意见。通常是该政府部门的部长或高职公务员写信给有这方面信息或受该法案影响的专家、社团，并且将法案的有关信息和法案的初稿交给有关的专家或社团，征求其意见和建议，专家或社团也以信函答复有关事项。政府部门的部长或者代表也与专家、社团会面交换意见。这种政策咨询是政府的行政机关与专家、社团进行的内部信息和观点的交流与沟通。所以在草案的准备阶段，联邦政府能够获

---

① 张键、吕元礼：《新加坡政府民意吸纳与反馈机制——以民情联系组为例》，《学习月刊》2010年第12期上半月。

得社团对法案的评价,而受到邀请的社团也可以在该阶段获得提建议和阐明观点的机会。

5. 日本政府的审议会和行政对话制度

日本政府的审议会是根据一定的法律设置的,在政府制定各项政策时,对某事项进行调查,发挥咨询功能,并且协调各方面利益的协商平台。日本从中央到地方各级行政机关都设置了审议会,"目前,日本共有90个审议会,其范围涉及日本社会的方方面面"①。审议会也叫作协商会、调查会、委员会、审查会等。

审议会的委员由政府总理大臣或有关省厅的大臣或长官从有学识、有经验的学者和某些公职人员中选择任命。其中,部分委员必须得到众参两议院的批准,部分委员必须得到内阁的认可,部分委员必须由有关团体推荐。审议会委员的任期通常是2年。一个人可以同时担任几个审议会的委员,但是最多不能超过4个。担任审议会委员的有财界、产业界、金融界、学术界、教育界、舆论界,工会、民间团体、研究机关,以及退休官员等社会各界的代表人物和知名人士。此外还包括与社会福利、劳动条件、环境保护等有关的审议会,该类审议会的委员一般由公方(资方)的代表、私方(工方)的代表和学者组成。除专门委员外,审议会在审议某些具体问题时,还调动有关的政府官员、智囊团的人员、民间企业和金融界的研究人员直接或间接地参与调查研究工作。

"审议会的活动经费全部由政府负担。委员虽不属国家正式公务员,但有关办事机构负责向委员或专门委员支付一定数量的津贴费(主要是旅差费)。"② 审议会的主要职责是:对内阁总理大臣、各省厅大臣或长官的咨询,对某一领域的重大问题进行审议,然后提出报告;主动向有关大臣或长官提出建议。审议会是总理大臣和各省厅大臣或长官的咨询机构,所提供的报告和建议通常成为政府有关部门制定政策、法令、措施的重要参考或依据。有的报告经过主管大臣批准,就作为政府的政策,付诸实施。

日本的行政对话制度,即行政机关通过听取公众对行政工作的意见和

---

① 薛澜、彭志国:《论合作主义视角下政策咨询机制构建与完善》,《科学学研究》2005年第5期。
② 周初:《日本的审议会制度》,《政治学研究》1986年第1期。

要求并予以改进，使申诉人因行政机关的行为所受侵害的权利、利益得到救济的制度。各省厅本部在办公厅系统，各省厅的地方派出机构在适当的部、课都设立行政对话窗口，并将负责对话工作的官员所在位置、官职、姓名在公众易于看到的地方公布。目前内阁的总理府、所有的12个省和8个厅、公正交易委员会、国家公安委员会、部分拥有独立权限的局、部分国有企事业单位以及与国民关联较多的中央行政部门都设立了对话窗口。日本大多数都道府县、市町村也设立了市民对话室或其他名称的对话窗口。

中央政府各部门和地方政府的对话窗口，只受理有关本部门、本地区的公众申诉。总务厅的行政监察局和设在全国各都道府县所在地及其他个别地方的50个分支行政监察机构负责行政监察和行政对话，受理公众申诉。为了方便公众申诉，还在本厅及全部50个分支行政监察机构设置了受理公众申诉的专用电话"行政苦情110号"（"苦情"即委屈、不满，"110号"是电话号码）。如果公众对中央各行政部门的工作有意见，就可以在任何时间、任何地点，拨打该号码向该窗口申诉。

总务厅对公众申诉的案件，不能擅自采取解决措施，也不对双方当事人采取任何强制措施，而是要在申诉人与有关行政机关之间进行沟通，帮助双方协商解决问题。如果双方不能取得一致意见，总务厅可以进行现场调查，确认事实，并根据自己的判断提出意见，协助有关机关解决。当申诉人因为不懂法令、误认事实或其他原因申诉没有理由时，总务厅可以进行诚恳的说明，但是不进行调解。对于需要进行高度政治性、技术性判断的问题，也不进行调解。总务厅长官委任地方上有社会威望并热心于改善行政运营的民间人士担任行政对话委员，任期2年，以市町村为单位进行活动，全国各市町村至少设1名行政对话委员；在城市每5万人设1名行政对话委员。其主要职责是，在总务厅长官的指导下，受理公众对国家行政机关的意见申诉，给申诉人提供建议；向总务厅及有关行政机关通知公众意见的内容；可以向总务厅长官陈述关于改善行政运营的意见。行政对话委员通常是在家中受理公众申诉，也可以在地方政府的引导下，在市町村公所、公民馆举办定期对话，并且采取灵活的方式使公众能在轻松的气氛中陈述对行政工作的意见。

近年来，跨部门、跨地区的申诉案件增多。为了提高处理这类案件的工作效率，减少各部门之间的推诿、扯皮行为，总务厅成立了多种跨部门、跨地区的联合对话组织，主要有综合行政对话所、联合对话所、官公厅苦情对话联络协议会、各省厅行政苦情对话联络协议会、市町村行政对话联络负责人会议、各种对话委员联络协议会等。这些联合对话组织，在相互交流、移送和共同处理申诉案件方面发挥作用。"此外，总务厅还积极开展行政对话的宣传，每年春秋两季举办'行政对话周'，并以此为中心在各省厅和地方政府的合作下举办联合对话所、巡回对话所、行政恳谈会等，向公众宣传并受理申诉。"①

四 司法层面的协商民主制度

1. 英国的陪审团制度

英国是现代意义上的陪审团制度的发源地，陪审团制度在英国的司法中已经历了几个世纪，至今仍在应用。英国的"《1972年刑事审判法》废除了从财产方面设定陪审员任职资格的限制"②，从而扩大了参与陪审团人员的范围。"根据英国陪审团法的规定，一般情况下，刑事法院的陪审团由12名陪审员组成。如果在审判中有陪审员死亡或者被法庭解除义务的情况，陪审团的人数可以少于12人。"③ 英国的陪审团制度目前主要运用在大的刑事案件和民事诉讼的诽谤罪中，很少运用于其他审判。在审案过程中，陪审团裁决被告是否犯有被控的罪行，法官根据案件的事实作出法律上的判决。"对被告人是否有罪的裁决，必须由10名以上的陪审员一致同意作出。"④ 如果陪审团不能作出有效裁决，就重新组织一个陪审团，对案件进行再次审理。陪审员的工作具有义务性质，但是可以得到一定的津贴，例如差旅费、生活补贴和误工补贴等。英国公民服务陪审团具有强制性，没有适当理由就拒绝参加陪审团要接受相应的处罚。但是英国的贵族、议员、

---

① 张万琨：《日本的行政对话制度——行政对话与行政争讼制度的比较》，《法学研究》1988年第4期。
② 齐树洁：《英国陪审团制度的发展与改革》，《司法改革论评》2009年第00期。
③ 牟军：《试论英国刑事诉讼中的陪审团制度》，《西南民族学院学报》（哲学社会科学版）2000年第7期。
④ 牟军：《试论英国刑事诉讼中的陪审团制度》，《西南民族学院学报》（哲学社会科学版）2000年第7期。

司法界人士、医生、军人都可以不参加陪审团。"一般的公众偏好有更多的机会参与公共讨论并对政策制定提出建议，公共机构和公民组织能够将协商作为解决问题的工具。"① 因此，英国的陪审团制度提供了社会公民代表与法庭协商审案的渠道，也为法庭对犯罪嫌疑人的审判提供了必要的民意支持。

2. 法国的陪审团制度

法国目前只在法庭的重罪审判中使用陪审团制度，"根据法兰西第五共和国使用的《法国刑事诉讼法典》的规定，在普通法院系统的重罪法庭中使用陪审制度，民事法院系统和其他刑事法庭都不采用陪审制度"②。当法官宣布开庭和法庭的组成人员之后，就开始挑选9名陪审员。辩诉双方都可以否决一定数量的候选人进入陪审团，并且不必说明否决的理由。辩护方可以否决5名候选人，公诉方可以否决4名候选人。在法庭调查过程中，法官是向被告人和证人提问的主要人员，但是陪审员经过庭长许可之后也可以向被告人和证人提问。陪审员在庭审过程中可以查看物证，也可以记录那些被认为重要的证言。

法官与陪审员一起评议案件事实，然后对公诉方指控的具体罪名进行投票表决。投票采用无记名方式，并且要当场开箱统计票数。在表决被告人是否有罪的问题时，合议庭必须有三分之二以上的人同意才能作出不利于被告人的判决。如果投票结果认定被告人有罪，那么合议庭要继续就刑罚问题进行评议和投票。在表决对被告人适用什么刑罚的问题时，合议庭只需要简单多数票赞成即可通过。如果合议庭在定罪或量刑的第一次表决时不能达到法律要求的票数，庭长可以在进一步评议的基础上组织第二次乃至第三次投票，直至能够作出判决为止。

3. 美国的公民陪审团制度

公民陪审团由一个官方委员会创设而成，由该委员会对专家进行选择并随机选择出陪审成员，从而促成公民、专家和政府机构之间的对话与协

---

① Elena Fagotto, Archon Fung, Embedded Deliberation: Entrepreneurs, Organizations, and Public Action, 2011-02-22, http://ncdd.org/rc/wp-content/uploads/2010/12/FagottoFung-EmbedDelib.pdf1.
② 张新平主编《世界各国政治制度概论》，兰州大学出版社，2011，第89页。

商。美国的公民陪审团制度起源于美国的司法陪审制,现在已经发展成一种现代的公民参政形式。"在讲陪审制度时,必须把这个制度的两种作用区分开来:第一,它是作为司法制度而存在的;第二,它是作为政治制度而起作用的。"① 所以,陪审制度不仅是一种司法制度,也是一种政治制度。美国的公民陪审团制度能够促进议题的妥善解决,其运作过程如图3所示。

```
协商目的:促进公民、专家、主办单位的对话与协商
协商准备 ┤ 1. 主办单位向社会公布会议讨论的议题
        │ 2. 委托的独立机构建立一个由专业人士组成的咨询委员会
        │ 3. 随机挑选参加公民陪审团的代表
协商过程 ┤ 4. 陪审团的公民听取专家学者的分析,并且提出问题
        │ 5. 陪审团的公民与议题的相关人员协商解决问题的最佳方案
        │ 6. 陪审团成员达成共识,并且提出合理的建议
        │ 7. 委托的独立机构将协商结果交给主办单位
协商反馈:主办单位按照协商报告的决议实施政策,如果拒绝实施,必须说明拒绝的理由
```

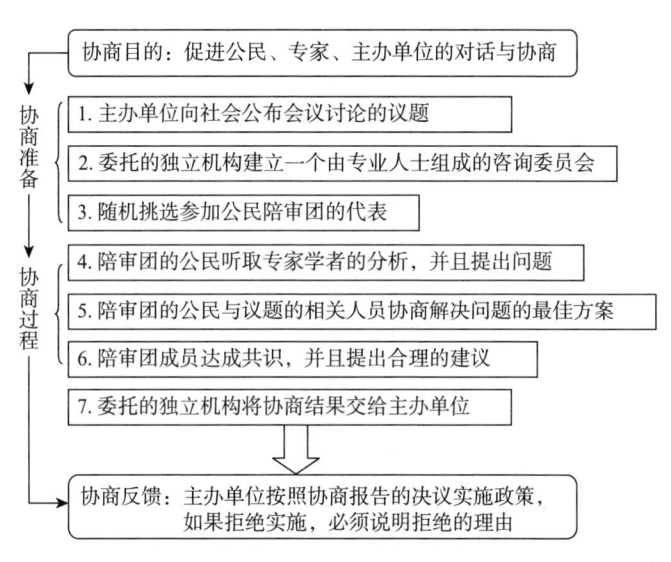

图 3　美国公民陪审团制度的运作过程

美国的中央政府或者地方政府等主办单位向社会公开发布会议讨论的议题,让社会更多的人关注。选定进行公共协商的议题之后,主办单位就委托给独立的机构来执行。接受委托的独立机构首先建立一个熟悉所要讨论议题的专业人士组成的咨询委员会。该咨询委员会负责会议的主要事项,比如议程安排、会议材料准备以及对持不同观点专家的邀请等。接受委托的独立机构根据地理位置、性别、年龄、族群和受教育程度等方面因素对参与陪审团的公民进行随机抽样,使参与陪审团的成员能够充分地符合人口特征。当参与人数较多时,就将公民陪审团分成三到五个小组进行讨论与深入交换意见。"在现代国家采取随机抽样的方式选取一部分公民作为一个国家或地区的缩影,让这些公民聚集在一起讨论问题,这样可以提供给

---

① 〔法〕托克维尔:《论美国的民主》,董果良译,商务印书馆,1988,第315页。

普通公民成为一个理想公民的机会，他们的声音不再是千万人中的微弱声音，而是可以被听到的声音。"① 在全国范围内，针对相同的议题，可以组建很多个公民陪审团，让来自不同行政区域的公民都能够参与到这个过程中。然后主办单位、接受委托的独立机构和被邀请参与陪审团的公民签订相关的协议，主办单位给予参与陪审团的公民适当的酬劳。

"被选中参加陪审团的公民，将针对政府机构选出的议题进行为期 4 至 5 天的讨论。"② 第一天，主办单位根据所讨论的议题列出多项相关的子议题，陪审团的公民在听取持不同观点的专家学者的分析和政府官员提供的制定相关政策的依据之后，将就他们质疑的或存在疑问的有关问题进行询问。在第二天和第三天，接受委托的独立机构将安排陪审团成员与议题相关的人员、政策利害关系人、专家学者与政府机构的官员代表讨论该议题对经济、社会和环境等方面的影响，参与者在相互质疑和辩论的过程中探求问题的本质，寻找更合理的解决问题的方案。在协商过程中，陪审团成员可以对不同利害关系人进行交叉询问，当他们认为问题还不清楚时，可以再次邀请专家学者或者利害关系人说明问题；如果陪审团成员不信任他们时，可以更换新的专家学者或者利害关系人。在最后一天的会议讨论中，陪审团成员在深入讨论相关的各项子议题之后，如果能够就相关问题达成共识，并且能够提出合理的建议，陪审团成员就以协商报告的形式作出协商结果，最后由接受委托的独立机构将协商报告交给主办单位。陪审团可以要求发起公民陪审团的主办单位按照协商报告的决议或建议实施政策，如果政府部门拒绝实施，该部门就要说明拒绝的理由。由于被选择的陪审员具有很大的随机性和普遍性，所以每个公民都有机会成为陪审员，这样能够给予公民一种参与公共事务的机会，"赋予每一个公民一种主政地位，使人人感到自己对社会成员有责任和参加了自己政府"③。因此，公民陪审团制度为公民参与政治事务提供了制度化和规范化的渠道，使不同利益的

---

① 黄东益：《审慎思辨民调——研究方法的探讨与可行性评估》，《民意调查季刊》2000 年第 1 期。
② 石磊：《协商民主的制度设计与实践模式研究》，硕士学位论文，厦门大学，2009，第 25 页。
③ 〔法〕托克维尔：《论美国的民主》，董果良译，商务印书馆，1988，第 314 页。

代表能够在政治平等的基础上共同决定和影响公共决策,从而更好地维护社会的公平和正义。

五 社会层面的协商民主制度

1. 英国的工资集体协商

英国的企业内部发生工资集体争议时,企业的工会或雇主可以向对方提出协商解决的要求,如果另一方同意对方的协商请求,双方就可以对争议的事项进行协商(见图4)。双方协商达成协议之后,协商的内容就可以写入集体合同或雇佣合同中。英国的仲裁服务中心也可以调解或仲裁企业内部发生的工资集体争议,工会、雇主可以分别或者共同向仲裁服务中心提出调解申请,仲裁服务中心也可以主动向争议双方提出调解。仲裁服务中心不要求双方事先达成调解协议,只要双方有调解意愿即可进行。双方的调解是一个自愿的程序,任何一方在任何时候都可以提出终止调解。

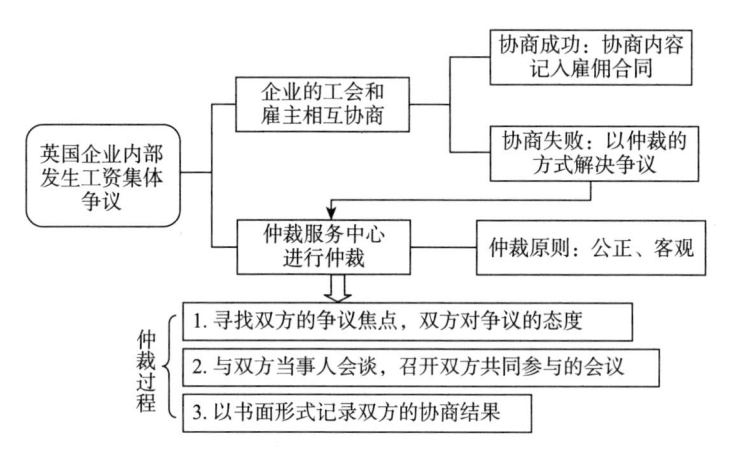

图4 英国工资集体协商的运作程序

在调解企业工会和雇主的工资纠纷中,仲裁服务中心的调解员发挥的作用是通过协商解决双方的争议。调解员为获得双方的信任,在调解过程中始终坚持公正、客观的原则,为双方提供一些有利于解决争议的指导性意见,并且为双方提供包括相关法律规定在内的服务。仲裁服务中心的调解员在处理工资集体争议时,首先是寻找双方争议的焦点和双方对争议的态度。在调查事实的过程中,调解员可以分别与双方当事人会谈,也可以召开双方共同参加的会议。在双方当事人共同参加的会议中，双方面对面地表明自己的观点。如果双方能够达成协议，调解员就以书面形式记录双方的协商结果，并且双方签字，形成最终的解决方案。

当集体争议的双方不能达成调解协议时，就通过仲裁的方式解决争议。仲裁服务中心的仲裁只适用于集体争议，不适用于个人权利的争议。一般情况下，仲裁服务中心指定单个的仲裁员主持集体争议的仲裁；但是在特殊情况下，仲裁服务中心也可以指定仲裁委员会进行仲裁。"仲裁委员会由一名主席和两名分别代表雇主和工会的成员组成。双方要求仲裁，应当提出书面申请，并提出事实理由和相关的证据。"[①] 通常在仲裁服务中心的办公地点进行仲裁，也可以在雇主或者工会提供的地点进行仲裁。在仲裁正式开始之前，双方当事人要签署一份服从并执行仲裁裁决的保证书。仲裁服务中心的仲裁是最终的裁决，仲裁员作出裁决后，双方的当事人都不能再向法院提出起诉请求。

2. 美国的城镇大会

美国的城镇大会也称作大规模协商大会，它的参与人数比美国公民陪审团的参与人数要多。美国的城镇大会采用小组协商讨论与计算机联网技术相结合的方法，通过配额或者简单随机的方式选择会议的参与者，并将参与者划分为若干小组（见图5），每个小组都会从参与者中选出一名记录员。在开始讨论之前，每个参与者都可以将自己的观点写在活动面板上。小组讨论开始后，每个小组有 30~40 分钟的时间对议程中的问题进行回应和讨论，并且要求每个参与者对争论的问题提出实用性的解决方法。各小组的记录员将每个参与者的意见、小组公认的观点和少数不同的看法输入计算机，然后以电子数据的形式将这些信息传输给由几名分析者组成的主题中心。主题中心将综合各小组的讨论结果，把所得信息分为几条主要的意见，并且将信息展示在大屏幕上。每个参与者都要提交他们的个人意见，其中重要的意见将被优先考虑。然后将个人意见分等级之后输入计算机，并且以直方图的形式显示在屏幕上，再通过讨论方式进入下一轮协商，直至得到最后的协商结果。

---

① 《英国劳动争议处理法》，http://china.findlaw.cn/info/baozhangfa/Labour/93531_4.html。

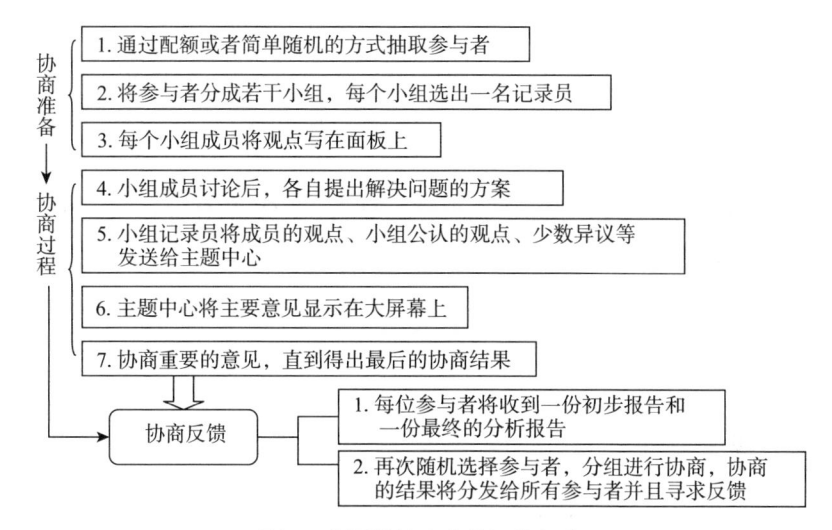

```
协商准备 ┬ 1. 通过配额或者简单随机的方式抽取参与者
        └ 2. 将参与者分成若干小组，每个小组选出一名记录员

协商过程 ┬ 3. 每个小组成员将观点写在面板上
        ├ 4. 小组成员讨论后，各自提出解决问题的方案
        ├ 5. 小组记录员将成员的观点、小组公认的观点、少数异议等
        │    发送给主题中心
        ├ 6. 主题中心将主要意见显示在大屏幕上
        └ 7. 协商重要的意见，直到得出最后的协商结果

协商反馈 ┬ 1. 每位参与者将收到一份初步报告和
        │    一份最终的分析报告
        └ 2. 再次随机选择参与者，分组进行协商，协商
             的结果将分发给所有参与者并且寻求反馈
```

图 5　美国城镇大会的运作程序

城镇大会结束之后，为了使参与者继续关注这些议题，每个参与者将收到一份记载所有重要建议的初步报告。几周以后，他们将收到一份各自所在小组作出的具有深度的最后分析报告。"在数月之后，再随机抽调 100 多名参与者，他们将被分成几个小组再次聚在一起共同商讨"①，继续为议题建言献策。讨论的结果将再次分发给所有参与者并且寻求他们的反馈。

3. 澳大利亚珀斯的"与城市对话"协商论坛

西澳大利亚州的首府珀斯经历了杂乱无序的城市发展之后，鉴于预测其较高经济增长率与外向型的持续增长不可持续，为激发社会创造力，规划和基础设施部部长决定通过"与城市对话"（Dialogue with the City）协商论坛来让珀斯居民决定城市未来。2003 年 9 月 13 日，"与城市对话"协商论坛在弗里曼特尔客运码头举行。论坛目的是让社区、企业、地方和州政府通过协商性的、包容性的、有影响力的论坛，讨论珀斯都市区的未来发展规划问题，以使珀斯实现治理最优化，在 2030 年成为世界上最宜居的城市。"与城市对话"作为当时南半球最大的协商论坛，是研究协商民主实践的一个经典案例，其运作流程见图 6。

为了获取有意义的商讨结果，参与者必须能够代表总人口，因此规模性

---

① 姚亦亚：《西方协商民主研究》，硕士学位论文，四川省社会科学院，2007，第 18 页。

和代表性是"与城市对话"协商论坛的一大特色。该论坛主要从 8000 名珀斯居民中随机挑选 1100 名居民参与协商,这些居民涵盖了广泛的相关利益群体,包括地方政府、其他州的政府机构、行业和行业机构、环保团体和社会利益群体,以及那些通过广告积极参与和自我提名的个人,也包括弱势群体在内。论坛旨在帮助都市及郊区的所有居民了解城市所面临的具有复杂性和挑战性的问题,鼓励更多市民尽可能参与对话,并吸纳他们的意见。

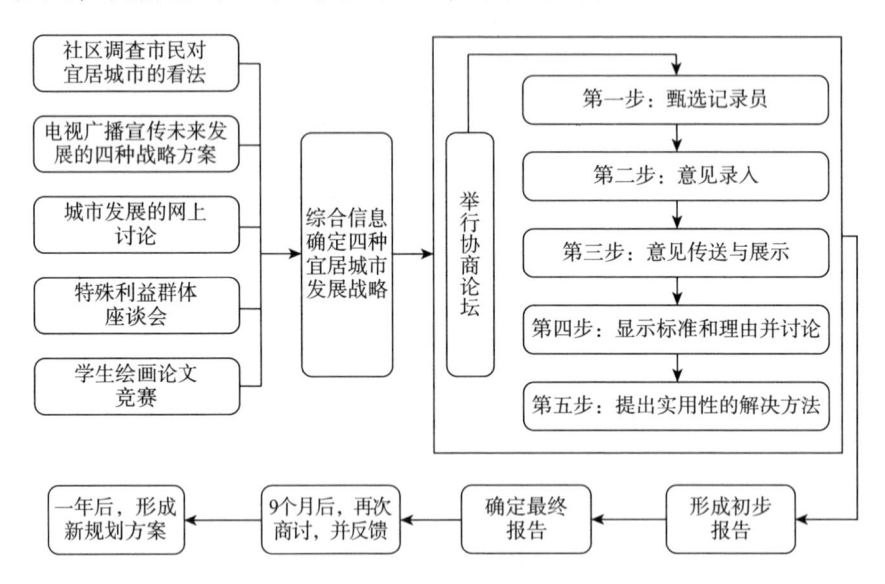

图 6 "与城市对话"协商论坛运作流程

资料来源:"Dialogue of the City: Participant Feedback," *Consultant Report to the Western Australian Department for Planning and Infrastructure*, Perth 2003。

为了使参与者具有广泛的代表性,"与城市对话"协商论坛采用了三种比较科学的方法选取 1100 名参与者,每种方法将产生大约三分之一的参与者——约三分之一的随机抽取的市民,三分之一的利益相关者和三分之一通过报纸、广播和网络广告自我提名产生的参与者。具体而言,一是由西澳大利亚选举委员会按居住地、性别和年龄分层,随机在珀斯大都市区抽取出席论坛的参与者;二是通过在报纸上刊登广告和文章,以及在广播、电视节目和网页中传播相关信息等方式鼓励参与者报名;三是由督导委员会帮助确定被邀请的代表特殊利益群体的相关参与者,如青年、原住居民和那些非英语背景的人,他们会被邀参加特殊的"听取意见的会议"和对话论坛。此外,还有 250 名的志愿者充当抄录员,协助协商论坛开展。

4. 丹麦的公民会议

丹麦公民会议的主办方,如官方机构丹麦科技委员会,或者是接受民间委托的民间机构选择在社会中有较大争议性的、涉及多数人利益的、政府必须采取措施妥善解决的普通公民非常关心的社会疑难问题。协商讨论的议题必须是科学、规范的,如果议题的范围过于宽泛,容易导致参与者的讨论失去方向感和重点关注的焦点;如果议题过于狭窄,也会使参与者难以开展有效的讨论。因此选择的通常是比较具有代表性的、中等范围的议题。选择议题之后,主办方将选择学术界的专家、企业的代表、非政府组织人员、普通公民和主办机构的计划执行人共同组成执行委员会。执行委员会的成员在公正原则下负责挑选参加公民会议的成员、提供会议的资料、控制会议的议程等事务。在预备会议召开之前,"主办机构通过公开的途径,在报纸、广播、网络和电视等媒体上刊登广告,说明召开公民会议的目的与讨论主题,招募参加的公民"①。除了必须达到选举年龄以外,所有愿意了解和参与讨论议题的公民都可以报名参加会议。执行委员会将根据性别、年龄、教育、职业居住地等人口背景差异,从志愿参与的公民名单中,随机挑选 12~18 人组成参与会议的公民小组(见图 7)。

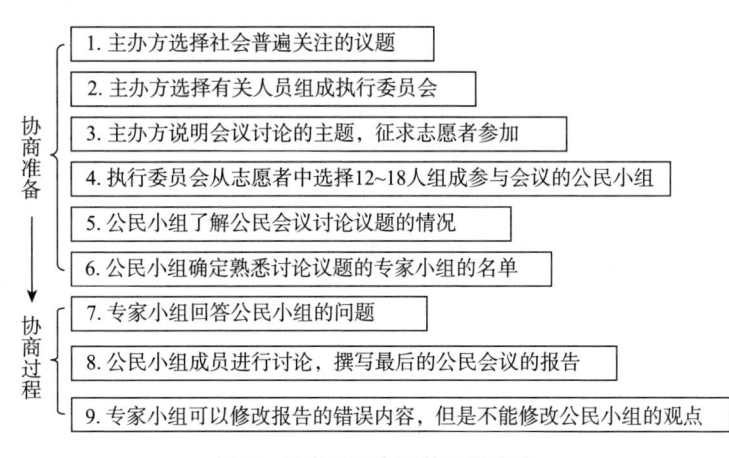

```
协商准备
  ├─ 1. 主办方选择社会普遍关注的议题
  ├─ 2. 主办方选择有关人员组成执行委员会
  ├─ 3. 主办方说明会议讨论的主题,征求志愿者参加
  ├─ 4. 执行委员会从志愿者中选择12~18人组成参与会议的公民小组
  ├─ 5. 公民小组了解公民会议讨论议题的情况
  └─ 6. 公民小组确定熟悉讨论议题的专家小组的名单

协商过程
  ├─ 7. 专家小组回答公民小组的问题
  ├─ 8. 公民小组成员进行讨论,撰写最后的公民会议的报告
  └─ 9. 专家小组可以修改报告的错误内容,但是不能修改公民小组的观点
```

图 7 丹麦公民会议的运作程序

---

① 马奔:《协商民主问题研究》,博士学位论文,山东大学,2007,第 44 页。

公民会议的预备会议为期两天，公民小组的成员通过互动来充分熟悉将要讨论的议题。"预备会议通常利用一定的时间来安排课程，由执行委员会选定和提供给公民小组与讨论议题相关的背景资料，供公民小组成员阅读和讨论"①，所以小组成员在预备会议期间对议题有一定的了解，并且明确他们将在正式会议中讨论并询问专家的问题，通常这些问题包括该讨论议题尽可能多的重要内容。针对公民小组想要了解的问题，执行委员会负责提供熟悉所要讨论议题的专家成员名单，最终由公民小组来决定专家小组的名单，公民小组还可以对专家小组名单进行添加和删减；确定专家小组名单之后，专家成员将用普通公民都能够理解的语言，对公民小组提出的问题准备口头的和书面的报告。

公民会议的正式会议为期三天。在正式会议的第一天，由 12~15 名专家组成的专家小组根据公民小组事先拟定的问题作出相应说明，并且现场回答公民小组提出的问题。正式会议的第二天，"公民小组会有针对性地要求个别专家再次阐述或者澄清他们的观点，从而让参与者就争论的焦点有更加客观的认知"②。在询问专家小组成员和专家阐述观点结束之后，公民小组成员对一些争议性问题进一步展开讨论，并准备撰写最后的公民会议报告。正式会议的第三天，公民小组力求对争议性议题达成共识并取得一致性的见解，但是公民会议的报告也会指出他们无法达成共识的部分，最后公民小组向专家、听众和媒体公布他们撰写的协商报告。在这份报告正式公布之前，专家可以对报告内容中有误解的部分进行修改，也可以对事实错误的部分加以纠正，但是他们的修改不能影响公民小组所表达的观点。

第三节 中外协商民主的比较

虽然到目前为止，代议制民主是人类发现的较为成熟的政治形式。但是，政治家和理论家始终没有停止对其他民主形式的探索。20 世纪中西方

---

① 石磊：《协商民主的制度设计与实践模式研究》，硕士学位论文，厦门大学，2009，第 13 页。
② 王星涵：《西方协商民主的现实困境及未来发展》，硕士学位论文，山东师范大学，2013，第 25 页。

提出的协商民主理论,以及对协商民主的实践探索,为人类的这种努力提供了坚实的经验支撑。中国与西方的政治体制中都存在协商民主的要素,但是中西协商民主形成的历史基础、发展路径和基本特征则存在显著的差异。

一 历史基础不同

中国的协商民主是在当代中国的革命、建设和改革开放实践过程中逐步形成的。而西方的协商民主则是在西方的历史文化与传统基础上,为应对当代自由民主政治面临的挑战而提出的。

抗日战争时期,中国共产党在抗日民主根据地建立了民族统一战线性质的"三三制"政权。"三三制"政权鼓励不同意见的表达,照顾和维护各方利益,在行政过程中强调加强磋商,听取并尊重不同的声音,"三三制"政权的实践是中国协商民主的最初实践。"三三制"政权成为一种民主施政、政治协商的政权形式,既体现了民主的形式,更体现了民主的实质。毛泽东同志曾告诫全党,"我们一定要学会打开大门和党外人士实行民主合作的方法,我们一定要学会善于同别人商量问题"[1]。1948年4月底,中共中央发布纪念"五一"国际劳动节的口号,号召"各民主党派、各人民团体、各社会贤达迅速召开政治协商会议,讨论并实现召集人民代表大会,成立民主联合政府!"[2] 得到各民主党派和社会各界的热烈响应和赞成。1949年9月,第一届中国人民政治协商会议在北平举行,标志着协商民主这种新型的民主形式开始在全国范围内实施。改革开放以来,我们党更加重视协商民主的实践。2006年《中共中央关于加强人民政协工作的意见》第一次较为正式地提出协商民主的思想。2007年《中国的政党制度》白皮书第一次正式提出了"选举民主和协商民主"的概念。[3] 2012年,在系统总结国家机关、政协组织、社会领域、基层组织生活实践的基础上,党的

---

[1] 《毛泽东选集》(第3卷),人民出版社,1991,第810页。
[2] 政协全国委员会办公厅、中共中央文献研究室编《人民政协重要文献选编》(上),中央文献出版社、中国文史出版社,2009,第1页。
[3] 国务院新闻办公室:《中国的政党制度》(白皮书),2007年11月15日。

十八报告明确提出了"健全社会主义协商民主制度"的总要求，同时，就"社会主义协商民主"的定位、发展目标、制度形式、实践平台、具体方法等内容进行了系统的规划和部署。

事实表明，中国的协商民主深深植根于中国自身的历史文化与传统，中华民族传统文化中兼容并蓄、和而不同、和衷共济等观念奠定了中国协商民主形成的文化基础。而马克思主义民主理论为中国的协商民主提供了理论指导。毛泽东曾经明确指出："提倡民主作风，遇事先和党外人士商量，取得多数同意，然后去做。同时，尽量地鼓励党外人士对各种问题提出意见，并倾听他们的意见。"① 周恩来也说："新民主主义的议事精神不在于最后的表决，主要是在于事前的协商和反复的讨论。"② 这些观念既指导着中国协商民主的实践，也是中国协商民主必须坚持的基本原则。1996年起逐步形成的行政处罚听证、价格决策听证、立法听证以及行政许可听证，开始了国家机关广泛听取民意表达和利益诉求，并在达成共识基础上科学决策、民主立法的政治实践；作为基层协商民主的实践，"民主恳谈会""居民议事会"等进一步拓展了协商民主的实践。国家政权机关、党派团体、社会生活领域，以及基层政治生活中的协商实践为中国协商民主的提出提供了丰富的现实资源。

在西方社会中，对协商的重视并不是一个全新的问题。在古希腊城邦国家中就存在协商民主的实践。古代雅典的民主，崇尚公民积极参与、直接民主、广场辩论和对话，雅典的公民大会就是通过全体公民的讨论、协商决定政策。近代以来，尤其是美国独立战争之后，为了警惕和克服直接民主的局限，美国的开国元勋在1787～1789年制宪过程中，力图设计一种权力相互制衡的政治体制，美国13个州的代表集中在一起，就美国宪政建设和国家构建进行了长时间慎重的协商讨论。美国制宪过程是典型的西方协商民主的个案实践。20世纪后期，自由民主因其自身无法克服的缺陷而面临着日益严峻的挑战。就像吉登斯所说的那样，在自由民主制度中，存

---

① 毛泽东：《抗日根据地的政权问题》，载《毛泽东选集》（第2卷），人民出版社，1991，第742～743页。
② 《周恩来统一战线文选》，人民出版社，1984，第134页。

在政治制度的大规模异化,或者最低程度也是对政治的冷漠。① 例如,自由民主对政治过程的理解往往具有私人化的倾向;自由民主主要是精英和富人的民主,实际政治主要操控在少数人手中;基于"多数原则"的投票活动,实际上只是简单地聚合选民的利益倾向,投票结果无法保证能够满足公共利益;国家权力重心从议会转移到了行政机关,议会权力衰落,行政权力日益扩张,民主制度结构存在失衡的危险;多元文化、多民族文化的冲突以及道德冲突的加深等难题无法通过既有制度来化解等。为有效应对当代西方自由民主政治面临的危机和挑战,西方国家开始在基本制度框架内逐步尝试协商民主实践,例如通过共识会议实践决策民主,通过市镇大会和协商大会等形式吸纳广泛的参与,等等。

二 发展路径不同

中国的协商民主是在系统总结自身民主政治实践经验,不断推进理论创新基础上逐步完善和发展起来的,是与中国国家制度建构紧密相连的;而西方的协商民主则是为了应对自由民主的困境,力图恢复直接民主、公民美德和理性之治而提出的。

在从新民主主义革命到社会主义革命和建设的历程中,协商民主始终是我国人民民主的重要形式。不同历史时期的民主实践为中国协商民主的完善和发展创造了重要的经验条件。抗日战争时期民主根据地的"三三制"政权,通过体制机制和程序建设,有力推动了协商民主的实践,但是,"三三制"政权建设的一项重要原则是"民主政治,选举第一"。谢觉哉曾明确指出,"民主,就必得有选举,有真的选举与民意机关。忽视它,是不可以的"②。毛泽东也明确提出,"应是凡满十八岁的赞成抗日和民主的中国人,不分阶级、民族、男女、信仰、党派、文化程度,均有选举权和被选举权。抗日统一战线政权的产生,应经过人民选举"③。在政治实践过程中鼓励对

---

① 〔英〕安东尼·吉登斯:《超越左与右》,李惠斌等译,社会科学文献出版社,2000,第113~116页。
② 《陕甘宁边区参议会(资料选辑)》,中共中央党校科研办公室发行,1985,第636~637页。
③ 毛泽东:《抗日根据地的政权问题》,载《毛泽东选集》(第2卷),人民出版社,1991,第743页。

话、沟通和协商，其前提依然是自由、公开、平等的选举。1954年，第一届全国人民代表大会第一次会议召开和《中华人民共和国宪法》颁布实施之后，人民政协从此就不再行使国家权力机关的职权，但作为中国共产党领导的统一战线组织、党派性的联合组织仍继续发挥作用。毛泽东指出，"人民代表大会是权力机关"，"有了人大，并不妨碍我们成立的政协进行政治协商"。"通过政协容纳许多人来商量事情很需要"[①]。从组织机构角度来看，人民代表大会和人民政治协商会议共同构成了我国人民民主的组织形式。改革开放以后，人民政协事业有了长足的进展。从宪法到《中国人民政治协商会议章程》，中国共产党领导的多党合作和政治协商制度的定位越发明确，人民政协的制度建设逐步完善和发展起来，政治协商、参政议政、民主监督等方面的实践也发挥了越来越积极的作用。

实践的深入和发展同时推动了协商民主理论的发展。从2006年《中共中央关于加强人民政协工作的意见》中第一次提出协商民主的思想，到2012年党的十八大明确提出"健全社会主义协商民主制度"以及各项制度建设要求，社会主义协商民主理论的内容愈益丰富起来。从性质定位上看，协商民主是我国"人民民主的重要形式"；从实现路径上看，要"完善协商民主制度和工作机制，推进协商民主广泛、多层、制度化发展"；从制度渠道上看，主要包括国家政权机关、政协组织、党派团体、基层民主四个层面；从重点领域来看，要"充分发挥人民政协作为协商民主重要渠道作用"。中国的协商民主逐渐发展和成熟起来。

西方的协商民主主要是20世纪80年代后期，为应对西方自由民主政治日益表现出"碎片化""边缘化""两极化"趋势而进行的理论思考和实践探索。1980年，美国学者约瑟夫·毕塞特明确在学术意义上提出了"协商民主"的概念。其目的是反驳将美国政治视为"精英政治""贵族政治"的各种质疑和指责，从而为"美国宪法的民主特性"进行辩护。毕塞特认为，美国的宪政既体现了多数原则，同时也是对多数的制衡，这两个方面是一致的，这种一致性就体现在美国制宪者建立"协商民主"的明确意图之

---

① 毛泽东：《关于政协的性质和任务》，载政协全国委员会办公厅、中共中央文献研究室编《人民政协重要文献选编》（上），中央文献出版社、中国文史出版社，2009，第200页。

中。① 1987 年起，美国学者伯纳德·曼宁和乔舒亚·科恩从合法性角度进一步拓展了协商民主的内涵。他们认为，任何社会的生存和延续都需要一种确定性的正义原则和稳定的制度，协商民主为人类回答什么样的原则是合理的、什么样的制度是合法的，以及通过什么方式来作出决策等问题提供了条件和支撑。此外，英国的安东尼·吉登斯、美国的艾丽丝·M.扬和澳大利亚的约翰·德雷泽克等著名学者还根据各自研究兴趣和价值取向提出了几种不同于"协商民主"的概念，如吉登斯的"对话民主"、德雷泽克的"话语民主"，以及扬的"沟通民主"等②，这些认识进一步丰富了人们对于协商民主的理解和认识。

西方的协商民主是一种为了共同的善而诉诸主体间对话、讨论与沟通的共识形成机制与治理形式。西方协商民主理论的提出和产生具有深刻的哲学文化背景，它是在当代西方哲学从主体哲学或意识哲学向主体间性哲学和交往哲学转向的背景下兴起的。根据意识形态的差异，西方的协商民主可以分为不同的流派，如以本杰明·巴伯或查尔斯·泰勒为代表的"社群主义"协商民主，更多地强调公共利益；以乔舒亚·科恩为代表的"自由主义"协商民主，强调公民权利和公共协商对于促进共同体团结的作用；以哈贝马斯和本哈比为代表的"批判理论"协商民主，强调协商"秉承理想作用"的过程，更多主张主体间的沟通和政治解放。从本质上讲，西方的协商民主是为了克服既有体制的不足，健全和完善既有体制，而并非西方民主政治体制的有机构成部分。西方的协商民主力图在一个强调多元、尊重差异和多样的时代，重新唤醒传统政治理论和实践中对于直接民主、公民美德、理性之治的重视。

三 基本特征不同

中国的协商民主是社会主义民主政治的重要组成部分，具有显著的实践性、广泛性、规范性和程序性特征，并且不断地在理论思考和实践探索

---

① Joseph Bessette, "Deliberative Democracy: The Majority Principle in Republican Government," in Robert Goldwin and William Shambra (eds.), *How Democratic Is the Constitution*? American Enterprise Institute, 1981.
② 陈家刚：《协商民主与当代中国政治》，中国人民大学出版社，2009，第 14~22 页。

过程中加以完善和发展；而西方的协商民主则根植于西方资本主义制度的现实，是西方当代经济社会发展的反映。

中国协商民主既遵循社会主义民主政治的发展规律，也随着我国民主实践发展而不断焕发出强大的生命力，有着独特而鲜明的特征。

第一，协商理论的实践性。中国协商民主的理论源于实践又用于指导实践，并且随着实践的发展不断与时俱进、发展创新。从抗日民族统一战线理论的形成以及《新民主主义论》对民主政治制度的设计，到中国人民政治协商会议第一届全体会议协商建国，再到改革开放以来国家政权机关、党派团体和基层治理中各种协商民主的实行，中国的协商民主始终走的是理论与实践相结合的道路。在中国特色社会主义政治制度体系的框架内，中国协商民主的各种设计与安排能够在实践中得到很好的落实。中国特色社会主义协商民主始终是一个实践呼唤理论、实践丰富理论的过程，同时也将随着实践的发展而不断丰富和完善。

第二，协商主体的广泛性。中国协商民主，涵盖国家与社会、政府与群众、人民团体与群众、群众与群众、执政党与参政党、中央与地方等各个方面，参与协商的主体囊括了来自各社会阶层、各类政治主体的力量，因而具有广泛的代表性。新时期的爱国统一战线，已经发展成为全体劳动者、社会主义事业的建设者、拥护社会主义的爱国者和拥护国家统一的爱国者的最广泛的联盟。人民政协作为协商民主的有效形式，汇集了统一战线各方面的人士，广泛参与国家政治生活，对国家事务和社会发展各方面重大事项进行充分协商。

第三，协商形式的多样性。在长期发展过程中，我国逐步形成了从政党到国家、从国家到社会、从中央到基层的全方位的协商机制。在执政党的重大决策方面，有执政党与各民主党派的政治协商，有执政党与各民主党派、无党派、社会团体等在人民政协的协商；在立法机构，则有重要决策之前执政党与政协、人大等方面的协商，有立法机构自身的立法听证等协商实践；在人民政协，则有专题协商、对口协商、界别协商、提案办理协商等各种协商形式；在社会生活领域，则有社会协商对话、社区议事会、村民评议会、社区论坛、网络论坛等多样化实践；在基层政治生活中，则有民主恳谈会、参与式预算等协商实践。不同层次、不同领域的协商实践丰富和发展了社会主义协商民主的多样性。

第四，协商目的的公共性。中国的协商民主始终坚持一切为了人民、一切依靠人民这一根本出发点，其目的是在最广大人民根本利益一致的前提下，诉诸公共利益，兼顾各方利益，达成一致共识，更好地推动决策制定和落实。中国协商民主与选举民主有机结合、互为补充，大大拓展了政治参与的广度和深度，更全面地实现了人民当家作主；既尊重了多数人的意愿，又照顾了少数人的合理要求，扩大了民意基础，促进了社会和谐发展。中国的协商民主是基于公共利益的、人民充分享有民主权利的基本形式和有效保障。

第五，协商制度的规范性。中国的协商民主是制度化的协商民主，是通过具体的制度设计、体制机制建设和程序设计，将协商民主以规范形式（如法律、规章和制度等）确立下来，并在实践中得到稳定持续实施的民主形式。中国共产党领导的多党合作和政治协商制度，是我国的基本政治制度，为在国家层面开展协商民主提供了根本制度基础；立法机构先后制定了《中华人民共和国全国人民代表大会议事规则》与《中华人民共和国立法法》，地方各省市立法机构也相继出台立法听证办法或立法听证规则等，明确规定了重大决策实行听证制度；国务院还建立了参事制度，各民主党派、社会团体也建立起了日常的协商对话制度。在具体程序设计方面，一些地方也积极探索和建立协商民主制度，如民主恳谈会、村民评议会、社区议事会等制度在实践中得到建立和完善。中国协商民主在不同层面都逐步形成了一整套保证民众意见表达、达成广泛共识和作出合法决策的体制机制，并逐步完善，保证了协商民主的稳定性和持续性。同时，随着实践的发展，中国协商民主制度也随着实践的发展而不断完善。

而西方的协商民主则不同，它根植于西方资本主义制度的现实，是对既有民主制度的一种完善和补充。（1）西方协商民主的理论和实践基础是自由资本主义，它不可能孤立于资本主义制度现实的价值取向。就像美国前总统奥巴马所说："美国宪法所有精致的设计，例如权力分立与制衡、联邦主义和权利法案等，都是为了让我们进行充分的讨论，施行'协商民主'，通过它，所有的公民都需要参与一种政治过程，检验其关于现实的各种观念，说服他人同意自己的观点，以及形成共识联盟。"① （2）西方的协商民主理论在某种程度上还停留在学者的探讨阶段，理想和实践之间存在一定的紧张关系。社会的复杂性、不平等的存在、文化多元主义，以及利益集团的操控，使西方的协商民主依然是真正的"未竟的现代性工程"，西方的协商民主仍然没有摆脱精英主义的窠臼。（3）由于"派系的危害"，以及纯粹"多数原则"的限制，西方的协商民主经常会遭遇到失败。由于缺乏对公共利益的统一认识，以及自由民主对个人自由和权利的崇尚，协商过程更多的是对各自利益的追求，而无法在公共利益基础上形成共识，协商失败和无效是西方协商民主最为常见的特征。（4）虽然西方的协商民主理论指出了西方自由民主面临的困境，但其提出的解决方案缺乏整体性、系统性和长期性，依然局限于对西方自由民主的修修补补。

不管是在中国，还是在西方，协商民主既有理论上的思考，也有实践领域的探索。与西方的协商民主实践相比，中国的协商民主实践形式更丰富、实践效果更明显。中国特色社会主义协商民主更符合我国民主政治建设的本质要求，具有巨大的优越性和强大的生命力。

第一，中国的协商民主有效地拓展了公民有序政治参与的渠道，实现了最广泛的政治参与。改革开放以来，党和国家一直强调"公民有序政治参与"，并把它作为推进中国特色民主政治的重要内容。公民参与是民主政治的核心问题之一，公民参与是实现民主的重要条件。所有民主的价值和意义，只有通过公民参与才能真正实现。只有通过公民参与，民主政治才能真正运转起来。公民参与需要制度化的参政渠道，如果合法的参与渠道不通畅，公民参与不但会变得无序，而且可能导致政治危机。中国的协商民主涵盖各党派、各民族、各团体、各阶层等社会各界、各方面人士，能够使社会各群体中个别、分散的意见、愿望和要求通过不同的协商渠道得到系统、综合的反映，从而最大限度地实现最广大人民的民主权利。例如，中国人民政治协商会议第十二届全国委员会的委员有着广泛的代表性，2237名委员中，有103名少数民族委员，56个民族都有代表性人士进入全国政

---

① 〔美〕巴拉克·奥巴马：《无畏的希望：重申美国梦》，罗选民、王璟、尹音译，法律出版社，2011，第95页。

协。① 正如李瑞环同志指出的，"这种协商，已经成为我们发扬社会主义民主的一种重要方式，成为我国政治体制的一个特点和优点"②。而在十二届全国人大 2987 名代表中，农民工代表有 31 人，妇女代表有 699 人，非公有经济代表人数达到 225 人。③ 因为开拓了公民参与的新渠道，搭建了人民群众参政议政的新平台、新机制，协商民主成为公民有序参与的制度化渠道。

在西方的协商民主中，因为自身制度的局限，其包容性远远无法满足民众参与政治生活的愿望。在欧盟政治生活中，虽然通过欧盟委员会、欧洲议会和欧盟理事会等形式也尽量地照顾到了不同国家、区域和公民个人的代表，但其广泛性、普遍性依然存在明显的不足。在美国的政治生活中，即使是 2012 年的美国总统选举，虽然选民增加了 800 万，但实际参加投票的人数反而减少了 500 万，投票率仅为 57.5%。其基层治理中的协商会议等的参与范围也非常有限。④

第二，中国的协商民主最大限度地包容和吸纳了各种利益诉求，有效地推动了党和国家决策的科学化、民主化。民主决策主要解决权力的运行问题，即选举产生的官员不能为所欲为地使用其手中的权力，他们在制定政策时必须听取人民群众的意见。协商民主能够利用制度化的渠道，广泛接收决策信息，听取利益相关者意见表达，从而在形成共识的基础上作出科学合理的决策。我国"五四宪法"的制定过程就是最广泛的协商民主实践。宪法草案公布后不到三个月的时间里，宪法修改委员共收到 100 多万条意见；在近一年的时间里，宪法起草委员会召开了九次会议进行集中讨论。党的十八大报告形成的过程，也是充分发扬协商民主的过程。中共中央组织了 46 家单位就 15 个重点课题进行调研，形成 57 份调研报告；报告起草组组成 7 个调研组，分赴 12 个省区市进行专题调研；中共中央还专门听取了各民主党派中央、全国工商联领导人和无党派人士的意见。⑤ 2007 年 3 月十届全国人大五次会议通过的《中华人民共和国物权法》，从进入立法程序到

---

① https://www.unjs.com/z/1451826.html.
② 李瑞环：《遇事多商量》，2000 年 3 月 7 日在全国政协九届三次会议中共组讨论会上的讲话。
③ 《十二届全国人大代表构成特色分析》，新华网，2013 年 2 月 27 日。
④ 陈家刚：《比较的视野：社会主义协商民主的实践优势》，《宁夏社会主义学院学报》2014 年第 4 期。
⑤ http://www.news.163.com/12/1108/05/8FOVRTR100014AED.html.

最终通过，前后历时 13 年，召开座谈会、论证会近百场，收集群众意见上万条。① 目前一些地方的立法机构也积极尝试协商的形式，如公开征集立法建议项目，将法律法规草案登报、上网，举行座谈会、听证会等征求专家学者和社会有关方面的意见与建议，取得了良好效果。

而西方的协商民主虽然在体制定位上规范了民主决策的要求，但是其实践却不尽如人意。2007 年 5 月《时代》周刊刊登美国前副总统戈尔著作《对理性的侵犯》中的有关内容。其中，戈尔在讨论伊拉克战争时，引述西弗吉尼亚州的罗伯特·伯德参议员的话说："这个议院大多数时候都沉默着，不祥的、可怕的沉默。没有争辩，没有讨论，没人打算为这个国家列出这场特殊战争的利弊。什么也没有。我们在美国参议院保持着被动的沉默。"因此，戈尔说，美国的民主正面临被掏空的危险。美国必须决心修复公共论坛遭受的系统性破坏。美国必须创造新的方式就美国的未来开展真实的而非被人操纵的讨论。两党中的美国人应当坚持重新树立对"理性之治"的尊敬。而近年来，美国两党在国会中关于年度预算案的决策讨论，热衷于玩弄"胆小鬼游戏"而置公共利益于不顾。政党之间的竞争极大地影响了政治决策的质量，以及美国普通民众的切身利益。

第三，中国的协商民主，充分体现了社会主义民主政治的特色和优势，有效地促进了执政方式的转变和执政能力的提高。协商民主的实质是最广泛地发扬民主，而我国民主政治的特色和优势就是重大决策必须经过广泛深入的协商和讨论。改革开放以来，随着我国经济改革的深入发展，社会利益诉求多元分化，利益矛盾时有激化。协商民主则能够积极构建责任机制、回应机制、服务机制，促进不同利益群体之间的沟通和协商对话，促进政府官员重新评价自己的公共政策观念和措施。例如，《城市流浪乞讨人员收容遣送办法》的废止和变革就是政府积极回应民众共识的结果；浙江温岭的参与式预算改革就极大地推动了党政机构的民主意识、责任意识和

---

① 王兆国：《关于〈中华人民共和国物权法（草案）〉的说明》，2007 年 3 月 8 日，十届全国人大五次会议第二次全体会议。

服务意识的提升。协商民主不仅局限于通过参与解决问题，它同时还可推动民主制度化水平的提升。它提供了公民与政府官员在日常活动和决策过程中而不仅仅是出现危机和僵局时加强合作的途径，也促进了党政机构执政方式和执政能力的转变。

而在西方的协商民主实践中，政府的回应性、执行力面临着严重的不足。2002年2月开始的围绕纽约世贸大厦重建的"倾听城市"的市镇会议实验，目的就是要通过民主协商的方式来让市民参与世贸中心重建规划。上千名市民参加了"倾听城市"论坛。然而直到2008年北京奥运会结束，世贸中心大厦重建的讨论仍在进行中。近年美国接连发生的枪击案引发了大规模的讨论和辩论，但枪支管制的具体措施依然不见踪影。金钱政治和资本的影响既左右了政党政治，也限制了政府的行政效率和执行力。

第四，中国的协商民主，由于"和、合、中"的政治文化传习以及"有事好商量"的社会传统，能够更多地包容不同利益需要、更好地开展协商对话、更主动地寻求共识，从而有效地化解社会冲突，维护社会稳定，促进了社会公正、团结与和谐。改革开放以来，在经济发展和社会进步的同时，我们面临着许多新的挑战，如贫富差距拉大、环境污染、食品安全、社会排斥、诚信缺失、道德失范，以及某些领域的严重腐败现象等。这些问题在不同地区和不同领域引发了各种矛盾和冲突，社会公平正义、社会团结和谐面临严峻挑战。协商民主能够最广泛地包容存在差异、边缘化的少数族群、文化团体，平等、公正地对待社会的异质性，促进不同群体之间的沟通与理解，使人们认识到每个人都是更大社会的一部分，承担责任有利于促进共同体的繁荣，增进政府与民众之间的互信；通过协商对话、沟通和交流，释疑解惑，拉近距离、化解矛盾，维护社会稳定，促进社会建设。近年来我国部分地方政府通过协商民主方式有效化解各种社会群体性事件的有益探索，充分体现了其实践价值。

而西方的协商民主则难以积极有效地应对社会冲突和危机。例如，法国因为民族冲突而爆发的骚乱、美国因为播放侮辱穆斯林的电影而引发的世界范围内的反美浪潮，都严重地影响了民众的经济社会生活，但协商民主作为平衡多元利益诉求、听取偏好表达与促进共识达成的有效机制却难以发挥作用,其原因在于西方的政治体制强调同化而激化了民族之间的冲突。亨廷顿出版的《我们是谁》就警告美国正在失去白人基督教国家的特性;甚至西方的一些政治家,也开始认为"文化多元主义"失败了。

(陈　文　深圳大学;陈家刚　中央党史和文献研究院)

结 论

社会主义协商民主是我国人民民主的一种重要实现形式，健全社会主义协商民主制度，既是我国政治体制改革的重要组成部分，又是我国社会主义政治文明建设的重要内容，同时也是对人类政治文明的丰富和发展。社会主义协商民主提出之后，我们既高扬民主的价值又注重制度建设，既强调党和政府的作用又鼓励人民更广泛地参与，既创造了增量民主的路径又激活了存量制度的资源，协商民主的实践取得了很大进步。完善和发展社会主义协商民主是一个理论探讨不断深入、实践创新不断进步的过程，虽然推行民主实践依然面临诸如观念文化、制度支撑、实践深化等方面的挑战，但只要不断尝试、不断努力、不断完善，就能够进一步推动和完善社会主义协商民主制度，进一步拓展和丰富社会主义政治文明建设。

协商民主是一种规范性要求比较严格的民主形式。协商民主提出之后，纵向到底、横向到边，各部门、各领域、各层级都积极投身到协商民主探索之中，从而积极推动了科学民主决策、公民有序政治参与等实践。从另一方面来讲，在实践中就容易形成降低标准、乱贴标签，并导致协商民主泛化甚至低俗化，进而降低协商民主吸引力，扭曲协商民主的实效的现象。因此，确定协商民主的内涵和边界尤为重要。

目前，人们对协商民主的理解存在不同的表达形式。其一是将协商民主作为国家的一种民主制度，即"社会主义协商民主是中国共产党在革命、建设、改革的长期实践中创造的一种以民主协商为基本特征的人民民主形式,是同我国人民民主专政的国体、人民代表大会制度的政体相适应的一项国家民主制度,是充分体现党的领导、人民当家作主、依法治国有机统一的民主实现机制,是中国特色社会主义政治发展道路的重要组成部分"①。这种界定实际上指向中国共产党领导的多党合作和政治协商制度这一基本政治制度。其二是将协商民主作为一种民主形式,"协商民主,简单地说,就是公民通过自由而平等的对话、讨论、审议等方式,参与公共决策和政治生活"②。这种界定显然已经将协商民主的边界扩展到了政治协商制度之外更广泛的领域。其三是将协商民主作为一种决策方式,即"协商民主提倡的是这样一种民主形式:自由而平等的公民在信息充分的情况下,就共同关心的议题,运用明智的判断,通过讲道理的方式,审慎地评估各种观点,提出合理的解决方案"③。其四是将协商民主看作一种治理形式,即"在社会主义政治经济社会生活中,所有可能受到决策影响的行为主体,围绕经济政治社会生活中的重要议题,以吸纳群众参与公共事务为灵魂,以改善乡村政治社会权力结构为渠道,以达成共识、作出决策为指向,通过直接参与商议、讨论或咨询的方式,展开积极、理性的交流和沟通,相互体谅,彼此让步,从而尽可能就共同关心的议题达成共识的一种民主治理形式"④。

一般来说,协商民主是一种现代民主形式,其中不同的政治行为主体能够通过平等对话和讨论形成共识,作出符合公共利益的合法决策。协商民主是在作为国家制度的民主政治结构内的一种民主形式。它既体现在党际关系之中,也是国家政权机关的一种决策方式,还是化解社会冲突、释放社会压力的治理形式。协商民主制度是规范协商民主这一民主活动的各种不同制度、规章、规则和程序的系统结构。协商民主制度,不同于根本政治制度、基本政治制度。正如有的研究者所说,"社会主义协商民主制度"中的"制度"是泛指而不是特指,即不是指某

---

① 郑万通:《关于社会主义协商民主的几个问题》,《中国政协理论研究》2013 年第 4 期。
② 俞可平:《协商民主:西方民主理论和实践的最新发展》,《学习时报》2006 年 11 月 6 日。
③ 谈火生:《协商民主:西方学界的争论及其对中国的影响》,《中国党政干部论坛》2013 年第 7 期。
④ 陈朋:《社会主义协商民主的基本内涵与运行机制》,2013 年全国社会主义学院系统理论研讨会暨中国政党制度研究中心第 11 届年会征文。

一特定的具体制度。① 从某种意义上讲,社会主义协商民主制度是包括诸多内容、层次、领域的制度体系。这是社会主义协商民主的基本内涵,也是我们进一步推进协商民主、发展协商民主的逻辑起点和实践起点。

在经济、社会、政治生活中,协商的行为或者活动很多,但是,哪些协商可以被看作协商民主呢?协商民主的边界在哪里呢?这里应该有两个标准,其一,事关国计民生的重大问题,以及影响群众具体利益的各项决策。例如,"十三五"规划、西部大开发、振兴东北老工业基地、京津冀协同发展等重大决策等,因为其重大,所以,需要通过协商民主的形式作出科学合理的安排。其二,公共问题或公共利益。例如,公共预算安排、公共服务提供、公开的纠纷和冲突等,因为涉及公众利益,或者存在分歧,所以,需要通过协商民主的形式作出科学合理的安排。应严格确定协商民主的边界,避免协商民主泛化、随意化,甚至庸俗化。

社会主义协商民主是我国人民民主的重要形式,包括国家政权机关的协商民主、党派团体的协商民主、社会领域的协商民主、基层的协商民主等。健全社会主义协商民主制度,并在实践中不断深化协商民主,需要形成一个总体的要求和基本的原则。健全社会主义协商民主制度,要形成"党委领导、各方主导、普遍参与、理性协商、法治保障"的总要求。第一,协商民主必须坚持"党委领导"这一根本原则,各级党委作为领导力量,要重视发挥不同渠道协商民主的作用和功能,积极主动开展协商实践。第二,坚持"各方主导"意味着充分尊重不同协商渠道和形式的主体性。在政府协商形式中,发挥政府的主导作用;在人大协商形式中,要发挥人大的主导作用;在政协协商形式中,要发挥政协的主导作用;等等。各种协商形式的主导者要善于搭建协商平台、开启协商通道、组织协商活动。第三,坚持"普遍参与",要按照协商民主的基本理念,鼓励各种利益相关者积极参与不同形式的协商活动,主动表达利益诉求,并在参与协商过程中不断提高自身民主素养、民主技能。第四,坚持"理性协商",秉持客观、理性的原则开展协商实践,摆事

---

① 陈惠丰:《"健全社会主义协商民主制度"的意义和主要任务》,《中国政协理论研究》2013年第1期。

实、讲道理，避免情绪化的诉求。第五，坚持"法治保障"，首先就是要用法律、用制度规范民主行为和民主活动，使广大人民群众的民主权利得到保障，使侵害群众利益、损害协商活动的行为得到惩处。其次要在遵循总体的协商民主制度建设指导意见的要求基础上，根据政党协商、人大协商、政府协商、政协协商、人民团体协商、基层协商、社会组织协商等各个方面的实际情况，形成不同领域不同层次的制度规范，为协商民主实践提供制度依据。在完善和发展社会主义协商民主制度的过程中，始终坚持民主与法治相统一。

　　社会主义协商民主提出之后，如何在实践中深入推进其制度建设，是理论思考和实践探索共同面临的问题。许多研究者从不同的视角提出了诸多差异性的思路。例如，法治化的视角，有学者提出"协商民主的完善及其法治化既是全面推进依法治国的重要内容，也是国家治理体系和治理能力现代化的现实需要，更是协商民主制度本身的内在诉求，因而，推进协商民主法治化具有重大价值"[1]；从认同的角度来看，有学者建议，"社会主义协商民主大众认同的提升和增强有三条主要路径：一是奠定民众对社会主义协商民主的知识之基，以强化其对社会主义协商民主的理论认同；二是培育民众对社会主义协商民主的价值情感，以巩固其对社会主义协商民主的情感认同；三是健全社会主义协商民主制度，以提升大众对于社会主义协商民主的道路认同与制度自信"[2]；从完善制度建设的角度来看，有学者提出，"健全社会主义协商民主制度，是我国社会转型期的制度完善需要，必须把握基本原则，健全制度体系，培育协商文化，积极吸收人类政治文明的有益成果"[3]。深化社会主义协商民主制度建设的实践，应当遵循增量改革创新与存量资源挖掘相结合、制度建构与制度实践相统一、顶层设计与基层创新相协调的路径。只有这样，才能够拓展和丰富社会主义政治文明建设。

---

[1] 王学俭、杨昌华：《中国特色社会主义协商民主法治化研究》，《社会主义研究》2015年第2期。

[2] 林伯海、熊茜：《社会主义协商民主大众认同提升路径探微》，《毛泽东思想研究》2016年第1期。

[3] 刘学军：《健全社会主义协商民主制度研究》，《中共福建省委党校学报》2013年第12期。

路径一：增量改革创新与存量资源挖掘相结合。所谓存量民主，就是"围绕建设高度发达的社会主义民主和法治这一首要目标，在由'人民共和国'这一国体性质规定的一整套宪法和法律制度基础上，充分利用既有的制度优势，通过具体的体制机制和程序设计，将'沉淀的'、'文本的'制度规范用好，使制度的民主走向实践，使民主的实践运转起来"①。而增量民主指的是"政治领域的增量改革，实质上就是稳步推进民主。从这个意义上说，增量政治改革，首先体现为增量民主"。"增量民主是对我国改革开放后民主政治整体发展状况的一种解释。"② 建设社会主义协商民主，需要将民主"存量"与民主"增量"有机结合起来。一方面，要梳理清楚有哪些"存量"，例如"党际协商""政治协商""人民调解"等制度，并在实践中充分利用这些存量资源，使其发挥积极的作用。另一方面，积极推进和完善符合本地实际的创新举措，例如"听证制度""社会协商对话""民主恳谈会""社区议事会"等创新实践，及时总结地方各级党政部门比较成熟的好做法好经验并上升为制度规范。关键的是，要从不同的领域、不同的渠道、不同的层级，在已有的制度规范框架内，嵌入协商民主的制度建设要求。例如，在干部选拔任用中，增加协商讨论环节；在基层换届选举中，增加协商环节；在预算审议等方面增加协商讨论的要求；在人民调解的制度规范中，增加协商要求；等等。目的在于巩固既有政治制度、体制机制的权威性、稳定性。

路径二：制度建构与制度实践相统一。改进和完善协商民主，应该注意通过制度实践使协商民主运转起来。制度缺乏认同、支持，就会逐步丧失存在的合理性、合法性。只有通过实践将制度与民众连接起来，制度的价值和作用才能够显现出来。只有人民群众感受到了制度对合法权益的维护，对滥用权力行为的惩处，他们才能够增强对制度的认同感和归属感，国家的长治久安才能够实现。协商民主制度的实践，最为重要的是实现法治化。"协商民主法治化就是运用相关法律法规在对协商民主制度的地位和作用进行明确定位的基础上，通过法律法规来规范协商民主的运行程序，

---

① 陈家刚：《协商民主与国家治理》，中央编译出版社，2014，第194页。
② 俞可平：《增量民主："三轮两票"制镇长选举的政治学意义》，《马克思主义与现实》2000年第3期。

从而保证协商民主的规范运行,进而保障协商民主制度的权威性与稳定性。"① 协商民主法治化是全面推进依法治国的重要内容,是国家治理现代化的现实诉求,也是协商民主制度的内在要求。此外,还需要在协商民主的实践中创造民主的条件。民主不是凭空产生的,它需要经济、文化、社会等多方面的条件的支持。协商民主同样需要一系列的条件。但是,民主的实践不是民主条件完全具备的自然结果。民主是有条件的,但推行民主是没有条件的,民主的条件是在民主的实践中创造的。只有切实地推进协商民主的实践,才能够促进和完善协商民主。

路径三:顶层设计与基层创新相协调。社会主义协商民主作为我国民主政治建设的重要形式和重要组成部分,内容宏阔且意义重大,但其目前存在的主要问题就是制度不够健全、程序不够规范,使得社会主义协商民主的优越性和重要性未能充分释放。从长远而言,必须把协商民主列入社会主义政治文明建设的总体布局,搞好顶层设计,加强制度化、规范化和程序化建设,并使其与其他制度相衔接,这是民主发展的具体途径和重要体现。但是,顶层设计不是"一刀切",协商民主的完善和发展依然需要基层的试点实践和探索。协商民主的顶层设计在尊重多样性、复杂性现实的基础上,也为基层改革的深度推进创造了条件,从而使基层走出"下改上不改,最后改回来"的尴尬境地。改革不是"等靠要",不是"干坐着",各方面都要切实地迈开步子,例如如何深入推进立法协商、如何在换届选举中用好协商民主、如何发挥人民政协的重要渠道和专门机构作用等,都需要地方与基层的创造性实践和探索。没有广大民众的强烈愿望和思想火花,没有"因地制宜、灵活多样"的原则,没有基层创造力的释放和"先行先试",协商民主的顶层设计就会缺乏坚实的支撑。

社会主义协商民主的发展必须体现到中国共产党执政和国家治理上来,体现到中国共产党和国家机关各个方面、各个层级的工作上来,体现到人民对自身利益的实现和发展上来。正如习近平总书记所讲:"社会主义协商民主,应该是实实在在的、而不是做样子的,应该是全方位的、而不是局

---

① 王学俭、杨昌华:《中国特色社会主义协商民主法治化研究》,《社会主义研究》2015年第2期。

限在某个方面的,应该是全国上上下下都要做的、而不是局限在某一级的。因此,必须构建程序合理、环节完整的社会主义协商民主体系,确保协商民主有制可依、有规可守、有章可循、有序可遵。"只有这样,"国家治理和社会治理才能具有深厚基础,也才能凝聚起强大力量"。① 中国特色社会主义协商民主制度建设,不仅有助于中国的社会主义民主政治建设、国家治理体系和治理能力现代化,而且有助于促进人类政治文明的进步与发展,为人类政治文明的多样性提供了成功范例。

(陈家刚　中央党史和文献研究院)

---

① 习近平:《在庆祝中国人民政治协商会议成立65周年大会上的讲话》,《人民日报》2014年9月22日。

参考文献

一 经典文献

《马克思恩格斯选集》(1~4卷),人民出版社,2012

《马克思恩格斯文集》(1~10卷),人民出版社,2009

《周恩来统一战线文选》,人民出版社,1991

《邓小平文选》(1~3卷),人民出版社,2010

二 译著

〔英〕安德鲁·海伍德:《政治学核心概念》,吴勇译,中国人民大学出版社,2012

〔美〕弗朗西斯·福山:《信任:社会美德与创造经济繁荣》,彭志华译,海南出版社,2001

〔德〕哈贝马斯:《在事实与规范之间》,童世骏译,生活·读书·新知三联书店,2003

〔加〕L.W.萨姆纳:《权利的道德基础》,李茂森译,中国人民大学出版社,2011

〔美〕李侃如:《治理中国:从革命到改革》,胡国成、赵梅译,中国社会科学出版社,2010

〔美〕小约瑟夫·S.奈、菲利普·D.泽利科、戴维·C.金编《人们为

什么不信任政府》，朱芳芳译，商务印书馆，2015

〔美〕西摩·马丁·李普塞特：《共识与冲突》，张华青等译，上海世纪出版集团，2011

〔美〕伊恩·夏皮罗、卡西亚诺·海克考登主编《民主的价值》，刘厚金译，中央编译出版社，2015

〔英〕约翰·基恩：《媒体与民主》，郄继红、刘士军译，社会科学文献出版社，2003

三 中文著作

包刚升：《被误解的民主》，法律出版社，2016

包刚升：《政治学通识》，北京大学出版社，2015

陈明明、任勇主编《国家治理现代化》，中央编译出版社，2016

陈朋：《国家与社会合力互动下的乡村协商民主实践》，上海世纪出版集团，2012

陈剩勇、何包钢主编《协商民主的发展》，中国社会科学出版社，2006

陈奕敏主编《从民主恳谈到参与式预算》，世界知识出版社，2012

丛日云：《西方文明讲演录》（第二版），北京大学出版社，2014

戴激涛：《协商民主研究：宪政主义视角》，法律出版社，2012

韩福国：《我们如何具体操作协商民主》，复旦大学出版社，2017

杭州市政协编《协商民主与人民政协》，中国书籍出版社，2014

何怀宏：《选举社会》，北京大学出版社，2011

何俊志：《选举政治学》，复旦大学出版社，2009

何增科等：《中国社会管理体制改革》，法律出版社，2013

何增科等：《中国政治体制改革研究》，中央编译出版社，2008

黄国华等：《社会主义协商民主思想史稿》，西南交通大学出版社，2013

孔繁斌：《公共性的再生产》，江苏人民出版社，2008

李后强、邓子强：《协商民主与椭圆视角》，四川人民出版社，2009

李惠斌等主编《生态文明与马克思主义》，中央编译出版社，2008

李君如：《协商民主在中国》，人民出版社，2014

李良栋：《中国特色社会主义民主政治发展道路研究》，中共中央党校

出版社，2013

李强彬：《协商民主与公共政策前决策过程优化》，四川大学出版社，2013

林尚立：《当代中国政治：基础与发展》，中国大百科全书出版社，2017

林尚立：《党内民主》，上海社会科学院出版社，2002

刘俊杰：《当代中国党际协商民主研究》，江苏大学出版社，2013

刘学军等：《人民政协协商民主的宜昌实践》，中共中央党校出版社，2016

马骏：《公共预算：比较研究》，中央编译出版社，2011

莫吉武、杨长明、蒋余浩：《协商民主与有序参与》，中国社会科学出版社，2009

慕毅飞、陈奕敏主编《民主恳谈：温岭人的创造》，中央编译出版社，2005

秦立海：《民主联合政府与政治协商会议》，人民出版社，2008

谈火生编《审议民主》，江苏人民出版社，2007

王浦劬、臧雷震编译《治理理论与实践》，中央编译出版社，2017

吴凤章主编《生态文明构建：理论与实践》，中央编译出版社，2008

徐湘林：《渐进政治改革中的政党与社会》，中信出版社，2004

徐湘林：《寻求渐进政治改革的理性》，中国财富出版社，2009

闫健编《民主是个好东西》，社会科学文献出版社，2006

闫健编《让民主造福中国》，中央编译出版社，2009

燕继荣：《社会资本与国家治理》，北京大学出版社，2015

杨光斌：《观念的民主与实践的民主》，中国社会科学出版社，2015

俞可平：《论国家治理现代化》，社会科学文献出版社，2014

俞可平：《权利政治与公益政治》，社会科学文献出版社，2003

俞可平：《中国治理变迁30年》，社会科学文献出版社，2008

俞可平、叶明主编《协商民主研究丛书》（1~7卷），中央文献出版社，2015

俞可平主编《世界主要政党规章制度文献》（20卷），中央编译出版社，2017

俞可平主编《协商民主译丛》（1~8卷），中央编译出版社，2006、2009

郁建兴等：《让社会运转起来》，中国人民大学出版社，2012

张小劲、景跃进主编《理解政治：全球视野与中国关怀》，中央编译出

版社，2016

郑永年：《全球化与中国国家转型》，郁建兴、何子英译，浙江人民出版社，2009

政协全国委员会办公厅、中共中央文献研究室编《人民政协重要文献选编》（上中下），中央文献出版社、中国文史出版社，2009

中办法规局编《中央党内法规和规范性文件汇编》（上下），法律出版社，2017

周淑真：《多党合作与中国共产党执政能力建设研究》，经济科学出版社，2014

周淑真：《政党政治学》，人民出版社，2011

图书在版编目(CIP)数据

社会主义协商民主：制度与实践 / 陈家刚等著. --北京：社会科学文献出版社，2019.3
 ISBN 978 - 7 - 5201 - 4227 - 4

Ⅰ.①社… Ⅱ.①陈… Ⅲ.①社会主义民主 - 民主协商 - 研究 - 中国　Ⅳ.①D621

中国版本图书馆 CIP 数据核字(2019)第 024010 号

社会主义协商民主：制度与实践

著　　者 / 陈家刚 等

出 版 人 / 谢寿光
项目统筹 / 曹义恒
责任编辑 / 岳梦夏　单远举

出　　版 / 社会科学文献出版社·社会政法分社(010)59367156
　　　　　地址：北京市北三环中路甲29号院华龙大厦　邮编：100029
　　　　　网址：www.ssap.com.cn

发　　行 / 市场营销中心 (010) 59367081　59367083
印　　装 / 三河市尚艺印装有限公司

规　　格 / 开　本：787mm × 1092mm　1/16
　　　　　印　张：21.5　字　数：340 千字

版　　次 / 2019 年 3 月第 1 版　2019 年 3 月第 1 次印刷
书　　号 / ISBN 978 - 7 - 5201 - 4227 - 4
定　　价 / 128.00 元

本书如有印装质量问题，请与读者服务中心 (010 - 59367028) 联系

▲ 版权所有 翻印必究